新编21世纪政治学系列教材

# 国际法与国际关系

蒲 傅 方长平 主编

International Law
and International Relations

中国人民大学出版社
·北京·

## 内容简介

《国际法与国际关系》是一部旨在培养具有全球视野、通晓国际规则的涉外专业人才的教材。它立足国际法与国际关系的跨学科发展，将国际法作为以法律形式表现的国际关系，研究国际法与国际关系的交互影响。教材内容重点围绕与国际关系密切相关的国际法基本概念、原则和制度，探讨涉及领土、外交、安全、经济、人权、环境等国际关系领域的国际法制度及问题，综合运用经典国际法案例与新型国际关系理论，深刻揭示国际法在当前国际关系中的地位和作用。本书坚持马克思主义的世界观和方法论，以习近平新时代中国特色社会主义思想为指导，兼顾国际法的基本原理和现实国际关系中的前沿问题，致力于推动具有新时代中国特色的学科建设。

## 作者简介

**蒲　俜**　法学博士，现任中国人民大学国际关系学院教授、国际政治专业博士生导师，中国人民大学联合国研究中心主任。长期从事国际组织、国际法、中国外交等领域的教学与科研工作，多次获得国家级和北京市的教学奖励。出版学术专著《当代世界中的国际组织》《中国和平发展与国际制度》等，参与编著《当代世界经济与政治》《国际组织》《政治学概论》等多部教材，并在国内核心刊物发表学术论文数十篇。

**方长平**　法学博士，现任中国人民大学国际关系学院教授、国际关系专业博士生导师、副院长，兼任国家高端智库中国人民大学国家发展与战略研究院专聘研究员，中国高等教育学会国际政治研究专业委员会副会长。主要教学与研究领域为国际组织与国际制度、国际冲突的理论与实践、国际关系理论与中国周边安全战略等，多次获得国家级和北京市教学成果奖。出版学术专著《国家利益的建构主义分析》《国际冲突的理论与实践》，在国内核心刊物发表学术论文数十篇。

# 总序

改革开放是新中国成立以来的又一次革命，给中国带来了革命性变化。这种革命性变化不仅体现在经济、政治等层面的现实生活上，而且还体现在因现实的变迁而带来的理论上的创新和发展以及由此带来的政治学学科建设上的成就方面。

在我国，计划经济体制已经让位于社会主义市场经济体制，同时由经济变革带来的政治体制上的变化也是有目共睹的。首先，在民主法治建设上，政治的制度化正在加强。其次，在国家结构上，过去在计划经济时期的简单的单一制已经转变为更加复杂的国家结构关系。中央与地方、地方政府与地方政府之间的关系有了更多的市场经济特征。再次，在国家与社会之间的关系上，也发生了方向性变化。最后，在意识形态上，过去那种对待马克思主义、毛泽东思想的封闭、激进而又教条的态度已经转变为开放、理性而又灵活的态度。所有这些变革，都是我们以前所无法想象的。当然，在政治进步的同时，存在的问题也不容回避。那就是迫切需要建立一套约束政府权力、使人民群众的真实意愿和利益诉求能够得到顺畅表达的机制，以便从根本上保证社会的稳定与和谐。这些问题的解决，不仅需要实际工作者在体制创新方面的实践，更需要政治学学科的发展和政治学专业人才的智慧与理论贡献。

我国的政治变革既是对政治学研究工作的挑战，又是促使政治学发展的良好机遇。我国的政治学在这种压力与机遇并存的环境中正在快步前进。首先，在学科分类上，政治学已经从法学中独立出来而成为一级学科。其次，在学科分支上，政治学从马克思主义政治理论、制度史、思想史发展成为学科门类更加丰富、更加有特色的一门学科，诸如新政治经济学、政治社会学、政治心理学、政治文化、政治学方法论等。再次，在研究方法上，从单一的阶级分析法发展成为以历史唯物主义为基础的多元化方法论，诸如行为主义、理性选择主义以及方兴未艾的新制度主义。最后，在问题研究上，无论是深度还是广度，我国政治学界都取得了可喜的成就，为中国的政治发展和政治变革做出了自己应有的贡献。当然，在看到成绩的同时，也不能无视发展中的不足。作为中国政治学学科建设和发展的见证人，我们不能不为政治学发展中的结构性缺失而忧心忡忡。比如，就专业刊物而言，不要说与经济学、法学和历史学比较，就是和政治学的二级学科国际关系比较，政治学专业刊物的数量也是少之又少。这种现象严重制约了我国政治学的发展，很多优秀的研究成果只能散见于综合性学术刊物和大学学报。

中国政治学学科发展的基础是高校政治学专业建设。自 1980 年恢复政治学专业以来，政治学系或政治与行政管理学系已经成为很多高校的普遍性建制。而且在各高校政治学专业竞相发展的过程中，我们很高兴地看到各个高校的政治学学科建设，无不生机勃勃，成就斐然。其中特别值得一提的是中国人民大学。人所共知，中国人民大学一直是中国近代政治制度的研究重镇。同时，中国人民大学在学科发展中非常注重教材建设，经过专业优化组合的“新编 21 世纪政治学系列教材”在全国享有很高的声誉，是我国很多高校政治学专业和行政管理学专业的必备教科书。从已经出版的教材来看，我认为，“新编 21 世纪政治学系列教材”具有如下特点：

第一，体系上的创新性与独特性。教科书固然应该有通用的内容，但是在教材林立的今天，千篇一律而了无特色的教材是难以立足的，也难以为社会所认可和接受。“新编 21 世纪政治学系列教材”中的每一本教材在体系上的创新性与独特性都是很突出的。

第二，内容上的研究性与新颖性。体系上的独特性应该由内容上的研究性与新颖性构成。教科书不但要介绍一般性的概念和理论，还应该容纳最新的理论研究成果以及对有关理论成果的看法与评价。该系列教材的一个重要特征是，这些教材都是作者们基于自己多年的教学与研究心得而撰写的具有新意的研究性作品。一本好的教科书之所以享有盛名，就在于其因体系上的独特性和内容上的研究性而形成的权威性。

第三，观点上的全面性与选择性。教科书是一种通论性的著作，因而包容的学术观点、理论应该尽量全面。但是，在信息爆炸的时代，一本书企图容纳所有的观点是不可能，也是不必要的。因为有的观点不过是个别学者的偶发奇想而不具有普遍性。这就需要撰写者去伪存真，认真取舍。我很高兴地看到，本系列教材在追求观点的全面性时，也没有忘记选择性原则。

第四，方法论上的马克思主义原则性与包容性。我国的社会科学研究离不开马克思主义的基本方法论，尤其离不开历史唯物主义的指导，政治科学更是如此。但是马克思主义并不是凭空产生的，它是在吸纳人类精神文明优秀成果的基础上产生的，马克思主义的发展同样少不了与其他理论流派的碰撞以及对人类文明成果的借鉴与扬弃。封闭的马克思主义是没有生命力的，坚持马克思主义并不排除对其他理论流派的介绍与分析。正是基于这样的指导思想，本套教材在介绍马克思主义政治学的同时，能运用历史唯物主义的基本原理兼容并蓄地介绍和分析其他理论流派。

本套教材的上述特点决定了它们不但是有关专业的教师和学生必备的教学和学习用书，也是政治学研究者的重要参考书籍。虽然具有上述优点和特征，但是十全十美的社会科学著作是不存在的，因此，本套教材中的缺点与不足在所难免。衷心希望专家学者、广大读者积极批评、热情指正！

**赵宝煦**

# 前言

“国际法与国际关系”是中国人民大学国际关系学院自 2003 年以来开设的一门专业基础课。课程将国际法作为以法律形式表现的国际关系，通过讲授国际法的概念、基本原理及其分支体系，探讨国际法在国际关系中的作用，旨在从国际法角度研究国际关系领域的重点问题，从国际关系角度认识现行国际法的制度、原则，推动国际法与国际关系的跨学科发展。

法治是人类文明的重要成果，也是现代社会治理的重要途径。国际法是国际关系演变的产物，是国际社会行为规范的重要依据，对维护世界和平与安全、促进国际合作与发展具有不可替代的重要作用。第二次世界大战结束后，国际法中殖民体系的陈旧内容逐渐被摒弃，国际法越来越朝着民主化的方向发展，不再是大国为其垄断利益服务的工具，逐渐成为广大中小国家反对强权政治、维护自身权益的重要武器。21 世纪以来，国际关系经历了大发展大变革大调整，国际法在国际关系中的地位得到前所未有的强化，遵守国际规则、维护国际秩序、追求公平正义是世界各国人民和大多数国家的共识。与此同时，世界正在经历严重的全球性危机和动荡，面临再次分裂和对抗的风险。国际法承载着国家间长期交往后形成的普遍价值，理应进一步发挥其规范、整合国际关系的基石作用。正如习近平总书记指出的那样：“我们应该共同推动国际关系法治化。推动各方在国际关系中遵守国际法和公认的国际关系基本原则，用统一适用的规则来明是非、促和平、谋发展。”只有坚定维护以《联合国宪章》宗旨和原则为基础的国际法体系，推动国际法的不断发展与完善，才能建设一个更公平、更繁荣、更公正的世界。

党的二十大报告指出：“中国始终坚持维护世界和平、促进共同发展的外交政策宗旨，致力于推动构建人类命运共同体。”作为现行国际法和国际秩序的维护者和建设者，中国一贯遵循公认的国际法和国际关系基本准则。从倡导和平共处五项原则，到主张国际关系民主化，再到建设持久和平、共同繁荣的和谐世界，中国的外交实践为国际法的发展进步做出了积极贡献。当前，中国特色社会主义进入新时代，中国社会主义现代化建设开启了新征程。在习近平外交思想的引领下，中国特色大国外交全方位推进。中国正前所未有地走近世界舞台中央，比以往任何时候都需要在国际法领域有效开展工作，为实现中华民族伟大复兴提供制度支持，为维护和拓展国家主权、安全和发展利益提供法律保障。推动构建人类命运共同体，是新时代坚持和发展中国特色社会主义的基本方略之一，也是中国特色大国外交的总目标，体现了中国将自身发展与世界发展相统一的世界胸怀和大国担当，为国际社会探索更好的发展道路贡献了中国方案，也必将对国际法和国际关系的未来产生深远影响。与西方大国相比，中国运用国际法的意识、经验和机制还存在不足，亟须提高在国际交往中综合使用政治、经济、外交和法律等手段的能力，亟须培养一批既具有全球视野又通晓国际规则的专业人才。

“国际法与国际关系”课程主要面向高校国际关系学、国际政治学、外交学等专业的本科生。学习本课程，首先，要坚持以马克思主义唯物史观和辩证法为指导，树立正确的历史观，在纷繁复杂的国际形势下把握全局及本质；其次，要推动法律与外交相结合，坚持法律为外交服务，既要杜绝对国际法的全盘否定，也要反对脱离国际关系现实空谈法律；最后，要将国际法基本知识与国际关系实践结合起来，研究实践中的新情况、新问题，理解国际法演变进程中的前沿动态和发展方向。

## 目录


### 绪 论

第一节 国际法是国际关系的法律形式 …… 001
第二节 国际法是国际关系发展的产物 …… 011
第三节 国际关系影响国际法的因素 …… 020

### 第一章 国际关系理论视野下的国际法

第一节 理想主义理论与国际法的发展 …… 029
第二节 现实主义理论与国际法的发展 …… 033
第三节 新自由主义理论与国际法的发展 …… 040
第四节 建构主义理论与国际法的发展 …… 045

### 第二章 国际法基本原则

第一节 国际法基本原则的概念 …… 051
第二节 国际法基本原则的形成与发展 …… 054
第三节 国际法基本原则的内容 …… 062

### 第三章 国际法主体

第一节 国际法主体的概念与种类 …… 072
第二节 国际法上的承认与继承 …… 083
第三节 国家的基本权利与义务 …… 092
第四节 国际法上的国际组织 …… 098
第五节 国际法上的个人 …… 107

第四章　国际法上的领土及其他自然空间

第一节　国家领土 …… 120
第二节　两极地区 …… 128
第三节　海洋 …… 131
第四节　空气空间与外层空间 …… 144

第五章　国际法对国际交往行为秩序的创建

第一节　条约 …… 155
第二节　外交与领事关系 …… 164
第三节　国际责任制度 …… 173

第六章　国际法对国际和平与安全的维护

第一节　集体安全制度的演变 …… 183
第二节　和平解决国际争端 …… 192
第三节　国际法上的战争与武装冲突 …… 202

第七章　国际法对国际经济秩序的保障

第一节　国际经济法的产生与发展 …… 212
第二节　国际货币金融秩序及其改革 …… 221
第三节　国际贸易法的演变与世界贸易组织 …… 233

第八章　国际人权法与国际关系中的人权问题

第一节　国际人权法的重要文书 …… 247
第二节　国际人权法的实施机制 …… 255
第三节　从"人道主义干涉"到"保护的责任" …… 264

第九章　国际环境法与全球环境问题

第一节　国际环境法的发展与基本原则 …… 277
第二节　主要的国际环境保护制度 …… 288
第三节　气候变化的全球治理 …… 297

参考书目 …… 306
后记 …… 314

# 案例目录

第一章 国际关系理论视野下的国际法

案例 1 《白里安-凯洛格公约》 …… 033
案例 2 联合国安理会否决权的由来及美苏在安理会的博弈 …… 037
案例 3 戈兰高地主权归属问题 …… 039

第二章 国际法基本原则

案例 1 东帝汶案 …… 061
案例 2 科索沃独立咨询意见 …… 068

第三章 国际法主体

案例 1 关于为联合国服务而受损害的赔偿案 …… 073
案例 2 英伊石油公司案 …… 081
案例 3 湖广铁路债券案 …… 091
案例 4 诺特鲍姆案 …… 110
案例 5 皮诺切特案 …… 116

第四章 国际法上的领土及其他自然空间

案例 1 孟加拉国与缅甸关于孟加拉湾海洋划界争端案 …… 141
案例 2 罗马尼亚诉乌克兰黑海划界案 …… 142
案例 3 毛里求斯诉英国查戈斯仲裁案 …… 142

## 第五章　国际法对国际交往行为秩序的创建

案例 1　柬泰柏威夏寺争端 …… 163
案例 2　美国驻德黑兰外交和领事人员案 …… 173

## 第六章　国际法对国际和平与安全的维护

案例 1　联合国安理会第 678 号决议与海湾战争 …… 187
案例 2　国际法院对“威胁使用或使用核武器的合法性”问题的咨询意见 …… 200
案例 3　阿富汗战争与自卫权 …… 210

## 第七章　国际法对国际经济秩序的保障

案例 1　国际货币基金组织救助墨西哥金融危机 …… 229
案例 2　WTO 反倾销规则——欧盟紧固件案 …… 242

## 第八章　国际人权法与国际关系中的人权问题

案例 1　科索沃战争与 “人道主义干涉” …… 267
案例 2　联合国索马里行动 …… 268
案例 3　北约干涉利比亚内战 …… 273

## 第九章　国际环境法与全球环境问题

案例 1　太平洋海豹仲裁案 …… 279
案例 2　特雷尔冶炼厂案 …… 280
案例 3　多瑙河盖巴斯科夫-拉基玛洛水坝案 …… 287

# 绪　论

国际法与国际关系作为两个独立学科，都关注以主权国家为中心的国际社会演变，两者的研究领域、研究问题密切关联。“国际法与国际关系”这门课程并不是国际法与国际关系两个学科的机械相加，而是将国际法视为国际关系的组成部分，通过学习国际法的基本理论及其分支体系来探讨国际法在国际关系中的作用，研究国际法与国际关系的交互影响，尝试从国际法律、制度的角度去理解、把握国际社会演变的方向。20 世纪 90 年代以来，随着全球化进程的加快，国际法几乎在国际关系的各个领域都取得了显著进展。同时，科技进步极大地拓展了人类活动的空间，深海、极地、外空、网络等新兴领域亟待国际法的规范和治理。世界正处于大发展大变革大调整时期，国际法与国际关系的跨学科探索与结合，在理论和实践层面都具有重要的意义。

## 第一节　国际法是国际关系的法律形式

从广泛意义上来讲，国际关系包括国际关系行为体之间的政治、经济、军事、文化以及法律等关系。国际法是以法律形式表现出来的国际关系，是国际关系演变到一定阶段的产物。国际关系的发展，需要一些法律原则、规则和制度加以规范，否则国际关系就难以稳定、有序地运行。

### 一、概念

**1. 国际法的名称**

国际法（international law）这一名称是 18 世纪出现的，但调整国家间关系的社会现象，可以追溯到古代城邦国家之间的交往。古罗马时期，罗马法包括市民法（jus civile）和万民法（jus gentium）两个部分。市民法适用于罗马公民之间的关系，万民法适用于罗马市民与外国人之间的关系。虽然万民法调整的是个人之间的关系，但因其具有的涉外因素，这一名称逐渐被学者们用来指那些所有与罗马有交往关系的国家所一致同意的正义原则。

1625 年，荷兰学者格劳秀斯出版了名著《战争与和平法》。这是第一部有完整体系的国际法著作，使国际法成为一门独立学科。格劳秀斯因此被公认为“国际法之父”。在这部巨著中，格劳秀斯使用“万民法”来称呼那些拘束效力来自所有国家或许多国家的意志的法律。1650 年，英国法学家苏支将西班牙学者维多利亚创造的“jus inter gentes”（国家间法）这一名称，译为英文“law of nations”（万国法）。但是，由于格劳秀斯的威望，国际法学界通常采用“万民法”这一名称。1789 年，英国学者边沁在其名著《道德与立法原理导论》中第一次使用“international law”（国际法），并受到一致认可。此后，“国际法”取代“万民法”和“万国法”，成为国际法学界和法律文献普遍采用的名称。

国际法 19 世纪被引入中国时，最早使用的名称是“万国公法”。这是因为 1864 年美国传教士丁韪良将美国法学家惠顿所著《国际法原理》一书翻译成中文出版，并取名为《万国公法》。直到清朝末年，日本采用的“国际法”一词传到中国，“国际法”才逐渐成为通用的中文名称。

一些欧洲大陆学者习惯将国际法称为国际公法（public international law），与国际私法（private international law）相区别。但事实上，国际法本身就用于规范国家间关系，没有必要在名称中强调其公法性质。而国际私法是一国在其涉外关系中用来调整不同国家的自然人、法人相互间民事关系的法律，本质上属于国内法。只有当各国由于法律适用上的彼此冲突，就国际私法共同采用某些规则，形成国际习惯或订立国际条约，而国家因国际习惯或国际条约承担了国际权利和义务时，这个范围的国际私法才具有了国际法性质。简言之，国际公法与国际私法不是国际法的两个分支，国际公法就是国际法。

**2. 国际法的定义**

国际法没有公认的统一的定义。17 世纪中叶以来，国际法的定义随着时代变迁发生了很大的变化，反映出不同时代的国际关系特点。

格劳秀斯受自然法影响，他认为国际关系的法律首先是自然法，其次是国家一致同意的万民法。德国的自然法学派倡导人普芬道夫认为国际法无非就是适用于国家之间的自然法①。同一时期的苏支则看重习惯和条约，他在提出“万国法”概念的同时也下了定义，即多数国家由于符合于理智的习惯而接受或为各单独国家所同意的法律②。18 世纪以后，实在法学派逐渐占优势，各国共同同意成为国际法定义

---

① 法斯本德，彼得斯．牛津国际法史手册：下册．李明倩，刘俊，王伟臣，译．上海：上海三联书店，2020：1109.

② 王铁崖．国际法引论．北京：北京大学出版社，1998：323.

中的要素。荷兰法学家宾刻舒克提出：“国际法就是源自理性和习俗的默示与推定的契约。”①

德国著名法学家奥本海1905年出版了国际法学著作，以其严谨的体系和详尽的资料成为世界公认的、经典的国际法教材。第一版《奥本海国际法》提出：“万国公法或国际法是一个名称，用以指文明国家之间认为在它们彼此交往上有法律的拘束力的习惯和协定规则的总体。”② 这是传统国际法定义的权威表述，将国际法视为文明国家或基督教国家相互之间的行为规则，反映出源自欧洲的近代国际法具有强烈的排他性和局限性。

第二次世界大战后，随着非殖民化运动的发展，亚非拉国家成为国际法上的平等主体，主权国家不论大小、强弱、贫富一律平等的原则得以确立。国际法从仅仅作为欧洲列强之间的法律，发展为与国际社会全体成员密切相关的法律。国际法的定义也发生了相应的变化。英国法学家劳特派特于1955年主持修订《奥本海国际法》第8版，提出国际法是“指各国认为在它们彼此交往中有法律拘束力的习惯和条约规则的总体”③。1992年，英国法学家罗伯特·詹宁斯和阿瑟·瓦茨共同修订出版《奥本海国际法》第9版时，将定义修改为“国际法是对各国在它们彼此交往中有法律拘束力的规则的总体”④。第8版和第9版的问世相距近半个世纪，定义的变化凝聚了国际法领域的演进趋向。第8版定义强调国家意志，认为国际法是得到国家认可的有拘束力的法律。第9版定义则突出国际法对国家具有拘束力，体现了第二次世界大战后国际法强制力日益增加带来的影响。

随着国际法内涵的丰富，“国际法是国家之间的法律”这一传统定义要素也受到质疑。现代国际法的大部分内容仍是规范国家之间的关系，但国家之外的其他国际法主体独立参与国际法律关系的能力和地位逐渐得到国际社会的承认。英国学者马丁·迪克森曾提出：“国际法是规范主权国家之间以及像联合国这样作为其他国际法主体的国际组织之间在国际关系中的规则和原则的体系。”⑤ 美国法学家路易斯·亨金认为：“国际法是由民族国家组成的国际体系的法律。”⑥ 国际法主要是国家之间的法律，但国家不再是国际法的唯一主体。

中国国际法学者对国际法的定义也曾有过不同的见解。周鲠生认为：“国际法是在国际交往过程中形成出来的，各国承认的，表现这些国家统治阶级的意志，在国际关系上对国家具有法律拘束力的行为规范，包括原则、规则和制度的总体。”⑦

---

① 法斯本德，彼得斯．牛津国际法史手册：下册．李明倩，刘俊，王伟臣，译．上海：上海三联书店，2020：1118.

② 周鲠生．国际法．北京：商务印书馆，2018：3.

③ 劳特派特．奥本海国际法：第8版：上卷：第1分册．王铁崖，陈体强，译．北京：商务印书馆，1971：3.

④ 詹宁斯，瓦茨．奥本海国际法：第9版：第1卷：第1分册．王铁崖，陈公绰，汤宗舜，等译．北京：中国大百科全书出版社，1995：3.

⑤ DIXON M. Textbook on international law. New York：Blackstone Press Ltd.，1996：2.

⑥ 亨金．国际法：政治与价值．张乃根，马忠法，罗国强，译．北京：中国政法大学出版社，2005：1.

⑦ 同②3-4.

这一定义受苏联国际法学界的影响，明显带有时代背景的印记。王铁崖提出：“国际法，简言之，是国家之间的法律，或者说，主要是国家之间的法律，是以国家之间的关系为对象的法律。”① 梁西则认为：“国际法是在国际交往中形成的，用以调整国际关系（主要是国家间关系）的，有法律约束力的各种原则、规则和制度的总称。”②

综上，国际法是指国家及其他国际法主体在国际交往中形成的，以国际关系为调整对象的，具有法律拘束力的原则、规则和制度的总体。正如英国法学家布赖尔利所言，国际法“既不是一种妄想，也不是一种灵丹妙药，仅仅是我们可以用来建设一个更加健全的国际秩序的一个机制”③。

**3．国际关系的概念**

国际关系是一个历史范畴，是人类历史发展到一定阶段的产物，并且随着人类历史的发展而不断拓展。在古代社会和中世纪，世界各国、各地区的发展处于相对隔离状态，不存在现代意义上的国际关系。欧洲三十年战争的结束和《威斯特伐利亚和约》的签署，首次确认了主权平等、领土主权等国际关系准则，拉开了近代国际关系史的帷幕。有种说法，英文中“国际关系”（international relations）一词同样是由边沁在18世纪创造和使用的④。近代国际关系与国际法的密切关系由此可见一斑。19世纪末20世纪初，随着垄断资本主义国家把世界瓜分完毕，亚洲、非洲、拉丁美洲都被纳入资本主义世界经济体系，全球范围内的国际关系逐渐形成。第一次世界大战后，作为独立学科的国际关系学确立起来。

当国际关系学成为一门学科时，其核心命题是如何约束战争、实现和平。20世纪经历了两次世界大战的血腥洗礼和长达40多年的冷战对峙，直至20世纪90年代经济全球化趋势加速，和平与发展的时代主题得到普遍认可。在这剧烈的演变过程中，关于国际关系的学科名称和基本内容出现了不同的观点。国内外学术界通常将“国际关系”等同于“国际政治”。就字面而言，前者的研究范围比后者更广泛。“国际关系”的名称涵盖国家间的各种关系，将国际政治传统的政治、军事、外交等“高级政治”问题和经济、社会领域的“低级政治”问题都纳入研究范畴。“国际政治”的名称强调传统的政治视角，重点研究国家间的政治行为和政治关系。20世纪70年代后，国家间的相互依赖加深，非国家行为体在国际事务中更加活跃。为了从学科名称上弥补国家中心主义研究范式的局限性，“世界政治”的提法被认为更贴切地反映了国际关系学科的内容。冷战结束后，全球化表现为一股强有力的、无处不在的趋势，“全球政治”的名称应运而生。上述名称在内涵上既有重合之处又有各自强调的不同重点。不同名称的讨论背后，是风云变幻的国际关系现

---

① 王铁崖．国际法．北京：法律出版社，1995：1.

② 梁西．梁西论国际法与国际组织五讲：节选集．北京：法律出版社，2019：3.

③ 克拉彭．布赖尔利万国公法：国际法在国际关系中的作用简介：第7版．朱利江，译．北京：中国政法大学出版社，2018：序言9.

④ 倪世雄．当代西方国际关系理论．上海：复旦大学出版社，2001：7.

实，表明国际关系概念的内涵和外延的不断丰富和变化。只有用发展的、系统的、多维的视角研究国际关系，才能深化认识。

归纳而言，广义上，“国际关系是国际关系各行为体之间相互交往、相互作用的一般形态。它不仅包括国家间、国家集团间的各种类型和形式的关系和联系，也包括国际组织、团体、跨国公司等国际关系行为体之间的关系和联系。它包括政治关系、经济关系、军事关系、文化关系、宗教关系等。其中，国际政治关系是最重要和最活跃的关系，与政治密切相关的经济关系是最基础的关系”①。国际关系不只是国家之间的关系，但国家始终是最重要的国际关系行为体。

## 二、国际法的法律性质

国际法是否是真正的法律，一直是国际法学科发展和国际关系实践争论的焦点。

**1．国际法是法律的一个部门**

17 世纪以普芬道夫为代表的自然法学派认为，只有自然法才是法律，一切实在的国家间协议或相互义务都可能被个别国家随意解除，“根本就算不上什么适格的法律类型”②。19 世纪的英国实在法学家奥斯丁则从法律就是国内法的观点出发，认为法律是一系列由主权者发出的并以制裁的威胁保证遵守的“命令”，国际法不是“实在的法”，它既不是出自主权者的命令，又没有外力的制裁保证，因而国际法不是真正的法律，只是“实在道德”（positive morality）③。

在国际关系的早期实践中，国际法的法律属性遭到全面否定。从马基雅弗利的非道德政治观，到霍布斯在其经典著作《利维坦》中对国家间无政府状态的描述，法律和道德辞令只能是国家间权力斗争的伪装和借口。近代国际关系被打上了强权政治的深刻烙印，国际法是服务于欧美列强以不平等条约支配亚非拉国家的工具。20 世纪爆发了两次世界大战，国际法更是遭受了空前粗暴的践踏。第二次世界大战后，国际法基本原则得到了彻底革新，逐步摆脱少数大国垄断的局面，中小国家平等参与国际事务的权利逐步实现。但是，时至今日，霸权主义、以强凌弱的行为仍时有发生。在国际关系强权政治的阴影下，国际法的法律性质常常受到质疑。

上述否定国际法法律属性的观点和实践，多是用国内法的标准来衡量法律，把法律视为“主权政治权威所制订和执行的人类行为规则的总体”④。以此为依据，只有国内法是法律。事实上，法律是对社会成员的行为有强制约束力的规则的总体。有社会，就有法律。国内社会有国内法作为所有成员的行为规范，国际社会也

---

① 钱其琛．世界外交大辞典：上．北京：世界知识出版社，2005：747.

② 法斯本德，彼得斯．牛津国际法史手册：下册．李明倩，刘俊，王伟臣，译．上海：上海三联书店，2020：1110.

③ 曾令良，余敏友．全球化时代的国际法：基础、结构与挑战．武汉：武汉大学出版社，2005：77.

④ 劳特派特．奥本海国际法：第 8 版：上卷：第 1 分册．王铁崖，陈体强，译．北京：商务印书馆，1971：4.

存在规范其成员行为的具有强制力的国际法。《奥本海国际法》第 8 版提出，法律存在的主要条件有三个："第一，必须要有一个社会；第二，在这个社会必须有一套人类行为的规则；第三，必须有这个社会的共同同意，认为这些规则应由外力来强制执行。"① 按照这一观点，相互依赖的国际社会是国际法法律性质的基础，国际法是法律的一个部门。《奥本海国际法》第 9 版进一步指出："虽然国内法的特征提供一种有效的标准，以测定某些其他社会，特别是国际社会的规则是否具有法律的性质，然而，一些规则的总体，即使可能在其发展的某些阶段不具备国内法的一切特征，仍然可以是严格意义的法律。"②

自地理大发现以来，在交通通信技术迅速发展的推动下，世界上不同地区和国家之间的经济文化往来和民间交流逐渐频繁，以欧洲为中心的国际社会逐渐成形。欧洲各国之间的交往开始遵循共同的行为准则。其后，经过工业革命和殖民扩张，资本主义的触角延伸到世界各地，国际社会共同的行为准则拓展到世界其他地区，范围越来越广泛，内容也越来越丰富。最重要的是，国际社会的成员都承认国际法是彼此关系中具有拘束力的法律。亨金说："几乎所有的国家在几乎所有的情况下都是遵守几乎所有国际法原则和几乎所有它们的义务的。"③ 当今世界，没有任何一个国家政府公然声称国际法对自己没有拘束力。国际法得到遵守的时间大大多于被无视的时间。世界各国遵守国际法是通常的情况，违反国际法是例外。一个国家的政府即使是在违反国际法时，也会试图通过歪曲、曲解国际法来为自己的违法行为辩护。任何法律体系中都会有违法现象，国内社会有违反国内法的情况，国际社会也有违反国际法的情况。国际法并不因为违法行为的发生而失去其法律的性质。

**2. 国际法不是国际道德**

法律和道德都是社会交往中的行为规范，但法律和道德有着本质的区别。法律界定"可为"与"不可为"的范围，有强制执行手段支持，具有客观性。而道德是关于是非美丑的标准，是见仁见智的判断，具有主观性。强制力是法律最本质的特征。国际法主要通过各国间的条约和国际习惯逐步形成，必要时可以由外力强制实施。国际道德通过国际舆论形成，依靠人们的内在信念及道义力量维持，表达彼此尊重与友好合作，并不具有法律拘束力。这是国际法与国际道德的本质区别。

同时，国际法与国际道德又是密切联系、相互转化的。道德是人类本性的体现，贯穿人类的各种社会交往活动。国际法的产生和发展是以国际道德为基础的。国际法的原则、规则和制度，有的的确是国际道德通过国际条约和法律程序转化而来的。早期国际法发展受自然法学说的影响，理性、良知和道德被认为是法律的渊

---

① 劳特派特．奥本海国际法：第 8 版：上卷：第 1 分册．王铁崖，陈体强，译．北京：商务印书馆，1971：7.

② 詹宁斯，瓦茨．奥本海国际法：第 9 版：第 1 卷：第 1 分册．王铁崖，陈公绰，汤宗舜，等译．北京：中国大百科全书出版社，1995：6.

③ LOUIS H. How nations behave：law and foreign policy. 2nd ed. New York：Columbia University Press，1979：47.

源。近现代国际法的演变同样反映出道德的基础作用。国际法对安全、正义、平等、秩序、人权的追求，不仅出于国家间往来关系的需要，而且蕴含着人类社会的道德共识。第二次世界大战后，传统国际法中不平等、不道德的弱肉强食的内容逐渐被删除和改变。与之相对的是，国际法的人本化趋势日益突出，有关人的法律地位与各项权益在国际法中得到越来越多的重视，其中的道德指向更加明显。在此基础上，国际人权法、国际环境法、国际刑法等新的国际法分支得到迅速发展。“如果法律反映了现行道德规则，法律作为法律体系的力量就增强了。”① 当然，道德不是国际法存在的必要条件，国际法中的很多内容，在道德上是中性的。比如，国际法中有关技术标准、行政程序的内容，与道德没有直接关系。“多数的国际法原则和规则是基于各国来往关系的需要，而不是基于国际道德的要求。归根结底，国际法之别于国际道德，最基本的一点是，国际法是于必要时由外力强制执行的。”② 但是，国际社会是一个高度分权的社会，国际法的强制执行能力与效力不可避免地带有很大的局限性。从这个角度而言，国际道德通过舆论压力维持国际社会的行为规范，是国际法的重要补充。

**3．国际法的特征**

作为法律，国际法与国内法都以一定的社会关系作为调整对象，但两者在调整对象、主体、法律渊源以及实施方式等方面存在明显不同。与国内法相比，国际法的主要特征表现为以下四点：

第一，国际法是适用于国际社会的法律。

国际法是国际社会的法。国际社会主要由主权国家组成，是一个水平结构的分权社会。而国内社会是在一定领土范围内，由国家管辖的自然人和法人为主要成员的垂直结构社会。“独立并存的主权国家以及主要由主权国家组成的国际社会，是国际法形成和发展的前提及最重要的社会基础。”③ 国际法调整的对象是国际关系，主要是国家与国家之间的关系。国内法则主要用来调整一个国家内部自然人和法人以及政府之间的关系。国际法不调整各国内部的关系，虽然国际法规范有时对国家内部关系产生一定影响，甚至在一国内部有效，但这只是根据该国国内立法而产生的一种转化。

第二，国际法的主体主要是国家。

法律的主体是指法律关系的参加者和由此产生的一定权利和义务的承受者。国内法调整的是一国国内各主体之间的权利关系，主体包括自然人、法人和其他社会组织。而国际法的主体主要是国家，此外还有民族解放运动、政府间国际组织等非国家主体。尽管有的国际法规则实际上已涉及个人的若干权利义务，如外交豁免、

---

① 詹宁斯，瓦茨．奥本海国际法：第9版：第1卷：第1分册．王铁崖，陈公绰，汤宗舜，等译．北京：中国大百科全书出版社，1995：31.

② 王铁崖．国际法引论．北京：北京大学出版社，1998：12.

③ 梁西．国际法．3版．武汉：武汉大学出版社，2011：7.

人权保护、国际刑事犯罪等，但是，这些权利义务关系需要通过国家缔结并批准相关条约才能产生。因此，国家是国际法的基本主体。

第三，国际法的渊源是国家之间缔结的条约和国际习惯。

从法律的产生过程来看，国内法是由国家的立法机关根据需要，按照一定的立法程序制定和颁布的。国际社会没有一个凌驾于各主权国家之上的立法机构，主权国家之间是平等、独立的。国际法的原则、规则和制度是由各主权国家在平等和自愿同意的基础上，以缔结条约或认可国际习惯的方式形成的。条约是国际法主体间就权利义务关系缔结的书面协议，具有明确性和法律拘束力，构成现代国际法首要的渊源。国际习惯是各国在实践中形成的有法律拘束力的行为规则，是一种不成文法。与条约相比，国际习惯是国际法更为古老的渊源。

第四，国际法的强制力主要依靠国家本身的行动。

从法律的强制实施方式来看，国内法依靠中央权威提供的法律执行和制裁机构来强迫法律主体服从，主要依靠有组织的强制机关，如军队、警察、法院、监狱等国家机器来实施。国际法不需要有组织的凌驾于国家之上的机构去强制执行，没有国内那样的行政机关和司法机关来解释和执行法律。虽然有国际法院、常设仲裁法院等国际机构，但它们不具备普遍的强制管辖权。国际法的强制实施，在很大程度上依靠国家本身的行动。当国家的合法权利遭到侵害时，国家可以按照国际法公认的方式，采取制止措施，如提出抗议、要求赔偿、进行报复，直至在遭到别国武装侵略时采取单独或集体的自卫行动。强制力是法律有别于其他行为规范的特征。与国内法的强制力相比，国际法的强制力主要建立在自助和集体安全的基础上，常常被认为是“弱法”或“软法”。而这正反映出国际法最本质的属性，即国际法不是凌驾于国家之上的世界法，而是以主权平等为基础的国家之间的法律体系。

上述特征表明国际法的发展以主权国家的存在为前提，在很大程度上依赖于主权国家之间交往的需要以及彼此间的合作与同意，充分体现了“国际法是国家与国家相互关系的政治性的法律”①。

## 三、国际法效力的根据

国际法为什么对国家有拘束力？国际法的效力从何而来？这是国际法学科的基本理论问题。17 世纪以来，围绕国际法效力根据问题的各种理论和学说大致可以分为三派：自然法学派、实在法学派和折衷学派。

**1. 自然法学派**

自然法学派盛行于 17 世纪的欧洲，其历史可以追溯到古希腊的亚里士多德。早期的自然法学派带有浓厚的神学色彩，认为国际法是从自然法派生而来的，是自然法的组成部分，国际法的效力源于上帝或神的意志。

---

① 孟德斯鸠．论法的精神：上册．张雁深，译．北京：商务印书馆，2019：163.

近代自然法学派逐渐摆脱神学的影响，但仍主张从自然赋予的人性中寻找国际法效力的根据，如人类的良知、理性、正义等。普芬道夫是自然法学派的倡导人。他受霍布斯的影响，认为自然法分为个人的自然法和国家的自然法，国家的自然法就是国际法。除了自然国际法，没有任何具有真正法律效力的意志或实在的国际法[①]。在自然法学派看来，国际法由人类理性、良知和共同的法律意识组成，效力源于不可违背的自然理性。自然法学派用抽象的概念为国际法提供了道义和伦理说明，却脱离了国际社会的现实，在18世纪后失去了在国际法学科发展中的主导地位。

第一次世界大战后，以社会连带法学派和规范法学派为代表的新自然法学派涌现出来。

社会连带法学派的代表人物是法国学者狄骥和希腊学者波利蒂斯。这个学派认为，一切法律的效力根据都在于社会连带关系，国内法是这样，国际法也是这样。国际法效力的根据在于从国际社会连带关系中所产生的各民族的法律良知。这个学派表面上把国际法和国际社会存在的事实联系起来了，但仍然用抽象的概念阐明国际法效力的根据，不能反映由主权国家组成的国际社会的现实。

规范法学派的代表人物是凯尔森。凯尔森是维也纳学派的创始人，倡导纯粹法学说，因此这一学派也被称为维也纳学派或纯粹法学派。凯尔森主张法律是一个统一体，国内法和国际法同属一个纯粹的金字塔式法律体系。在这一体系中，法律规范分成不同的等级，每一等级的规范由上一级规范创造。整个法律体系的最上级是国际法规范，它的效力来源于“最高规范”或“原始规范”。而这个“最高规范”既是法律规范，又是伦理规范，是从人类的正义感或法律良知中产生的，即“约定必须遵守”。规范法学派无视法律的社会内容，把法律变成与社会现实无关的纯粹法，无法说明国际法效力的真正根据。

**2. 实在法学派**

实在法学派是和自然法学派相对立的学派。早期英国的国际法学者苏支提出了这个名称。实在法学派认为法律是主权者创造的，是实施制裁或惩罚的强制命令。这一学派否定国际法效力的根据是从自然抽象出来的人类理性，认为国际法是国家之间的法律，是由国际习惯和国际条约组成的。国际社会中起作用的是国家的意志，因此国家的意志或各国共同的意志是国际法效力的根据。宾刻舒克是18世纪实在法学派的代表人物，他主张从条约和广泛确立的先例来讨论国际法问题，而不是采用宗教论点，不谈论自然法，甚至不提及正义战争学说。他在《海洋主权论》一书中，提出了著名的“大炮射程说”，认为沿海国的主权只能延伸到大炮射程的距离，在当时大约是3英里。这一观点产生了巨大影响，成为当时的领海宽度标准。19世纪中叶后，实在法学派在国际法学界占据了优势。实在法学派把国际法

---

① 劳特派特．奥本海国际法：第8版：上卷：第1分册．王铁崖，陈体强，译．北京：商务印书馆，1971：65.

效力与主权国家联系起来，比自然法学派更适应国际社会的发展。但是，所谓的“共同意志”是一个模糊的抽象概念。殖民扩张时代，弱小国家被迫在不平等条约上签字也被认为是一种共同意志，成为国际法效力的根据，这显然有违现代国际法基本原则。

进入 20 世纪后，出现了多种经过修正的新实在法学派，其中，权力政治学说和政策定向学说影响最大。

权力政治学说认为国际政治支配国际法，而国际政治的核心是国家权力。因此，国际法效力的根据要在国际政治中去寻找。这一学说深受国际政治权力观念的影响，认为势力均衡是国际法存在的基础，也是国际法效力的根据。

政策定向学说主张用政策科学研究国际法。这一学说由美国学者麦克杜格尔和拉斯韦尔创立，认为政策是政治的根本，决策是权力的核心。国际法就是在世界范围内进行权威决策的过程，是国家对外政策的表现，其效力取决于国家的对外政策。

权力政治学说把国际法与国际政治等同起来，政策定向学说把国际法与国家对外政策等同起来，两者都是“强权即公理”的体现①，事实上都是对国际法效力的否定。

**3. 折衷学派**

折衷学派介于自然法学派和实在法学派之间，又被称为格劳秀斯派。格劳秀斯认为，国际法效力的根据由自然国际法和意志国际法构成，并且自然国际法高于意志国际法。换言之，国际法之所以被遵守，首先是出于自然理性，其次是各国的同意。由于格劳秀斯的学术地位，17 世纪和 18 世纪的国际法学者大都属于折衷学派，其中的代表人物有德国法学家沃尔夫和瑞士法学家瓦特尔。他们继承了格劳秀斯有关自然国际法和意志国际法存在区别的观点，但他们认为意志国际法与自然国际法同等重要②。沃尔夫提出名为“世界联邦”的普世社会，世界联邦由全世界的市民社会构成，各个市民社会之间的规则既有自律万民法，也有必要万民法，包括各市民社会所订立的契约以及习惯规则③。而瓦特尔在 1758 年出版的《万国法》中，首次将万国法描述为规制和平与战争时期主权国家行为的一套规则，在推崇万国法的自然属性以外，强调万国法的自愿性、约定性以及习惯性④。折衷学派企图调和自然法学派和实在法学派的主张，但机械地折衷并不能为国际法效力的根据提供更加令人信服的解释。

国际法主要是国家之间的法。国际条约和国际习惯是国际法的主要渊源，国际法主要是通过国际条约和国际习惯而取得法律拘束力的。因此，国际法效力的根据

---

① 邓正来．王铁崖文选．北京：中国政法大学出版社，2003：148.

② 劳特派特．奥本海国际法：第 8 版：上卷：第 1 分册．王铁崖，陈体强，译．北京：商务印书馆，1971：67.

③ 法斯本德，彼得斯．牛津国际法史手册：下册．李明倩，刘俊，王伟臣，译．上海：上海三联书店，2020：1114.

④ 同③1118－1119.

应在于国家本身。正如劳特派特所说，共同同意是一切法律的根据①。国际法的效力在于各国在习惯和条约中所表现的同意。如果没有各国的同意，没有各国的协调一致，国际法在法律上也就没有拘束力。同时，国家间的同意和协调一致不是任意产生的，而是受国家间往来关系的需要所支配的。当国家间交往需要某种有拘束力的原则、规则和制度时，各国就以条约的形式予以确认，或者承认这种经过重复的行为是国际习惯。王铁崖由此提出："在法律上，国际法效力的根据是国家意志的协议，而在法律之外，国家意志的协议是受国家之间来往关系的需要所支配的。"②

## 第二节　国际法是国际关系发展的产物

国际法是国际关系发展到一定阶段的产物。自从国家出现，国家在相互交往中就逐渐产生了调整相互关系的有拘束力的原则、规则和制度。这些原则、规则和制度的萌芽，可以追溯到上古时期，而真正有独立体系的国际法，则是近代的产物。国际法的历史与国际关系的历史是不同的。"国际法史探讨的对象是在国家之间的关系之中出现的法律原则、规则和制度的发展，而不是国家之间单纯的政治、外交关系的发展。"③ 同时，国际法与国际关系各个时期的重大事件密切相关，与国际关系的历史发展相适应，国际法的发展经历了四个时期。

### 一、上古时期——国际法的遗迹

上古时期人类社会没有近现代意义上的主权国家，但早期形态的部落、城邦、诸侯国在调整彼此关系时，也产生了初级形式的国际法现象。东西方文明古国都曾在有限的交往中发展出带有明显地域性的习惯与规则，内容限于战争、媾和、结盟、使节、条约等方面，不具有普遍效力，成为国际法的遗迹。

按照历史记载，最古老的国际法律文件是古埃及公元前 3100 年美索不达米亚城邦国家拉加什（Legash）和乌玛（Umma）之间在战争后订立的条约。条约刻在一块石碑上，宣布两国疆界不可侵犯。有文字保留下来的又一个条约是公元前 1291 年埃及法老拉姆西斯二世和赫梯皇帝哈图希尔二世缔结的和平联盟条约，内容涉及防御同盟、互不侵犯、互助、引渡等。除了条约，古代埃及法老们还常常派遣外交使团，形成了使节人身不受侵犯的惯例。由于存在文字记载的条约，古代埃及国际

① 劳特派特．奥本海国际法：第 8 版：上卷：第 1 分册．王铁崖，陈体强，译．北京：商务印书馆，1971：11.

② 王铁崖．国际法．北京：法律出版社，1995：7.

③ 王铁崖．国际法引论．北京：北京大学出版社，1998：254.

法的遗迹得到国际法学界的公认。

古代中国也曾有过国际法的早期现象。公元前2000多年的中国文献就有关于对外关系的记载。春秋战国时期，诸侯国林立，连年征战，互通使节，产生了约束相互关系、调整相互行为的规范，内容涉及外交使节、会议、条约、战争等方面。美国传教士丁韪良1881年发表题为《中国古代的国际法》的报告，引发学界对古代中国国际法问题的关注。

同为东方文明古国的古代印度，在公元前6世纪中期形成了一些大小强弱不同的国家。它们在频繁的相互交往中产生了使节制度、条约缔结的习惯规则以及战争法规。公元前100年前后成书的《摩奴法典》，是古代印度有关宗教、道德、哲学、法律的集大成者，其中包含丰富的人道主义规则和战争规则。

然而，古代中国和古代印度的早期国际法现象没有得到西方国际法学界的普遍承认。著名法学家努斯鲍姆在论及古代中国和古代印度的国际法研究成果时提出："即便是在广义上，它们也很少揭示了可以被看作是国际法的东西。"①

相比之下，古希腊和古罗马时期的国际法遗迹对近现代国际法更具传承意义。公元前600年前后，希腊半岛上有100多个城邦国家。它们彼此来往密切，互派使节、订立条约、建立联盟、仲裁纠纷，形成了比较发达的使节制度和战争制度。古希腊人认为宗教、法律和道德是三位一体的，城邦国家之间交往的规则主要是宗教性的，对近代国际法的规则没有直接贡献。但希腊文明是西方文明的主要源泉，"罗马人关于国际法的观念深受希腊哲学的影响，正是循着这一间接渠道，希腊的思想成为国际法演进过程中的有力酵素"②。古罗马向来有重视法律的传统，法律是古罗马卓越的文明成就。在使节、战争、条约等方面，古罗马不仅比古希腊形成了更多的规则和制度，而且使之脱离宗教而法律化。特别是在罗马帝国时期，逐渐产生了对外关系制度和对待外籍人的制度。最重要的贡献在于，古罗马专门制定万民法以调整罗马人同与罗马有友好条约的国家侨民之间的关系。后来，万民法的范围逐渐扩大，还包括了领土、海上航行、战争等方面的问题，成为古罗马涉外关系方面法律的代名词，为近代国际法提供了通用的名称。

## 二、中世纪——国际法的萌芽

476年西罗马帝国崩溃后，欧洲进入了所谓的黑暗时代。此后直到16世纪宗教改革之前的这段时间被称为中世纪。这一时期，欧洲形成了一个以封建割据为基础的统一基督教世界，政治上被神圣罗马帝国统治，精神上则由教皇统治。皇帝和教皇名义上的地位是平等的，但实质上，教皇的权力建立在牢固的宗教信仰之上，权力大于皇帝。罗马帝国内部及其周围也曾陆续出现一些封建王国，如新波斯帝国、

① 努斯鲍姆．简明国际法史．张小平，译．北京：法律出版社，2011：7.

② 同①12.

阿拉伯伊斯兰帝国、日耳曼诸王国、法兰克帝国等。它们在交往中沿用了上古时期的法律规范，同时在使节、条约、领土等方面形成了一些带有浓厚封建色彩的原则、规则和制度，用以调整封建主之间的关系。这一时期发生的战争主要是宗教性质的战争，能够适用的战争规则和惯例不多。因此，中世纪早期不存在国际法蓬勃发展的土壤，国际法的发展基本上处于停滞状态。

中世纪后期欧洲国家体系开始形成。欧洲各国逐渐获得自主权，相互间的往来增多，从而出现了领事制度和海洋制度的萌芽。领事制度的出现源于地中海沿岸日益频繁的商业活动。从 13 世纪开始，意大利的热那亚、米兰、佛罗伦萨、威尼斯等商业城市在领事制度与使馆制度方面就进行了尝试。15 世纪下半叶，意大利各商业城市之间几乎都交换了常驻的外交使节。海洋制度的发展与航海贸易的需要相关。12 世纪时，海事法庭判决汇编的《奥列隆惯例集》，成为被大多数西欧国家接受的权威渊源。到 14 世纪中叶，西班牙巴塞罗那编纂出版的《海事法典》得到地中海沿岸地区的认可，进一步促进与海上贸易有关的海事惯例和海事法规的创立。仲裁制度在中世纪后期被广泛运用于维持和平，强大的国家也经常服从于仲裁的裁决。同时，随着欧洲国家海外殖民活动的增加，与海外领土相关的法律制度开始建立。

总体上，中世纪后期欧洲各国交往的实践促使了国际法雏形的产生，“中世纪的法律文献也开启了通往国际法的道路”①。神学家托马斯·阿奎那的正义战争学说、法学家巴托鲁斯在国际私法领域的开拓对后来国际法的形成有重要影响。16 世纪的学者维多利亚、阿亚拉、苏亚雷斯、真提利斯等开始在专著中讨论国际法问题，他们的学说为近代国际法的产生奠定了基础，因而被称为“格劳秀斯的先驱者”。

## 三、近代国际法的产生及系统化

近代国际法是近代欧洲国际关系的产物。14—16 世纪欧洲经历了文艺复兴、地理大发现和宗教改革，具有独立主权的民族国家形成，资本主义的生产关系得到发展，罗马教皇权威被削弱，都为近代国际法的产生准备了条件。

1618—1648 年，欧洲列强先后被卷入旷日持久、时断时续的大规模战争，史称“三十年战争”。这是欧洲从封建时代进入资本主义时代的转折点。为了结束战争而召开的威斯特伐利亚和会，开创了通过多边国际会议形式解决国际争端、结束战争的先例，为近代以后国际会议的普遍化提供了初步的经验。1625 年问世的格劳秀斯的巨著《战争与和平法》，系统论述了国际法的基本问题，产生了独立的国际法学体系。1648 年签订的《威斯特伐利亚和约》，破除了罗马教皇的神权统治体制，划定了欧洲各国的国界，首次确认了国家主权、独立、领土等早期国际关

---

① 努斯鲍姆．简明国际法史．张小平，译．北京：法律出版社，2011：36.

系准则，标志着近代国际法的产生，成为国际法发展中的里程碑①。欧洲各国之间的交往逐步开始遵循共同的国际行为准则。其后，资本主义生产方式随着资产阶级革命得以确立，经过工业革命和殖民扩张，资本主义的触角延伸到世界各地。正如周鲠生所指出的那样："只是到了 16、17 世纪，特别是从格劳秀斯的名著《战争与和平法》刊行以后，国际法作为法律观念才被明白认识出来；国际法的实体也自成一个包罗丰富的法律体系；而从《威斯特伐利亚和约》开始，国际法才在国际关系上成为现实的势力。在这个意义上说，国际法是近代欧洲的产物，是符合事实的。"②

18 世纪的资产阶级革命对国际法发展有很大的影响。特别是 1789 年的法国大革命，开创了近代国际法的新阶段。法国大革命期间通过了大量法律文件，其中最著名的有 1789 年发布的《人权和公民权宣言》和 1795 年提交的《国家权利和义务宣言》。两个宣言中所主张的人民主权和公民权被写入法国宪法中。虽然《国家权利和义务宣言》未被法国国民大会通过，但有关国家基本权利和义务的一系列概念和原则，包括不干涉内政原则、国家对领土的主权和对公民的管辖权等，后来逐渐得到国际社会的承认，成为国际法上的原则、规则和制度。法国大革命还摒弃了封建专制的、残酷的、陈旧的战争规章，代之以将战斗人员和平民区别对待以及战俘的人道主义待遇等全新的内容，对后来国际法的发展产生很大的影响。

进入 19 世纪，在拿破仑战争结束后，从 1815 年维也纳会议到第一次世界大战爆发前，欧洲列强发起了 30 多次多边会议，协商处理欧洲重大问题。这一时期被史学家称为"欧洲协调"（the concert of Europe）时期，对国际法的发展产生了深刻影响。

维也纳会议的目的是调整拿破仑时代终结后的欧洲各国疆域，实现欧洲均势，重建欧洲和平。1815 年 11 月，英国、奥地利、普鲁士、俄罗斯签订了《四国同盟条约》，以军事同盟的方式防范拿破仑及其家族东山再起。条约规定：为促进和保证本约之履行，亦为加强目前使四国君主团结无间以谋举世康乐之相互联系，缔约国同意定期举行会议。会议或由四国君主亲自主持，或由各自的大臣任主席，以便磋商其共同利益，并考虑各个特定时期可被认为最有益的措施，以利于各国的安宁、繁荣以及欧洲和平之维护③。就这样，欧洲大国之间形成了定期的会议外交，以解决有关共同利益的问题。作为这种大国协调机制的初步尝试，英、奥、普、俄、法五国密集地召开了 1818 年的亚琛会议、1820 年的特洛波会议、1821 年的莱巴赫会议和 1822 年的维罗纳会议。之后，欧洲协调机制中著名的国际会议包括 1856 年克里米亚战争结束后的巴黎和会、1878 年为解决近东危机而召开的柏林会议、1884—1885 年为瓜分非洲而召开的柏林会议、1906 年为解决摩洛哥冲突而召

① 努斯鲍姆．简明国际法史．张小平，译．北京：法律出版社，2011：68.

② 周鲠生．国际法．北京：商务印书馆，2018：42.

③ 王绳祖．国际关系史：第 2 卷．北京：世界知识出版社，1995：20.

开的阿尔黑西拉斯会议等。

通过上述国际会议的召开，欧洲列强不只着眼于传统上的战后善后问题，而是将调整的议题扩展到政治事务、河流管理、宗教、少数民族、殖民地等领域。在将近一个世纪的时间，持续不断的会议外交形成了多边机制的惯例，成为欧洲国家处理国际关系问题时普遍接受的方式。尽管这种大国协调的主导权掌握在英、奥、俄、普、法五强手中，本质上是一种强权政治，但会议协调与战争相比毕竟是一种进步。客观上，欧洲协调机制对维持欧洲近百年的大国均势和相对稳定的局面起到了重要作用。这一时期通过了大量的国际条约，尤其是非政治性的条约大幅增长，如通商条约、领事条约、引渡条约，以及关于金融、邮政、电报、交通、捕鱼、版权、专利的条约，等等，国际法的迅速扩张与国际条约的增长相伴①。同时，这一时期发展了会议外交，使定期或不定期的会议成为一种制度，在实践中形成了许多新的议事规则，其具体运作形式为国际组织的出现提供了可资借鉴的经验。

1899 年和 1907 年的两次海牙和会，是在 19 世纪末 20 世纪初帝国主义国家瓜分世界、争夺霸权的背景下召开的。尽管两次海牙和会没有能够解决裁军和军备问题，会场上赞美和平的言辞也无法阻挡迫在眉睫的战争的步伐，但是，海牙和会在国际法历史上第一次成功地进行了有组织的编纂工作。1899 年第一次海牙和会通过了 3 个公约和 3 项宣言，1907 年第二次海牙和会通过了 13 个公约。作为第一次海牙和会的重要成果，常设仲裁法院于 1900 年正式成立。这是第一个具有开创性意义的现代国际司法机构。从此，海牙成为令人瞩目的国际司法中心。

与欧洲协调时期的多边会议相比，海牙和会不是战争结束后的总结和反思，而是平时召开的和平会议，是主动采取的预防性外交活动，其目的是限制军备，防止战争，减少战争伤害，寻求和平解决国际争端的办法。与会国突破了欧洲的范围，几乎包括当时世界上所有获得承认的民族国家。第一次海牙和会有 26 个国家参加，包括亚洲 4 国、美洲 2 国和欧洲 20 国。第二次海牙和会有 44 国参加，其中欧洲 21 国、美洲 19 国、亚洲 4 国。这是有史以来重大多边国际会议中，欧洲以外国家的参与数目首次超过欧洲国家，这意味着 19 世纪末 20 世纪初的国际多边活动已经开始摆脱欧洲地区主义而具有世界性了。“海牙会议实构成国际法与国际关系进展史上的一个重要界石，在平时竟能集合几乎全世界各国代表于一堂，讨论它们共同利益的问题，并专为促进世界的正义与和平，这在有史以来尚为第一次。”② 弱肉强食是帝国主义时代的通行法则，国际关系以欧美列强压迫亚非拉殖民地半殖民地国家作为基本特征。在海牙和会上，与会国不论大小强弱，均享有投票权；程序上，除建议案之外的所有决议案都要求全体与会国一致同意才得通过。亚洲、拉美的国家第一次被承认与欧美列强国家处于法律上的平等地位。尽管欧美列强仍是海牙和会实际的操纵者，但在表面上各国是平等的，这对革新国际关系观念具有积极作

① 努斯鲍姆．简明国际法史．张小平，译．北京：法律出版社，2011：150－151.

② 陶樾．现代国际法史论．北京：北京大学出版社，2012：23.

用。此外，作为国际会议，海牙和会在召开程序和技巧方面达到了前所未有的水平。比如，分组讨论、唱名表决等会议方式后来被广泛运用于国际组织的运作；为了弥补全体一致表决原则产生的低效率弊端，第二次海牙和会提出了准一致原则，即弃权票不被视为反对的原则，这成为全体一致表决原则向多数表决原则转变的开始。可以说，海牙和会的实践与理念，对国际法的演变产生了深远影响，为20世纪现代国际法的变革准备了条件。

近代国际法迅速发展的同时，也出现了践踏国际法、阻碍国际法向和平、民主、正义方向发展的行为。随着19世纪后期资本主义发展到帝国主义阶段，帝国主义国家对外实行掠夺和侵略政策，在实践中产生了一些与帝国主义政策相适应的反动成分，如所谓正统主义、保护关系、势力范围、合法干涉、领事裁判权、租借地、租界以及不平等条约制度等，都是帝国主义强权政治在国际法上的表现。

总体上，近代国际法取得了前所未有的重大发展，成为包括一系列原则、规则和制度的独立的法律体系。首先，调整国际关系的重要的国际法原则得到确立，如国家主权原则、主权平等原则、不干涉内政原则、条约必须遵守原则、和平解决争端原则等，奠定了发展至今的整个国际法体系的基础。其次，国际法的内容和领域得到了充分扩展，常驻外交使节制度、永久中立制度、国际会议制度、国际仲裁制度等进一步完善，条约法、战争法获得发展，海洋自由原则得到确认，政府间国际组织开始涌现。最后，国际法的适用范围开始超出欧洲，扩大到美洲，以及中近东、远东的一些亚洲国家，适用的主体范围有所增加，但仍长期处于欧洲中心主义主导之下①。

## 四、现代国际法的普遍化

第一次世界大战成为国际法史上的转折点，标志着近代国际法向现代国际法的过渡，两者的主要区别在于：第一，国际社会是否有组织；第二，战争是否合法。具体而言，第一次世界大战后成立的国际联盟，作为有史以来第一个以维护世界和平与安全为宗旨的普遍性国际组织，是国际社会组织化的重要进展。与此同时，国家的战争权开始受到限制，直至第二次世界大战后被废止。与近代国际法相比，现代国际法的原则、规则和制度发生了本质性的改变。

第一次世界大战的爆发严重践踏了国际法，暴露了战时国际法的脆弱。“卢梭关于战争使国家间的竞争的概念消失了，取而代之的是‘总体战’的思想。这种思想将交战国中的每一个国民卷入战争之中，与此同时，由战争带来的冲击不可避免地波及中立国，沉重地粉碎了它们的法律地位。”② 战争中使用了新式的武器和战法，传统国际法的规范无力应付。惨痛的经验和教训成为国际法变革的动力。战争

① 杨泽伟．国际法史论．北京：高等教育出版社，2011：81.
② 努斯鲍姆．简明国际法史．张小平，译．北京：法律出版社，2011：191.

期间发生的俄国十月革命深刻影响了国际法和国际关系的进程。苏维埃政权在其颁布的对外政策文件中提出民族自决原则、和平共处原则、不使用武力原则、禁止侵略战争原则、尊重人权和基本自由原则等重要内容，发表废除秘密外交、废除不平等的主张，为国际法发展注入民主进步的因素。1918 年 1 月，美国总统威尔逊发表《十四点和平纲领》，提出公开外交、公海自由、消除贸易障碍、限制军备、平等对待殖民地人民等 14 点和平原则。《十四点和平纲领》在国际关系中被视为理想主义的典范，对国际法的进步有重要意义。

1919 年 1 月 18 日，巴黎和会开幕。在威尔逊的建议下，1 月 25 日，巴黎和会决定创设国际联盟（简称国联），设立国际联盟盟约起草委员会，推举威尔逊为盟约起草委员会主席。4 月 28 日，经过审议、修正后的《国际联盟盟约》草案在巴黎和会全体会议上一致通过，并且作为各项和约的组成部分于 1920 年 1 月 10 日随对德《凡尔赛和约》的生效而自动生效。据此，国联宣告成立。成立初期，有关国家为解决战争遗留下来的政治问题、边界问题以及条约解释的问题向国联提出了 30 余起国际争端。经过国联有关机构的斡旋、调停，大多得到了解决或缓和。国联下设的裁军会议筹备委员会从 1926 年到 1930 年召开了 7 次会议，讨论了各种军备问题、军费限制问题和交换信息问题等。尽管国联裁军谈判没有取得实质性成就，但长达 4 年的进程反映了世界主要国家的裁军政策与策略。其间，1928 年签订的《非战公约》宣布废弃战争作为实现国家政策的工具，对现代国际法的发展产生了积极影响。

此外，国联下设国际常设法院，负责审理国联会员国提出的属于国际性质的争端，并且可以就国联行政院或大会提出的事项或问题发表咨询意见，是国联组织体系中一个具有高度自主性的司法机构。同时，国联的成立极大地推动了国际法的编纂工作。“国际法的编纂是指国际法的法典化，即把国际法的原则、规则和制度编制成为系统化和成文化的条文。”① 早期的国际法编纂工作是由国际法学家和学术团体进行的非官方编纂，维也纳和会之后开始有了官方的国际法编纂。但国际法真正意义上的法典化是从国联开始的。1924 年国联任命了一个由 17 名法学家组成的委员会负责研究国际法的编纂问题。该委员会 1927 年提出报告，建议就国籍、领水、国家责任、外交特权与豁免、海盗等问题进行编纂。1930 年 3 月，国联国际法编纂会议在海牙召开，为现代国际法的法典化提供了有益的经验，成为国际法史上的里程碑。

作为两次世界大战之间国际关系的重要参与者，国联未能实现其维护和平、阻止战争的宗旨。第二次世界大战的爆发，就是国联失败的明证。尽管如此，国联是第一个全球性的国际政治组织。它的诞生，凝聚了数百年来无数追求和平的理想。它的失败，既是当时历史条件下弱肉强食现实的客观必然，也是由其本身结构和体制上的缺陷造成的。在国际法的发展历史上，国联具有不可低估的重要地位。它是

---

① 《国际公法学》编写组．国际公法学．2 版．北京：高等教育出版社，2018：58.

集体安全制度的初步实践，尝试在国际事务中运用和平解决国际争端的各种方式，将国际合作的观念延伸到社会和经济更多、更广泛的领域，推动了国际法的普遍化与法典化。

第二次世界大战的战火没有摧毁人们对和平的渴望，《联合国宪章》的诞生和联合国的建立表明现代国际法进入新的阶段。《联合国宪章》是联合国的法律依据，规定了联合国的宗旨、原则、组织结构、职权范围和活动程序，《联合国宪章》第 1 条将联合国的宗旨规定为维护国际和平与安全、发展各国间的友好关系、促进国际合作、协调各国行动。为了实现上述宗旨，《联合国宪章》第 2 条规定了联合国及其会员国应作为法律义务而遵循的 7 项原则，即主权平等原则、善意履行宪章义务的原则、和平解决国际争端的原则、禁止以武力相威胁或使用武力的原则、集体协助原则、保证非会员国遵守宪章原则、不干涉内政原则。这 7 项原则已经通过国际关系实践被确认为现行国际法基本原则的核心，《联合国宪章》也因此确立其现代国际法中的权威地位。具体而言，第二次世界大战后国际法发展表现出以下特点：

第一，国际法适用于整个国际社会，具有了真正意义上的普遍性。20 世纪五六十年代，民族解放运动蓬勃发展，亚非拉民族独立国家大量涌现，殖民体系瓦解，改变了国际社会的结构。大量民族独立国家成为国际法的平等成员，国际法中殖民体系的陈旧内容逐渐被摒弃，从而真正摆脱欧洲中心主义。传统的基督教文化主导的国际法体系，让位于世界各种不同文化共同平等参与的体系。“国际法律秩序适用于整个由国家组成的国际社会，并在这个意义上具有普遍的性质。”① 在民族独立国家的参与下，民族自决原则、国家主权原则得到世界各国的公认，民族独立国家的立场与主张对海洋法、外交关系法、外层空间法等国际法分支的形成和发展做出了有益贡献。同时，战后主权国家不再是国际法唯一的主体，除了新独立国家带来的主体数量增加，国际法上的非国家行为体爆炸性增长。尤其是以联合国为首的国际组织活跃在国际关系的各个领域，“形成了一个巨大的国际组织网，出现了国际社会组织化的一种新趋势”②。由于国际组织职能的扩张，国际法主体和国际法渊源的范围都得到扩展。除了国家间的关系，还有国家与国际组织之间以及国际组织彼此之间的关系，从而形成了新的国际法规范。

第二，国际法的调整范围大大拓展，内容重心从传统的调整政治、军事关系为主延伸到经济、社会、文化、环境、科技等非传统领域。20 世纪以前的国际法主要就是战争法，从海牙和会到《非战公约》再到《联合国宪章》，国际法经历了从对战争法规的完善到对战争的限制，直至对战争权的废弃的过程。此后，“国际法的重心由对战争本身的规制转向了对和平秩序的制度设计”③。随着国家间的经济

---

① 詹宁斯，瓦茨．奥本海国际法：第 9 版：第 1 卷：第 1 分册．王铁崖，陈公绰，汤宗舜，等译．北京：中国大百科全书出版社，1995：50.

② 梁西．国际组织法（总论）.5 版．武汉：武汉大学出版社，2001：328.

③ 曾令良，余敏友．全球化时代的国际法：基础、结构与挑战．武汉：武汉大学出版社，2005：84.

关系逐渐成为战后国际关系的主体内容，国际法越来越深地涉及国际经济关系。国际经济组织成为国家间合作的经常形式，有关国家间经济关系的法律原则、规则和制度形成了国际法的新分支——国际经济法，内容涉及自然资源、货币金融、国际投资、国际贸易、经济援助、技术转让等。谋求建立国际经济新秩序也成为国际法的主题之一。民族独立国家政治上获得独立后，要求得到经济上的发展，为打破不公正、不合理的国际经济关系，掀起了建立新国际经济秩序的运动。1974 年第六届特别联合国大会通过了《建立新的国际经济秩序宣言》和《建立新的国际经济秩序行动纲领》，同年第二十九届联合国大会通过了《各国经济权利和义务宪章》，1975 年第七届特别联合国大会通过了《发展和国际经济合作的决议》，为建立国际经济新秩序奠定了法律基础。现代科学技术的迅猛发展拓宽了人类的生存空间和活动范围，扩展了国际法的领域，一方面促使原有的国际法原则、规则和制度在广度和深度上发生了变化。另一方面促使国际法产生新的分支，形成新的原则、规则和制度。

第三，国际法的强制性增强。20 世纪以前，国际法几乎完全由任意法组成，国家之间的协定可以任意不适用或改变。第二次世界大战后，具有普遍和绝对效力的国际强行法的规范出现了。1969 年《维也纳条约法公约》第 53 条规定：“一般国际强制规律指国家之国际社会全体接受并公认为不许损抑且仅有以后具有同等性质之一般国际法规律始得更改之规律”，而且“条约在缔结时与一般国际法强制规律抵触者无效”。强行法的概念获得法律确认，禁止使用武力、禁止奴隶买卖、禁止海盗行为、禁止种族灭绝行为等原则被国际社会公认为属于强行法范畴。《联合国宪章》赋予安理会采取强制行动维持和平与制止侵略的权力，在 70 多年的实践中发展出外交制裁、经济禁运、交通限制、武力打击和刑事制裁等多种强制措施，有效提升了国际法的强制性。2002 年国际刑事法院正式运行，标志着国际刑法作为国际法分支的重大进展，体现了国际法对惩治严重违反国际人道法行为具有的强制效力。

第四，国际法日益系统化、法典化。《联合国宪章》第 13 条提出联合国大会具有“提倡国际法之逐渐发展与编纂”的职能。“逐渐发展”被定义为：就国际法尚未订立规章或各国惯例尚未充分发展呈法律的各项主体，拟订公约草案；“编纂”被定义为：更精确地制定并系统整理广泛存在国际惯例、判例和学说的国际法规则。这意味着联合国大会不仅局限于对已有习惯法规则的编纂，而是将责任扩大到国际法新领域的逐渐发展中。实际上，国际法的逐渐发展与编纂的界限并不能截然分开。在联合国大会的主持下，国际法的系统化、法典化进程得到有组织、有计划地推动。联合国大会通过下属专业机构对各个领域、各个专题的国际条约、习惯、一般法律原则、司法判例进行整理和研究，拟订一系列国际公约草案交由大会审议，再通过主权国家签署、批准并达到法定生效条件成为国际法。联合国大会下设的国际法委员会，是负责促进国际法逐渐发展与编纂的主要机构。自 1949 年正式运作以来，国际法委员会在外交关系法、领事关系法、条约法、海洋法等领域表现得尤为突出，使国际法的法典化程度达到前所未有的水平。

国际法随着国际关系的发展不断演进。进入 21 世纪，国际关系经历着深刻的变化。“世界正处于大发展大变革大调整时期，和平与发展仍然是时代主题。世界多极化、经济全球化、社会信息化、文化多样化深入发展。”① 同时，世界面临的不稳定性不确定性突出，以《联合国宪章》宗旨和原则为基础的国际法权威性仍在遭受破坏。逆全球化、单边主义、保护主义肆虐，恐怖主义、气候变化、网络安全、流行性疾病等全球性问题层出不穷。和平赤字、发展赤字、治理赤字、公平赤字仍是摆在全人类面前的严峻挑战。国际法作为全球治理的重要工具和国际秩序的重要载体，肩负的期望与使命越来越大，将为世界和平与发展、人类文明与进步做出更大的贡献。

## 第三节　国际关系影响国际法的因素

国际法是国际关系的组成部分，国际关系中政治、经济、科技、文化等因素的发展变化推动国际法的演进与调整，构筑起国际法的社会基础。同时，“法律是国际事务中的一个重要力量：各国在它们的关系中的每一个方面都依赖它、引用它、遵从它，并受它的影响”②。国际法与国际关系相伴而行，形成相互促进、相互制约的关系。

### 一、国际政治对国际法的影响

法律与政治密切联系。两者同为上层建筑，法律本质上是由政治决定的。“任何法律体系无不反映政治体系中的政治主张；国际法则反映了国家间体系的政治主张。”③ 国际法是法律的一个特殊部门。国际法植根于国际社会，既是国家间关系的产物，又反过来作用于各种国家间关系，具有鲜明的国际政治属性。从这个角度而言，“法律就是政治”④。

国际法与国际政治都属于国际关系的范畴。国际法是调整国际关系的法律体系，而国际政治是全球范围内战争与和平、冲突与合作、动乱与秩序等现象和关系的统称，往往被视为国际关系中最重要、最核心的组成部分。虽然国际法已有数百年的发展历史，并且在国际关系实践中无处不在，但由于国际政治在国际关系中占据支配地位，国际法往往遭到忽视与否定。国际关系的现实主义学派，将国际政治等同于权力政治，认为“国际法的出现是一种附带现象，它受制于因追逐权力的各

---

① 习近平．决胜全面建成小康社会 夺取新时代中国特色社会主义伟大胜利：在中国共产党第十九次全国代表大会上的讲话．北京：人民出版社，2017：58.

② LOUIS H. How nations behave：law and policy. 2nd ed. New York：Columbia University，1979：4.

③④ 亨金．国际法：政治与价值．张乃根，马忠法，罗国强，译．北京：中国政法大学出版社，2005：5.

国的意志而发生的短期变化”[①]。现实主义国际关系理论的创始人汉斯·摩根索在《国家间政治：权力斗争与和平》一书中否定国际法的独立性，认为国际法的存在及其运作，取决于两个分散性的因素：第一是各国利益的一致或互补，第二是国家间的权力分配。“没有利益的协调与权力的平衡就没有国际法。”[②] 英国学者赫德利·布尔也曾经指出：“国际法迁就国际政治的倾向，并不是某个聪明透顶的国际法教授的杰出工作或者国际法委员会的某个巧妙的报告就可以克服得了的，它是一个不可医治的毛病。”[③] 诚然，国际政治对国际法的影响和制约是毋庸置疑的，但是，并不能因此否定国际法的独立性。国际法不是国际政治的附庸，其法律约束力为国际关系带来稳定性和可预见性。国际法一经确立，就对国际政治产生规范作用。

在国际法形成发展的过程中，国际政治的影响无处不在。没有政治上拥有独立主权的民族国家，就不可能形成具有完整体系的国际法。1648 年签订的《威斯特伐利亚和约》标志着主权国家的诞生，是国际政治的重大历史事件，也是国际法发展的里程碑。此后两个多世纪里，欧洲列强在国际政治中占据主导地位，国际法只适用于欧美基督教国家之间，广大的亚非拉弱小国家或所谓的“非文明国家”被排斥在国际法的适用范围之外。进入 20 世纪，帝国主义一统天下的局面被逐渐打破。第二次世界大战后，民族独立国家大量涌现，国际社会的政治结构发生了巨大变化，国际法也发生了根本性的变化。广大民族独立国家不仅取得了国际法主体资格，而且在国际法实践中发挥着重要作用，推动国际法原则、规则和制度朝着民主化、平等化方向发展。传统上被大国控制为其垄断利益服务的国际法，演变成为广大中小国家反对强权政治、制约大国为所欲为、参与国际事务、维护自身利益和国际正义的重要武器。

这种转变的发生在一定程度上归因于国际政治对国际条约和国际习惯的直接影响。国际条约和国际习惯是国际法的主要来源。国家间签订条约是国际法上确定权利与义务的主要方式。国际社会没有立法机构，无论是双边条约，还是多边条约，当事国的同意是条约生效的决定性因素。换言之，国家的同意是国际法上确定权利与义务的主要方法，这是国际法无法摆脱国际政治影响的根源。习惯是法律古老的渊源。国家行为是国际习惯产生的前提，“必须看看各国在彼此关系上实际上是如何行为的，同时还需要理解它们为什么这么做，尤其是查明它们是否承认有义务这么做”[④]。因此，绝大多数国际习惯符合多数国家的利益甚至是全人类共同的价值追求。从上述主要渊源来看，主权国家的政治意愿在很大程度上决定国际法的内容

① 罗伊-斯米特，斯尼达尔．牛津国际关系手册．方芳，范鹏，詹继续，译．南京：译林出版社，2019：666.

② 摩根索．国家间政治：权力斗争与和平：第 7 版．徐昕，郝望，李保平，译．北京：北京大学出版社，2006：311.

③ 布尔．无政府社会：世界政治秩序研究：第 2 版．张小明，译．北京：世界知识出版社，2003：73.

④ 克拉彭．布赖尔利万国公法：国际法在国际关系中的作用简介：第 7 版．朱利江，译．北京：中国政法大学出版社，2018：35.

和结构，国际法规范的形成过程就是主权国家意志协调的过程。

国际政治中霸权主义、强权政治的存在长期制约着国际法的发展。历史上，霸权主义、强权政治曾经在近代国际法中留下深刻的烙印。20 世纪的两次世界大战，正是帝国主义国家公然无视国际法的极端体现。第二次世界大战后，国际政治朝着进步的方向发展，建立起了以国家主权平等原则为基石的现代国际法体系。但是，国际政治中以强凌弱的行径时有发生，国际法的基本原则经常遭受践踏，以《联合国宪章》宗旨和原则为基础的国际法权威性仍在遭受破坏。当今世界发生的各种对抗和不公，不是因为《联合国宪章》宗旨和原则过时了，而恰恰是因为这些宗旨和原则未能得到有效履行。国际政治的局限性构成对国际法作用的严重干扰。

尽管如此，国际法在国际关系中的独立价值和作用仍是不容抹杀的。国际法为国家间关系提供制度框架，调整国家间的各种权利义务关系，从而设定国际政治的运行模式，指导并约束主权国家和其他行为主体的对外行为。法律往往反映其运作的社会条件和价值取向。国际法将国际社会对民主、平等、公正等价值的追求法制化，其价值标准和评判程序具有相对独立性，从而明确界定国际社会中的是非曲直，成为国际政治中秩序、稳定的支柱。从这个角度讲，“国际政治和国际法之间的关系，是一种相互强化和相互渗透的关系”①。

## 二、世界经济对国际法的影响

根据马克思主义原理，法律作为上层建筑的组成部分，其产生发展、本质和特征都受经济基础的决定和制约。“在社会发展某个很早的阶段，产生了这样一种需要：把每天重复着的产品生产、分配和交换用一个共同规则约束起来，借以使个人服从生产和交换的共同条件。这个规则首先表现为习惯，不久便成了法律。”② 这个原理同样适用于国际法和世界经济的关系。国际法律关系归根结底受国际社会的经济结构的支配。反过来，法律对经济具有反作用。国际法原则、规则和制度在世界经济领域的运行，在一定程度上能够缓和各种矛盾激化给世界经济带来的冲击，成为各国在国际经济交往中的行为规范，促使世界经济朝着规范化的、良性互动的方向发展，并带动国际关系其他领域的秩序与稳定。

世界经济是通过国际分工、国际贸易、金融往来、技术和劳动力流动等经济活动形成的一定的国际生产关系的统一体。在资本主义生产方式出现之前，生产力水平低下，不存在国际分工和世界市场，也就不可能形成世界经济。近代国际法是资本主义经济的产物，反映欧美工业国家的意志。19 世纪末 20 世纪初，资本主义经济活动逐步国际化，欧美国家凭借先进的工业、技术和雄厚的经济实力，以殖民统治和海外贸易为手段，建立了以欧洲为中心、世界其他地区为外围的世界经济体

① 熊玠．无政府状态与世界秩序．余逊达，张铁军，译．杭州：浙江人民出版社，2001：268.

② 马克思，恩格斯．马克思恩格斯选集：第 3 卷．2 版．北京：人民出版社，1995：211.

系。直到第二次世界大战爆发前，由于国际社会的组织化程度低，欧美国家之间虽已达成一些通商条约和贸易协定，但约束力弱，各国在经济领域一般只根据各自的经济政策行事。世界经济基本上处于弱肉强食法则支配下的无法律状态，以邻为壑的经济民族主义泛滥是诱发战争的重要因素。1944 年 7 月，国际货币金融会议在美国布雷顿森林镇举行，此后国际社会开始着手调整资本主义国家间的货币金融关系。战后初期，国际货币基金组织和世界银行成立，《关税与贸易总协定》得以签署。三大机制所确立的金融货币和贸易规则是世界经济运行规则的主要体现，由此开启了运用国际机制调整国家间经济关系的新时代。随着各国经济关系相互渗透和相互依存的加深，调整国际经济关系的法律原则、规则和制度迅速发展成国际经济法。作为国际法的新分支，国际经济法推进了世界经济领域的协调与合作，内容包括国际贸易法、国际投资法、国际货币金融法、国际税法、国际运输法、国际经济组织法等。

世界经济的发展不仅扩展了国际法的领域，而且推动国际法的原则、规范朝着更加公正、合理的方向发展。由于经济发展不平衡的基本规律，国际经济关系在第二次世界大战后经历了深刻变化，日益由纵向的垂直依附向横向的相互依存发展，形成一个你中有我、我中有你、一荣俱荣、一损俱损的密切联动的大系统。发展不平衡既是发展速度上的差距，又是发展水平、经济实力的差距。不平衡规律意味着后进国家可能利用后发优势，赶上甚至超过先进国家，打破原有的格局。战后初期，美国在世界经济中占据压倒性的优势地位，得以按照自己的设想构筑国际经济法的制度框架，确保对经济规则的控制权。20 世纪 60 年代后，西欧国家和日本在经济实力上缩小了与美国的差距，资本主义经济从一枝独秀向三足鼎立演变。民族独立国家为谋求经济发展，不甘于依附地位，展开了争取建立国际经济新秩序的斗争。国际经济关系的这种深刻变化，必然反映到国际法中，进一步修正、丰富了国际法的原则和规范。比如，民族独立国家推动联合国大会先后通过《天然资源之永久主权》、《各国经济权利和义务宪章》及《建立新的国际经济秩序宣言》等文件，确认了每个国家对自己的财富、自然资源和一切经济活动拥有充分的永久主权。这一经济主权原则是对国家主权平等原则的重要补充。再比如，第二次世界大战后国际经济合作日益活跃，其法律形式主要表现为国家间签订的双边或多边经济条约，以及根据条约而建立的形形色色的国际经济组织。频繁的国际经济合作以及国际经济组织的实践，充分体现了国家间相互依存、共同发展的要求，强化了国际合作原则的重要性，对国际法的发展起着显著的促进作用。

20 世纪 80 年代末 90 年代初，冷战的结束使真正意义上的世界市场得以形成，新科技革命掀起高潮，世界各国将国际竞争的重点从军备竞赛转向经济领域。“人类历史上第一次出现了任何东西都可以在世界上任何地方生产并销售到世界各地的现象。”① 经济全球化推动全球范围内进行更优化的资源配置，不断催生错综复杂的跨国经济分工与合作关系，跨国公司、私人机构等非国家行为体越来越多地参与国际经济合作，打破传统上国际经济关系由国家垄断的局面。以国家间关系作为主要调整对象的国际法，面临拓展其调整范围和价值追求的严峻挑战。

## 三、科学技术对国际法的影响

科学技术是人类进步的工具，也是法律发展的动力。一方面，科学技术作为社会生产力，推动生产发展，从而通过国际经济关系的变化对国际法产生间接影响；另一方面，科学技术的新进展、新突破直接作用于国际法，旧的原则、规则和制度被修改，新的原则、规则和制度以及国际法分支得以产生②。科学技术的发展水平不仅制约国际法的内容，而且影响国际法的价值标准。

古代社会科技水平低下，不同地域之间的交往有限，国际法萌芽处于零散状态，并与宗教、道德观念紧密相连。近代科技的迅速发展，在物质上加速了资本主义经济的扩张，为各国之间的交往提供了更为便利的交通和通信手段，大大丰富了国家间政治、经济、社会交往的内容。在思想观念上，科技进步打破了宗教神权的束缚，随着人类认识和利用资源能力的提升，人们能够以更加科学理性的方法来看待国家之间的关系。

近代国际法的演进与同时期科技水平的提高是分不开的。历次科技革命都会引起生产力变革以及社会生产形式和内容的改变，加深全球范围内政治和经济的联系，往往成为国际秩序转换的先导。18 世纪中叶以蒸汽机的发明和广泛应用为标志的第一次科技革命，带来机器制造业的蓬勃兴起，由此产生商品过剩和市场狭小的矛盾，单一的民族经济开始挣脱国界的束缚。欧洲资本主义国家就此确立起在世界上的霸主地位，以欧洲为中心的国际关系体系由此产生。19 世纪下半叶以电力的广泛应用为主要标志的第二次科技革命，加深了资本主义国家的生产社会化程度，资本主义由自由竞争向垄断过渡，整个世界形成了以少数欧洲国家为统治者的、对世界上绝大多数地区实行殖民压迫的全球体系，并由此引发西方列强之间的争霸战争以及反殖民反压迫的民族解放运动。第三次科技革命始于 20 世纪 40 年代，在第二次世界大战和冷战的接连刺激下，原子能、电子技术、空间技术获得长足发展。这次科技革命的竞争影响了美苏争霸和东西方对抗的结果，同时，原子能的应用为社会经济生活提供了新的能源，电子计算机和人造卫星的应用引起了交通和通信的革命性发展，从而推动了社会生产力的进步，扩大了国际分工的规模，加剧了世界经济发展不平衡的现象。几个世纪以来，每一次科技的重大突破，都会对

---

① 瑟罗．资本主义的未来：当今各种经济力量如何塑造未来世界．周晓钟，译．北京：中国社会科学出版社，1998：112.

② 邓正来．王铁崖文选．北京：中国政法大学出版社，2003：14.

国际经济关系和国际权力结构带来根本性的改变，进而对国际法的发展产生影响。

科技进步不断为人类活动开辟新的领域，国际法原则、规则、制度适用的广度和深度随之扩大，海洋法、外层空间法、国际环境法、知识产权保护等都是直接受到科技因素影响的国际法分支。

海洋法本是国际法的古老分支。近代海洋法的形成和发展得益于地理大发现，是建立在航海技术以及相关科技发展的基础之上的。第二次世界大战后，海洋科技发展更加迅猛，旧的海洋法律秩序远不能满足人类利用海洋的需求。借助现代科技，各国对海洋的利用向纵深延伸到海床洋底。大陆架、专属经济区、国际海底区域等属于现代海洋法的新概念陆续被提出，并确立起在海洋区划中的法律地位；公海自由传统上只有航行自由、捕鱼自由两项，1958 年日内瓦《公海公约》增加了铺设海底电缆和管道的自由和飞行自由，1982 年《联合国海洋法公约》又补充了建造国际法所容许的人工岛屿和其他设施的自由、科学研究自由两项。

外层空间法是 20 世纪 50 年代人类开始外层空间探索之后出现的新的国际法分支，它的形成发展与人类航天科技的进步是分不开的。美苏两个超级大国在外空的竞争引起国际社会对外层空间立法的重视，外层空间是人类共同利益所在、自由探索和利用、各国不得将外层空间和天体据为己有等观念和原则得到确认。随着航天高科技的进步，卫星遥感地球问题、地球静止轨道的利用问题、卫星直接电视广播问题、空间碎片问题、空间商业化中的责任问题等，都需要国际法的进一步规范。

国际环境法同样是科技发展的产物。科技使人与自然的关系更加密切，增强了人类利用、改造自然的能力，同时也加剧了环境污染、温室效应、臭氧层空洞等不可避免的负面效应，对人类赖以生存和发展的生态环境施加了空前的压力。环境问题无国界，国际合作是环境保护的必由之路。20 世纪 70 年代后，有关国际环境保护的原则、规则和制度迅速形成新的国际法分支，调整范围逐渐囊括所有的全球环境问题。而随着环境问题日益与经济发展、社会进步相统筹，国际环境保护中提出的可持续发展原则，在国际法和国际关系中确立起牢固的指导地位，成为国际社会公认的、具有普遍意义的法律原则。

综上，科技缩短了世界在时间和空间上的距离，使各国之间的相互依存关系更加紧密，开拓了人类活动的新领域，必然引起国际法理念和内容的相应变化。当前世界正在经历信息革命，互联网作为陆地、海洋、空气空间、外层空间之外的第五大人类活动空间，正在深刻改变人类的工作方式、生活方式和思维方式。信息技术、智能技术、网络技术方兴未艾，新的科技革命浪潮正在史无前例地影响国际政治、经济、社会的发展，给现有的法律规范带来巨大冲击。全球范围内的网络安全、网络犯罪、网络秩序等问题亟待解决，有关网络空间的新的国际法分支正在形成。国际法的发展经常滞后于科学技术的进步，不能很好地适应国际社会的需要。

这在很大程度上是由科学技术的进展所带来的严重的利益冲突所导致的[1]。科技进步需要法律的规范，法律不仅能够保护科技成果，而且能够调整那些因科技发展不平衡而加剧的冲突。信息时代的科技发展，更需要充分发挥国际法的作用，使之朝着为全人类谋福利的方向演变。

## 四、文化对国际法的影响

纵观历史，国际关系的变迁与文化的演进有直接关系。所谓文化，根据联合国教科文组织在《世界文化多样性宣言》中的定义，是“某个社会或某个社会群体特有的精神与物质、智力与情感方面的不同特点之总和，除了文学和艺术外，文化还包括生活方式、共处的方式、价值观体系、传统和信仰”。世界各国、各民族在长期历史发展过程中，形成了各种各样、多姿多彩的文化。不同的文化产生不同的政治经济社会结构，导致不同的对外行为模式，造就不同的国际秩序。越是先进的、发达的文化，对国际关系的作用越明显。历史上，古希腊罗马文化、中国的儒家文化和近代西方文化都曾以自身活力产生辐射。文化关系是国际关系的重要内容，也是影响国际法演变的重要因素。

近代国际法带有强烈的欧洲地域色彩，“最初起源于基督教国家之间，而且几百年来只限于这些国家”[2]。自罗马帝国崩溃后，基督教思想得到广泛传播和认同。中世纪政治上分裂、割据的欧洲，在文化和精神上呈现出整体性。基督教以一种统一的宗教理念调整世俗政权的行为方式，指导人民的思想，缓和世俗政权之间的矛盾。尽管教会否定王权的相互独立，阻碍国家的形成，不利于国际法的发展，但是作为文化价值观念和哲学思想体系的基督教教义，具有超越地理、语言、民族界限的属性，有助于欧洲各国接受统一的道德规范，构成近代国际法产生的意识形态基础。这一时期的神学家、法学家们的著作及其自然法学说、正义战争论、条约信守原则等对国际法产生了持久的影响。1648 年威斯特伐利亚和会在欧洲大陆建立了国际关系史上第一个主权平等的国际体系，共同的文化传统和宗教信仰推动欧洲各国在政治和外交交往中迅速形成具有约束力的法律规范。18 世纪工业革命进程强化了欧洲各国的经济联系，将彼此之间的行为规范扩展到经济社会领域。到 19 世纪中叶，欧洲中心的国际法体系已经形成，欧洲各国享有共同的权利和义务，遵循共同的国际法原则、规则和制度。因此，历史上，国际法也被称为欧洲国际法。

伴随着欧洲列强通过自由贸易和殖民主义向全世界扩张，以欧洲为中心的国际法开始向世界范围扩散。1856 年，克里米亚战争结束后，英国、法国、奥地利、

---

① 杨泽伟．国际法史论．北京：高等教育出版社，2011：326.

② 劳特派特．奥本海国际法：第 8 版：上卷：第 1 分册．王铁崖，陈体强，译．北京：商务印书馆，1971：32.

普鲁士、俄国、土耳其等国签署《巴黎和约》。土耳其获准分享欧洲协调集团的利益，各大国尊重并集体保证奥斯曼帝国的独立和领土完整。土耳其成为第一个被允许加入欧洲国际法体系的非基督教国家，近代国际法迈出了走向世界性的第一步。于是，这一时期，国际法的适用标准从基督教转向所谓“文明国家”，被定义为文明国家遵循的行为规则。广大的殖民地国家和地区被视为处于非文明、半文明甚至是野蛮状态，被排斥在国际法的适用范围之外。而国际法上所谓“文明国家”的标准主要有：（1）文明国家保障基本的权利，即生命、尊严、财产、旅行、经商和宗教信仰的自由，尤其是外国侨民的权利；（2）文明国家作为有组织的政治机构而存在，它具有维持国家机器运转的效能，具有组织自卫的能力；（3）文明国家全面遵守国际法，包括战争法，同时维持国内的法庭与法规体系，颁布法令以保障司法公正，同等对待外国人和本国人；（4）文明国家通过维持长期有效的对外交流和沟通的渠道，履行国际社会的义务；（5）文明国家遵守已经认可的文明国际社会准则，殉夫、多妻、奴隶制都是不文明的①。上述标准用西方国家的文化传统和价值观念掩盖其对外殖民扩张的本质，将非西方国家排除在西方主导的国际法体系之外。“从国际法的角度来解读文明就意味着没有国际法的时代就是野蛮的时代，而不接受国际法的民族就是野蛮的民族。”② 两次世界大战的悲剧使得“文明”和“文明国家”的概念受到质疑，非基督教和非欧洲文化对国际法的影响逐步得到承认。文化差异不再是国际法适用的标准，非西方国家成为国际社会中拥有平等主权地位的大多数，国际法开始真正具有普适性。

现代国际法“不承认国际社会成员资格以宗教、地理或文化不同为依据的差别”③。也就是说，世界各国均为国际社会的平等成员，享有国际法上的权利，承担相应的国际法义务，接受国际法的调整，参与国际法的发展与编纂工作。联合国作为最具代表性和权威性的国际组织，主持通过了大量公约、条约、宣言和决议，成为促进不同文化间交流与合作、凝聚国际社会共同价值观念、推动国际法革新的主要平台。当前，文化多样性已成为国际法的重要价值目标。2001 年联合国教科文组织通过《世界文化多样性宣言》，明确指出文化多样性是人类的共同遗产。2005 年联合国教科文组织通过《保护与促进文化表现形式多样性公约》，提出了保护和促进文化多样性的目标与指导原则，确认了各国为保护文化多样性的权利与义务。文化多样性是人类创造力和可持续发展的源泉。维护文化多样性的实质是尊重文化异质性，构建一个多元而宽容的国际社会，并在此基础上寻求人类共同价值，推动国际法朝着进步的方向发展。

---

① GONG G W. The standard of “civilization” in international society. New York: Oxford University Press, 1984: 14-15.

② 法斯本德，彼得斯．牛津国际法史手册：下册．李明倩，刘俊，王伟臣，译．上海：上海三联书店，2020：934.

③ 詹宁斯，瓦茨．奥本海国际法：第 9 版：第 1 卷：第 1 分册．王铁崖，陈公绰，汤宗舜，等译．北京：中国大百科全书出版社，1995：48.

## 思考题

1. 如何理解国际法的法律属性?
2. 与传统国际法相比，现代国际法有哪些变化趋势?
3. 如何理解国际法与国际政治的关系?

## 阅读书目

1. 王铁崖. 国际法引论. 北京：北京大学出版社，1998.

2. 亨金. 国际法：政治与价值. 张乃根，马忠法，罗国强，译. 北京：中国政法大学出版社，2005.

3. 努斯鲍姆. 简明国际法史. 张小平，译. 北京：法律出版社，2011.

# 第一章
# 国际关系理论视野下的国际法

国际法与国际关系分属不同的学科，但二者从历史到当代，从理论到实践，都有千丝万缕的联系。国际法为国际关系的有序运行提供原则和法律规范，国际关系的实践为国际法的产生和演变提供历史依据。就国际关系理论而言，不同的理论视野下，国际法的作用和角色也不同。本章从理想主义、现实主义、新自由主义和建构主义等理论出发，系统探讨国际关系理论视野下国际法的地位和作用。

## 第一节　理想主义理论与国际法的发展

国际关系和国际法在传统上都关注以国家为中心的和平与发展问题，早期的国际关系思想充斥着国际法研究成果与方法的转化，在理想主义理论中表现得尤为明显。在两次世界大战期间，理想主义在国际关系的理论取向和实践中都占据优势地位。理想主义承认并重视国际法，将国际法看作消除战争、实现和平的重要保证，主张应依据国际法、国际组织的原则规范国家行为，推动了这一时期国际法和国际组织的建立与发展。

### 一、理想主义理论的核心内涵

理想主义理论的兴起源于人们对第一次世界大战的深刻反思。第一次世界大战给国际社会带来了空前灾难，这场浩劫使不少政治家和国际关系学者将目光转向了乌托邦主义或理想主义。他们强调通过道义和精神教育来唤醒人类良知，主张建立国际规范，健全对各国具有约束力的国际法准则，呼吁建立起国际性机构和组织，加强国际社会合作以避免大战悲剧重演。理想主义者认为，人类是可以自我完善的，人性可以通过教育和环境教化而变化。这个逻辑延伸到国际关系中就是国家的政治行为也可以改变。理想主义者谴责追求强权政治以谋求自身利益的国家行为，主张国家应依据国际法、国际组织的原则行事。

理想主义学派最具影响力的代表人物是美国第28届总统伍德罗·威尔逊，他对强权政治和大国均势进行了猛烈批判，同时强调建立国际组织、推动国际立法对改善国际社会环境、改变国家行为的重要意义。十四点和平原则集中反映了他的理想主义思想。除威尔逊外，理想主义学派的代表人物还有约翰·考特尼·默里、菲利普·诺埃尔-贝克、阿尔弗雷德·齐默恩等。

理想主义理论的核心观点可以概括为以下六点：

第一，人性向善。理想主义者提出环境决定人类行为，强调环境特别是政治环境对人的作用。人性可以通过环境的变化而变化，可以通过教育、道德或法制来实现进步。良好的客观环境和行为规范能够培养出理性的选民，选民可以选出接受并改善行为规范的领袖，进而为建立民主政府与和平的国际关系打下基础。

第二，战争可以避免。理想主义者认为冲突和战争不是人性必然的产物，而是人性放在某种环境下的结果。战争之所以发生，主要是由于不完善的国内或国际政治体制，以及教育和文明进步的不足。因此，一旦人类的教育程度提高，不再用武力而是通过协商解决问题，人类的战争最终可以消除。

第三，利益可以调和。理想主义理论的核心假设是，个人的最高利益与社会的最高利益是并行不悖的。个人追求最高利益的同时，客观上帮助了社会利益的实现；在追求国家利益的同时，也促进了全人类的利益。理想主义者强调，在人类社会和国家之间不存在重大的利益冲突，第一次世界大战后，世界和平是各国的共同利益取向。理想主义者倡导结束秘密外交，实现外交的民主进程，建立公开协商解决分歧的国际组织。“国际联盟的建立本身说明了世界各国的国家利益正走向一致，这种一致就是大家认识到了人类应当采取措施，摆脱战争，求得生存。”① 理想主义者承认国际社会的无政府状态，并希望通过积极倡导各国可以支持国联的建立，使之在无政府状态的国际社会中发挥世界政府的作用。

第四，倡导建立集体安全。第一次世界大战彻底打破了维也纳会议以来依靠大国均势维持的和平局面。理想主义者认为，国家主权不应是无限的，均势无法维持世界和平。“所有的历史表明，均势都是以战争而告终的。”② 因此，世界和平的维持应该通过国联的集体安全力量来实现，以往传统的外交方式将被新的维护和平的方法所代替。

第五，通过国际法、国际公约保证世界和平。理想主义者相信，国际法可以规

---

① 倪世雄．当代西方国际关系理论．2版．上海：复旦大学出版社，2018：35.

② SMITH M. Realist thought from Weber to Kissinger. Baton Rouge: Louisiana State University Press, 1986: 58.

范国家的行为。一旦出现侵略行为，世界各国可以根据国际法、国际公约对违法行为进行制裁，通过经济制裁、政治压力等手段，迫使侵略国家改变政策，世界和平就得以保证。

第六，通过国际道德维护世界和平。理想主义者指出国际关系中国际道德同样具有约束力，衡量一个国家外交政策的标准，即是看这一政策是否符合国际道德。要维护国际道德，必须做到两点：一是依靠国联的力量，对违反国联的政府进行制裁和抵制；二是发挥舆论的力量，理想主义者相信舆论终将发挥主导作用，同时舆论一贯是正确的。“相信理性的无限力量，相信理性通过人民大众的声音表现出来，这是威尔逊的思维特色。”① 这种特色同样表现在巴黎和会上。国联框架下的世界秩序，必须“建立在人类有组织的舆论之上”②。

从理论上讲，理想主义者考虑的是“应然”问题，即世界应该是什么样子。出于消灭或减少破坏性巨大的战争的愿望，理想主义者从利益和谐观出发，建立起以国联为形式的国际规范和国际制度，倡导通过集体安全框架、健全国际法和国际公约实现和平。

## 二、理想主义理论中的国际法

理想主义理论重视国际法，将国际法视为世界和平的重要保证。事实上，理想主义理论很大程度上来源于法学学说。康德的《永久和平论》，本身就是以国际条约的形式写就的。康德将缔约、和谈、建立共和制政体、立法、保障人权作为和平的前提，并从自然法理论和国家契约观出发，建立起国内和平与国际和平的联系。格劳秀斯认为，自然法的存在是人类社会中生活在一起的人们为了维护一种秩序的必然产物，并且将自然法的原则运用到国际社会，在自然法原则之下组织主权国家间的关系，将自然法及其蕴含的正义原则作为指导和平的基本原则。这些以自然法为内核的国际法理论，成为理想主义的理论基础。“实际上，理想主义者的许多著作本身就是在探讨国际法的价值与建构。”③ 威尔逊的很多思想来源于国际法，他本人任大学教授时的主讲课程也是政治学和法学。十四点和平原则中，他强调了建立国际组织和开展国际立法的重要意义，探讨了国际法和国际公约对于确保和平的价值。约翰·考特尼·默里是一位对国际关系理论产生重要影响的神学家，其著作中表达了三种反映政治理想主义的民主思想，且每一部分均探讨了国际法问题，他看待权力、自然法的态度和对正义战争的研究，与格劳秀斯的思想一脉相承。理想主义者菲利普·诺埃尔-贝克的国际法思想，在理论和实践上推动了这一时期国际

① 卡尔．20年危机（1919—1939）：国际关系研究导论．秦亚青，译．北京：世界知识出版社，2005：32.

② 同①33.

③ 刘志云．当代国际法的发展：一种从国际关系理论视角的分析．北京：法律出版社，2010：13.

军备控制立法与裁军运动以及国际司法体系的构建。阿尔弗雷德·齐默恩作为国联的积极筹划者，相信引发第一次世界大战的国际关系格局能够转变成一个本质上更和平、更正义的世界秩序，认为“以前的世界无政府状态和产生战争的根源在国联出现之后就会消失”①。总之，在理想主义者看来，国际法意味着一种价值，代表人类社会前进的方向，并不是简单地满足或平衡国家间利益。

通过对理想主义与国际法联系的考察，我们可以发现，在理想主义理论中，国际法是植根于理性与自然的，它是代表进步的，并且与国际道德紧密相连。理想主义者意识到了在国际权力政治中国际法强制力的缺失，主张国际法的效力来源于国际道德。威尔逊曾经指出国际法可被视为道德和实证法律的对半混合体，是一种缺乏强有力制裁的法律，“依靠那些未经编纂的、未明文化的公正行动原则、正义原则以及考虑普遍获得人类良知支持的原则，该良知到处为人类的道德判断所普遍接受”②。在理想主义者看来，通过健全国际法、国际制度，人类社会能够向更完善的方向进步。国际法、国际道德是人类理性的普遍表达，国际法因而成为自然法在国际社会中的表达形式。但是，理想主义理论只重愿望和目的，“主观推论重于实际观察，很少有人对现有事实做出认真的分析，也很少有人探寻可以适用的分析方法”③。理想主义理论强调国际法，但缺乏对国际法原理的系统深入论述。可以说，这一时期，国际关系理论与国际法更多是同源特性的初始联系。

理想主义不仅代表了两次世界大战之间国际关系的主要理论倾向，也意味着这一时期国际法的勃兴。从实践中看，理想主义理论强调国际法、国际组织的重要性，将它们视为维护国际关系秩序的有效保证。这一时期有关国际组织、战争、裁军、人权保护等方面的国际法规范都取得了史无前例的成就。《凡尔赛和约》的签订与国联的创建，是第一次世界大战后理想主义在国际关系方面的初步实践，是国际法发展史上的一个里程碑。尽管国联最后以失败告终，但不可否认的是，它为联合国的诞生提供了极有价值的早期试验。国联在荷兰海牙设立了国际常设法院，存续期间审理了一些重要案件，对国际法原则进行了很好的阐释。与国联同时成立的国际劳工组织，以关注和提升劳工权益为宗旨，通过一系列公约为探索劳工群体保护做出贡献，在第二次世界大战后成为联合国的专门机构。巴黎和会之后陆续签订的《九国公约》《日内瓦议定书》《洛迦诺公约》等，在裁减军队、禁止战争、和平解决国际争端等方面做出了有益探索。1928 年签订的《白里安-凯洛格公约》明确规定必须放弃战争，却没有提供任何执法的手段，仅仅表明公众舆论仍然“要求建立一个符合道德标准的、和平的世界秩序”④。第二次世界大战后，联合国、关贸总协定、国际货币基金组织、世界银行等多边机制的建立，均受到理想主义理论的

---

① 倪世雄．当代西方国际关系理论．2 版．上海：复旦大学出版社，2018：45.

② 刘志云．国际关系与国际法跨学科研究：探索与展望．北京：法律出版社，2017：57.

③ 卡尔．20 年危机（1919—1939）：国际关系研究导论．秦亚青，译．北京：世界知识出版社，2005：8.

④ 多尔蒂，普法尔茨格拉夫．争论中的国际关系理论：第 5 版．阎学通，陈寒溪，译．2 版．北京：世界知识出版社，2013：15.

深远影响，而这些国际组织和机制为当代国际法的发展起到了重要的推动作用。

**案例 1**

### 《白里安-凯洛格公约》

《白里安-凯洛格公约》全称为《关于废弃战争作为国家政策工具的普遍公约》，又称为《非战公约》。

1927 年 4 月，法国外长白里安为纪念美国参加第一次世界大战 10 周年，通过美联社向美国人民发致贺信。信中建议法美签订一项条约，彼此视战争为非法手段。白里安的建议在美国的和平主义者中间引起强烈反响。同年 6 月，白里安正式向美国驻法大使提出签订《非战公约》建议，并附上公约草案，其中规定而且谴责用战争解决国际纠纷，废弃用战争作为对外政策的工具，两国之间一切争端须用和平方法解决。

美国直到同年 8 月在与英国、日本之间的裁减海军军备会议失败后，才注意到白里安的提议。1927 年 12 月 28 日，美国国务卿凯洛格约见法国驻美大使克罗第尔递交照会。美国认为《非战公约》不应限于美法之间，美国愿同法国政府共同合作，致力于世界列强共同签订《非战公约》。事实上，美国是想利用多边《非战公约》与英法控制下的国联分庭抗礼。

在美国的倡导下，1928 年 8 月 27 日，美国、英国、法国、德国、比利时、意大利、日本、波兰、捷克斯洛伐克、加拿大、澳大利亚、新西兰、南非、印度、爱尔兰等 15 个国家代表在巴黎签订《非战公约》。条约的主要内容是：第一，废弃以战争作为推行国家政策的工具。第二，各国同意不用和平之外的方法解决任何国家争端。1928 年 11 月，中华民国政府加入该公约。

《非战公约》反映了第一次世界大战后世界人民反对战争、渴望和平的愿望，但它只是一般的反对战争、不区分战争的性质，并且没有提供任何执法的手段。同时，美、英、法等大国都先后发表备忘录，声明对公约的附加条件，宣称有权根据现实情况决定是否诉诸战争。

《非战公约》成为理想主义国际关系理论指导下缔结世界和平的一次尝试，象征世界各国对战争态度的重大转变，但最终因为脱离实际而成为空中楼阁。

## 第二节　现实主义理论与国际法的发展

现实主义国际关系理论认为，国际关系的本质是权力政治与安全竞争，无政府状态下的利益对立与冲突是国家间关系的基本特征。因而现实主义理论轻视或忽视国际法在国际关系中的作用。在现实主义者看来，国际法往往作为权力的附庸，只有在可以满足国家自身私利的情形下，国家会有选择地遵守国际法。对国际法规范国家行为、维持合作的作用，现实主义持深刻怀疑态度。

## 一、从经典现实主义到新现实主义

从第二次世界大战结束到20世纪80年代初，现实主义一直居于国际关系理论的统治地位。与理想主义不同，现实主义更加强调国际关系中的权力和利益。修昔底德是现实主义理论的奠基者，其历史著作《伯罗奔尼撒战争史》中对国际政治的观察和评价是20世纪现实主义理论的渊源。“强者为其所欲为，弱者受其所必受。”[①] 鲜明的强权政治逻辑是经典现实主义的核心信条。修昔底德笔下雅典人德行的严重堕落和正义标准的重大变化，也是现实主义人性观的重要来源。马基雅弗利的政治思想与修昔底德一脉相承，《君主论》中基于悲观主义人性观对君主政治和国际关系的解读使经典现实主义理论的内涵得到丰富。马基雅弗利强调利益冲突是政治的基本特征，并认为政治决定伦理，君主必须按照不同于常人的道德观行事以实现对国家的有效治理，对人性持普遍悲观的态度。霍布斯也将权力视为人类行为的核心要素，人类的天性中存在的三种情感：竞争、猜疑和荣誉，会导致所有人反对所有人的“自然状态”。修昔底德的强权论、马基雅弗利的人性观以及霍布斯的自然状态学说等构成了整个现实主义学说的基本内核，后续理论发展大都围绕这一内核进行深化和创新。

经典现实主义学说的历史叙事和政治思想为现实主义理论奠定了发展基石，战争的产生与反复刺激了现实主义理论的不断演进，在反思理想主义的基础上，现实主义理论日渐完善。纵观现实主义理论的演变历程，爱德华·卡尔、汉斯·摩根索、肯尼思·华尔兹三位学者发挥的作用不可忽视。

卡尔对威尔逊理想主义的批判及其对应的现实主义观点，使他成为国际关系学现实主义理论的奠基人。第一次世界大战结束后，威尔逊等理想主义者认为，战争源自欧洲大国的秘密外交，世界需要形成一种在普遍道德及国际法的约束下的新型国际关系，而基于公平正义原则的国联及其集体安全的思想是避免国家间战争的根本保障[②]。卡尔在其重要著作《二十年危机》中对此观点进行了有力抨击，他将第一次世界大战后兴起的理想主义思潮称为“乌托邦主义”，并认为这股思潮是脱离国际政治现实的不切实际的严重错误。卡尔对乌托邦主义的批判主要有以下三点：第一，无政府状态的国际社会中无法界定普世道德。普世道德标准和评判依赖于舆论力量，但是国际社会中缺乏统一而一致的舆论声音，各个民族国家的舆论观点参差不一，国家大多在道德与权力间自主平衡。第二，权力是国际关系中最为核心的基本要素，国际组织在国家权力的基础上才得以建立。卡尔强调政治的基本特征依

① 修昔底德．伯罗奔尼撒战争史．详注修订本．徐松岩，译．上海：上海人民出版社，2017：807.

② 秦亚青．权力·制度·文化：国际关系理论与方法研究文集．北京：北京大学出版社，2005：26－28.

旧是权力政治，军事力量、经济力量与舆论力量是权力的三种基本形式，这三种权力相辅相成。第三，国家间利益冲突是国际关系的基本特征，自由平等的和谐联盟是一场幻梦。国家间的利益冲突是现实存在的“实然”问题，而不是因为国家间沟通不畅、缺乏信任导致的矛盾。利益矛盾是无可避免的现实问题，掩盖这一矛盾就是忽视问题真实属性的错误认知。道德的虚无、权力政治的基本特征以及利益冲突的必然性形成了卡尔政治思想的基本框架，卡尔对乌托邦主义和现实主义的分类与论述，为现实主义学派的发展指明了方向。

摩根索是现实主义理论“里程碑式”的人物。摩根索在“国家权力”与“国家利益”两大核心概念的基础上，提出的政治现实主义六原则对现实主义理论的演进产生了深远的影响。它的基本观点：第一，根植于人性深处的客观法则是支配政治关系发展的核心规律。这些规律不受人们的偏好影响，若是与客观规律背道而驰，就会遭遇失败。因此，在政治中区分真理和意见是必要的，并且要通过检验政治行为及其可能影响的方式制订出理性方案。第二，“政治家的思想和行动是从以权力界定的利益出发的”①，对以权力界定的利益分析，为政治学研究增添了理性因素，也使对国家行为的理论分析成为可能。第三，权力界定的利益具有普遍性，但利益观并非一成不变。生存是国家的核心利益，在该利益得到充分保障后，国家便会追求其他利益。只要无政府状态没有发生改变，政治就是权力斗争和利益之争。第四，普遍的道德原则无法适用于国家行为，“道德原则必须经过具体时间和地点的环境的过滤”②。民族国家逐利时的道德标准不同于个人在处理人际关系时的道德原则。第五，现实政治中，以权力界定的利益概念打破了对道德行为的极端崇拜，民族国家在利益的诱使下，纷纷以通行的道德原则包装自己的特殊愿望和政治行为。第六，政治现实主义强调权力政治范畴的独立性，从以权力界定的利益概念出发，关注政策对国家权力产生的影响。在摩根索的笔下，现实主义理论的基本框架逐步显现。首先，逐利与自私是人类的天性，这一根本规律无法改变。其次，人性逐利的规则与国家间关系类似，国家对自我利益的追逐与斗争必将导致国家之间的利益冲突，冲突的解决依赖于权力较量。再次，国际社会中无普世道德，道德原则无法约束和制止国家的逐利行为，国际利益就是国家衡量道德水平的计量工具。最后，国家所有行为不是维持权力，就是增加权力，或是显示权力。摩根索构建出的完整的现实主义图景，使经典现实主义在此时期达到顶峰，对既有政治现实主义观点的发展与升华也为新现实主义理论的产生提供了发展经验。

20 世纪 80 年代初期，受传统主义学派与科学行为主义学派论战的影响，新现实主义思潮在经典现实主义观点的基础上开始兴起。新现实主义理论对以往的现实主义观点进行了更为系统化及科学化的改进。新现实主义认为，权力仍然是国际关

---

① 摩根索．国家间政治：权力斗争与和平：第 7 版．徐昕，郝望，李保平，译．北京：北京大学出版社，2006：29.

② 同①36.

系的核心命题，但权力并非目的，而是国际政治中必要的组成部分。此外，新现实主义的分析层次也由“人性”“国家”的维度转向“国际体系”层面，强调国际体系的结构是决定国际体系单元之间政治关系的核心要素。

华尔兹是新现实主义理论的集大成者，其主要观点如下：第一，国际政治不只包含国家对外政策的总和及非国家行为体的外部平衡，无政府状态下国际体系中行为体的互动关系也是国际关系研究的重要部分①。传统现实主义理论从人性、国内政治等层面推导政治关系的基本思路，无法解释国际政治问题的重复性与复杂性。华尔兹的结构现实主义认为，国际体系具有无政府性；无政府状态越明显，单元行为体功能就越发相近；单元间的实力分配是体系变革的关键因素。“结构本身并不能直接导致某种结果，而是间接地影响系统内的行为。影响通过两种方式产生：行为体的社会化和彼此间的竞争。”② 第二，生存与安全是国家政治行为的首要目标，不同于国内政治的等级制状态，国际秩序的无政府特征导致国家的自助行为。由于缺乏中央权威为国家提供保障，国家将采取两种行为模式以维护自身安全，对内积极发展政治、经济、军事等国家实力，对外则积极争取联盟或调整结盟关系。第三，国家追求的目标是安全最大化，在无政府状态下国家适度的权力是实现这一目标的最佳选择，国家应专注于维护现状。这是因为，实力过于强大的国家容易招致体系中其他国家的敌意与制衡，继而造成对国家权力与安全的严重威胁，维持均势现状是收益最大化的可靠途径。罗伯特·吉尔平也强调均势状态是实现安全最大化的必要选择，历史上失衡状态的解决方法大多为战争方式，权力的相对变化与逐渐失衡是引发无政府状态下国家间围绕权力、财富、威望展开斗争的重要原因。以华尔兹为代表的新现实主义学者，以理性主义为理论假定，将国际体系结构作为主要自变量，探讨国际体系层次国家行为的研究，推动了现实主义学说迈向科学理论研究的步伐。

综上，无论是经典现实主义还是新现实主义，强调的是物质性权力及其分配对国际关系的作用，淡化甚至否定国际法、国际道德等理念因素在国际社会中的作用，尤其是华尔兹的新现实主义，为了构建科学的国际关系理论，几乎把所有的非物质性因素都排除了。

## 二、现实主义理论视角下的国际法

20 世纪中期以来，国联的失败与第二次世界大战的爆发，宣告了理想主义的破产。经典现实主义学说与后继的新现实主义理论成为国际关系研究的主流学派，其国家权力及国际结构的核心主张，使得国际法成为权力的附庸。尽管现实主义学

① 多尔蒂，普法尔茨格拉夫．争论中的国际关系理论：第 5 版．阎学通，陈寒溪，译．2 版．北京：世界知识出版社，2013：86.

② 华尔兹．国际政治理论．信强，译．上海：上海人民出版社，2008：78.

者部分肯定了国际法的可能作用，但是这些学者在权力政治观的影响下，都对国际法的效力及能否维持合作抱有很大的疑问。国际体系的无政府状态及在此状态下国家的自助行为是现实主义理论的核心假定。现实主义理论对国际法的质疑主要集中在以下三点：

第一，无政府状态下国家对权力的追求，可能使国际法沦为政治博弈的工具。以摩根索为代表的经典现实主义学者尝试将国际法与权力分割开来，塑造成相互独立的两极。他们普遍认为，无政府状态下国际法独立性的缺乏，导致国际法往往成为大国获取安全利益的服务工具。强国在国际法的发展进程中往往享有更大的话语权，一方面，体系内权力配置的不同，使得国际体系的各个行为体在国际体系中占据不同的地位，而国家利己的出发点很容易使国际法尽可能贴合自身的利益诉求；另一方面，缺乏超国家权威状态下国家维护安全的自助行为，可能导致它们有选择地遵守国际法，当国际法原则与自身利益相悖时则随意践踏，或是试图以“钻空子”的方式使国际法符合自己的利益目标。国际体系无政府特征滋生出的国家自助行为，导致国际法对国家行为及国际关系的影响十分有限。现实政治中，国家利用国际法规则达成自身利益目标的案例比比皆是。例如，冷战期间，美苏两国就曾频繁利用联合国安理会否决权获取博弈优势。

**案例 2**

### 联合国安理会否决权的由来及美苏在安理会的博弈

否决权是指联合国安理会中任何一个常任理事国，有权使用反对票以阻止任何一项自己不喜欢的非程序性事项的议案。其法律依据是《联合国宪章》第 27 条第 3 项的规定：“安全理事会对于其他一切事项之决议，应以九理事国之可决票包括全体常任理事国之同意票表决之。”作为一套复杂的国际法表决程序中的一环，否决权的设计初衷是凝聚大国力量，同时保持大国之间的平衡。但在战后实践中，否决权长期沦为大国政治博弈的工具。

1944 年 8 月至 10 月，美苏中英四国代表于美国华盛顿举行会议，商讨联合国章程。苏联提出 5 个常任理事国中只有苏联是社会主义国家，是安理会中的少数，从而要求常任理事国享有一票否决权，即在投票选举或表决中，只要有一国提出反对意见，表决当即无效。这一提议遭到了英美两国的坚决反对。苏联为了与美英为首的资本主义国家抗衡，提出若美英不同意这一要求，自己就不加入联合国。直到 1945 年 2 月的雅尔塔会议期间，苏联才以与盟国全力合作击败德国并对日宣战的承诺，换取了英美对否决权制度的同意。同年 6 月，美苏中英四国发表《四发起国政府代表团关于安全理事会投票程序的声明》，确立了联合国安理会常任理事国的否决权制度。

冷战期间，美苏的霸权之争使得联合国安理会的否决权成为两国博弈的重要工具。1946 年 2 月，苏联在一项有关英法从黎巴嫩和叙利亚撤军的决议案上首次动用否决权，以表明与西方国家的政治对立。随后，由于冷战的不断加剧，苏联在安理会中处于孤立无援的守势，滥用否决权维护自身利益。冷战时期的苏联外长葛罗米柯因而被称为“摇头先生”（Mr. No）。进入20世纪70年代，大量取得独立地位的亚非国家成为联合国会员国，改变了联合国的成员结构和力量对比状况。1971年中国恢复联合国合法席位，使得安理会中有了发展中国家的代表。1970年，美国首次使用否决权，与英国一起阻止一项有关津巴布韦的决议。此后，美国越来越无法随意操控联合国和安理会，开始频繁动用否决权。

美苏对否决权的滥用，极大地损害了安理会的权威。甚至有国际舆论将否决权视为霸权主义的国际法，有关限制乃至取消否决权的呼声不断。否决权的运用对于联合国的作用来说至关重要，改革否决权一直是联合国改革的核心议题。

---

第二，国际法原则与成功的国家行为之间的紧张关系，必将导致国际法条例形同虚设。经典现实主义观点认为，国家决策过程中权力与利益的重要性，远远高于道德与法律。因此，国家的对外政治行为并不总是遵循统一的、普适性的基本规范。追求国家权力的自助行为容易导致国家站在国际法的对立面，尤其当国际法成为国家行为的限制因素时，国际法规范可能面临来自国家的挑战。在强大的利益诱惑下，国家利益与国际法之间的矛盾关系，往往造成虚弱的国际法俯首于强势的利益诉求。现实主义理论学者强调，国家遵守国际法的原因不在于维护公共利益或是履行义务的驱使，而是因为这种行为可以满足自身国家私利的实现①。国际体系的无政府状态意味着国际法的遵守和维护，源于民族国家及其他行为体的默许。这些单元之间只存在水平的“义务”而非垂直的“关系”。在分散而松散的国际体系中，国际法的存在基础在于重要行为体间的相互协调而非强制执行②。一旦国家的战略利益与国际法的基本准则冲突，国家将在理性权衡的基础上，为实现自身利益最大化挣脱国际法原则对国家行为的微弱约束。

这一现象在战争中尤为常见。高烈度的交战对国家安全的严重威胁，往往造成国家在战争中不惜穷尽一切手段，换取胜利的果实。历史上，国家在战争中违反国际法的行为比比皆是，最突出的是对国际人道主义原则的践踏。早在1899年第一次海牙会议时，便通过了《禁止使用专用于散布窒息性或有毒气体的投射物的宣言》，其中明令禁止在战争中使用各种毒剂。1907年，第二次海牙会议规定禁止使用毒气或施毒兵器。1925年，日内瓦会议在重申上述条约规定的基础上，通过了《禁止在战争中使用窒息性、毒性或其他气体和细菌作战方法的议定书》。然而，在第二次世界大战中，日本在批准以上国际法条例的情况下，大肆违背国际法义务，在侵华战争期间使用生化武器，不仅在大规模战役中有计划地使用生化武器以达到军事目的，并且在战争期间在中国无辜平民身上进行惨无人道的人体试验。即使是

---

① CRAIG B J. International law and international relations. New York：Continuum，2000：73.

② 熊玠．无政府状态与世界秩序．余逊达，张铁军，译．杭州：浙江人民出版社，2001：10.

在第二次世界大战后的局部战争中，如朝鲜战争、越南战争、伊拉克战争等，美军也曾大量使用违反国际法的橙剂、白磷弹等生化武器，对战争中无辜的平民造成了巨大的伤害。国家对胜利的极度渴望，使国际法在战争面前不堪一击。

第三，由于缺乏强制力并且受到国家态度的影响，国际法在追逐权力与利益的国际关系中的效力极其有限。新现实主义学者认为，无政府状态是国际社会的基本特征，在缺少超国家权威的有力协调或者强制手段以维持国家间秩序的情况下，基于国际法原则建立的制度与机制无法有效规范及规劝国家行为。国际关系中国际法效力有限的原因主要有两个方面：其一，国际法是国际社会中各行为体基于自愿原则订立的“契约”。这意味着国家对国际法的认可享有充分的自主权。通常，国际法需要参与的国家解释其具体内涵。这一解释主体导致国际法的解释可能出现不同含义，国家一般都会从自身角度出发去诠释国际法的各项规范并尽力在自身许可范围内履行义务，以更好地服务于国家战略利益。如果国际法规范与自身利益出现严重冲突，国家则可能提出保留或者曲解甚至采用直接退出的方式以实现自身的利益诉求。其二，国际法缺乏具有强制力的惩罚机制与执行机构。事实上，国际法的相关机构很难做出得到整个国际社会公认并且具有约束力的裁决，对于违反国际法的行为也很难实施有效的惩罚。国际社会中，国家行为体对国际法条例的不同解读及拒不执行相关决议的情况数不胜数。联合国作为当今世界上最具话语权的政府间国际组织，基于国际法通过的决议及相关要求仍经常遭到主权国家的无视。

**案例 3**

## 戈兰高地主权归属问题

戈兰高地是约旦河谷东侧的一块狭长山地，属于叙利亚与以色列边界地带。站在戈兰高地上可以俯瞰大马士革与以色列加利利谷地，具有十分重要的战略作用。并且，戈兰高地由于特殊的地形条件降水丰富，被誉为“中东水塔”。在战略利益的驱使下，以色列于 1967 年占领戈兰高地。50 多年来，以色列因戈兰高地与阿拉伯国家纷争不断。

以色列占领戈兰高地不久，联合国安理会便通过第 242 号决议，强调不容许以战争的方式获取土地，要求以色列撤出戈兰高地，并要求承认中东地区每个国家独立和生存的权利。第 242 号决议没有明确巴勒斯坦人民的合法权利，只是规定以色列必须撤离占领区。但以色列明确反对这个妥协方案。1973 年第四次中东战争爆发后，联合国安理会再次通过第 338 号决议，要求各方停火并立即执行第 242 号决议。然而，直到今天，以色列仍然控制着戈兰高地约 90%面积的土地，围绕戈兰高地所爆发的纷争也没有彻底平息的趋势。在以色列拒不执行相关决议的同时，在不同国家利益及国际理念的驱使下，国际社会中的其他国家也对决议内容产生了意见分歧。作为以色列的盟友，美国于 2019 年签署公告，正式承认以色列对戈兰高地的"主权"。美国的这一表态遭到了欧盟的强烈反对，欧盟发言人表示，欧盟国家在戈兰高地的主权归属问题上秉承一致立场，不承认戈兰高地是以色列领土的一部分。中国则倡导冲突各方依据联合国安理会第242、338号决议和国际法准则，通过谈判的方式妥善解决。

---

## 第三节　新自由主义理论与国际法的发展

新自由主义[①]国际关系理论是以国际制度为核心概念，主张通过强有力的国际制度达成国家间的和平与合作。自20世纪80年代以来，尤其是冷战结束后，伴随着东西方军事对峙的结束与经济全球化的快速发展，强调无政府状态下的合作的新自由主义理论的影响力不断上升，并成为国际关系学科的重要理论流派。国际法是一种特殊的国际制度，强调国际制度重要性的新自由主义，无疑对国际法的作用也最为重视。新自由主义理论强调制度、规范、法律对国家行为具有制约作用，同时承认政府间国际组织是国际法的主体。

### 一、新自由主义理论的基本内涵

20世纪80年代以来，以罗伯特·基欧汉为代表的自由主义学者在对新现实主义的批判中提出了新自由主义理论。与强调冲突是国际关系本质的现实主义不同，新自由主义强调国际无政府状态下的国家之间存在合作的可能，冲突并不是国家间关系的唯一逻辑。

新自由主义大体承认现实主义关于国际关系的三个基本命题：一是国际社会具有无政府特征；二是国际关系的主要行为体是民族国家，它具有单一性和理性两个基本特征，这就意味着国家独立地确定国家利益、制定和执行对外政策；三是国家是自私的行为体，以国家利益为国家行为的最高准则。现实主义者由此认为，国家的利益不同，在交往中必然产生利益冲突，冲突是无政府状态下国际社会的根本特征，而冲突的解决最终依靠的是国家的军事实力。而新自由主义从现实主义的三个基本命题中得出了不同的结论。首先，无政府状态是国际关系的基本特征，但不一定会产生无秩序的社会。具有一定的组织形式、行为规范的有序国际社会是存在的，在这种情形下，国家有冲突也有合作。也就是说，国际社会也可以是一个无政府状态下的有序社会。其次，新自由主义承认民族国家是国际关系中的主要行为体，但作为单一理性的行为体的国家需要国际秩序与国际合作，以最小的代价换取更大的收益。最后，与强调国家以权力界定利益与相对收益的现实主义者不同，新

---

① 这里新自由主义特指新自由制度主义。

自由主义者认为国家同样追求绝对收益，而合作是国家获得绝对收益的重要方式。因而，在无政府国际社会的有序状态下，国家之间的合作才是国际关系的实质①。

合作是国际关系行为体之间基于利益趋同，在一定问题领域所进行的协调行为。但大多数情况下，利益冲突与利益趋同是同时存在的，如果缺乏政策协调与机制保障，国家间的合作很可能会失败。新自由主义理论认为，国际制度能够突出国家之间的利益趋同，是保证国际合作顺利进行的有效机制。

关于国际制度的概念，学界一直有争议。较权威的是基欧汉的定义，他将国际制度定义为"规定行为角色、限制行动并塑造预期的持久的、相互联系的正式和非正式规则"②。国际制度分为三种形式：（1）正式的政府间国际组织和国际非政府组织；（2）建立在国家所认可的、涉及特定问题的明确规则之上的国际机制；（3）以隐含的规则为基础的国际惯例③。秦亚青认为国际制度具有三个特征：（1）权威性。国际制度是国际社会成员认可或达成的规则，代表了某个领域的行为准则。在现实中大多数国家都会基本遵循国际制度，因而其具有相当高的权威性。（2）制约性。国际制度对国家行为有制约作用。国际制度一旦建立，就对所有参与制度的成员国具有较好的约束作用。这很大程度依赖于国际制度使自私的国际行为体较好地实现自我利益的功能与国家尤其是大国的自愿行为。（3）关联性。随着国际社会相互依存的程度越来越高，国际行为体之间交往活动越来越频繁，国际制度会不断延展。国际制度的延展使得在世界范围内可以逐步建立起一种国际制度网络体系，使各个问题领域的制度联系在一起。因为国际制度具有以上特征，可以降低交易成本并减少不确定性，合作困境的主要问题能够通过国际制度得以解决，国际合作得以保障。

在长期反复的国际交往中，国际制度趋于奖励采取合作行为的国家、惩罚采取不合作行为的国家。在国际制度奖励国家以促成合作方面，新自由主义主要从信息的视角进行论证。基欧汉在《霸权之后：世界政治经济中的合作与纷争》中指出，信息不对称、道德风险和不负责任可以阻碍相互有利的合作协议的达成。通过提供行为标准、公开讨论的论坛等方式，国际机制提高可获取信息的总体质量水平，同时内部管制行为体的安排缓解了道德风险的问题，各议题之间的联系则加大了欺骗和不负责行为的成本。比如在双边投资条约中，东道国政府对投资者发出可信的承诺信号，在吸引投资的国际竞争中获取了更大的优势，这是通过提高违约的事后成本实现的。由此，国际制度减少国家之间的信息不对称，有助于合作的进行。在惩罚采取不合作行为的国家方面，重复囚徒博弈表明，长期来看不遵守国际制度的行为会招致其他国家经过机制许可的或零散的报复行为。比如，违反国际制度的行为

① 秦亚青．权力·制度·文化：国际关系理论与方法研究文集．北京：北京大学出版社，2005：94-96.

② KEOHANE R. International institutions and state power: essays in international relations theory. Boulder: Westview Press, 1989: 3.

③ 同②3-4.

可能招致其他国家联合的多边经济制裁。在多边经济制裁中，往往有一个制裁发起国，国际制度有助于制裁发起国做出关于制裁的可信承诺并动员其他国家参与经济制裁行动。在制裁发起国说服其他国家与其合作参与制裁后，违背制裁协议会损害国际制度所提供的其他收益。因此，国际制度框架下的多边制裁更容易被发动，违反国际制度可能招致其他国家联合的惩罚①。

总之，采取合作行为的国家在国际制度中获得收益，而采取不合作行为的国家将受到国际制度的惩罚。因此，国家会逐渐学会在制度框架中定义或重新定义自己的国家利益，放弃短期的、较小的国家利益，获取长期的、较大的国家利益，形成所谓的“制度选择”。在相互依存日益加大的国际社会中，国际制度将发挥越来越大的作用，成为影响国家行为的重要变量②。

## 二、新自由主义视野下的国际法

新自由主义理论所强调的国际制度与国际法有很大的交集。国际法可以理解为一种国际制度。在新自由主义视角下，国际法对国家起到有效的制约作用，在国际关系中占据举足轻重的地位，并承认国际组织作为国际法的主体。

国际法与国际制度是紧密相关的概念。首先，国际法与国际制度是相近的概念，或者说国际法是一种特殊的国际制度。概念上，国际法是适用主权国家之间以及其他具有国际人格的实体之间的法律规则的总体。而国际制度是一系列正式和非正式的规则。国际法与国际制度都是与规则相关的概念。其次，功能与特征方面，国际制度的权威性、制约性同样是国际法的重要特征，且在国际法上体现得更为明显。例如，第二次世界大战后，以和平方式解决国际争端作为国际法的重要原则被写入《联合国宪章》并得到绝大部分国家的遵守。这体现了国际法对国家行为的制约，同样可以表述为国际制度对国家行为的制约。许多学者都指出国际法与国际制度存在许多交集。刘志云认为，国际法和国际制度之间的区别只是学科分野造成的“不同的语言共同体”的命名差异③。菲奥娜·亚当森与钱德拉·斯瑞拉姆认为：“国际关系理论含蓄地涉及了国际法，只不过是通过使用非常不同于法律语言的专门术语，如规范、制度和机制。”④ 然而，这不代表所有国际制度都是国际法。只是在国际制度“合法化”，即用法律手段来规范国家的对外行为和国家间的利益分配与协调后，原本不等同于国际法的国际制度可能转化为国际法。从以上概念可以看出，国际法是一种具有法律属性的国际制度。

新自由主义理论认为国际法可以在国际关系中发挥重要的作用。对国际法的作

---

① 陈岳，田野．国际政治学学科地图．北京：北京大学出版社，2016：194－195.

② 秦亚青．权力·制度·文化：国际关系理论与方法研究文集．北京：北京大学出版社，2005：105.

③ 刘志云．现代国际关系理论视野下的国际法．北京：法律出版社，2006：8.

④ CALI B. International law for international relations. Oxford：Oxford University Press，2010：25－26.

用的认识体现在对国际制度作用的论证上。“新自由主义者对国际制度的态度和论述，以及对国际机制的研究成果，对于国际法的研究能够提供更多的帮助与借鉴。”①

首先，新自由主义论证了在无政府状态下，国际法如何对国家行为体形成有效制约。不同于国内法，在没有世界政府的情况下，国际法无法确保能得到强制执行。国家对于国际法的遵守与维护很大程度上来源于国家的自觉。新自由主义认为，作为理性行为体的国家出于自身利益的考量，在大部分情况下会自觉遵守包括国际法在内的国际制度。原因在于，一方面，国家能在国际制度中通过相对高水平和对称的信息中获益，遵守国际法的行为会得到奖励；另一方面，违反国际法的行为将会受到惩罚。新自由主义引入重复囚徒困境博弈来说明这一点，通过议题间的联系而产生的社会压力，为各国政府信守自己的承诺提供了最强有力的理由。如果国家不遵守国际规则，其他国家将注意到这种行为并给予负面评价，也许还会采取报复行动。这种报复行动可能是具体的经过机制规则许可的，也可能是笼统而分散的。基欧汉举例说，假设关贸总协定的一个成员国面临要求对螺帽和螺栓进行进口配额限制的国内压力，该国政府意识到这么做将带来短期的利益，但它知道违反规则的行动将对它在其他贸易问题上产生消极的影响②。这样该国在权衡利弊之后，仍然会选择遵守经贸领域的国际法以保证自身获取更大的长期收益。这种机制使得追求短视利益的行为对国家的吸引力更小，国家受到国际法的有效约束。

新自由主义论证了国际法的连续性、独立性和稳定性。霸权稳定论认为，国际制度的形成需要霸权国的存在，而其维持需要霸权国的持续存在。从对霸权稳定论的批判出发，基欧汉论述了霸权衰落之后国际体系与已经形成的国际制度仍然保持稳定的因果逻辑。首先，国际机制为国家间的合作提供了包括会议场所、会议规则、相关议题的信息、评判标准等“硬件”支持。其次，国际制度的网络式存在为国家间的广泛合作提供规范、模式，并可能具有一定的法律效力。一旦某个机制得到建立，那么维持这一机制将是相对容易的，因为追加议题的成本相对更低。再次，国际制度的存在将影响国家利益的确定。国家在加入国际制度时，并不了解自身可能的相对获益，随着国际制度的建立，各国各个部门可能建立跨政府的网络渠道，导致现实主义者所称的“统一、自私的国家理性”瓦解。最后，国际制度对背叛者的惩罚有利于国际制度的维持③。由此，国际法具有较强的连续性，即使国际体系的实力结构发生变化，国际法依然可以长期存在，并维持国际体系的稳定。

布雷顿森林体系在20世纪70年代初就崩溃了，但国际货币基金组织依然作为重要的金融领域国际组织延续至今。尽管缺乏国际社会共同采取的有效措施，但便

---

① 刘志云．现代国际关系理论视野下的国际法．北京：法律出版社，2006：295.

② 基欧汉．霸权之后：世界政治经济中的合作与纷争．苏长和，信强，何曜，译．上海：上海人民出版社，2001：118.

③ 同①39.

利国际交易的安排、对国际收支加以调控的机制原则得以延续，各国政策需接受国际组织监督的原则得到了遵循。各国通过国际货币基金组织对宏观经济实行多边监督。到20世纪80年代，尽管国际金融合作的制度化程度不如布雷顿森林体系崩溃之前，但总体上国际金融合作机制得以延续。新自由主义认为，布雷顿森林体系崩溃后国际货币机制原则的延续是在霸权机制部分衰落的情况下发生的，这体现了国际制度在霸权衰落后的延续性与国家对其的自觉遵守，说明了国际制度对国家行为的有效约束①。

新自由主义认为国际法有助于维护世界的和平与稳定，包括国际法的国际制度不仅有利于国际争端的解决，还能促进人们对和平的期望。约瑟夫·奈总结了国际制度四个方面的稳定作用：首先，国际制度促使人们产生了一种连续观念，希望国际制度持续下去；其次，制度创造了礼尚往来的机会，各国不需要过于计较每一次的交易；再次，国际制度促进了信息的流动；最后，国际制度提供了解决冲突的方法。由此，国际制度创造了一种促使人们期望稳定与和平的氛围②。国际法作为法律形式的国际制度，在上述四方面职能中无疑居于中心的位置。

新自由主义理论认为，国际法的主体不但包括主权国家，还包括政府间国际组织等非国家行为体。传统国际法只有主权国家是国际法主体。而新自由主义在认同主权国家是主要行为体的基础上，也强调国际组织、跨国公司、非政府组织等非国家行为体在国际法与国际关系中的作用。国家不再是国际法唯一重要的行为体，非国家行为体也以不同的方式参与到国际法的发展进程中。

新自由主义理论对于国际法的未来发展持乐观态度，在一定程度上认同“世界法”“跨国法”“法律全球化”的理念。新自由主义者认为国际制度将对国内政治与国内制度产生影响。约翰·鲁杰提出了所谓的“内嵌的自由主义”，他认为自由主义国际经济制度可能造成国内分裂和国内政治压力，也提出国家必须建立有助于国际经济自由化的国内政治制度保障。在第二次世界大战后的国际经济发展中，国家在经济发展与社会保护之间进行折中，通过财政政策、福利政策等缓和自由主义对弱势群体的冲击，并保障自由市场的稳定运行，由此形成作为国际机制基石的“内嵌的自由主义”。“内嵌”意味着自由主义的国际机制建立在国内合理的社会目标得到满足的基础上，自由的国际经济体制将被内化到国内制度之中。这种新自由主义的观点认为经济领域的国际法实际上是根植并影响着国家内部经济领域的法律的③。另一些新自由主义者从信息的角度论证国际制度在国内政治中发挥的作用。他们认为，在国内，国际制度也可以减少国内政治行为体，如政府与选民、立法机构与行政机构之间的信息不对称，从而促进国内的合作。安德鲁·莫拉夫奇克发

---

① 基欧汉．霸权之后：世界政治经济中的合作与纷争．苏长和，信强，何曜，译．上海：上海人民出版社，2001：183.

② 奈．理解国际冲突：理论与历史：第5版．张小明，译．上海：上海人民出版社，2005：56.

③ RUGGIE J G. International regimes，transactions and change：embedded liberalism in the postwar economic order. International organization，1982，36（2）.

现，战后欧洲新出现的民主国家政府在民主政体尚未巩固的情况下，通过授权给国际人权机制加强了现有制度和政策的可信性①。爱德华·曼斯菲尔德和海伦·米尔纳认为，国家领导人可以通过达成国际贸易协定的方式向选民传递政府所采取的贸易政策的明确信号，从而减少政府与选民之间的信息不对称，增强政府的支持度②。克里斯蒂娜·戴维斯认为，通过运用 WTO 争端解决机制，美国行政机构使立法机构更容易相信其实施贸易协议的承诺③。从上述新自由主义者的观点可见，新自由主义理论对国际制度作用的强调一定程度上淡化了国家主权的作用。

总体而言，新自由主义理论在国际关系理论中特别强调国际法的作用。在论述国际制度影响国家行为的因果机制的过程中，新自由主义理论也完成了国际法在国际关系中发挥重要作用的论证。新自由主义理论认为，国际法在未来的国际关系中能发挥越来越大的作用，能加强国际体系与维护国际秩序的稳定。

## 第四节　建构主义理论与国际法的发展

冷战结束后，建构主义理论在西方国际关系理论界兴起。与新现实主义和新自由主义等理性主义国际关系理论不同的是，建构主义理论强调观念、文化、价值和规范等理念性因素在国际关系中的作用，同时认为共有观念可以建构和塑造行为体的身份和利益。国际法作为国际社会的制度性、规范性因素，它对国际社会的塑造作用、对国家身份和利益的建构作用，很大程度上体现了建构主义的特征。

### 一、建构主义理论的缘起与发展

尽管建构主义种类繁多，但所有建构主义都具有两条最基本原则：一是人类关系的结构主要是共有观念（shared ideas）而不是物质力量决定的；二是有目的行为体的身份和利益是由这些共有观念建构而成的，而不是天然固有的。前者表现的是解释社会生活的理念主义原则，强调共有观念，以社会为本源，与强调生命存在、技术或环境的物质主义相对。后者表达了一种整体主义或曰结构主义的研究方式，强调社会结构的层创进化力量（emergent power），这与把社会结构还原为个体的个体主义方法不同。因此，温特认为建构主义可以看作结构理念主义理论④。

---

① MORAVCSIK A. The origins of human rights regimes：democratic delegation in postwar Europe. International organization，2000，54（2）.

② MANSFIELD E D，MILNER H V. Votes，votoes and the political economy of international trade agreements. Princeton：Princeton University Press，2012.

③ DAVIS C. Why adjudicate?：enforcing trade rules in the WTO. Princeton：Princeton University Press，2012：49.

④ 温特．国际政治的社会理论．秦亚青，译．上海：上海人民出版社，2000：1.

建构主义遵循三个基本假设：第一，社会世界是施动者在客观环境中建构的世界：客观事实与社会意义。客观事实本身没有多少社会意义，只有通过社会施动者的实践活动和表象体系才获得意义；社会事实是可以建构的就是大部分人相信的东西。社会事实因为人的互动性实践活动得以造就和确立。第二，施动者与结构是互构的，任何一方都没有本体优先性。华尔兹的新现实主义强调了结构对施动者的影响，但由于其结构是根据施动者的实力地位排列的，所以是施动者在先而结构在后。基欧汉的新自由制度主义认为制度的产生建立在施动者个人利益的算计和衡量之上，同样也强调施动者优先于结构的本体地位。而建构主义则强调施动者和结构的互构性，即同时产生、相互依存，没有本体上的优先问题。第三，观念的力量是巨大的。在其他主流国际关系理论流派中，观念因素一直是一个重要概念①。

经典现实主义者卡尔认为权力的三种形式包括军事实力、经济实力、支配舆论的力量。摩根索也强调不能低估道德的影响。新现实主义学者为了强调物质性结构的作用，最大限度地降低了观念因素的作用。新自由主义者戈尔茨坦和基欧汉则认为："观念常常是政府政策的重要决定因素。"② 与上述理论相比，建构主义者强调，观念既有因果作用，又有建构作用。观念是共有观念，是文化。观念具有重要的传播意义，在行为体接受、形成共有观念之后，行为体的身份、认同和利益也得到了重新界定。

具体到建构主义的内涵，首先，建构主义重新定义了国际体系结构和作为施动者的国家。在国际关系理论中，对国际体系结构进行系统、权威定义的是华尔兹的结构现实主义理论。华尔兹将结构定义为以军事实力和经济实力为代表的物质能力分配③。温特的建构主义首先对华尔兹的结构现实主义有关结构的概念进行了重新定义。在很大程度上，建构主义理论挑战新现实主义理论正是集中在对结构的定义上。与新现实主义的物质结构不同的是，建构主义的结构是社会意义上的结构，即观念分配。它包含三个因素：(1) 共有知识，这是最根本的，指行为体在一个特定环境中共同具有的理解和期望。在这个环境中，共有知识建构行为体的身份和利益。(2) 物质性因素，温特区别于其他激进建构主义者的地方，在于他承认一定物质性因素的客观存在，认为物质性因素不可化约为观念性因素，但它本身意义有限，物质性因素只有通过社会性结构才能对行为体的行为产生有意义的影响。因此可以说温特建构主义是弱势物质主义观。(3) 社会实践，这是结构存在和转化的条件。无政府状态是国家建构的，无政府的国际结构正是国家社会实践的结果，国家之间的互动造就了社会结构，互动逻辑发生变化，国际体系结构也会发生变化④。至于国际体系的施动者国家，温特也接受了现实主义的假定，承认国家是国际体系

① 秦亚青．文化与国际社会：建构主义国际关系理论研究．北京：世界知识出版社，2006：21－25.

② 戈尔茨坦，基欧汉．观念与外交政策：信念、制度与政治变迁．刘东国，于军，译．北京：北京大学出版社，2005：3.

③ 华尔兹．国际政治理论．信强，译．上海：上海人民出版社，2008：118－132.

④ 温特．国际政治的社会理论．秦亚青，译．上海：上海人民出版社，2000：139－184.

的主导行为体。但是建构主义的国家作为施动者，不是单纯接受体系的制约，而是具有能动性的一面，通过社会实践塑造体系的结构和进程，这也是建构主义在施动者属性上与理性主义的差异①。

第二，国际体系结构建构国家身份和利益。理性主义国际关系理论假定国家具有先在的身份和利益，即国家在参与国际体系互动之前，就已经具有这样的身份和利益，国家的身份和利益是外生于国家之间以及国家与国际体系的互动进程中。理性主义国际关系理论的主要研究议程，就是在给定身份和利益的条件下，解释国家的对外政策规律。建构主义对此提出质疑。温特认为，国际体系结构不仅对国家行为和政策产生因果性作用，还对国家身份和利益产生构成性作用，国家身份和利益在很大程度上是由国际体系的结构建构的。体系结构对行为体身份和利益的建构是温特建构主义理论的最大贡献。身份决定利益，利益决定行为。从某种意义上，建构主义是身份政治理论。温特在一定程度上借鉴了英国学派代表人物马丁·怀特的观点，认为国际体系存在三种不同的体系结构：霍布斯文化、洛克文化和康德文化。在霍布斯文化中，国家与国家是敌人，国家利益就是相互摧毁对方、侵占领土和主权。在洛克文化中，国家与国家是竞争对手，承认相互主权、遵循生存和允许他国生存的原则。追求安全而不是征服，成为洛克文化中各国的利益。在康德文化中，国家与国家是朋友，朋友遵循的是互助原则和非暴力原则，“人人为我，我为人人”是康德文化的核心。随着这种文化的内化，利他成为国家利益的一部分②。建构主义理论超越了对单纯国家行为的研究，开始从本体论角度对国家身份和利益进行探究，并根据国家身份利益的变化，思考行为的选择。这与理性主义单纯的行为研究有根本不同。理性主义认为国家所处的无政府状态只有一种逻辑，即霍布斯逻辑。在这样的逻辑下，利己的国家身份和自私国家利益观是给定的。因此，国际关系研究的核心是考虑在这样的文化背景下，国际体系的结构变化和制度如何影响国家的行为。

第三，国家之间的互动造就了国际体系的结构。建构主义不仅强调结构对施动者，也就是国际体系结构对国家身份和利益的建构作用，也强调施动者即国家之间的互动对国际结构形成的作用。“无政府状态是国家造就的。”③ 理性主义国际关系理论甚至经典国际关系理论，都把无政府状态作为先验给定的因素，当作国际关系研究的起点。在经典国际关系理论看来，由于国家之上没有更高的政府权威，无政府状态就是给定的。但是经典国际关系理论忽略的是，给定的无政府状态并没有给定的单一逻辑。作为一种体系结构，它的逻辑是国际体系中国家互动的结果。国家不同的初始行为，通过互应机制，就可以生成不同逻辑的无政府文化，这就是温特

① 温特．国际政治的社会理论．秦亚青，译．上海：上海人民出版社，2000：193－238.

② 同①244－301.

③ WENDT A. Anarchy is what states make of it：the social construction of power politics. International organization，1992，46（2）.

提出的三种无政府文化。

建构主义强调共有观念——也就是文化在国际关系中的意义，这对我们理解当今国际社会演变具有重要启示。当一种观念成为共有观念即文化时，它的力量就是巨大的。温特的建构主义主要是构建国际政治社会理论的框架，其他的建构主义学者，如芬尼莫尔，主要研究作为一种共有观念的国际规范如何在国际社会生成、社会化最后被主权国家内化。“一旦这些观念被国际社会广为接受，就会成为人的自觉行动和国际社会的事实。”①

## 二、建构主义视野下的国际法

国际法是一种国际制度和国际规范，是国家及其他国际法主体在国际交往中形成的、以国际关系为调整对象的、具有法律拘束力的原则、规则和制度的总体。因此，在建构主义视野下考察国际法，不仅是建构主义理论研究的应有之义，也可以为国际法的研究提供新的理论视角。

区别于国内政治的有政府状态，国际政治的基本特征是无政府状态，因此无政府状态也成为国际关系理论研究的起点。在不同的理论视野下，无政府状态的内涵和逻辑是不同的。现实主义理论视野下，无政府状态呈现的是“所有人反对所有人”的冲突逻辑，也就是霍布斯文化。不仅如此，现实主义理论认为，国际政治无政府状态的霍布斯文化不能根本消除，只能通过权力结构的分配加以缓解。自由主义国际关系理论尽管强调观念、制度在维护国际体系方面的重要作用，但它也承认国际社会存在霍布斯逻辑。与现实主义理论不同的是，在自由主义国际关系理论中国际冲突并不是唯一逻辑，国际社会存在合作的可能，国际制度、国际法可以为国家之间达成合作提供重要工具。自由主义国际关系理论尽管也承认国际法的作用，但它更多地强调国际法对国家行为和政策的约束。如前所述，建构主义认为无政府状态是国家造就的，没有绝对的霍布斯文化、洛克文化或者康德文化，一切取决于国家之间如何互动。根据建构主义理论，包括国际法这样的国际制度、国际规范对国际社会的意义更大，远超于现实主义强调的经济和军事实力构成的物质性权力及其分配。而且，建构主义赋予了国际法更重要的功能，在新自由主义强调国际法对国家行为构成约束作用之外，建构主义更关注国际法对国家身份和利益的建构作用。具体来看：

第一，在建构主义看来，国际社会的本质就是由法律、制度构成的有规则的、有秩序的世界。尽管建构主义承认国际体系存在无政府状态，但也不否认类似于霍布斯状态的冲突世界存在的可能性，但建构主义认为，人类社会能够延续至今，总有一些规则和制度能够护持人类社会的演进。世界上存在着国际法和国际惯例，虽然它们难以强迫国家必须遵守它们，但违反这些规范的国家要承担相应的责任。即

① 秦亚青．国际关系理论：反思与重构．北京：北京大学出版社，2012：25.

使在最极端的环境中，法律和道义有时候也会发生作用。发端于早期基督教教会的正义战争理论（just war doctrine）在 17 世纪后开始世俗化，它寻求开战正义和交战正义原则，强调必须要遵守战争法①。建构主义在本体论上承认物质性因素存在，但也强调理念性因素对物质性因素的意义。因而建构主义世界观是社会的、观念的，包括制度、规范和法律在内的社会因素是维系社会的纽带。尽管与国内社会相比，国际社会中的共有观念和共同体意识相对较弱，但自近代主权制度确立以来，国际社会的制度化程度就不断提升。第二次世界大战后，随着更多的民族国家获得独立，更多的国际组织建立，国家间相互依赖增强，国际制度和国际法在国际社会中成为一种经常性的存在，对维护世界秩序、促进人类社会进步发挥着重要作用。

在建构主义的视野下，国际法是各国共同意志的表达并期待一致遵守的社会规范，对各国的国际行为模式与价值选择会产生一定的强制性效果。而各国对国际法的观念和意识，都属于文化范畴，也可能成为具有权威效果的非物质力量，从而必须得到各国的重视。建构主义理论主张国际社会的基本结构是一种社会结构，而国际法作为国家行为体之间主观意志的表达，是社会结构的一部分。“事实上，在国际关系理论的发展史上，除早已远去的理想主义学派外，还没有哪个学派像建构主义这样，赋予国际法这么‘崇高’的地位与作用。”②

第二，根据建构主义，国际法作为国际社会的一种特殊国际制度，不仅可以约束主权国家的行为，更重要的是，它可以建构主权国家的身份和利益，在国际社会中传播具体的法制理念，提高国际社会的有序化和法制化水平。如前所述，在新自由主义理论中，国际法和国际制度仅仅对国家行为产生约束作用，一旦国家违反了国际法的有关规定，就要受到国际社会的制裁。建构主义理论从整体主义出发，强调社会对个体的构成性作用，认为包括国际法与法律观念、意识等在内的国际文化结构不仅制约国家行为，而且影响国家的身份和利益，即建构国家的属性。必须承认，在建构主义的理论视野下，国际法的功能和定位得到显著提高。国家在国际社会中遵守国际法，并不是考虑“结果性逻辑”，而是“适当性逻辑”，认为遵守国际法并不是迫于制裁的压力，而是认为国际法本身是好的。

第三，建构主义为第二次世界大战后发展中国家参与国际法的制定和传播提供了理论准备。现有的建构主义关于国际法的研究成果较少关注国际法的起源，更多关注国际法的社会化和内化，考察的是既有的国际法的社会化过程。如果我们从激进主义视角看，当代国际法就是具体时间和历史进程的产物，起源于 18 世纪的经济自由主义和 19 世纪的政治自由主义，是为当代资本主义大国服务的③。例如，国

① 奈．理解国际冲突：理论与历史：第 5 版．张小明，译．上海：上海人民出版社，2005：30.

② 刘志云．现代国际关系理论视野下的国际法．北京：法律出版社，2006：380.

③ 明斯特，阿雷奎恩-托夫特．国际关系精要：第 5 版．潘中岐，译．上海：上海人民出版社，2012：232.

家的领土主权原则是在殖民时代为巩固强国的领土要求确立的，如果挑战它那就是违反国际法。尽管激进主义的观点过于极端，但也反映出第二次世界大战前的国际法中，广大发展中国家是缺失的。第二次世界大战后，大批新独立的发展中国家登上国际政治舞台。为了实现自己的政治独立和经济发展，发展中国家提出构建国际政治经济新秩序的主张。在国际法的逐渐发展与编纂中，也要体现发展中国家的诉求和主张。建构主义强调无政府状态是国家造就的，为广大发展中国家通过互动参与到新的国际法发展进程中提供了理论依据。国际海洋法、国际环境法、国际人权法等领域的进展，都可以看到发展中国家理念的体现，改变了国际法长期被西方大国垄断的局面。

## 思考题

1. 理想主义是如何看待国际法的作用的？

2. 现实主义关于国际法的主张是什么？

3. 新自由主义和建构主义对国际法作用的理解有何差异？

## 阅读书目

1. 秦亚青．西方国际关系理论经典导读．北京：北京大学出版社，2009.

2. 刘志云．当代国际法的发展：一种从国际关系理论视角的分析．北京：法律出版社，2010.

3. 明斯特，阿雷奎恩-托夫特．国际关系精要：第5版．潘中岐，译．上海：上海人民出版社，2012.

## 第二章
# 国际法基本原则

国际法基本原则是整个国际法体系的基础，对国际法的一般原则、规则、规章、制度具有指导和制约作用。它因人类历史的进步与国际关系的需要而产生和发展，是国际关系稳定运行的法律基石。

## 第一节　国际法基本原则的概念

国际法基本原则是国际社会的宪法性原则。“每一种法律体系都有一些最后原则。这些原则是从这种法律体系的原则、规则和制度归纳而来的，同时又引申出来所有其他原则、规则和制度。这些最后原则就是基本原则，是每一种法律体系的基础。中国的法律体系特别强调这一点。”[①]《联合国宪章》具体规定了联合国及其会员国应该遵守的基本原则。1970 年联合国大会通过的《关于各国依联合国宪章建立友好关系及合作之国际法原则之宣言》（简称《国际法原则宣言》）第一次正式提出“国际法基本原则”（fundamental principle of international law）这一概念。但是，国际法学界对于国际法基本原则的内涵并无统一认识。

### 一、国际法基本原则的定义

国际法基本原则的概念在第二次世界大战后得到部分国际法学者的重视。英国学者施瓦曾伯格对国际法基本原则问题做过深入研究，他认为，国际法基本原则是

① 王铁崖．国际法引论．北京：北京大学出版社，1998：212.

国际法中代表着有关规则的最高共同标准的那些原则。他提出三项区别国际法基本原则和一般原则的标准：第一，原则必须是特别为着国际法的；第二，原则必须超过其他原则之外，包括相当广泛的国际法规则，而这些规则自然地属于该原则的主题之内；第三，原则必须或者是国际法的典型原则从而成为任何已知的国际法体系的一个主要部分，或者是现有国际法所特有的，如果置之不顾，我们就有看不到近代国际法主要特色的危险①。苏联国际法学者塔拉奥哲夫认为，国际法基本原则是由重要和主要规范组成的、属于一般国际法性质的，并总是对一切国家都有约束力的公认的规则②。

中国学者大都认同基本原则在法律体系中的特殊地位，普遍强调国际法基本原则在国际法体系中的基础作用。王铁崖认为："所谓国际法基本原则，不是国际法个别领域的具体原则，而是那些被各国所公认的，具有普遍意义的、适用于国际法的一切效力范围的、构成国际法的基础的法律原则。"③ 梁西认为："国际法基本原则，是指那些被各国公认和接受的、具有普遍约束力的、适用于国际法各个领域的、构成国际法基础的法律原则。"④ 白桂梅提出："国际法基本原则就是那些构成国际法基础的原则，几乎国际法的所有原则、规则和制度都是在这些原则之上建立或产生的。"⑤

## 二、国际法基本原则的特征

归纳上述不同学者的定义，国际法基本原则具有以下特征：

第一，国际社会公认。国际法的原则、规则和制度都是各国公认的，而国际法基本原则特别强调国际社会的普遍接受。部分国家或少数国家提出的某一原则即使具有重大的政治、法律意义，但在没有得到各国公认之前，不能成为国际法基本原则。只有当一项原则在国际社会中反复出现在各国缔结的条约中，并被各国普遍接受为指导国际关系的一般准则时，它才有可能成为国际法基本原则。

第二，具有普遍约束力。国际法基本原则具有普遍意义，对一切国际法主体都具有约束力。国际法基本原则一经确认，不仅对所有主权国家具有约束力，而且对非国家的国际法主体也具有约束力。任何国际法主体都不能违反国际法基本原则。从这个意义上来讲，国际法基本原则被认为不仅具有强行法的特性，而且具有对世义务或对一切义务的特征。所谓对世义务或对一切义务就是一国对国际社会整体的义务，乃所有国家之关切，所有国家都有法律利益对其进行保护。当前，公认的对世义务包括：禁止侵略行为，禁止种族灭绝、保护基本人权，民族自决，保护共同

---

① 王铁崖．国际法引论．北京：北京大学出版社，1998：213－214.

② 饶戈平．国际法．北京：北京大学出版社，1999：43.

③ 同①214.

④ 梁西．国际法．3版．武汉：武汉大学出版社，2011：50.

⑤ 白桂梅．国际法．3版．北京：北京大学出版社，2015：167.

空间的环境等①。

第三，适用于国际法一切领域。这是区分国际法基本原则与各种具体原则的重要标准。国际法基本原则的适用范围是国际法律关系的一切领域，贯穿于国际法各个领域，关系到国际关系全局，对国际法的各个分支部门具有一般性的指导作用。而国际法的具体规则仅适用于特定的国际法领域或部门。例如，国家主权平等原则，对国际法的任何领域都起指导作用，是公认的基本原则；而公海自由虽然也是公认的国际法原则，却只是海洋法领域的原则，不构成基本原则。

第四，构成国际法体系的基础。国际法基本原则是整个国际法体系的法律基础。国际法的其他原则和具体规则、规范，要么是从基本原则中派生和引申出来的，要么是在基本原则指导下形成和发展出来的。它们必须符合国际法基本原则的精神，不能与国际法基本原则相抵触。任何与基本原则相抵触的国际法原则、规则、规范都是无效的。国际法基本原则遭到破坏，就会动摇整个国际法体系。正如梁西所指出的那样，如果说国际法是一棵参天大树，国际法基本原则就是树干，国际法的具体原则、规则和规章、制度就是这一树干上伸展的茂密树叶②。

## 三、强行法与国际法基本原则

如前所述，国际法基本原则被认为具有强行法的特性。所谓强行法（jus cogens），又称强制法、绝对法，“是指国际法中普遍适用于所有国际法主体，国际法主体之间必须绝对服从和执行、不能以约定的方式予以损抑的法律规范”③。与之相对的任意法（jus dispositium），是可以通过协议加以修订或废除的法律规范。强行法原是国内法的概念。1969 年《维也纳条约法公约》开始正式在国际法领域使用强行法的概念，明确强行法应具备三个特征：(1) 国际社会全体接受，(2) 不许损抑，(3) 只有以后同等性质的原则才能更改。按照该公约的表述，国际法基本原则完全具备强行法的特征，国际法基本原则属于强行法。

但是，国际法基本原则和强行法是两个概念，两者既有联系，也有区别。两者的共同之处在于：第一，它们都是国际社会公认的，具有普遍拘束力，对所有国家发生效力；第二，它们都是不可损抑的。两者的主要区别在于：国际法基本原则是高度概括性的、抽象的原则，适用于国际法所有领域，而强行法大部分是具体的行为规则，只在某一特定国际法分支或领域起作用。

关于国际法基本原则的范围，国际法学界的表述并不完全一致，但涵盖的都是基础性的原则。英国法学家布朗利在论及基本原则时列举了八项：同意、对等、国

---

① 《国际公法学》编写组．国际公法学．2 版．北京：高等教育出版社，2018：81 - 82.

② 梁西．国际法．3 版．武汉：武汉大学出版社，2011：51.

③ 同①56.

家平等、裁决和解决的终结性、协议的法律效力、诚信、国内管辖与海洋自由原则[①]。王铁崖认为，联合国七项原则、和平共处五项原则、万隆十项原则、《国际法原则宣言》七项原则和《各国经济权利和义务宪章》十五项原则都符合国际法基本原则的标准。在此基础上，他提出十二项国际法基本原则：（1）互相尊重主权，（2）互相尊重领土完整，（3）互不干涉内政，（4）互不侵犯，（5）不使用武力或武力威胁，（6）民族自决，（7）公平互利，（8）和平共处，（9）国际合作，（10）尊重人权和基本自由，（11）诚实履行国际义务，（12）和平解决国际争端[②]。

关于强行法的范围和内容，同样存在不同意见。联合国国际法委员会曾经提出一些公认的、确定的强行法规则，包括禁止侵略、种族灭绝、种族隔离、奴隶制、酷刑、海盗、劫持航空器等。一些国际法学者也用列举的方式解释强行法的规则。例如，布朗利认为最少争议的强行法规则包括：禁止使用武力、禁止种族灭绝、种族非歧视原则、反人道罪以及禁止贩卖奴隶和禁止海盗行为[③]。与国际法基本原则相比，强行法保护的价值同样具有最重要、最基础的意义，体现在维护人类安全、保护基本人权和促进国家利益方面，但其规则大部分是对具体行为的管辖和惩治，识别标准比国际法基本原则更严格，在执行层面更具有明确性和可行性。

此外，国际法基本原则是在主权国家交往过程中，通过《联合国宪章》等重要国际法律文件逐步确立的，而强行法主要是通过国家实践和国际司法机构的判例发展起来的。近年来，随着国际人权法的迅速发展，具有强行法性质的人权规范得到更多确认。

综上所述，国际法基本原则和强行法是两个既有联系又有区别的概念，国际法基本原则是强行法的组成部分，强行法的范围要更加广泛。

## 第二节 国际法基本原则的形成与发展

国际法基本原则是在国际关系的演变进程中形成、发展和确立起来的。近代国际法产生后，国家主权观念盛行。资产阶级为反对封建的压迫和禁锢，相继提出国家主权、独立、平等、不干涉等指导国家间关系的原则。这些原则往往是在经历革命与战争的洗礼后提出的，核心围绕国家主权的实现而展开。不过，当时这些原则并未形成体系，适用范围仅限于所谓基督教“文明国家”之间，还经常遭到破坏。19 世纪末 20 世纪初，在列强疯狂瓜分世界的战争威胁下，世界和平运动兴起，促进了和平解决国际争端原则的提出。第一次世界大战及俄国十月革命促进国际法基本原则的丰富，反对侵略战争、互不侵犯原则等被初步确立起来。

---

① 布朗利．国际公法原理．曾令良，余敏友，译．北京：法律出版社，2007：12.

② 王铁崖．国际法．北京：法律出版社，1995：41.

③ 同①453.

第二次世界大战后国际法基本原则迎来重要的发展。《联合国宪章》第一次系统提出了国际法基本原则，奠定了现代国际法基本原则体系的基础。战后随着民族解放运动的发展，民族独立国家倡导了和平共处五项原则、万隆会议十项原则等指导国家间关系的基本原则。20 世纪 60 年代后，联合国大会顺应时代要求，相继出台《给予殖民地国家和人民独立宣言》（1960 年）、《关于各国内政不容干涉及其独立与主权之保护宣言》（1965 年）以及《国际法原则宣言》（1970 年），初步形成了现代国际法基本原则体系。此后，联合国大会又通过了《各国经济权利和义务宪章》（1974 年）、《不容干涉和干预别国内政宣言》（1981 年）、《关于和平解决国际争端的马尼拉宣言》（1982 年）、《加强在国际关系上不使用武力或进行武力威胁原则的效力宣言》（1987 年）等阐述国际法基本原则的重要成果，进一步重申了国际法基本原则的内容。

冷战结束后，尤其是进入 21 世纪后，全球化进程加速发展，气候变化、恐怖主义、流行性疾病等全球性危机接连不断。任何国家都无法单独应对各种全球性问题的挑战，世界各国的和平、发展、进步与全人类的整体利益息息相关。“国际法在发展之中，国际法基本原则也必然是在发展之中的。”[①] 国际社会共同利益、可持续发展等新理念开始渗透到国际法中，体现国际法进步的方向。联合国大会 2000 年通过的《千年宣言》、2005 年通过的《世界首脑会议成果》、2012 年通过的《国内和国际的法治问题大会高级别会议宣言》等重要文件，都重申了坚持国际法基本原则的立场，并呼吁进一步推进国际法治进程。与此同时，当前国际体系和国际秩序正在经历深刻调整，国际法的发展仍然受到霸权主义、单边主义、保护主义的干扰，要建立一个和平、繁荣、公正的世界，维护国际法基本原则的权威性至关重要。

## 一、《联合国宪章》对国际法基本原则的贡献

《联合国宪章》是联合国组织的基本法，也是国际法和国际关系史上划时代的文献。它所规定的宗旨和原则不仅是联合国的基本原则，也是历史上首次对国际法基本原则的系统阐述，始终代表着国际社会对和平、正义、进步目标的期望。无论是对国际法理论的完善，还是对国际关系现实的指导，《联合国宪章》都具有重大的意义。

《联合国宪章》由序言和 19 章组成。第一章开宗明义地规定了联合国组织的宗旨与原则。第 1 条规定了建立联合国的四项宗旨。第 2 条规定了联合国组织及各个机构为完成这些宗旨所应遵循的原则，以及处理该组织与会员国之间、会员国与会员国之间相互关系的基本原则。

---

① 王铁崖．国际法．北京：法律出版社，1995：41.

**《联合国宪章》第一章第2条**

为求实现第一条所述各宗旨起见，本组织及其会员国应遵行下列原则：

一、本组织系基于各会员国主权平等之原则。

二、各会员国应一秉善意，履行其依本宪章所担负之义务，以保证全体会员国由加入本组织而发生之权益。

三、各会员国应以和平方法解决其国际争端，俾免危及国际和平、安全及正义。

四、各会员国在其国际关系上不得使用威胁或武力，或以与联合国宗旨不符之任何其他方法，侵害任何会员国或国家之领土完整或政治独立。

五、各会员国对于联合国依本宪章规定而采取之行动，应尽力予以协助，联合国对于任何国家正在采取防止或执行行动时，各会员国对该国不得给予协助。

六、本组织在维持国际和平及安全之必要范围内，应保证非联合国会员国遵行上述原则。

七、本宪章不得认为授权联合国干涉在本质上属于任何国家国内管辖之事件，且并不要求会员国将该项事件依本宪章提请解决；但此项原则不妨碍第七章内执行办法之适用。

第1项主权平等原则。该项包含主权原则和平等原则两方面内容，对于维护国家独立、反对外来干涉起到重要作用，是国际关系的基本准则。第2项善意履行宪章义务原则。善意原则是国际法律秩序的基础，联合国会员国应当诚实履行应承担的义务。在适用法律规则时，各国应遵循惯例和理性对自己进行自我约束。第3项和平解决国际争端原则。联合国会员国必须以和平的方式解决它们之间的争端。该项原则在第二次世界大战之前已被普遍承认。《联合国宪章》对联合国各有关机构在和平解决争端方面的权力和职能做了详细规定，反映出该项原则在国际关系中的重要性。第4项不使用武力原则。联合国会员国在国际关系中不得威胁使用或使用武力侵害他国的领土完整或政治独立。该项原则是《联合国宪章》的最核心部分，“联合国组织的成功在很大程度上取决于各会员国遵守这项原则，取决于各有关机构为此而有效地履行自己的职责”①。第5项集体协助原则。联合国会员国对于联合国根据宪章采取的行动应给予全力支持，而对于被联合国采取预防性或强制性行动的国家，其他会员国不得给予援助。这项原则的解释和适用通常与联合国维持国际和平与安全的行动联系在一起。第6项保证非会员国遵守宪章原则。为避免世界大战的悲剧重演，该项原则规定联合国原则不仅拘束会员国，而且拘束非会员国，从而使这些原则具有普遍的意义。由于几乎所有主权国家都加入了联合国，该项原则的现实意义并不明显，主要用来体现联合国作为全球性国际组织的普遍性。第7项

---

① 许光建．联合国宪章诠释．太原：山西教育出版社，1999：39.

不干涉内政原则。尽管会员国对“本质上属于任何国家国内管辖之事项”的解释有分歧，对于“干涉”的定义也有不同的观点，但该项原则对于战后民族独立国家捍卫政治独立和领土完整具有重要意义。

上述7项原则是《联合国宪章》贯穿始终的精髓，在战后的许多重要的国际法律文件中得到反复援引和重申，成为普遍的国际法基本原则，表现出强大的生命力，对处理国际关系发挥积极的指导作用，构成现代国际关系和国际法的基石。

除了第一章第2条的7项原则，《联合国宪章》还提出了一些国际法基本原则，其中最重要的是自决原则。《联合国宪章》第一章第1条第2项规定：“发展国际间以尊重人民平等权利及自决原则为根据之友好关系，并采取其他适当办法，以增强普遍和平。”人民平等权利和自决原则，成为发展各国间友好关系、增强普遍和平的条件，反映了长期遭受外来统治和殖民压迫的民族争取建立民族独立国家的呼声。宪章没有具体阐述自决原则的内涵，但随着战后民族解放运动的高涨和殖民体系的瓦解，自决权在联合国大会的一系列宣言和决议中不断得到重申和发展，自决原则成为国际法基本原则之一。1952年联合国大会通过决议，建议会员国“支持所有人民和民族的自决的原则”。1960年联合国大会通过《给予殖民地国家和人民独立宣言》，强调给予殖民地国家独立是实现民族自决的主要方式。联合国通过自身实践，将自决原则确定为国际法基本原则的组成部分①。

严格意义上，《联合国宪章》只是联合国组织的多边国际条约。但它继承了20世纪中叶以前国际法体系中的进步成分，使国际法基本原则形成体系，并得到国际社会公认。《联合国宪章》第103条规定：“联合国会员国在本宪章下之义务与其依任何其他国际协定所负之义务有冲突时，其在本宪章下之义务应居优先。”这就突破了“后约优于前约”的通例，使宪章的法律效力具有优先性，超出了一个国际组织条约的范畴，成为现代国际法最重要的渊源。可以说，“宪章是现代国际法基本原则的体系趋于完善的重要标志”②。联合国成立后通过的有关国际法基本原则的决议、宣言、条约等，都是在宪章基础上的引申和发展，都与宪章的宗旨原则保持一致。其他国际组织的章程或组织性条约也都明确承认宪章原则。

## 二、和平共处五项原则在国际法基本原则中的地位

互相尊重主权和领土完整、互不侵犯、互不干涉内政、平等互利、和平共处五项原则是20世纪50年代由中国首先提出，并和印度、缅甸共同倡导的国际关系基本准则。作为中国等民族独立国家对现代国际法的创造性贡献，和平共处五项原则准确体现了第二次世界大战后国际关系的本质特征，“补充和发展《联合国宪章》

---

① 布朗利．国际公法原理．曾令良，余敏友，译．北京：法律出版社，2007：516.

② 《国际公法学》编写组．国际公法学．2版．北京：高等教育出版社，2018：84.

所宣示的原则，又对后来的国际法律文件所宣布的原则发生明显的影响”①。半个多世纪以来，和平共处五项原则随着国际关系的演变被赋予了新的时代内涵，仍具有鲜明的现实价值，在国际法基本原则的发展中占有重要的地位。

和平共处五项原则的提出，始于1953年12月至1954年4月中国和印度关于两国在中国西藏地方的关系问题的谈判。1954年4月中印双方签署了《中印关于中国西藏地方和印度之间的通商和交通协定》及有关换文。协定在序言中把“互相尊重领土主权、互不侵犯、互不干涉内政、平等互惠、和平共处”② 五项原则确定为指导两国关系的准则，第一次赋予了这些原则国际法的含义。同年6月，周恩来总理访问了印度和缅甸，分别同印度、缅甸两国总理发表联合声明，不仅确认将五项原则用于指导两国关系，而且共同倡议将五项原则作为国际关系准则适用于“各国之间”和“一切国家”之间③。1955年的万隆会议上，周恩来总理提出了著名的“求同存异”主张，指出“社会制度不同的国家是可以实现和平共处的”，“五项原则完全可以成为在我们中间建立友好合作和亲善睦邻关系的基础”④。会议最后发表的《关于促进世界和平和合作的宣言》中提出的以“万隆精神”闻名的十项原则，就是和平共处五项原则的引申和发展。此后，和平共处五项原则被载入许多重要的国际法律文件，得到国际社会的广泛承认和遵循。

和平共处五项原则是一个科学体系。五项原则中的内容大多数早已存在，但把它们作为一个彼此既有区别又有密切联系的整体提出来，在国际关系中还是第一次，这无疑是一个创造性的发展。

五项原则中，“互相尊重主权和领土完整”将国家主权和领土完整两个概念合并为一项原则提出来，是新兴民族独立国家在主权问题上的创举。“互不侵犯”“互不干涉内政”两项原则既是第一项原则的扩展和延伸，又是实现第一项原则的保证，从国家主权的不同侧面强调了捍卫国家主权的具体内容。“互不侵犯”与国家主权对外的独立权和自卫权直接联系，主要指以武力和武力威胁的方式进行的侵犯，目的在于保护国家的独立与领土完整。“互不干涉内政”对饱受帝国主义干涉之苦的民族独立国家来说，是抵御霸权主义、强权政治的重要屏障，本质目的仍是维护国家主权。“平等互利”是主权平等原则富有新意的发展。国际关系中的平等如果没有经济上的独立、互利作为基础就得不到真正的实现。平等与互利的结合，丰富了国家主权原则的内涵。“和平共处”是指世界各国无论社会制度、意识形态和价值观念、经济发展水平如何，都应该和平地并存、友好地往来、善意地合作，并应该用和平方法妥善解决彼此间的争端和问题。“和平共处”既总结了前四项原则的目的，又是前四项原则的必然结果，揭示出中国等民族独立国家所倡导的新型

---

① 王铁崖. 国际法引论. 北京：北京大学出版社，1998：226.

② 五项原则的措辞后来稍有改变，“平等互惠”改为“平等互利”，“互相尊重领土主权”改为“互相尊重主权和领土完整”。

③ 裴坚章. 中华人民共和国外交史：1949—1956. 北京：世界知识出版社，1994：402-405.

④ 同③412-415.

的国家间关系的常态。

这五项原则构成了一套完整的国际关系行为规范，“非常明确，干净利落，清清楚楚”①，具备比单一的国际法基本原则更加全面完备的内容。前四项中每项都有一个“互”字，第五项中有一个“共”字，突出了国际关系相互、平等的特性，高度概括了第二次世界大战后国际关系中主权国家间相互依存、共同发展的本质特征。自《联合国宪章》之后，有关国际法基本原则的国际法律文献非常多，和平共处五项原则的突出之处在于：它在坚持国家权利与义务相统一的前提下，通过五项原则的有机结合，不是简单地重复已有原则，而是赋予已有原则新的精神，防止对已有原则的片面理解和运用，使国家间关系的发展真正建立在主权平等的基础上。

作为一个统一的有机整体，和平共处五项原则是对国际法基本原则的概括，与《联合国宪章》的宗旨原则相一致，体现了现代国际关系的基本特征和要求。“它的贡献在于：第一，把五项重要国际法原则放在一起，形成一个有系统的、结合在一起的整体，以奠定国际法的基础；第二，互相尊重主权和领土完整的提法，突出了相互的概念，从而表明主权不是绝对的，而是属于相对性质的原则；第三，把平等和互利联系在一起，有法律平等和经济平等相结合的效果，因此，平等是实质的，而不单纯是形式的。”② 可以说，和平共处五项原则既是规范性的原则，也是指导性的原则，既是国家间交往必须遵循的行为准则，也是维护世界和平、保障各国独立与安全的纲领。“总结国际关系的实践，最具有强大生命力的就是和平共处五项原则。”③ 国际社会处于发展变化之中，和平共处五项原则顺应历史进步潮流，并未因为各种新问题、新矛盾的涌现而过时，反而在国际关系实践中不断得到丰富，其适应性和影响力与时俱进，为国际法基本原则的完善做出了持久的贡献。

## 三、《国际法原则宣言》对国际法基本原则的发展

《国际法原则宣言》是联合国第一次以宣言的形式全面阐述国际法基本原则的文献，是对《联合国宪章》中有关国际法基本原则内容的丰富和确认。“这不仅对所有国家在其国际行为上遵守国际法和贯彻《联合国宪章》的各项宗旨和原则具有非常重要的意义，而且表明现代国际法基本原则体系已经形成。”④

根据《联合国宪章》第 13 条的规定，为促进政治上的合作，联合国大会应发动研究并做出建议，“提倡国际法之逐渐发展与编纂”。联合国大会因此承担了推动国际法发展与编纂的职责。1957 年，在苏联的倡导下，联合国大会将审议关于和

① 邓小平．邓小平文选：第 3 卷．北京：人民出版社，1993：283.

② 王铁崖．国际法引论．北京：北京大学出版社，1998：231.

③ 同①96.

④ 《国际公法学》编写组．国际公法学．2 版．北京：高等教育出版社，2018：84.

平共处的宣言列入了议题。1961年，在12个亚非国家和东欧国家的要求下，联合国大会列入了名为“关于各国之间按照《联合国宪章》的友好关系和合作的国际法原则的审议”的议题。1963年，联合国大会成立了一个负责研究起草“国家间友好关系和合作”的国际法原则特别委员会。该委员会在1965—1970年间召开了6次会议。以该委员会的工作为基础，1970年10月，联合国大会在联合国成立25周年之际通过《国际法原则宣言》，对《联合国宪章》中的基本原则做了权威阐释。这一宣言是在联合国范围内经过广泛的政府间讨论拟议出来的，在联合国大会上用协商一致的方式无异议通过，赋予其中7项原则在现代国际法中突出价值地位，事实上这7项原则被宣布为构成国际法的基本原则①。具体如下：

（1）各国在其国际关系上应避免为侵害任何国家领土完整或政治独立之目的或以与联合国宗旨不符之任何其他方式使用威胁或武力之原则。该原则详细指出使用威胁或武力是违反国际法的，宣言还具体阐释了与之相关的侵略战争、报复行为、军事占领、裁军等事项。

（2）各国应以和平方法解决其国际争端俾免危及国际和平、安全及正义之原则。宣言列举了和平解决国际政治的具体方法，强调以国家主权平等为基础并依照自由选择方法的原则解决国际争端。

（3）依照宪章不干涉任何国家国内管辖事件之义务。宣言解释了不干涉内政原则的含义，指出每一国均有选择其政治、经济、社会及文化制度之不可移让之权利，不受他国任何形式之干涉。

（4）各国依照宪章彼此合作之义务。无论各国在政治、经济及社会制度上有何差异，均有义务在国际关系中彼此合作，涵盖和平与安全、人权、经济、社会、文化、技术及贸易等方面。

（5）各民族享有平等权利与自决权之原则。宣言详细阐述了各民族所享有的平等权利与自决权的范围。

（6）各国主权平等之原则。宣言列举了六项主权平等的要素：各国法律地位平等；每一国均享有充分主权之固有权利；每一国均有义务尊重其他国家之人格；国家之领土完整及政治独立不得侵犯；每一国均有权利自由选择并发展其政治、社会、经济及文化制度；每一国均有责任充分并一秉诚意履行其国际义务，并与其他国家和平相处。

（7）各国应一秉诚意履行其依宪章所负义务之原则。宣言指出各国有责任一秉诚意履行依宪章所负义务、依公认国际法原则与规则所负义务以及依有效国际协定所负义务，并且强调宪章规定的义务应优先。

在总结部分，《国际法原则宣言》提出：“本宣言所载之各项宪章原则构成国际法之基本原则，因之吁请所有国家在其国际行为上遵循此等原则，并以严格遵守此

① 詹宁斯，瓦茨．奥本海国际法：第9版：第1卷：第1分册．王铁崖，陈公绰，汤宗舜，等译．北京：中国大百科全书出版社，1995：272.

等原则为发展其彼此关系之基础。”

《国际法原则宣言》与《联合国宪章》第一章第2条在内容上既有联系也有区别。虽然两者都提出了7项基本原则，但《国际法原则宣言》只有5项原则是《联合国宪章》第2条条文内容的阐述与补充，另外两项原则，即：各国依照宪章彼此合作原则与各民族享有平等权利与自决权原则，来源于宪章的其他条文。具体而言，各国依照宪章彼此合作原则源于宪章第一章第1条第3项，各民族享有平等权利与自决权原则源于宪章第一章第1条第2项。《国际法原则宣言》是专门对国际法基本原则进行解释和归纳的，在《联合国宪章》第一章第2条的基础上，结合联合国25年的实践，使国际法基本原则的内容更加充实和全面。

从法律效力来看，《联合国宪章》及其确立的国际法基本原则在国际法上具有明确的约束力。《国际法原则宣言》是联合国大会通过的决议。原则上，联合国大会的决议属于建议的性质，不具有法律约束力。但是，联合国大会的决议是各国政府意愿和国际舆论的体现，具有重要的政治影响和道德价值。尤其是包含着国际法原则、规则、制度的宣言，有的逐渐发展成为具有约束力的国际条约，有的通过国家实践作为国际习惯形成的证据。无论如何，联合国大会的决议，特别是包含国际法的宣言的决议，在国际法上是有意义的。它们即使不直接拘束国家，但是，特别是在一直通过或压倒多数通过的情形下，它们所表现的国际法原则、规则或制度，对于国际法的形成和发展是起作用的①。因此，国际社会普遍认可《国际法原则宣言》的权威性及其对国际法基本原则发展的重要意义。

**案例1**

## 东帝汶案

东帝汶位于东南亚努沙登加拉群岛最东端。16世纪沦为葡萄牙的殖民地。1960年，第十五届联合国大会通过第1542号决议，宣布东帝汶岛及附属地为非自治领土，由葡萄牙管理。1975年，葡萄牙政府允许东帝汶举行公民投票，实行民族自决。主张独立的革命阵线、主张同葡萄牙维持关系的民主联盟、主张同印度尼西亚合并的人民民主协会三方因政见不同引发内战。1975年11月，革命阵线单方面宣布东帝汶独立，成立东帝汶民主共和国。1975年12月，印度尼西亚出兵东帝汶，葡萄牙撤出。1976年，印度尼西亚宣布东帝汶为印度尼西亚第27个省。联合国谴责印度尼西亚的武装入侵，要求印度尼西亚撤军，呼吁各国尊重东帝汶的领土完整和民族自决权。在联合国秘书长的斡旋下，葡萄牙与印度尼西亚政府从1983年开始就东帝汶问题进行谈判。

澳大利亚在1978年就对东帝汶成为印度尼西亚的领土给予事实上的承认。1979年，澳大利亚与印度尼西亚就澳大利亚和东帝汶之间的大陆架划界问题进行

① 王铁崖．国际法．北京：法律出版社，1995：14.

谈判。1989 年 12 月，两国达成了联合勘探开发该地区大陆架资源的条约。葡萄牙对此多次表示抗议，强调东帝汶人民所享有的自决权以及葡萄牙作为有争议领土管理者的地位，认为澳大利亚没有尊重葡萄牙的地位和东帝汶人民的权利。

1991 年，葡萄牙在国际法院以澳大利亚为被告提起诉讼，称澳大利亚与印尼就开发、利用东帝汶领土所属大陆架的资源达成的协议不仅严重侵犯了东帝汶人民的民族自决权，而且也侵犯了葡萄牙作为实际管理者的权利。

1995 年 6 月，国际法院做出判决，判定国际法院对该案没有管辖权。国际法院确认了东帝汶非自治领土的地位和它享有的民族自决权。但是，国际法院认为，到底是葡萄牙还是印度尼西亚有权代表东帝汶缔结有关其大陆架权益的条约，是本案的根本问题。联合国的决议不足以判定第三国有义务只和葡萄牙讨论东帝汶大陆架问题。国际法院必须首先裁决印度尼西亚的行为是否合法，才能裁决澳大利亚是否违反了尊重葡萄牙作为管理国所享有的地位。由于印度尼西亚没有接受国际法院的管辖，因此，国际法院对本案没有管辖权。此后，在 1997 年亚洲金融风暴的打击下，印度尼西亚国内经济、政治矛盾激化。1999 年 8 月 30 日，东帝汶举行全民公决，78.5%的选民支持独立。1999 年 10 月，联合国安理会授权建立联合国东帝汶行政过渡当局，全面接管东帝汶内外事务。2002 年 5 月 20 日，东帝汶民主共和国正式成立。

## 第三节　国际法基本原则的内容

归纳起来，得到世界各国公认并在当今国际关系中发挥基础作用的国际法基本原则包括：国家主权平等原则、禁止以武力相威胁或使用武力原则、和平解决国际争端原则、不干涉内政原则、善意履行国际义务原则、国际合作原则、民族自决原则、尊重基本人权原则等八项。

### 一、国家主权平等原则

国家主权是国家的根本属性，国家主权平等是现代国际法基本原则体系的核心，是其他各项原则的基础与前提。

现代意义上的主权概念是法国思想家让·博丹提出来的。1577 年，他在《论共和国》一书中，将主权界定为最高的、永恒的、绝对的、不可分割的、在法律上不承担责任的立法权力。博丹的主权观念为建立以君主为代表的中央集权制发挥了积极作用。随着资本主义生产关系的发展，洛克和卢梭的人民主权学说应运而生。主权不再是君主个人的权力，而是与人民联系起来的。卢梭认为，人生而自由，每个公民把自己置于公共意志的至高无上的主权支配之下，主权是公共意志的运用，是绝对的和不可转让、不可分割、不可侵犯的。然而，国际法上的主权不是绝对的。国际法主要是国家之间的法。国际社会主要是由主权国家组成的，国家都是彼此独立的主权者，互不隶属，相互之间是平等的。“没有一个国家对其他国家拥有最高的法律权力和权威，而各国一般地也不从属于其他国家的法律权力和权威。因此，国际上国家间关系的特征是平等和独立，而且事实上是它们的相互依赖。虽然国家往往被称为‘主权’国家，但是，这只是说明它们在国内宪法地位的，而不是说明它们在国际上的法律地位。”① 简而言之，国际法上的主权，就是“在法律上并不从属于任何其他世俗权威的法律权威”②，是国家在国际法上具有独立处理其内外事务的权力。主权是每一个国家所固有的，不是外界所赋予的，国际法上的国家主权原则只是对这一权利予以确认和保护。

国家主权主要表现在三个方面：一是对内的最高权，意味着国家对其领土内一切人和物以及领土外的本国人享有管辖的权利，即属地优越权和属人优越权；二是对外的独立权，意味着国家在国际关系中自主行使权力，不受任何外来的控制和干涉；三是自卫权，意味着国家面对外来侵略和武力攻击时，有进行单独的或集体的自卫的权利。

尽管国家主权原则在18世纪以后就逐渐形成，但在进入20世纪后，主权国家才成为世界范围内的现象，而不再是欧美国家的特权。《联合国宪章》不仅确认了国家主权原则，而且宣告了大小各国平等的信念。国家主权平等就是国家不论大小强弱、人口多寡、政治制度和经济制度如何，都具有平等地位，都应该互相尊重、平等相处，都必须遵守国际法和国际关系的基本准则，任何国家不应要求任何特权。第二次世界大战后的国际关系实践表明，国家主权原则只有建立在平等的基础上，才能得到切实保障。20世纪90年代后，随着国家间相互依赖程度的加深和全球化浪潮的加速，国家主权的行使受到各种制约，国家主权平等原则随着国际关系的发展而发展。“主权过时”“主权有限”等贬低国家主权的论调，本质上是霸权主义、强权政治的体现，不能动摇主权在国际法中的地位。当今国际社会是主权国家林立的社会，主权国家是国际关系中最重要的行为体，坚持国家主权平等原则对于维护国际法与国际关系的发展具有重要的意义。

## 二、禁止以武力相威胁或使用武力原则

禁止以武力相威胁或使用武力原则，是指各国在相互关系中不得以任何借口进行侵略，不得以违反国际法的任何其他方法，使用武力或武力威胁，侵犯另一国的主权、独立或领土完整，不得以战争作为解决国际争端的手段。

---

① 詹宁斯，瓦茨．奥本海国际法：第9版：第1卷：第1分册．王铁崖，陈公绰，汤宗舜，等译．北京：中国大百科全书出版社，1995：94.

② 同①92.

战争权曾经是国家的基本权利之一。禁止以武力相威胁或使用武力原则，是一项通过《联合国宪章》创立的国际法基本原则。这项原则的确立，不仅禁止侵略战争，而且禁止一切非法的武装进攻、占领以及以武力相威胁的其他行为。根据宪章，联合国安理会授权的武力行动以及国家行使单独或集体的自卫权，不受这一原则的限制。被压迫民族为摆脱殖民统治、争取民族独立而进行的武装斗争，也不应被解释为与这项原则相抵触。

该项原则为第二次世界大战后国际社会制止侵略行径或其他破坏和平的行为提供了法律依据。侵略是非法使用武力的最严重和最危险的形式。联合国大会从 1951 年开始对侵略的定义进行讨论，直到 1974 年 12 月以协商一致的方式通过了《侵略定义》的决议。决议规定："侵略是指一个国家使用武力侵犯另一个国家的主权，领土完整或政治独立，或以本《定义》所宣示的与联合国宪章不符的任何其他方式使用武力。"决议还列举了构成侵略的七种行为。虽然决议对侵略的定义和列举未能详尽无遗，没有将非武力的侵略行为，如领土兼并和扩张、政治干涉和颠覆以及经济控制和掠夺等行为包括在内。但是，《侵略定义》的通过体现了国际社会在禁止以武力相威胁或使用武力原则问题上的共识，在法律上明确将侵略界定为国际法所禁止的一项罪行。

在联合国的实践中，对禁止以武力相威胁或使用武力原则的解释和适用有很多争议。国际关系中长期存在的霸凌主义、单边主义也给这项原则带来持续的挑战。但是，总的来看，禁止以武力相威胁或使用武力原则奠定了联合国集体安全制度的法律基础，为维护世界和平与安全发挥了核心作用。

## 三、和平解决国际争端原则

和平解决国际争端原则，是指国家之间在发生纠纷或争端时，应通过和平方法予以解决，以避免危及国际和平、安全及正义。任何使用或者企图使用武力或武力威胁的办法解决国际争端，都是违反国际法的。该项原则与禁止以武力相威胁或使用武力原则"是一对孪生兄弟，一旦传统的以武力解决争端的方式被摒弃，和平的争端解决方式就应确立"①。

国际关系中由于利益和权力冲突产生的争端不可避免。及时、公正解决国际争端，对于消除冲突隐患、减少战争危险、维护国际和平与安全、促进各国间友好关系以及经济社会发展都有重大意义。历史经验表明，用战争、武力或者武力威胁等强制办法，不能从根本上解决国际争端，反而会激化当事方的敌对情绪，使矛盾激化、争端升级，埋下冲突和战争的祸根。因此，和平解决国际争端原则在 19 世纪末 20 世纪初就被提出。经过《联合国宪章》的确认，尤其是在禁止以武力相威胁或使用武力原则作为国际法基本原则得到承认后，和平解决国际争端原则也被公认

① 许光建．联合国宪章诠释．太原：山西教育出版社，1999：37.

为国际法基本原则之一。

只有和平解决争端，才能真正促进国际和平与安全。在第二次世界大战后的长期国际实践中，和平解决国际争端的各种途径，包括谈判、协商、斡旋、和解等外交手段，仲裁和司法解决等法律方法，以及利用国际组织的争端解决机制逐步成熟。对于主权国家来说，和平解决国际争端既是义务，也是权利。国家不仅有权要求与其有分歧或争端的国家以和平方法解决彼此之间的争端，而且有权自由选择一种或多种和平解决国际争端的具体方法，以求得争端的迅速、公平解决。

## 四、不干涉内政原则

不干涉内政原则是指任何国家或国家集团在国际关系中不得以任何理由或任何方式，直接或间接地干涉其他国家主权范围内的一切内外事务，不得以任何手段强迫他国接受别国的意志、社会政治制度和意识形态。

早在 18 世纪不干涉内政原则就在法国的国内法中被提出，后来被资本主义国家接受，成为国际习惯法规则。《联合国宪章》确认了不干涉内政原则的国际法基本原则地位。之后，联合国大会就这一原则通过了数十个决议，反复重申、强调国家间负有不得以任何形式干涉别国内政的义务。其中，1965 年的《关于各国内政不容干涉及其独立与主权之保护宣言》指出："任何国家，不论为任何理由，均无权直接或间接干涉其他国家之内政、外交，故武装干涉及其他任何方式之干预或对于一国人格及其政治、经济及文化事宜之威胁企图，均在谴责之列。"1981 年的《不容干涉和干预别国内政宣言》则具体界定了干涉的范围，详细列举了不干涉内政原则的义务。

内政是国家在主权范围内行使最高权力的表现。凡是国家在宪法和法律中规定的事项，本质上都属于内政。但是，内政并非完全是一个地域概念。一个国家在本国境内的某些行为，也可能是违反国际法的。例如发生在一国境内的种族隔离、种族灭绝等犯罪行为，就不能以内政为借口来逃避国际责任和制裁。

不干涉内政原则是国家主权平等原则的引申，是捍卫国家政治独立和领土完整的保障。但是，现代国际法并没有排除合法的国际干涉。干涉具有强制的特性，是一种不理会其针对对象同意与否的行为。广义的干涉形式多样，包括发表言论、实施经济制裁、部署人道主义救援、进行预防性外交，甚至采取武力行动等。联合国集体安全制度框架内的各种强制性干涉行动，是国际社会维护和平、表达正义的必要措施，并没有违反不干涉内政原则。而少数国家或国家集团未经联合国授权单方面从事的干涉行为，则是对不干涉内政原则的践踏。冷战结束后，西方国家推行的"人道主义干涉"和"新干涉主义"，将人权作为干涉他国内政的借口，实质上不过是霸权主义的另一种表现。因此，不干涉内政原则在当今国际关系中对维护国家主权平等具有重要的意义。

## 五、善意履行国际义务原则

“国际法上的善意原则是一项基本原则，由此引申出条约必须遵守规则和其他特别的和直接的与诚实、公正和合理相关的规则。这些规则在任何特定时间的适用，取决于在该时间国际社会流行的关于诚实、公正和合理的主导标准。”① 历史上，帝国主义在国际关系中经常缺乏诚意，违背承诺，不履行或回避自己承担的国际义务。《联合国宪章》提出的善意原则，将“条约必须遵守”这一古老的国际习惯，以条约的形式确定下来。

这项原则意味着国家在国际交往中，必须自觉、认真履行其依国际法所应承担的义务。具体而言：各国均有责任一秉善意履行其依《联合国宪章》所负之义务；各国均有责任一秉善意履行其依公认国际法原则与规则所负之义务；各国均有责任一秉善意履行其根据公认国际法原则与规则生效之国际协定所负之义务；如依其他国际协定所负之义务与《联合国宪章》所负之义务发生抵触时，宪章义务优先。

善意原则是由国际法本身的特点决定的。国际法是平等的主权国家在相互交往中形成的，国际法的原则、规则和制度不仅保护国际社会的整体利益和全人类的共同价值，而且约束各国的国际行为。只有在尊重彼此主权的基础上开展真诚的合作，国际法才能产生和发展。国际法没有国内法那样的强制机关，虽然在必要时可由外力强制实施，但国际法的执行主要依靠国家的自愿遵守和善意履行。国际法的有效性和权威性，很大程度上取决于各国善意履行其承担的国际义务。如果国际义务得不到善意履行，国际社会成员之间就会失去信任，国际制度无法运转，国际秩序无法维持，正常的国际关系就不复存在。实践中，国际法院在 1974 年法国核试验案的法律判决中指出：“无论法律义务的渊源如何，指导这些义务产生和履行的基本原则之一是善意原则。”可见，善意原则在国际司法中得以适用。

## 六、国际合作原则

国际合作原则，是指国际法主体，包括国家和国际组织等非国家行为体，具有义务在国际关系的各个方面彼此合作，以解决国际政治、经济、社会、文化等国际社会共同面对的问题。

国际合作在国际关系史上由来已久。20 世纪之前的国际合作多是小范围、临时性的，没有成为国际关系的常态。第一次世界大战后，《国际联盟盟约》首次明文规定会员国应当“增进国际合作并保证其和平与安全”。第二次世界大战后，《联合国宪章》的生效和联合国的诞生，标志着以联合国为中心的、全球性的国际合作中心的形成。1970 年，《国际法原则宣言》宣告国际合作是各国必须严格遵守的义

---

① O'CONNOR J F. Good faith in international law. Aldershot：Dartmouth，1991：124.

务，明确将国际合作上升为一项具有普遍意义的国际法基本原则。更重要的是，《国际法原则宣言》全面阐释了国际合作原则的含义，提出国际合作的内容主要有：第一，各国应与其他国家合作以维持国际和平与安全；第二，各国应合作促进对于一切人民人权及基本自由之普遍尊重与遵行，并消除一切形式之种族歧视及宗教上一切形式之不容异己；第三，各国应依照主权平等及不干涉原则处理其在经济、社会、文化、技术及贸易方面之国际关系；第四，联合国会员国均有义务依照宪章有关规定采取共同及个别行动与联合国合作；第五，各国应在经济、社会及文化方面以及在科学与技术方面并为促进国际文化及教育进步，彼此合作。各国应在促进全世界尤其发展中国家之经济增长方面彼此合作。

国际合作是国际社会相互依存关系日益深化的体现。合作形式多样，有双边合作和多边合作、全球性合作和区域性合作；合作领域不断扩展，包括政治、经济、军事、社会、文化、科技等，涵盖人类生活的各个方面。当今世界仍有很多矛盾和冲突，但和平、发展、合作、共赢是时代潮流。世界各国在相互依存中形成了利益纽带，休戚与共。面对各种全球性挑战，任何国家都难以独善其身。只有切实贯彻国际合作原则，才能在国际关系中实现持久和平、共同繁荣。

## 七、民族自决原则

民族自决是在近代欧洲随着民族国家的发展而产生的。1914 年，列宁在《论民族自决权》一文中，全面阐述了马克思主义的民族自决权，提出："所谓民族自决，就是民族脱离异族集合体的国家分离，就是成立独立的民族国家。"① 十月革命后，这一原则在国际社会得到广泛传播，促进了一批民族国家的诞生。

《联合国宪章》第一次从法律上确认了民族自决原则，但没有具体阐述民族自决原则的内涵。第二次世界大战后，随着民族解放运动的高涨和殖民体系的瓦解，民族自决权在联合国大会通过的一系列宣言的决议中不断得到重申和发展，民族自决原则为被压迫民族建立独立国家提供了强有力的法律武器，成为公认的国际法基本原则。

根据 1970 年《国际法原则宣言》的规定，民族自决原则，意味着"各民族一律有权自由决定其政治地位，不受外界之干涉，并追求其经济、社会及文化之发展，且每一国均有义务遵照宪章规定尊重此种权利"。具体而言：

第一，每一国均有义务依照宪章规定，以共同及个别行动，促进各民族享有平等权利及自决权原则之实现，并协助联合国履行宪章所赋关于实施此项原则之责任，俾：（1）促进各国间友好关系及合作；（2）妥为顾及有关民族自由表达之意旨，迅速铲除殖民主义；并毋忘各民族之受异族奴役、统治与剥削，即系违背此项原则且系否定基本人权，并与宪章不合。

---

① 列宁．列宁选集：第 2 卷．3 版修订版．北京：人民出版社，2012：371.

第二，每一国均有义务依照宪章以共同及个别行动，促进对于人权与基本自由之普遍尊重与遵行。

第三，一个民族自由决定建立自主独立国家，与某一独立国家自由结合或合并，或采取任何其他政治地位，均属该民族实施自决权之方式。

第四，每一国均有义务避免对上文阐释本原则时所指之民族采取剥夺其自决、自由及独立权利之任何强制行动。此等民族在采取行动反对并抵抗此种强制行动以求行使其自决权时，有权依照宪章宗旨及原则请求并接受援助。

第五，殖民地领土或其他非自治领土，依宪章规定，享有与其管理国之领土分别及不同之地位；在该殖民地或非自治领土人民依照宪章尤其是宪章宗旨与原则行使自治权之前，此种宪章规定之分别及不同地位应继续存在。

第六，以上各项不得解释为授权或鼓励采取任何行动，局部或全部破坏或损害在行为上符合上述各民族享有平等权及自决权原则并因之具有代表领土内不分种族、信仰或肤色之全体人民之政府之自主独立国家之领土完整或政治统一。

第七，每一国均不得采取目的在局部或全部破坏另一国国内统一及领土完整之任何行动。

值得注意的是，20 世纪 70 年代，民族独立国家建立新的国际经济秩序的诉求，赋予了民族自决原则新的内容。1974 年，联合国大会通过的《各国经济权利和义务宪章》，将各民族平等和民族自决作为指导各国间经济关系的基本原则之一，这使得民族自决原则具有了经济上的含义。

冷战结束后，国际关系实践中民族自决原则的适用存在着很大的争议。民族自决不是民族分裂，绝不意味着每一个民族都应该建立自己的国家。世界上有 2 000 多个民族，却只有 190 多个主权国家。一个多民族国家，只要有合法政府实行有效统治，其主权和领土完整就应该得到国际法的维护。这种情况下，任何以民族自决为借口，煽动民族分裂，破坏国家统一的行径，都是对民族自决权的滥用，也是对国家主权的破坏，严重违背国际法基本原则。

**案例 2**

## 科索沃独立咨询意见

科索沃曾经是塞尔维亚共和国的一个自治省，人口约 200 万，90%以上是阿尔巴尼亚族人。1990 年科索沃被取消自治地位，遭到阿尔巴尼亚人的强烈反对。1998 年至 1999 年科索沃战争爆发。北约空袭南联盟后，安理会通过第 1244 号决议，将科索沃置于联合国管理下。2007 年 11 月，科索沃地区选举产生了科索沃议会。2008 年 2 月 17 日，科索沃议会宣布脱离塞尔维亚独立。塞尔维亚对此坚决反对，认为此举违反国际法和安理会第 1244 号决议。

2008 年 10 月 8 日，根据塞尔维亚的请求，联合国大会以 77 国赞成、6 国反对、74 国弃权投票通过决议，请求国际法院就“科索沃临时自治机构单方面宣布独立是否符合国际法”发表咨询意见。

2010 年 7 月 22 日，国际法院宣布咨询意见，认定科索沃宣布独立不违反一般国际法、安理会第 1244 号决议和科索沃临时自治政府宪制框架，因此不违反国际法。

此案是第一个涉及联合国会员国内部的一部分领土分离建国的案件，也是第一个在安理会决议建立的特殊法律秩序之下的一个机构单方面宣布独立的案件。国际法院的咨询意见认为，尊重国家主权和领土完整原则仅适用于国家之间的关系，不适用于国家与其人民之间的关系。从民族自决的实践来看，不存在一项禁止宣布独立的国际法规则，尽管历史上安理会曾经通过关于南罗得西亚、北塞浦路斯等决议，就其单方面宣布独立的行为表示谴责，但这些情况都是安理会针对这些宣布独立所造成的具体情势而决定的。宣布独立的非法性并非来源于这些宣布是单方面做出的，而是由于这些行为涉及非法使用武力以及其他严重违反一般国际法规则特别是国际强行法规则的行为。就科索沃而言，安理会从未就此采取立场。因此，不能从安理会的实践中得出禁止单方面宣布独立的一般性规则。国际法院的咨询意见认为，宣布独立者不是在科索沃临时自治当局的正常框架内行事的，而是在临时行政当局框架之外以科索沃人民代表的身份共同行事的一群人。安理会第 1244 号决议的主要目的是建立一个科索沃临时制度，不是决定科索沃的最终地位，不存在一项有约束力的禁止宣布独立的规定。

国际法院没有明确承认科索沃临时自治机构单方面宣布独立符合国际法。“符合”意味着有实在的国际依据，是国际法所明确允许甚至鼓励或授权的。而所谓“不违反”，意味着在国际法上不存在对某种行为的明文禁止的规则，国际法对该行为的合法性持中立立场。国际法院明确表示不需要考虑科索沃独立本身在国际法上的法律后果。也就是说，科索沃宣布独立之后，国际社会如何看待，是否承认，科索沃是否成为独立国家，国际法院不做任何判断。而且，国际法院咨询意见认定“不违反”的只是国际法，不包括国内法。塞尔维亚仍然有权实施其宪法手段恢复其领土完整。然而，总体上，此案是首次在国际法上公开承认国际法不禁止单方面宣布独立的行为，这对国家主权和领土完整原则构成严重冲击。国际法院的咨询意见没有法律约束力，但是对特定问题和国际法的发展有重要影响。因此，本案开创了危险的先例，一定程度上刺激了世界上其他分离运动的效仿。

## 八、尊重基本人权原则

人权是一个人作为人所享有或应享有的基本权利。从人权思想及人权概念明确提出至今，人权的理论和实践经历了巨大变化，内容更加丰富，形式更加多样。经历了两次世界大战惨不堪言的创伤之后，《联合国宪章》开宗明义“重申基本人权，人格尊严与价值”，把促进人权作为联合国宗旨之一，人权思想开始扩展到国内社会和国际社会的各个领域。1948 年，联合国大会通过《世界人权宣言》，全面阐述了人权的内容。1966 年，联合国大会通过了《经济社会和文化权利国际公约》和《公民权利和政治权利国际公约》及其任择议定书，合称为《国际人权公约》。两个公约分别阐述了缔约国应该保障个人的各项基本权利，奠定了国际人权法的基石，与《世界人权宣言》一起被称为“国际人权宪章”。此后，在联合国的主持下，有关人权保护的国际公约、宣言、决议和行动计划越来越多，人权保护的理念得到普及，形成了比较完整的国际人权保护机制。人权反映了人类的普遍追求，在意识形态上具有很大的吸引力。冷战结束后，人权在国际关系中的重要性日益突出，成为与安全、经济、社会都相关联的核心问题。2005 年 3 月，联合国秘书长安南在题为《大自由：实现人人共享的发展、安全与人权》的报告中指出，没有发展，我们就无法享有安全；没有安全，我们就无法享有发展；不尊重人权，我们既不能享有安全，也不能享有发展。人权在联合国体系中获得与安全、发展相并列的支柱地位。

国际法上的尊重基本人权原则，一方面意味着“国家按照国际法，通过条约，承担国际义务，对实现基本人权的某些方面进行合作与保证，并对侵犯这种权利的行为加以防止与惩治”①。其法律基础是国家通过参加相关国际条约而承担国际义务，在国际人权领域进行国际合作。另一方面意味着国际社会应协助各国履行责任，增强主权国家在人权保护方面的能力建设。当一个国家无力或不愿承担责任时，国际社会应该遵循《联合国宪章》，通过外交、人道主义救援等多种手段及时、果断地采取集体行动。在联合国的推动下，尊重基本人权成为一项基本原则，极大推进了全球范围内人权事业的进步。同时，由于人权的观念和内容受到不同历史文化背景、不同政治经济社会发展水平的影响，尊重基本人权原则应该以尊重国家主权平等原则为前提。否则，尊重基本人权原则就容易被滥用，甚至沦为干涉他国内政的借口，不仅无法真正保护人权，反而会加剧国际关系中围绕人权和主权关系的矛盾与冲突。

## 思考题

1. 试述《联合国宪章》对确立国际法基本原则的意义。
2. 什么是强行法？
3. 如何理解和平共处五项原则与国际法基本原则的关系？

## 阅读书目

1. 杨泽伟．主权论：国际法上的主权问题及其发展趋势研究．北京：北京大学

① 王铁崖．国际法．北京：法律出版社，1995：261.

出版社，2006.

2. 布朗利．国际公法原理．曾令良，余敏友，译．北京：法律出版社，2007.

3. 克拉彭．布赖尔利万国公法：国际法在国际关系中的作用简介：第7版．朱利江，译．北京：中国政法大学出版社，2018.

第三章

# 国际法主体

国际法主体，又被称为国际人格者，是国际法律关系的参与者。国际法主体是一个发展的概念。从传统国际法到现代国际法，国际法主体的种类从单一走向多元，反映出国际社会基本结构的变化以及国际关系行为体多元化的发展趋向。国家是国际关系中唯一享有充分主权的行为体，也是国际法的基本主体。争取独立的民族是过渡的国际法主体，政府间国际组织是派生的国际法主体。这两者的国际法主体资格已经得到国际社会的广泛承认和接受，但与主权国家相比还是有限的。

## 第一节　国际法主体的概念与种类

有关国际法主体资格的问题，长期以来一直存在分歧和争议。近代国际法认为，国际法是国家之间的法律，只有国家才具有承担国际法上权利和义务的能力，因而国家是国际法的唯一主体。甚至有些学者只承认所谓“文明国家”的主体地位。20 世纪以后，在两次世界大战、非殖民化运动及新科技革命等重大历史进程的冲击下，传统的由民族国家组成的近代欧洲社会向更为复杂、多元和日益组织化的现代国际社会转变。国际关系的现实，扩大了国际法主体的范围，越来越多的非国家行为体具备了在国际法上承担权利和义务的能力。

### 一、国际法主体与国际关系行为体的联系与区别

#### 1. 国际法主体

国际法主体的定义有不同的表述。《奥本海国际法》第 9 版提出：“国际人格者

在国际法上具有法律人格，是指它是国际法的主体，从而它本身享有国际法所确定的权利、义务或权力。”① 布朗利认为：“国际法主体是指能够享有国际权利与承担国际义务且具有为维护其权利而提起国际诉讼的能力的实体。”② 王铁崖认为：“国际法主体是指独立参加国际关系并直接在国际法上享受权利和承担义务者，并具有独立进行国际求偿能力者。”③

归纳起来，国际法主体必须具备以下三个条件：

第一，独立参加国际关系的能力。国际法是调整国际关系的法律，参与国际法律关系的主体必须具备独立进行国际交往的能力。这种能力既需要赖以存在和活动的物质基础，也需要独立的主观意志。在国际交往中缔结条约、派遣和接受外交使节、参加国际会议等，都是独立参加国际关系能力的表现。

第二，直接承担国际权利和义务的能力。仅有行为能力不足以成为国际法主体。国际法是国际法主体之间的权利和义务关系。权利和义务是对立统一的。国际法主体必须具备权利能力，即在相互关系中既享受权利也承担义务。国际关系中没有只行使权利不承担义务的主体，也没有只承担义务不行使权利的主体。

第三，独立进行国际求偿的能力。国际求偿，又被称为国际程序能力，是指在国际权利遭受侵害或国际法遭到违反时，在国际司法机构具备提出诉讼的能力。传统国际法中，只有国家才具有求偿权利。1949 年国际法院向联合国大会发表有关“为联合国服务而受损害的赔偿问题”的咨询意见之后，国际组织的国际求偿能力得到国际社会的承认。

一般认为，作为国际法主体，同时完全具备上述三个条件的只有国家。在一定条件下具备上述三个条件的，还有政府间国际组织和正在争取独立的民族。

**案例 1**

### 关于为联合国服务而受损害的赔偿案

1948 年 9 月 17 日，联合国派往中东调停阿以冲突的瑞典籍调解员贝纳多特和法国籍观察员塞洛在耶路撒冷以色列控制区遭暗杀。以色列警方事先疏于防范，事后行动迟缓而致使罪犯逃脱。联合国拟根据国际法向以色列求偿，但其有无求偿能力是个先决问题。为此，联合国大会于 1948 年 12 月 3 日做出决议，请求国际法院就此发表咨询意见。

1949 年 4 月 11 日，国际法院发表咨询意见。法院认为，提起国际求偿的能力指的是为了设立、提出和解决求偿而能够求助于国际法所承认的习惯方法，在这些方法中，有提出抗议、要求调查、谈判以及请求交付国际法院或仲裁庭等的能力。

---

① 詹宁斯，瓦茨．奥本海国际法：第 9 版：第 1 卷：第 1 分册．王铁崖，陈公绰，汤宗舜，等译．北京：中国大百科全书出版社，1995：91.

② 布朗利．国际公法原理．曾令良，余敏友，译．北京：法律出版社，2007：55.

③ 王铁崖．国际法．北京：法律出版社，1995：64.

联合国是否有此种能力，要看《联合国宪章》是否赋予它此种地位，也就是说，联合国是否具有国际人格由其宪章决定。

在国际法院看来，联合国应该行使和享有并在实际上已行使和享有的职能和权利，只有在其有很大程度的国际人格和能够在国际领域活动的基础之上，才能得到解释。如果其缺乏国际人格，就不能实现其创建者的意图。因此，国际法院得出如下结论：联合国是一个国际人格者。但这并不等于说它是一个国家，或它的法律人格及其权利和义务与国家相同，更不等于说它是一个超国家组织。这只意味着它是一个国际法主体并能够享有国际权利和义务，以及它有能力提起国际求偿以维护其权利。

联合国大会根据这个咨询意见授权秘书长采取必要步骤实现联合国的损害赔偿请求。秘书长据此要求以色列道歉、逮捕人犯治罪、向联合国赔偿 54 628 美元。1950 年 6 月，以色列表示接受上述要求。

---

**2. 国际关系行为体**

国际关系行为体又被称为国际行为体，“是指能够独立地参与国际事务，具有履行国际权利与国际义务能力的各种实体”①。如果把国际社会整体比喻为一个舞台，那么国际行为体就是在这个舞台上表演的各种各样的角色。具体而言，国际行为体具有以下四个要素：

第一，一定的独立行为能力。国际行为体拥有相对独立的自主权和决策权，排除其他行为体的操纵或控制，能够直接或间接参与国际事务，行使相应的国际权利，履行相应的国际责任，承担相应的国际义务。当然，一国内部的实体，即使具有一定的独立行为能力，但因为不能参与国际事务，不能履行国际责任和承担国际义务，所以不是国际行为体。

第二，比较稳定的组织形式。国际行为体必须具有比较稳定的组织形式，以确定的实体身份参与国际事务，开展国际交往。稳定的组织形式是国际行为体存在的依托，在一定程度上影响国际行为体参与国际事务的能力。

第三，一定的政治经济实力。国际行为体必须具备一定的政治经济实力，包括维持行为体正常国际交往活动的国家行政管理能力、社会治理能力和财政能力等。没有基本的政治经济实力作为基础，国际行为体无法持续存在或发挥其国际影响力。

第四，特定的利益诉求。“国际行为体以各自利益的特殊性为基本特征，国际行为体之间相互区别的关键在于利益的特殊性和差异性。”② 国际行为体对各自特定利益的追求，构成了国际关系中合作、冲突、竞争等基本态势。

上述四个要素相互联系、相辅相成，是国际行为体区别于其他行为体的基本特

---

① 《国际政治学》编写组．国际政治学．北京：高等教育出版社，2019：75.

② 陈岳．国际政治学概论．4 版．北京：中国人民大学出版社，2020：66.

征。在国际关系的演变进程中，国际行为体经历了由一元到多元的变化过程。在20世纪之前，国际关系主要表现为欧美国家之间的互动关系，国家是唯一的国际行为体。20世纪之后，尤其是第二次世界大战后，国家的数量大幅增加，国际组织、跨国公司等非国家行为体不断涌现，呈现出国家为主、多元并存的局面。

按照一般的划分，国际行为体分为国家行为体和非国家行为体两大类。国家行为体是指独立的主权国家。当前，联合国193个会员国是最活跃的国家行为体，是构成国际关系的主导力量。非国家行为体是指主权国家之外的，能够独立参与国际事务并发挥职能作用的政治、经济实体，主要包括：政府间国际组织、非政府组织、争取独立的民族和跨国公司。

进入21世纪后，非国家行为体的范围进一步扩展。有的学者将一国内部的政党、团体、利益集团都视为国际行为体，甚至认为能够在国际舞台上发挥作用的个人也是国际行为体。这种“泛行为体”观点引起了争议。并非所有存在的实体都是国际行为体，只有同时具备国际行为体四个要素的实体，才是国际行为体。在国际关系中片面夸大非国家行为体的地位，甚至以此贬低国家的主导地位，其实质是对国家主权的弱化。

**3. 两者的联系与区别**

国际法是国际关系的法律表现形式。一方面，国际法主体与国际关系行为体有着密切的关系。国际关系行为体经历了从一元到多元的发展历程，国际法主体同样经历了从单一到多元的转变。主权国家既是国际关系主要的行为体，也是国际法的基本主体。

另一方面，国际关系既包括政治、外交、法律方面的关系，也包括军事、文化、社会方面的关系，既包括政府间的关系，也包括民间的关系，其内涵比国际法更为广泛。因此，国际关系行为体比起国际法主体要更为多元化。从定义上看，国际法主体更加强调法律上行使权利和承担义务的能力，尤其是强调国际司法程序认可的国际求偿权。那些能够独立地参与国际事务的非国家行为体，有的在一定程度上获得了确定的国际法律人格，如政府间国际组织、争取独立的民族；有的虽然在国际关系中发挥独特作用，但其国际法律人格存在争议，如非政府组织、跨国公司和个人。简言之，国际关系行为体比国际法主体的范围更广，种类更多。

## 二、国家的国际法主体资格

**1. 国家是国际法的基本主体**

国家是国际社会中直接、独立和全面地参与国际关系并在其中发挥主导作用的行为体，在国际法律关系中居于主要地位。尽管国家的主体地位在现代国际法中已失去唯一性，但是，国家的国际法主体地位具有其他主体无法相比的根本性。而且，在可预见的未来，国家仍将是最主要和最重要的国际法主体。

国际法的基本主体，是与非基本主体相对而言的。国家是国际法的基本主体，意味着国家是在国际法律关系中处于主要地位和起着主要作用的主体。而国际组织和争取独立的民族是非基本主体。区分基本主体与非基本主体的主要依据有："第一，是不是组成国际社会的首要和主要的结构因素；第二，是否具有完全的权利能力和行为能力；第三，其活动是否构成国际法的主要调整对象。"① 国家之所以是国际法的基本主体，是由下述三方面特性决定的：

首先，国家是国际社会首要和主要的构成要素。国际关系是国际法赖以存在和发展的基础，国际行为体多元化的趋势并未改变国家在国际关系中最重要的地位。国家之间的交往仍然是国际关系的主要内容和基本形式，离开国家的参与和交往，国际法就不能形成和发展。国家在国际关系中的主导性地位，决定了它是国际法的基本主体。

其次，国家具有完全的权利能力和行为能力。国家拥有主权，不仅具有享受国际法权利和承担国际法义务的资格，而且具有以自己的行为依法行使上述权利和义务的行为能力。国家这种完全的权利能力和行为能力是由国家拥有主权这一特性决定的，是其他国际法主体不具有的。因此，只有国家才是国际法的基本主体。

最后，国际法主要是国家之间的法律。国际法是在调整国家间关系的过程中产生的，并随着国家间关系的发展而发展。传统国际法的内容完全由国家间交往构成。现代国际法既包括国家之间的关系，也包括国家与其他国际法主体之间的关系以及其他国际法主体之间的关系。但国家间关系仍是国际法调整的主要对象。国家是国际法权利和义务的主要承担者。国际条约的签订者主要是国家，国际习惯的形成主要依靠国家间的反复实践活动。国际法的实施同样主要依靠国家的自觉遵守，以及国家单独或集体的强制行动。

综上，国家在国际法和国际关系中的地位是其他任何非国家主体无法取代的。国家是国际法的基本主体。

**2. 国家的要素**

"当人民在他们自己的主权政府下定居在一块土地之上时，一个正当意义的国家就存在了。"② 作为国际法的基本主体，国家具备以下四个要素：

第一，固定的领土。领土是国家赖以生存的物质基础。没有领土，就没有定居的居民，更不会有政权组织和主权。有了确定的领土，一国的居民才能在上面定居并生产居民和国家赖以生存的物质财富，国家才能在领土上建立起来，并有效行使国家主权。世界上所有的国家都有一定的领土，没有领土的国家是不存在的。国家的领土有大有小，但不论大小都不影响其作为国家的地位。一个国家的领土边界没有完全划定或是与邻国存在领土争端，并不妨碍其国家地位。但一个没有领土的民族，在尚未取得确定领土之前是不能构成一个国家的。

---

① 《国际政治学》编写组．国际政治学．北京：高等教育出版社，2019：84.

② 詹宁斯，瓦茨．奥本海国际法：第9版：第1卷：第1分册．王铁崖，陈公绰，汤宗舜，等译．北京：中国大百科全书出版社，1995：92.

第二，定居的居民。国家是由一定数量的定居的居民组成的。有了一定数量的居民，才能形成社会和一定的经济政治结构，才能产生政权组织。不同国家的居民有多有少，不论定居人口多少，都不影响国家作为国际社会平等一员的地位。没有定居居民的国家是不存在的。

第三，政权组织。国家是有组织的社会。政权组织是国家在政治上和组织上的体现。一个国家由政权组织对内实行管辖，对外独立地进行交往。政权组织是国家的代表，与国家内部的组织有根本的区别。世界上没有政权的国家是不存在的。至于政权组织的性质和形式，则是各国自己决定的内政问题，国际法没有要求，别国也无权干涉。

第四，主权。主权是一个国家独立自主地处理对内对外事务的最高权力，是国家的根本属性。真正国际法意义上的国家必须具有主权。在一个特定地域内，尽管有政权组织，有定居的居民，但如果没有主权，就不能构成国家，只能是一个国家的地方行政区或殖民地。只有拥有主权才能成为国家。历史上的被保护国，有的是自愿通过条约把重要的国际事务交给保护国处理，形成保护与被保护的关系，限制自己的主权。这种非完全主权国家①的国际法主体资格是有争议的。

以上四个要素密切联系。只有同时具备这四个要素，才能构成国际法意义上的国家，成为国际法的基本主体。

**3．国家的类型**

世界上190多个国家由于历史文化传统不同，政治经济社会制度各异，再加上经济发展水平和国际地位的差异，可以按照不同的标准，划分为不同的类型。有些类型的国家在国际法上具有特殊地位。

（1）根据结构形式的不同，国家分为单一国与复合国。

单一国是由若干行政区域构成的单一主权的国家。它只有一个最高的权力机关，由中央政府代表国家行使对外职能，是国际法主体的代表。各行政区域的地方政府都不是国际法主体，无权代表国家行使外交权和缔约权，除非中央政府授权。现代国家大多数是单一国。中国是单一国。中国的地方行政单位（省、自治区、直辖市、特别行政区）在中央政府授权下可以享有部分对外交往的权力，但这不影响中国单一国的国家形式。

复合国是由两个或两个以上成员国组成的联合体。复合国有联邦和邦联两种形式。联邦是由若干成员根据联邦宪法组成的国家，是复合国最典型、最主要的形式。联邦国家的组成单位有加盟共和国、州、省等不同的称呼。美国、俄罗斯、加拿大、瑞士、德国、印度等都是联邦国家。联邦国家的特点是：有统一的宪法、统一的联邦国籍、统一的最高权力机关和最高行政机关。联邦政府与其各成员单位之

---

① 非完全主权的国家，指在另一个国家的宗主权或保护权下的国家，这样的国家享有部分国际法上的权利，能够履行部分国际法义务（詹宁斯，瓦茨．奥本海国际法：第9版：第1卷：第1分册．王铁崖，陈公绰，汤宗舜，等译．北京：中国大百科全书出版社，1995：93）。

间的权限范围由各国宪法来划分。联邦各成员具有较大的自主性，有自己的法律、自己的立法机关和行政机关，但联邦的对外权力主要由联邦政府行使，联邦国家本身是国际法主体，联邦成员不是国际法主体。因此，从国际法的角度看，联邦这种复合国与单一国没有什么区别。

邦联是若干个主权国家根据条约组成的国家联合体。邦联没有统一的中央权力机关和行政机关，没有统一的国籍，也没有统一的立法、军队和财政预算。在对外关系上，邦联本身不是国际法主体，组成邦联的成员国才是国际法主体。历史上出现过的邦联有：1778—1787 年的美国，1815—1866 年的德意志同盟，1815—1848 年的瑞士同盟。

当前国际社会还有一些特殊的国家联合体，如英联邦和法兰西共同体。它们既不是联邦，也不是邦联，而是从殖民帝国经过非殖民化演变而来的自成一类的国家联合体。它们内部的成员国之间有一些特殊安排，但它们都不是国际法主体。

（2）根据行使主权的状况，国家可以分为独立国与附属国。

独立国是行使全部主权的国家。附属国是指对他国居于从属地位，只享有部分主权的国家。附属国主要有附庸国和被保护国两种类型。

附庸国是指在对内事务上有自主权，但在对外关系事务上的权利完全或主要地由宗主国行使的国家，如 19 世纪时埃及和保加利亚曾是土耳其的附庸国。宗主国对附庸国享有的权力被称为宗主权，以区别于主权。现今附庸国已经不存在。

被保护国是根据条约将自己重要的国际事务交给一个强国处理，而自己处于被保护地位的国家，例如 1914—1922 年的埃及是英国的被保护国，1905—1910 年的朝鲜是日本的被保护国。被保护国把重要的对外事务交给保护国处理，因此被保护国的主权是不完全的，但这种国家在一定限度内保有国际地位，仍是国际法主体。安道尔公国自 13 世纪以来一直沿用两大公政治体制，国家元首由法国总统和西班牙乌赫尔地方主教共同出任，国防事务也由法国和西班牙负责，是现今仅存的被保护国。

（3）永久中立国。

永久中立国是指根据国际条约或国际承认，在对外关系中承担永久中立义务的国家。永久中立国不同于战时中立国，后者是一国单方面宣告的结果，具有临时性质。永久中立国也不同于执行中立政策的国家，后者是政治意义上的中立，不产生法律后果。相比之下，永久中立国地位通常是由强国、大国缔结国际条约加以保证的。

永久中立国的义务主要包括：第一，不得对他国进行战争或参与战争，但有权对外国的武力攻击进行自卫；第二，不缔结与中立义务相抵触的条约，如军事同盟条约、共同防御协定等；第三，不采取任何卷入战争的行动或承担这方面的义务，如允许外国军队入境或允许外国在其境内建立军事基地等。可见，永久中立国在与战争有关的权利方面受到一定限制，但永久中立国的国际法主体地位并不因此而受到影响。

瑞士在1815年维也纳和会上取得永久中立地位，是最典型的永久中立国。第二次世界大战后，现代国际法禁止侵略战争和非法使用武力，战争在国际法中的地位发生了根本性的变化。作为一个传统国际法的概念，永久中立国在法律上的意义逐渐淡化。

## 三、非国家行为体的国际法主体资格

### 1. 国际组织的国际法主体资格

国际组织是19世纪中叶世界政治经济发展到一定阶段的产物。按照一般的看法，凡是两个以上的政府、社会团体或个人基于特定的非营利性目的，以一定的协议形式建立起来的跨国机构都可以称为国际组织。第二次世界大战后，国际组织大量涌现，活动空间不断膨胀，管辖范围日益扩张，渗透国际关系的一切领域，涉及人类生活的各个侧面，形成了以联合国为核心、覆盖全球的国际组织网络，成为最重要的非国家行为体，体现出越来越强的独立参与国际事务的能力。

按照主体构成情况，国际组织可以分为政府间组织和非政府组织。政府间组织的成员是参与国的政府或其他代表国家的官方机构。非政府组织是由自然人或法人组成的跨越国界的非官方联合体，又被称为国际民间组织。由于政府间组织能够对成员国产生直接影响，在一定程度上具有建立和维持国际关系的能力。在其章程规定的职权范围内，政府间组织有权与其他国际法主体交往，建立正式关系，派遣和接受外交代表，缔结双边或多边条约，享受外交特权与豁免等。1946年《联合国特权及豁免公约》进一步明确联合国具有法律人格，有订立契约、取得并处置财产和进行诉讼的能力。1949年"为联合国服务而受损害的赔偿问题"咨询意见发表之后，政府间组织的国际法主体地位得到国际社会的公认。

政府间组织是一种有限的、派生的国际法主体。与具有完全权利能力和行为能力的国家相比，政府间组织是国家为了特定目的创建的，本身不享有主权，其权利能力和行为能力是成员国通过协议赋予的，具有派生性。同时，政府间组织参与国际关系和承受国际法上权利和义务的能力受到组织章程的制约，"只享有适合于它们的特殊情况的国际权利和义务，从而它们同样只在有限范围内是国际法的主体和国际人格者"①。

非政府组织的国际法主体地位是一个有争议的问题。20世纪90年代后，非政府组织日益活跃，积极参与传统上由主权国家政府独享的领地，活动范围从环境、人权等社会领域扩展到政治、安全领域，确立起国际关系行为体的地位，反映了国际关系有序化和民主化的要求。但是，非政府组织在国际关系中的影响主要是通过对国家和政府间组织施加影响来间接实现的。尽管大量非政府组织在联合国经济及

---

① 詹宁斯，瓦茨．奥本海国际法：第9版：第1卷：第1分册．王铁崖，陈公绰，汤宗舜，等译．北京：中国大百科全书出版社，1995：91.

社会理事会取得咨商地位，国际奥委会、红十字国际委员会等个别非政府组织的国际法主体地位得到国际社会的认可，但是，非政府组织是一个庞杂的整体，绝大多数的非政府组织还不具备承担国际法权利和义务的能力。

**2．争取独立的民族的国际法主体资格**

争取独立的民族是国际法上的特殊主体，其法律基础是民族自决原则。

争取独立的民族是指那些受外国殖民统治和压迫的民族。第二次世界大战后，随着民族解放运动的兴起，被压迫民族在摆脱殖民统治、建立民族独立国家的进程中，在一定范围内具有直接承担国际法上权利和义务的能力。通过建立代表和领导本民族斗争的政治实体，争取独立的民族具有一定的国家特征，对内能够控制和管辖一定地域的居民、建立自己的政权机构，对外有权进行国际交往、派遣外交代表、出席国际会议、缔结国际协定、参加国际组织、接受战争法规的约束和保护、请求和接受国际援助等。

与国家的国际法主体资格相比，争取独立的民族的国际法主体资格是有局限的。由于争取独立的民族尚未建立自己的独立国家，未能在全国范围内实行有效的管辖，行使管辖权的范围受到一定限制，也无法履行所有的国际义务。因此，争取独立的民族的权利能力和行为能力是不完全的。

实践中，经过民族解放运动的蓬勃发展，争取独立的民族的国际法主体资格已经得到国际社会的普遍承认。1948 年第一次中东战争后，巴勒斯坦人一直强烈要求恢复其合法民族权利，建立自己的独立国家。1964 年巴勒斯坦解放组织成立后，被阿拉伯国家联盟接纳为正式成员。1974 年联合国大会通过决议，给予巴勒斯坦解放组织观察员身份出席联合国大会。巴勒斯坦解放组织作为巴勒斯坦人民的代表，得到了 100 多个国家的承认，先后向 80 多个国家或国际组织派驻了常驻代表机构。1988 年 11 月，巴勒斯坦宣布建国。1994 年，巴勒斯坦民族权利机构在加沙建立。虽然以色列、美国等一直拒绝承认巴勒斯坦国，但巴勒斯坦的国际法主体资格已获得公认。2011 年联合国教科文组织通过决议，接受巴勒斯坦为成员国。2012 年第六十七届联合国大会通过决议，给予巴勒斯坦观察员国家身份。

**3．跨国公司主体资格的争议**

跨国公司是指通过对外直接投资，在两个或两个以上国家同时进行经营活动的公司企业，包括母公司及其在国外设立的分公司。

作为全球范围内追求利润最大化而合理配置资源的一种有效的运作方式，跨国公司在国际经济活动中的主体地位十分显著。它资本雄厚，科技开发水平先进，生产和销售网络遍及世界各地，并且拥有良好的信誉。设立在海外的分公司，在经济上具有两重性，一方面接受母公司的管理，隶属本公司内部的分工体系；另一方面又是东道国经济的重要组成部分，在一定程度上与当地经济结合。正是由于这种两重性，跨国公司在母国政府与东道国的共同管理下，成为跨国的资源配置者，打破了经济发展的民族国家界限，把国外市场变成国内市场的自然延伸，从而把各国经济直接联系起来。为了保障其经营活动的顺利开展并攫取更大的超额利润，跨国公司必然积极主动地对母国和东道国的决策过程施加影响，从而维护自身的经济利益，进而对政治、社会各方面产生影响，在国际事务中不再是纯粹的经济实体，而是重要的国际关系行为体。

但是，跨国公司的国际法主体资格是一个有巨大争议的问题。一方面，针对跨国公司的全球经营活动，各自为政的主权国家难以有效管控。联合国经济及社会理事会早在 1974 年就设立了政府间的跨国公司委员会，重点研究跨国公司的国际法律调控问题。在海洋法、国际环境法等领域，已经有适用于跨国公司的规则。另一方面，跨国公司在原则上必须遵守母国和东道国的法律，它们直接承担国际权利义务的能力尚未达到国际法主体资格的程度。1952 年国际法院对英伊石油公司案的判决，确认公司法人不具有国际法主体资格。此外，对主权国家而言，一旦跨国公司获得国际法主体地位，有可能使它们完全脱离各国国内法的约束，操控经济命脉，威胁主权国家的政治和经济独立。到目前为止，主流观点认为跨国公司不是国际法主体。

**案例 2**

## 英伊石油公司案

1933 年 4 月，伊朗政府（当时称波斯）与英国一家私有公司——英伊石油公司签订了一项协议，授予后者在伊朗境内开采石油的特许权，有效期 60 年。协议规定，在协议有效期内，非因特殊情况和经过仲裁法庭裁决，协议不能废除。

1951 年 3 月至 5 月间，伊朗议会颁布若干法律，宣布对其境内的所有工业实现国有化，并规定了有关程序。这些法律的实施引起了伊朗政府与英伊石油公司间的争端。英国政府支持该英国公司的主张，并以行使外交保护的名义，于 1951 年 5 月 26 日以单方申请的形式在国际法院对伊朗提起诉讼。英国政府主张国际法院对该争端有管辖权的主要依据是：英、伊双方曾发表的接受法院强制管辖权的声明和属于声明范围的伊朗与第三国及与英国缔结的若干协定。伊朗政府对国际法院对该争端的管辖权提出反对意见，其主要理由是：根据伊朗接受法院强制管辖权声明的文本，法院的管辖权仅限于有关在该声明发表后伊朗缔结的条约的争端。1951 年 7 月 5 日，在法院对争端是否具有管辖权的问题还悬而未决的情况下，应英国政府的请求，法院发布临时保全措施。之后，国际法院经过审理，认为伊朗政府与英伊石油公司签订的特许权协议虽然是在两国政府经过多次谈判后签订的，但协议本身只是政府和外国法人之间的一项特许合同，而不是条约。

1952 年 7 月 22 日，国际法院以 9 票赞成，5 票反对，做出法院对该案没有管辖权的最终判决。同时宣布终止此前发布的保全措施。

条约的主体必须是国际法主体，个人和法人不具备国际法上的缔约能力。特许权协议是一国政府与他国公司所签订的，而不是国际法主体之间签订的，所以不是国际法上的条约。

#### 4. 个人主体资格的争议

个人的国际法主体资格是国际法学界长期争论的理论问题。传统国际法认为国家是国际法的唯一主体，个人不具有主体资格。第一次世界大战前后，以狄骥、波利蒂斯为代表的社会连带法学派认为，国家是抽象的概念，国家行为只能通过具体的个人表现出来，国际法所调整的归根结底是以国家机关的代表身份而活动的个人的行为。“法律总是具有相同的目标，它关注的是人，而且只关注人。”① 这种将个人视为国际法唯一主体的观点，混淆了个人与国家的区别与联系，实际上否定了国际法。

随着国际法内容的日益丰富，国际法学界出现了主张个人与国家都是国际法主体的观点。凯尔森认为：“个人只以特殊的方式成为国际法的主体，并且作为例外，直接地、个别地构成国际法义务主体。”② 劳特派特提出：“虽然国家是国际法的正常主体，然而国家可以把个人和其他人格者视为直接具有国际权利和义务的，而且在这个限度内使他们成为国际法主体。”③ 中国学者也有支持个人具备国际法主体资格的观点。李浩培指出：“个人也可以直接享受国际法上的权利和负担国际法上的义务，因而国际社会至少已趋向承认个人为部分国际法主体。”④ 上述观点的依据在于：国际法的某些领域，个人事实上已经直接承担了权利、义务和责任。

国际法赋予个人的权利，主要体现在国家承担对于个人予以保护的义务上。具体包括：外交关系法中对外交代表的特权与豁免，国际人权法中对个人的公民权利、政治权利以及经济、社会、文化权利的规定，对劳工、妇女、儿童、难民等特殊群体的保护，对战时的战俘、伤病员、平民的人道主义保护等。个人无法从国际法直接获得这些基本权利，只是国家签署了相关的国际公约，确认个人享有这些基本权利并承担予以保护的义务。

国际法对个人责任的规定，主要体现在对个人追究刑事责任的规范与实践中。有关海盗行为、奴隶买卖、贩卖人口、非法毒品交易、种族灭绝罪、反人类罪、战争罪等严重的国际罪行，不管发生在任何地方，个人的刑事责任都要受到追究。缔约国承担惩处国际犯罪的义务，国际刑事司法机构则对国家管辖起到补充的作用，防止犯下严重国际罪行的人逃脱法律的制裁。

国际法对个人在国际机构中诉讼地位和权利的规定，主要体现在解决争端的程序中。1965 年《关于解决国家与他国国民之间投资争端公约》规定，外国投资者，包括自然人和法人，可以在该公约所设的仲裁法庭对作为公约缔约国的东道国提起求偿程序，在双方未选择法律的情况下，有关合同争议可以适用国际法来解决。1982 年《联合国海洋法公约》中，允许个人和法人有权与缔约国以平等的地位参

---

① 波利蒂斯．国际法的新趋势．原江，译．昆明：云南人民出版社，2004：36.

② 凯尔森．国际法原理．王铁崖，译．北京：华夏出版社，1989：96.

③ 劳特派特．奥本海国际法：第 8 版：上卷：第 1 分册．王铁崖，陈体强，译．北京：商务印书馆，1971：14.

④ 李浩培．国际法的概念和渊源．贵阳：贵州人民出版社，1994：22.

与海底争端解决程序。而欧洲人权法院的实践表明，20 世纪 90 年代末以来，个人就可以直接将人权案件提交法院审理，享有诉诸国际机构的程序性权利。

总体来看，个人的国际法主体资格仍然存在争论。但就趋势而言，承认个人享有一定国际法主体资格的观点在国际法学界日益增多。国际法是一个包含诸多法律部门的复杂体系。个人在领土法、条约法、外交关系法等国际法分支领域中，并没有直接承担国际法上权利和义务的能力。因此，“区分不同的国际法部门，分别考察和确认个人在其中的法律地位，也许是更为务实和有效的做法”①。

## 第二节　国际法上的承认与继承

国际法上的承认与继承，是与国际法主体发生变动相关联的两项制度。国际关系中新国家、新政府的出现，往往给国际秩序和其他国家带来影响。既存国家是否愿意承认新国家或新政府作为国际社会的一员并与之进行交往？新国家或新政府应该如何继承因主体变更而产生的权利和义务？承认和继承不仅是重要的国际法问题，也是重要的国际政治问题。

### 一、国际法上的承认

#### 1. 承认的概念与方式

“承认是给予特定团体以特定的资格”②，具体来说，国际法上的承认是指国际法主体，包括既存国家和国际组织等，对新国家、新政府或其他情势的出现表示接受，并表明愿意与之发展正常关系的单方面行为。

承认具有以下特征：（1）承认的对象主要是新国家和新政府，此外还有对交战团体的承认和对叛乱团体的承认。（2）承认是国际法主体单方面的政治行为，既存国家对新国家或新政府是否承认，何时承认，以何种方式承认，完全由既存国家决定，无须征得被承认方同意。因此，承认具有任意性和很强的政治色彩。（3）承认引起一定的法律效果。承认一经宣布就会产生法律效果，影响承认方和被承认方之间权利义务关系。因此，承认又是一项法律行为。

承认的方式可以分为明示承认和默示承认两种。明示承认是一种直接的、明文表示的承认，一般由承认方通过向被承认方发出照会、函电或发表声明，表示予以承认，也有通过签署国际条约表示对被承认方的承认。明示承认是最常用的承认表示形式。默示承认是一种间接的、通过某种实际交往表示的承认。例如通过建交、

---

① 梁西．国际法．3 版．武汉：武汉大学出版社，2011：77.

② 詹宁斯，瓦茨．奥本海国际法：第 9 版：第 1 卷：第 1 分册．王铁崖，陈公绰，汤宗舜，等译．北京：中国大百科全书出版社，1995：95.

维持外交关系或领事关系、缔结条约等行为表示承认新国家的地位。但是，与新国家共同参加国际组织、国际会议或多边国际公约，并不构成对新国家的默示承认。

传统国际法还有根据内容和法律效力将承认分为法律上的承认和事实上的承认。法律上的承认也称为正式承认，是一种完全的、永久的、不可撤销的承认。它表明承认方愿意与被承认方进行全面交往，因而构成两者之间发展正常关系的法律基础。通常情况下，国家承认一般都是法律上的承认。事实上的承认是一种非正式承认，具有暂时的和不稳定的性质，有可能随着政治关系的变化而被撤销或收回。这种承认表明承认方与被承认方之间只发生一定的交往，而不建立全面的正式关系。

**2．国家承认**

国家承认是指既存国家对新国家出现这一事实的确认，并表示愿意与新国家建立外交关系的单方面国家行为。

国家承认发生在国家的合并、分离、分立和独立四种情况下。第一，合并，即两个或两个以上的国家合并为一个新国家。例如 1964 年坦葛尼喀和桑给巴尔合并为坦桑尼亚共和国、1990 年阿拉伯也门共和国和也门民主人民共和国合并为也门共和国。第二，分离，指一国的某部分领土脱离该国，成立一个或数个新的独立国家，而原国家仍然存在。例如 1903 年巴拿马从哥伦比亚分离出去成为独立国家，1971 年从巴基斯坦分离出来的孟加拉国。第三，分立，指一个国家分裂为几个新国家，而原国家不复存在。例如第一次世界大战后奥匈帝国分裂为奥地利、匈牙利和捷克斯洛伐克，1991 年苏联分裂为 15 个新国家。第四，独立，即原殖民地或非自治领土宣布独立，在非殖民化运动中出现了一大批这样的新国家。上述四种情况一般会引发国际法上的国家承认。有关承认对新国家的国际法主体资格的影响，国际法学界有构成说和宣告说两种不同的理论。

构成说认为，一个新国家只有经过既存国家的承认才能成为国际法主体，承认具有构造国际法主体的作用，国家之所以能够成为国际人格者从而成为国际社会的成员，是承认的结果。构成说曾流行于 19 世纪的欧洲，但根据现代国际法的国家主权平等原则，构成说在理论上是不能成立的。所有国家都是平等的国际法主体，国家承认本身不产生国家，只是既存国家对新国家存在的认定。新国家的国际法主体资格，不是由既存国家承认所赋予的，而是新国家本身所固有的。不过，承认在客观上是具有一定作用的，至少可以提供有关一个实体已具备国家资格的强有力证据。

宣告说认为，承认只是既存国家对新国家存在的事实给予确认或宣告而已，并不具备创造国际人格的作用。新国家及其国际法主体资格的取得不依赖于他国的承认。这一主张得到国际法院实践的支持。在 1993 年波黑诉南斯拉夫联盟《防止及惩治灭绝种族罪公约》适用案中，国际法院于 2007 年做出判决，指出多边条约成员国之间没有承认关系不影响多边条约的效力。当然，如果没有既存国家的承认，新国家就难以充分实现国际交往权。“承认虽然是宣告一个现存事实的，但是在它的性质上却是构成性的，至少就被承认的社会与承认的国家之间的关系而言是这样。它标志着那个被承认的社会有效享受国际权利和义务的开始。”① 就这一点而言，宣告说是有局限的。

当一个政治实体具备了国际法上的国家要件后，就符合了国家承认的条件。但是，对于违反国际法原则用武力建立的国家，国家和国际组织不仅不应给予承认，而且应该反对。1931 年九一八事变后，日本在中国东三省建立伪满洲国。美国国务卿史汀生提出不承认违反《国际联盟盟约》和《非战公约》所造成的情势、条约或协定，并得到国际社会的普遍接受，成为国际法中具有影响力的“不承认主义”，也称为“史汀生主义”。第二次世界大战后，不承认原则在国际实践中得到确认。例如，1965 年 11 月，英国殖民地南罗得西亚政府宣布罗德西亚成为独立国家，随后联合国安理会通过决议，要求所有国家不承认这个非法的种族主义少数政权。再如，1990 年伊拉克入侵并吞并科威特，联合国安理会通过第 662 号决议，宣布伊拉克的吞并无效。

当一个政治实体尚未完全形成一个国家，或者某一叛乱团体尚未完全建立一定程度上永久性和有效统治时，第三国或政府就要给予其作为国家或政府的承认，这属于“过早承认”，又被称为“过急承认”。“关于其他国家在何时可以承认某个实体独立成为新国家，并不存在明确的规则。可以说，只要真正的斗争仍然在继续，承认就是过早的。”②

一般而言，承认一经做出就意味着接受新国家作为国际社会成员存在的事实，承认它作为一个国家所具有的权利和义务。

对新国家承认将产生一系列的法律效果，主要包括：（1）国家承认奠定了承认国与被承认国之间全面交往的基础，两国之间可以建立正常的外交关系和领事关系，但承认本身并不等于建交，因为建交是国家之间的双方行为，而承认是一国单方面的行为。而且，建交不单单取决于双方的互相承认，还需要经过一定的程序。（2）双方可以缔结政治、经济、文化等各方面的条约。（3）承认国尊重新国家作为国际法主体所享有的一切权利，尤其是承认被承认国的法律、法令的效力及其立法、行政和司法行为的有效性，承认新国家在承认国法院进行诉讼的权利和新国家及其财产享有的管辖豁免权。根据国际实践，承认的法律效果具有溯及力，即对新国家承认的效力可以追溯到新国家成立之时。因此，一切在新国家成立以后而未被承认之前所做的法律行为，应承认是有效的。

### 3. 政府承认

政府承认是指既存国家承认另一既存国家的新政府，即承认某一新政府为国家

---

① 詹宁斯，瓦茨．奥本海国际法：第 9 版：第 1 卷：第 1 分册．王铁崖，陈公绰，汤宗舜，等译．北京：中国大百科全书出版社，1995：98.

② 克拉彭．布赖尔利万国公法：国际法在国际关系中的作用简介：第 7 版．朱利江，译．北京：中国政法大学出版社，2018：90－91.

的正式代表，并表明愿意同它建立或继续保持正常关系的行为。

政府承认一般发生在以社会革命或叛乱等非宪法手段造成的政府更迭情况。而一国按照宪法程序所进行的政府变动，如正常的王位继承、通过正常选举而产生的新政府等，不发生政府承认情况。

政府承认和国家承认既有联系，也有区别。当新国家产生时，总是同时建立新政府，因而承认了新国家也就同时承认了新政府；承认了新国家的政府，也就承认了它所代表的新国家。这样，国家承认和政府承认被合二为一。但在既存国家仅仅发生政府更迭的情况下，只发生对新政府的承认，而不发生对国家的承认。或者说，国家承认是承认一个新产生的国际法主体，而政府承认不涉及或不影响国家的国际人格，国家的国际法主体资格不因政府更迭而有所改变。

根据国际关系实践，一个新政府获得承认的必要条件是有效统治原则。有效统治是指新政府已经在其国家的全部或绝大部分领土内有效地行使权力或进行了有效控制。只有在有效统治的条件下，新政府才能在国际关系中代表国家，独立行使国际交往权，承受国际法上的权利和义务。

政府承认不取决于新政府依据其本国国内法所具有的合宪性或合法性，而只取决于该政府对该国的有效统治。那么，在有效统治原则基础上对新政府的承认，一般不必再考虑政府的政权起源及其存在的法律依据。因此，一国内部通过政变或革命产生的新政府，只要不违反国际法，他国可以对该政府予以承认或不予承认，但不得利用承认干涉该国内政。从这个角度来说，“对政府的不承认似乎比对国家的不承认更具‘政治性’，因为不愿意建立正常关系的意愿更经常是通过政府机关的不承认来表示的”①。历史上，19 世纪初欧洲国家提出以“正统主义”作为政府承认的标准，即是否具有王朝或宪法上的合法性。1907 年，厄瓜多尔外长托巴提出以宪法程序作为承认政府的条件的托巴主义，凡是违宪产生的新政府，只有在其依照宪法重新组建之后，才可以予以承认。1913 年，美国总统威尔逊宣布威尔逊主义，拒绝承认以破坏宪法的方式而执政的政权。以上三种主张都是利用不承认干涉他国内部事务，已被现代国际法否定。1930 年，墨西哥外长艾斯特拉达提出：鉴于给予承认意味着对外国内政的判断，墨西哥今后只限于继续保持或不保持与外国政府的外交关系，而不采用承认的形式，这就是艾斯特拉达主义。这一立场中的建立或保持外交关系就是一种默示承认，与有效统治原则接近。

政府承认同样会引起一定的法律效果。尽管国家的主体资格不受政府变动的影响，但政府变动往往直接影响到国家行使国际法上的权利和承担国际法上的义务。因此，政府承认对于承认双方的权利义务关系具有重要影响。

1949 年 10 月 1 日，中华人民共和国宣告成立。《中华人民共和国中央人民政府公告》明确指出：“本政府为代表中华人民共和国全国人民的唯一合法政府。凡愿遵守平等、互利及互、相尊重领土主权等项原则的任何外国政府，本政府均愿与之

① 布朗利．国际公法原理．曾令良，余敏友，译．北京：法律出版社，2007：81.

建立外交关系。”中华人民共和国作为国际法主体，是中国的延续。尽管国家的名字从“中华民国”改为“中华人民共和国”，但中国的国际法主体地位不受影响。其他国家对中华人民共和国的承认，是对新政府的承认。

## 二、国际法上的继承

### 1. 国际法上继承的概念

国际法上的继承是指国际法上的权利和义务由一个承受者转移给另一个承受者所发生的法律关系。继承本是国内法上的概念，是由自然人死亡而引起的权利和义务转移。国家等国际法主体的消亡不是物理上的死亡，只是被另外的主体取代，发生了政治上和法律上的变化。“而且这种变化还可能是不同程度的，变化有完全变化，还有部分变化。无论是完全还是部分变化，都发生国际法上的继承问题。”① 因此，国际法上的继承不同于国内法上的继承，具有如下特点：

第一，国际法上继承的主体包括国家、政府和国际组织，而不是个人。国家和国际组织是国际法律关系的主体，也是参与继承法律关系的主体。政府变动在涉及政权性质重大变化的情况下直接影响国家行使权利和履行义务，政府因而也成为继承法律关系的主体。第二，国际法上继承的对象是国际法上的权利和义务，而不是个人的权利和义务。这些国际法上继承的权利和义务涉及条约、国家财产等具体事项的权利和义务，不包括国家固有的基本权利和义务。一切不符合国际法基本原则的权利和义务都不属于国家继承的对象。第三，国际法上继承的发生是由于国家领土变更、政府更迭和国际组织变更，而不是自然人的死亡。

国际法上的继承可以分为国家继承、政府继承和国际组织的继承。其中，最主要和最基本的是国家继承。

### 2. 国家继承

国家继承是指因国家领土变更而引起的一国的权利和义务转移给另一国的法律关系。引起国家继承的原因是国家领土的变更，具体而言，有合并、分离、解体、独立和部分领土转移（国家之间割让或交换领土）五种情况。领土的变更，有整体的，也有局部的，但只有符合国际法基本原则的才是合法的领土变更，才发生国际法上的国家继承问题。同时，国家继承的权利和义务是从国家基本权利和义务派生出来的，并且必须与所涉领土有关联，被继承的条约和条约以外的事项必须具有一定的领土性，与领土变更无关的权利义务不在继承之列。

国家继承的规则主要反映在联合国国际法委员会编纂的两个公约中，即 1978 年通过的《关于国家在条约方面的继承的维也纳公约》（以下简称《条约继承公约》）和 1983 年通过的《关于国家对国家财产、档案和债务的继承的维也纳公约》（以下简称《国家财产继承公约》）。前者已于 1996 年生效，但缔约国有限，后者至

---

① 王铁崖．国际法．北京：法律出版社，1995：64.

今未生效。由于国家继承的权利和义务多种多样，情况各异，迄今还没有普遍适用于各种继承情况的原则和规则。国际实践因继承对象的不同和领土变更情况的不同而有所区别。

（1）国家对条约的继承。

有关条约的继承实质上是关于被继承国缔结或参加的国际条约对继承国是否继续有效的问题。一般认为，与国际法主体资格相关联的政治性条约不属于继承的范围，如同盟条约、友好条约、共同防御条约等。这类条约被称为“人身条约”，与被继承国的国际法主体资格相关联，随着被继承国的消亡而消失，不予继承。与所涉领土有关的“非人身条约”则属于继承的范围，如有关领土边界、河流使用、水利灌溉、道路交通等方面的条约或协定，应予继承。有一些条约被认为介于上述两类条约之间，如引渡条约、商务条约等，是否属于继承范围存在争议，需要根据条约的具体内容来确定。

根据《条约继承公约》，条约继承的具体规则主要有：第一，两个或两个以上国家合并组成一个继承国时，对其中任何一个国家有效的任何条约，继续对继承国有效，但原则上只对原来适用该条约的那部分领土有效，而不适用于合并后的全部领土。第二，在分离或解体的情况下，不论被继承国是否存在，原来对被继承国全部领土有效的条约，对所有继承国继续有效；原来仅对被继承国部分领土有效的条约，只对该领土组成的继承国有效。第三，在部分领土转移的情况下，出让国的条约对该部分领土失效，而受让国的条约对所涉领土生效。第四，由殖民地或附属领土取得独立而建立的新国家的条约继承，采取特殊的规则；新独立国家没有义务继承所有的条约或成为其当事国，它们对被继承国的条约是否继承，原则上可以自主决定。为了维护新独立国家作为国际法主体所固有的权利，它们对于原宗主国参加的多边条约，有继承的权利。

（2）关于国家财产的继承。

国家对国家财产的继承是指继承国对被继承国国家财产权利的继承。国家继承中的国家财产是指国家继承发生时，按照被继承国国内法为该国所拥有的财产、权利和利益，不包括第三国在被继承国内的财产。

国家对国家财产继承的基本原则是：所继承的财产应与领土有关联。国家财产分为动产和不动产。位于国家继承所涉领土内的被继承国的不动产一般随领土的转移而转移给继承国。位于国家继承所涉领土内的被继承国的动产则按照“领土的实际生存原则”和“公正原则”处理。也就是说，关于国家动产的继承，不是单纯以该动产的地理位置为依据，而是以该动产是否与所涉领土活动有关为依据，与所涉领土的活动有关的国家动产，应转移给继承国，这就是所谓的所涉领土实际生存原则。

根据《国家财产继承公约》，国家财产继承因国家领土变更的不同情况有不同的规则。第一，部分领土转移时，应按照被继承国与继承国之间的协议解决。如无协议，则位于所涉领土内被继承国的不动产以及与所涉领土活动有关的国家动产，均应转属继承国。第二，国家合并时，被继承国的国家财产，包括动产和不动产，都转属继承国。第三，国家分离时，除非双方另有协议，位于所涉领土内的被继承国不动产应转属继承国，那些与所涉领土活动有关的被继承国的动产，也应转属继承国；其他的国家财产应按照公平的比例转属继承国。第四，国家解体时，即被继承国不复存在情况下，位于被继承国领土外的国家不动产，应按照公平比例转属继承国。如果无法按有关标准解决其转属问题，只能将有关不动产转属其中一个继承国，但该继承国应对其他继承国给予公平补偿。第五，对新独立国家的财产继承采取特殊规则。考虑到新独立国家与被继承国之间的特殊关系，新独立国家对国家财产的继承应遵循"各国人民对其财富和自然资源享有永久主权"的原则。原属国家继承所涉领土但在该领土之外的国家财产，在该领土附属期间成为被继承国的国家动产与不动产，应转属新独立国家。位于国家继承所涉领土之外的被继承国的国家动产与不动产，即使与国家继承所涉领土无关，只要附属地人民对于上述财产做出过贡献，新独立国家应按所做贡献比例继承。

（3）关于国家档案的继承。

国家对国家档案的继承是指继承国对被继承国国家档案权利的继承。国家继承中的国家档案是指国家继承发生时，按照被继承国国内法属于被继承国所有并由被继承国作为国家档案收藏的一切文件，不包括第三国在被继承国内的档案。

国家档案是国家的重要财富。《国家财产继承公约》规定：被继承国应采取一切措施防止国家档案遭受损害或破坏。档案具有不可分割的特点，不能像国家财产那样按比例分配。但是，档案可以复制，可以照顾到各有关方面的权利和利益。

在国家合并、分离、分立和部分转让的情况下，国家档案的继承通常由被继承国和继承国协议解决，一般将与所涉领土有关的档案转属继承国。在新独立国家的情况下，原属殖民地、委任统治地和托管地所有，而在领土附属期间为被继承国占有的国家档案，应归还新独立国家。被继承国国家档案中与所涉领土有关的部分，如被继承国在殖民时期积累的，同该国对所涉领土的统治有关的文件，其转属或复制问题，应由被继承国与新独立国家协议解决。

（4）关于国家债务的继承。

国家债务是指一国对另一国、某一国际组织或任何其他国际法主体所负之任何财政义务。这种债务主要有两类：一类是整个国家所负的债务，称为国债；另一类是以国家名义承担的而事实上是用于国家领土上某一部分的债务，称为地方化债务。国债和地方化债务都在继承的范围内。而以地方当局名义所借并用于该地区的债务，称为地方债务，不属于国家继承的债务范围。被继承国对外国企业、法人和自然人所负的债务，原则上不属于国家继承的范围。此外，"恶债"也不属于国家继承的范围。所谓恶债，即恶意债务，是指违反国际法基本原则用于不正当目的的债务，如征服债务或战争债务等。

国家债务继承的规则因国家领土变更情况的不同而异。第一，国家合并时，根据"债务随财产一并转移"原则，被继承国的国家债务应转属继承国。第二，在分离、解体或部分领土转移的情况下，首先应通过有关国家之间的协议来解决；若无协议，则应按照公平的比例转属继承国。第三，新独立国家为继承国时，被继承国的债务原则上不应转属新国家，但不排除有关双方依协议来合理解决债务的转属问题，但这种协议不能违反“各国人民对其财富和自然资源享有永久主权”之原则，不应损害新独立国家的经济平衡发展。

**3．政府继承**

政府继承是指由于革命或政变导致政权更迭，旧政府在国际法上的权利和义务由新政府所取代的法律关系。

政府继承与国家继承不同，主要表现在：第一，发生继承的原因不同。国家继承是由领土变更的事实引起的，而发生政府继承的原因则是政府的更迭。政府更迭是引起政府继承的原因，但并非一切政府变动都引起政府继承。按照宪法程序进行的政府更迭一般不发生政府继承。即使是由于政变而引起的政府更迭，如果政变后成立的新政府声明尊重旧政府的国际权利和义务．也不引起政府继承问题。只有在政府更迭是由于社会革命而引起的根本性政府变动，新政府在本质上不同于旧政府的情况下，才发生政府继承问题。第二，参加继承关系的主体不同。国家继承关系的参加者是两个不同的国际法主体，而政府继承发生在同一国际法主体内部的新旧两个政府之间。第三，国家继承因领土变更的情况不同而在范围上有全部继承和部分继承之分，而政府继承一般是全部继承，即凡符合国际法的权利和义务，皆应由新政府完全接受。

有些国际法学者根据国家连续性原则，对政府继承持否定态度。他们认为，政府虽然发生了变更，但不影响国家的国际人格，所以国际承诺仍要继续遵守，即不存在政府继承问题。实际上，通过革命产生的新政府与旧政府是根本对立的。在这种情况下，国家的同一性和连续性并不意味着新政府必须无条件接受旧政府所签订的任何条约或协定、继承旧政府所遗留的任何义务。1789 年法国资产阶级革命、1917 年俄国十月革命、1949 年中华人民共和国的成立，都出现了政府继承问题，为国际法上的政府继承提供了实例。

政府继承主要涉及条约、财产、债务、国际组织的代表权等方面的继承问题。政府继承的一般规则是：第一，对于条约，新政府通常根据条约的具体内容来决定是否继承。对一切不平等的掠夺性的秘密条约以及与新政府所代表的国家利益根本对立的条约，不予继承。第二，旧政府的一切国家财产及权益都应转属新政府。第三，对旧政府的债务不予继承或者根据具体情况区别对待，但新政府可无条件地废除一切恶意债务。

1949 年中华人民共和国的继承属于政府继承，是中华人民共和国政府对中国旧政府在国际法上所承担的权利和义务的继承。

在条约继承方面，中华人民共和国政府按其性质和内容逐一审查，区别对待。1949 年《共同纲领》第 55 条规定：“对于国民党政府与外国政府所订立的各项条约和协定，中华人民共和国中央人民政府应加以审查，按其内容，分别予以承认，或废除，或修改，或重订。”

在财产继承方面，中华人民共和国政府对于旧政府在国外的一切财产，享有合法的继承权。自成立之日起，所有属于中国的国家财产，包括动产和不动产，无论在何地，也无论财产所在地的国家是否承认了中华人民共和国政府，一律归中华人民共和国所有。例如，1949年12月3日，中国政府就香港“两航空公司案”发表声明指出：“中国航空公司和中央航空公司为我中华人民共和国中央人民政府所有，受中央人民政府民航局直接管辖。两航空公司留在香港的资财，只有我中央人民政府和中央人民政府委托的人员，才有权处理。”1950年3月18日，中国交通部发表声明指出，在新加坡起义的海玄轮和在香港起义的各轮，以及在各国港口原属于国民党政府及中国官僚资本所有的各轮，均应为中华人民共和国所有，受中央人民政府交通部管辖。

在债务继承方面，中华人民共和国政府对旧中国历届政府留下来的债务，根据其性质和情况，分别处理。对外国政府为援助旧政府进行内战，镇压革命而借给旧中国的债务，因属于恶债，一律拒绝继承。对合法的债务，由中国新政府与有关国家通过友好协商进行清理，公平合理地解决。

在国际组织的代表权方面，中华人民共和国政府对于旧政府在国际组织的代表权享有合法继承的权利。在联合国系统，1971年10月25日，第二十六届联合国大会通过第2758号决议，决定立即恢复中华人民共和国在联合国的席位和一切合法权利。之后，联合国系统的所有机构，包括联合国的各专门机构，分别通过正式决议，恢复中华人民共和国的合法席位，驱逐了台湾当局的代表，中华人民共和国政府在重要的政府间国际组织中的代表权终得以恢复。

**案例3**

## 湖广铁路债券案

1911年，清政府为修建湖广铁路，向美、英、法、德等国银行财团借款，签订了总值为600万英镑的借款合同。合同规定，上述外国银行以清政府名义在金融市场上发行债券，即“湖广铁路五厘利息递还英镑借款债券”，年息五厘，合同期限为40年。但该种债券从1938年起停付利息，1951年本金到期也未归还。一些美国人在市场上收购了这种债券。

1979年11月，美国公民杰克逊等9人向美国亚拉巴马州北区地方法院东部分庭对中华人民共和国提起诉讼，要求偿还他们所持有的湖广铁路债券本利1亿美元外加利息和诉讼费。法庭受理了他们的诉讼，并于同年11月13日向中华人民共和国发出传票，指名由中华人民共和国外交部部长黄华收。要求中华人民共和国于收到传票后的20天内提出答辩，否则做缺席判决。中国外交部拒绝接收传票，将其退回。

美国亚拉巴马州北区地方法院东部分庭于1982年9月1日对本案做出了缺席

裁判。判决中华人民共和国赔偿原告41 313 038美元，另加利息和诉讼费。

中国政府拒绝接受美国亚拉巴马州北区地方法院东部分庭的判决，认为该判决是违反国际法的，是无效的。依据国际法，国家享有主权豁免，一国法院不得强行将外国列为被告。所以美国法院对中华人民共和国没有管辖权。另外，中国政府调查了湖广铁路债券的渊源，认定它属恶债。根据恶债不予继承原则，中国政府不承认这笔旧外债。

在中国政府的交涉下，1983年该法院重审该案并撤销原判，驳回原告的诉讼。原告后来上诉到美国联邦第十一巡回法院。该法院于1986年7月做出维持原判的判决。同年8月，原告又要求美国最高法院复审，美国最高法院拒绝听取原告申诉，裁定维持联邦第十一巡回法院的判决。此案于1987年3月9日告终。

## 第三节 国家的基本权利与义务

国家是国际法的基本主体，是国际法权利和义务的主要承受者。传统国际法把国家在国际法上的权利分为基本权利和派生权利两种。基本权利是国家所固有的权利，由国家主权直接引申出来，是国家不可剥夺的和不可侵犯的权利。所有国家在享有国家基本权利上是没有差别的。正如《奥本海国际法》第8版提出的那样，“这些不是国家之间的条约所产生的权利和义务，而是国家单纯作为国际人格者在习惯上享受和承担的权利和义务，是它们作为国际社会的成员而相互给予和接受的权利和义务”①。国家的派生权利是运用国家主权或行使国家基本权利的结果，各国享有的派生权利是不完全相同的。

国家的基本权利与基本义务是统一不可分的。一国享有基本权利的同时，也负有尊重别国基本权利的义务。一国享有的基本权利，正是他国相应承担的义务，反之亦然。在国际关系中，不容许有只享受权利而不承担义务的特权国家，也不应该有只承担义务而不享有权利的无权国家。

根据1949年联合国大会通过的《国家权利和义务宣言草案》的规定以及国际实践，国家的基本权利主要有独立权、平等权、自卫权和管辖权。

### 一、独立权

独立权是指国家按照自己的意志处理本国事务而不受他国干涉的权利，主要包含两方面的含义：一是自主性，国家有权独立自主地处理其主权范围内的事务；二

① 劳特派特．奥本海国际法：第8版：上卷：第1分册．王铁崖，陈体强，译．北京：商务印书馆，1971：199.

是排他性，国家处理主权范围内的事务不受外来干涉。依据独立权，在对内事务上，国家可以独立自主地选择本国的社会制度、政治制度、经济制度和文化制度，采取立法、司法和行政措施，制订本国的各项政策和法律；在对外关系上，国家可以独立自主地推行本国的对外政策，参与国际事务。

独立权是国家主权的根本体现。一个国家如果丧失独立，就失去了主权，就会沦为他国的殖民地或附属国。“主权有不同方面。就其排斥附从任何权威，尤其是排斥附从另一个国家的权威而言，主权就是独立。就其在国外的行动而言，主权就是对外独立。就其在国内的行动自由而言，主权就是对内独立。”① 因此，独立和主权这两个概念是紧密联系的，尤其是在国际关系中，独立和主权具有相同的含义。

独立权的内容随着国际法与国际关系的发展而扩展，从传统的仅指国家在政治上的独立，扩大到包括国家在经济上的独立，即不受外国掠夺和剥削的权利。联合国大会在 1974 年通过了关于建立国际经济新秩序的三个文件，即《建立新的国际经济秩序宣言》、《建立新的国际经济秩序行动纲领》和《各国经济权利和义务宪章》。这三个文件在强调国家政治独立的同时，还主张国家的经济独立。政治独立与经济独立不可分割。一个国家没有政治独立，就谈不上经济独立，但只有政治独立而无经济独立，政治独立就得不到巩固。

## 二、平等权

平等权是指国家作为国际法主体在国际法上具有地位平等的权利。国家平等和国家主权密切相关。由于国家是主权的，因而是平等的。或者说，“国家平等可以被视为所有国家彼此具有的某些一般的国际法权利的另一种表达方式”②。国家不论大小强弱以及政治、经济、社会制度和发展水平如何，都是国际社会的平等成员，在国际法上具有平等的地位。

国家主权平等是国际法的基础，主权平等原则得到《联合国宪章》的确认和其他国际法文件的重申。平等权的规则一般表现为如下几个方面：（1）在国际会议上和国际组织中享有同等的代表权和投票权（除了国际金融组织和联合国的否决权制度等少数特殊规定）。（2）每个国家在外交文件上有使用本国文字的权利，缔约时，本国文字与其他缔约国的文字有同等效力（条约另有规定者除外）。按照“轮签制”（又称“轮换制”），每个缔约国在它自己保存的文本上名列首位，其全权代表在此份文本上首先签字。（3）国家在外交礼仪上享有平等的尊荣。（4）国家在外国享有

---

① 詹宁斯，瓦茨．奥本海国际法：第 9 版：第 1 卷：第 1 分册．王铁崖，陈公绰，汤宗舜，等译．北京：中国大百科全书出版社，1995：292.

② 克拉彭．布赖尔利万国公法：国际法在国际关系中的作用简介：第 7 版．朱利江，译．北京：中国政法大学出版社，2018：89.

司法豁免权。(5) 一国侨民享受与各国侨民平等的待遇。

平等权不仅表现在形式上，更重要的是实质上的平等。在国际关系中，任何国家不得对他国强行发号施令，把自己的意志强加于他国。否则，就是对平等权的侵犯。现代国际法上的平等权除了法律上的平等，还包含事实上的平等，将平等和互利结合起来，实现在公平互利基础上的平等，使平等不仅具有形式上的意义，而且更有实质的意义。

## 三、自卫权

自卫权是指国家遭到外来武装攻击时可以采取相应的武力措施进行反击的权利。《联合国宪章》禁止使用武力，自卫权的行使是禁止使用武力的例外。尽管自卫权作为国家的基本权利得到普遍承认，但对自卫权的解释与行使还存在分歧。

自卫权的依据是自保权。根据国家主权原则，国家为了保卫自己的生存和独立，有权采取国际法允许的一切措施进行自我保全。传统国际法中，自保权包括国家的战争权。现代国际法中，战争权不再被认为是国家固有的权利，国家的自保权不再包含战争的权利。

自卫权的行使受到严格的条件限制。根据《联合国宪章》第 51 条和国际习惯法，自卫权行使的条件包括：(1) 自卫权行使的前提条件须是“受到武力攻击”，即国家只有在“受到武力攻击”的情况下，自卫权的行使才被准许。“武力攻击”不仅包括一国正规部队跨越边界的直接攻击行为，还包括一国或以其名义派遣武装小队、武装团体、非正规军或雇佣兵，对另一国使用武力，如果其严重性等同于正规部队进行的实际攻击。但武力攻击不包括向反对派提供武器或后勤、财政或其他支持的援助行为，尽管这种行为可能构成使用武力或武力威胁，或对一国内部或外部事务的干涉。(2) 自卫权行使的时间应在安理会“采取必要办法以维持国际和平与安全之前”。换言之，一旦安理会采取了维护国际和平与安全的必要措施，自卫行动即宣告结束。这表明自卫是受制于安理会的临时性补救办法。(3) 联合国会员国行使自卫权所采取的行动应向安理会报告，并不得影响安理会行使维持国际和平与安全的职权。(4) 自卫权行使的武力限度是须遵守必要性和相称性原则。必要性原则意味着受攻击国必须是在没有其他切实可行的和平手段可供选择做出反应的情况下，才不得不使用武力诉诸自卫，此时的自卫权行使才是必要的。相称性又称程度相当原则，是指自卫所使用武力的强度和规模要与所遭受的武力攻击大体一致。

国际关系历史上，自卫权是国家在必要时使用武力保卫自己的一项重要权利和救济措施，但可能被一些别有用心的国家滥用，以自卫之名，行侵犯之实。《奥本海国际法》第 9 版曾提出：“在现代敌对行动的条件下，一个国家总是要等待武力攻击开始后才采取自卫行动，是不合理的。”① 表面上，这种观点有一定合理性，但所谓预防性自卫或先发制人的自卫没有法律依据，在实践中只会导致危险与混乱，实质是对自卫权的滥用。

## 四、管辖权

管辖权又称国家管辖权，是指国家对其领土及其国民行使主权的具体表现。“管辖权既牵涉到国际法，也牵涉到每一个国家的国内法。国际法决定国家可以采取各种形式的管辖权的可允许限度，而国内法则规定国家在事实上行使它的管辖权的可允许范围和方式。”② 在国内，从国家的职能上可将管辖权分为立法管辖权、行政管辖权和司法管辖权。在国际法上，一般将管辖权分为属地管辖权、属人管辖权、保护性管辖权和普遍性管辖权四种。其中，属地管辖权和属人管辖权是最主要的。

**1．属地管辖权**

属地管辖权，又称领域管辖权、属地优越权或属地最高权，是指国家对本国领域内的一切人、物和所发生的事件，除国际法公认的豁免者（如享有外交特权与豁免的人士）外，有行使管辖的权利。此处所指的“领域”，包括一国的领陆、领海、领空和底土。基于属地管辖权，外国自然人和法人都必须遵守居留国法律，并服从当地的立法、司法和执行管辖。例如外国人必须遵守居留国法律，外资企业依所在国法律从事活动，外国船舶通过领海必须遵守沿海国的法律和规章，飞越领空的外国飞机必须受地面国的监督，等等。此外，国家的专属管辖范围，如专属经济区、毗连区等，该国也有相应的管辖权。

属地管辖权是国家管辖权的首要依据，具有优先地位。实践中，当与管辖权有关的行为或事实明确是完全发生在某国领土内时，管辖权不存在争议；当与管辖权有关的行为或事实存在某方面的跨国因素时，就出现了如何确定行为或事实发生地的分歧。例如，一个人站在国家边界的一侧开枪打死或打伤边界另一侧另一个国家的人。在各国的实践和学界中，主张对犯罪准备、犯罪实施等行为行使属地管辖权的称为“主观的属地管辖原则”（主观属地管辖权），主张因犯罪结果在本国发生或者犯罪行为在本国完成的原因而行使属地管辖的称为“客观的属地管辖原则”（客观属地管辖权）。主观属地管辖原则和客观属地管辖原则均为各国立法和国际实践所支持。例如，《中华人民共和国刑法》第 6 条规定：“犯罪的行为或者结果有一项发生在中华人民共和国领域内的，就认为是在中华人民共和国领域内犯罪。”

---

① 詹宁斯，瓦茨．奥本海国际法：第 9 版：第 1 卷：第 1 分册．王铁崖，陈公绰，汤宗舜，等译．北京：中国大百科全书出版社，1995：310.

② 同①327.

属地管辖权不是绝对的，也存在例外或受限制的情形。它不适用于依法享有特权和豁免的外国人，也不适用于境内的外国财产和国家行为；对外国人行使属地管辖权时，应尊重其国籍国的属人管辖权；利用边界河流时，不得损害邻国的利益和公共利益；对于国际河流，履行开放流经其领土河段的条约义务；等等。

**2. 属人管辖权**

属人管辖权，又称国籍管辖权、属人优越权或属人最高权，是指国家对具有其本国国籍的人实行管辖的权利，无论该人在国内还是在国外。

根据属人管辖权，国家可以对身处国外的本国人行使管辖权，但必须等他们或其财产回到该国或该国管辖的范围时才能进行。在刑事案件中，国家可以对本国人在国外触犯本国刑法的犯罪行为进行管辖。实践中，“各国对它们的国外侨民主张管辖的范围有所不同，特别是关于刑法对他们的行为的适用”①。有的国家主张刑法适用主要受属地管辖的支配，多数国家主张对国外侨民的犯罪行为具有几乎完全的管辖权。《中华人民共和国刑法》第 7 条规定：“中华人民共和国公民在中华人民共和国领域外犯本法规定之罪的，适用本法，但是按本法规定的最高刑为三年以下有期徒刑的，可以不予追究。”

属人管辖权的行使要受到所在国属地管辖权的限制。对在外国境内的本国人，如果没有所在国有关当局的协助，国籍国一般不能采取强制措施。从这个角度来说，“属地管辖权是基本的；属人管辖权是辅助的”②。

**3. 保护性管辖权**

保护性管辖权指国家对于外国人在该国领域外侵害该国的国家或公民的重大利益的犯罪行为行使管辖的权利。这种管辖是国家为了保护本国的安全、领土完整和重大的经济利益（包括本国国民的重大利益）免受犯罪行为的严重侵害而实施的。

根据保护性管辖权进行司法管辖的对象是外国人在国外从事的犯罪行为，它们一般都是世界各国所公认的犯罪行为，例如间谍行为、伪造一国的货币或印章罪、违反移民或海关法、杀人罪、纵火罪等。《中华人民共和国刑法》第 8 条规定：“外国人在中华人民共和国领域外对中华人民共和国国家或者公民犯罪，而按本法规定的最低刑为三年以上有期徒刑的，可以适用本法，但是按照犯罪地的法律不受处罚的除外。”

保护性管辖是国家属地管辖的例外，仅适用于影响国家安全和重大利益的严重罪行。“这一概念大多涉及政治性行为，但不必然只限定为政治行为。”③ 这种管辖权的行使受到罪行发生地国家的属地管辖权的限制，通过引渡犯罪嫌疑人、缺席判决等途径实现，或者在犯罪嫌疑人进入受害国领土时采取措施。一般认为，保护性

---

① 詹宁斯，瓦茨．奥本海国际法：第 9 版：第 1 卷：第 1 分册．王铁崖，陈公绰，汤宗舜，等译．北京：中国大百科全书出版社，1995：331.

② 王铁崖．国际法．北京：法律出版社，1995：92.

③ 布朗利．国际公法原理．曾令良，余敏友，译．北京：法律出版社，2007：269.

管辖权的行使如果过于宽泛，可能引发侵犯他国主权的争议。

**4. 普遍性管辖权**

普遍性管辖权，又称普遍管辖权、普遍管辖原则，是指根据国际法的规定，对于严重危害国际和平与安全以及全人类利益的某些特定的国际犯罪行为，各国均有管辖权．而不问这些犯罪行为发生的地点和罪犯的国籍。普遍性管辖权的基础不是属地管辖原则，也不是属人管辖原则，而是基于对国际和平与安全及全人类利益的维护。

由于普遍性管辖权突破了地域、国籍和利益保护这三种传统管辖的因素，因而它在国际法上历来受到严格限制。属于普遍性管辖权范围的犯罪，是被国际社会认为犯罪性质达到非常严重的程度，以至于它们应该受到所有国家的管辖。已经获得明确公认的此类犯罪有公海上的海盗行为、奴隶贸易和战争罪等。其他的国际犯罪行为，如灭绝种族罪、空中劫持、贩卖和走私毒品、危害人类罪等，也被较多的国家和学者认为是各国有普遍性管辖权的犯罪。普遍性管辖权原则已经被很多国家引入国内法，成为国家行使管辖权的重要原则。《中华人民共和国刑法》第 9 条与普遍性管辖权相关，规定："对于中华人民共和国缔结或者参加的国际条约所规定的罪行，中华人民共和国在所承担条约义务的范围内行使刑事管辖权的，适用本法。"

一般而言，普遍性管辖权的行使只限于本国管辖范围内或者不属于任何国家管辖的区域内。但近年来，国际社会日益重视有效防止和惩治各种国际犯罪，尤其是国际人权保护的观念迅速发展，普遍性管辖权在国际关系中的重要性进一步增强，对传统国际法理论带来了冲击。

上述管辖权的分类在理论上得到广泛承认。但在实践中，国家行使管辖权并非严格按照分类进行，而是根据自己的实际情况确定行使管辖权的原则，从而产生国家间管辖权的冲突。"一个国家所认为它的管辖权的主权权利的行使，而另一个国家则可能认为是对它自己的属地或属人权威的主权权利的侵犯。"① 现行国际法规范未能完全消除管辖权的冲突。

## 五、国家主权豁免

国家主权豁免，又称国家豁免、主权豁免或国家管辖豁免，主要是指一个国家及其财产免受其他国家国内法院的司法管辖。国家豁免原则的形成，"受到国际法上的和国内法上的其他关联要素的影响，其中最主要的是外交豁免、外国君主个人的管辖豁免以及国内法上的主权豁免制度"②。

国家主权平等原则是国家主权豁免的基础。主权国家是平等的。平等者之间无

---

① 詹宁斯，瓦茨．奥本海国际法：第 9 版：第 1 卷：第 1 分册．王铁崖，陈公绰，汤宗舜，等译．北京：中国大百科全书出版社，1995：328.

② 龚刃韧．国家豁免问题的比较研究．2 版．北京：北京大学出版社，2005：1.

管辖权。任何国家不能对其他主权国家主张或行使管辖权。同时，国家对其领土范围内的一切人、事、物享有完全排他的主权和管辖权。在这种情况下，为了保障国家主权平等，必须对国家的属地管辖权进行一定的限制。这种限制是在平等的基础上、在国家之间对等的关系中做出的。因此，国家主权豁免体现了国家之间相互尊重主权，外国及其代表或机关享有免除接受国或驻在国管辖的权利，但这并不意味着外国可以无视所在国的法律规章或不受任何约束。

享受国家主权豁免的主体一般包括国家及其财产、国家元首和政府首脑、外交代表。“尽管国家豁免作为国际法上的一个原则或一般规则早已确立，但是关于这一原则的适用范围，各国实践始终存在对立和分歧。”① 在19世纪末之前，除非一国采取明示或默示的方式自愿放弃豁免权，否则国家的一切行为和财产均免受外国法院的司法管辖，被称为绝对豁免原则或绝对豁免主义。进入20世纪尤其是第二次世界大战后，随着国家参与商业活动的增多，越来越多发达国家的法院在处理国家主权豁免的案件时，把国家行为分为“主权行为”和“商业交易行为”。前者是国家传统上从事的政治、外交以及军事行为，又被称为“统治权行为”；后者则是经济、贸易等原来主要由私人或法人从事的行为，又被称为“管理权行为”。对这两类国家行为，前者可以享受豁免，而后者则不能享受豁免。这就是限制豁免原则或限制豁免主义。

2004年12月2日，第五十九届联合国大会通过了《联合国国家及其财产管辖豁免公约》，第一次以公约的形式确认了限制豁免原则，将国家与外国自然人或法人的商业交易行为排除在豁免范围之外。在判定商业交易行为时，公约采取了以行为性质为主、参考行为目的的做法。越来越多的国家在国际关系实践中转向接受限制豁免原则。但实践中，“不能简单地用‘绝对豁免主义’或‘限制豁免主义’来有效地解决现实中出现的问题”②，各国在如何对待不得援引国家豁免的问题上仍然存在明显分歧。

## 第四节　国际法上的国际组织

国际法上的国际组织指政府间国际组织。作为最重要的非国家行为体，国际组织是现代国际关系中促成国际合作的法律形态。从政治、安全、经济领域到邮政、电信、卫生、民航、知识产权等专门性领域，国际组织的运作发挥了管理者的职能，对相关领域国际法的发展起到重要的作用。同时，“国际组织在广泛的国际关系中充满活力，它的发展即国际法本身的一种发展”③。国际组织在运作过程中，

---

① 龚刃韧．国家豁免问题的比较研究．2版．北京：北京大学出版社，2005：338.

② 布朗利．国际公法原理．曾令良，余敏友，译．北京：法律出版社，2007：290.

③ 梁西．国际组织法．4版．武汉：武汉大学出版社，1998：415.

产生了大量相关的法律问题，形成了规范和调整自身活动的一系列原则、规则和制度，逐步发展出国际法的新分支——国际组织法。国际组织数量众多，种类各异，但不同的国际组织之间也有一些共同的法律规则，用以调整国际组织内部各种关系及其对外关系。

## 一、国际组织的一般法律制度

**1．国际组织的章程**

国际组织是根据国家间的多边条约建立的，这种多边条约一般称为国际组织的章程或组织文件，是国际组织产生、存在和进行活动的基本文件和法律基础。因此，国际组织的章程在国际组织法律体系中具有重要意义。

国际组织章程是指导国际组织行为的准则。组织机构的设立、法律人格的授予、运行机制和决策程序等，都是以国际组织章程为根据的。国际组织所有其他内部管理和对外关系的法规，都受组织章程的制约，有关活动都不得违背组织章程的宗旨和原则。不同国际组织的章程，并无统一形式，名称和内容也各不相同，如宪章、盟约、宣言、条约等。但它们都属于国家间的正式协议，其效力与作用在实质上并无差别。“那些建立普遍性国际组织的条约，往往规定有国际社会需共同遵守的一般性规范。加入这种组织的国家愈多，接受这种规范的国家就愈多，从而使某些重要规范有可能产生一般国际法的效力。”① 就像《联合国宪章》不仅仅是联合国的组织章程，更是对全球产生普遍影响的现代国际法渊源。

**2．国际组织的成员资格**

国际组织的成员是国际组织的主体。在国际组织的章程中，有关成员及其资格的事项都作为重要条款加以规定。国际组织的成员通常分为正式成员和非正式成员。非正式成员主要包括联系成员和观察员。

正式成员也称完全成员，可以被分为参与创建该组织的创始成员和在组织成立后加入的纳入成员两种。正式成员通常可参加组织的全部活动并拥有代表权、表决权和受益权等完全的权利，承担国际组织的全部义务，例如遵守组织章程、缴纳会费等。

联系成员也称为准成员，被接受参加组织的活动，但权利和义务受到限制。如不能在国际组织的大会、理事会等主要机关中担任要职，在组织的主要机构中没有选举权和被选举权，在重要事项上无表决权。“接纳联系成员的做法，可使国际组织的范围和影响进一步扩大，有利于其组织的发展。”② 实践中，联系成员主要是一些尚未达到正式成员资格条件的国家，或是只同意在一定程度上参与该组织活动的国家，或是民族解放组织、非政府组织、主权国家某些地区或地方政府等非主权

---

① 梁西．国际组织法．4版．武汉：武汉大学出版社，1998：17.

② 《国际组织》编写组．国际组织．2版．北京：高等教育出版社，2018：25.

实体。

观察员是有条件地被邀请或接受出席有关会议或参加某些活动的行为体，有时也被称为咨询会员。多数情况下，国际组织可以邀请正式成员以外的实体，包括非成员国、国际组织、民族权力机构甚至个人作为自己的观察员，其主要职能是了解和咨询。观察员在国际组织的有关会议上通常既无发言权也无表决权，不能参与实质性的讨论，也不承担缴纳会费等成员义务。不过，观察员可以获得会议的资料，并且有时还可提出正式的建议。

获得国际组织成员资格的途径有三种。第一，作为创始成员获得成员资格。那些在国际组织成立过程中参与谈判、起草并签订成立章程的，自然地具备了该组织的成员资格。第二，通过加入获得成员资格。大多数国际组织接纳新成员都要经过一定的程序，由组织内部的有关机构通过表决来决定。第三，因继承获得成员资格。国际组织原有的成员在发生合并、解体等变故之后继续保留其成员资格的属于这一类型。例如，1991 年 12 月苏联解体之后，俄罗斯继承了苏联在各国际组织中的席位。

国际组织成员资格的丧失有两种情况。一是成员被组织开除。如果某成员的行为严重违反了组织的宗旨原则，或没有履行它对该组织的应尽义务，就可能被开除其成员资格。这是一种严厉的制裁措施。国联曾因苏联入侵芬兰在 1939 年将其开除。1962 年，美洲国家组织在美国的操纵下，以古巴卡斯特罗政权与该组织原则不相容为名，终止了古巴的活动。二是成员的主动退出。大多数国际组织的章程都明确载有允许成员退出的条款。国联时期就曾有日本、德国、意大利等 17 个国家先后退出。对于没有明文规定允许或禁止退出的情况，依据《维也纳条约法公约》第 56 条的内容，国际组织的成员主动放弃其成员资格的权利在一般情况下应得到默认。

**3. 国际组织的机构设置**

拥有常设性的组织机构，是国际组织重要的外部特征。正如主权国家都有一定的政权组织形式，国际组织也设立了相应的机构来保证其宗旨目标的实现。

自产生后，国际组织机构设置由简到繁，由单一发展为多层次，从最初的议事机构和行政管理机构，发展产生执行与主管机构，进而出现处理争端的司法机构。正如很多国家国内政治生活中分权与制衡原则的普遍运用，国际组织的机构演变同样体现出权力在国际组织内部的逐步分立和相互制衡。

第一，议事与决策机构。议事与决策机构是国际组织根据其基本文件设立的、由全体成员国代表参与的最高权力机构，有权讨论、审议职能范围内的任何问题与相关事项，并就重大问题做出决策。这类机构囊括了全体成员国代表，所以成为成员国谈论问题的最佳论坛，在涉及国际组织活动的重要问题上承担着重要职能。一般而言，议事与决策机构每年或数年定期举行全体会议，在决策时，除非另有规定，大多数实行一国一票的多数表决制。依照国家主权平等原则，议事与决策机构理论上是国际组织的最高权力机构，但在实践中，这类机构在国际组织内发挥的作用常常次于执行与主管机构。

第二，执行与主管机构。执行与主管机构是由部分成员国组成，负责处理专门性问题的机构。这类机构一般是按照地区公平分配的原则来确定成员数额，由议事与决策机构全体会议选举产生，在一定任期内轮换。执行与主管机构的优势在于规模相对有限的机构运作起来更加灵活有效，而且成员往往是在某个活动领域具有特殊利益或特别责任的国家，更加容易讨论、处理问题。正因如此，一些执行与主管机构在实践中不仅可以独立处理职权范围内的事务，而且能够参与到最高权力机构的决策过程中，通过负责组织磋商起草国际组织的决议，在决策过程中发挥实质性作用。

第三，行政与管理机构。行政与管理机构是国际组织内部为其他机构提供服务的常设性机构。这类机构处理组织的日常管理事务，其最高行政首脑是国际组织的对外代表，一般被称为秘书长、总干事、总裁或主席。最高行政首脑都有一定任期，由议事与立法机构决定其任命，有的还需要执行与主管机构的参与和确定。最高行政首脑以下的行政官员由最高行政首脑决定，他们来自不同成员，都是以个人身份为该组织服务，不得接受任何政府或本组织以外的任何指示。其中，高级职员的聘任，一般是由各成员按分配名额先行推荐，再由最高行政首脑正式委派。作为"一个国际组织经常存在的象征"①，行政与管理机构负责保持组织活动的稳定性与持续性。尽管这类机构的本职只是提供服务，但在实践中经常被卷入实质性的决策中。

第四，司法机构。司法机构是在国际组织中设立的专门负责审理法律问题和通过司法手段解决国际争端的机构。国际法院是联合国的司法机构，争端解决机制是世界贸易组织的司法机构，欧盟、非盟等区域性国际组织也有各自的司法机构。这些司法机构法官的产生有严格的条件和程序，根据授权和法律程序对诉讼事务或咨询事务独立行使管辖权。

除了上述主要机构外，国际组织还设立各种辅助与专门机构，负责某一专门领域或某一专门事项的工作，形式多种多样，是国际组织机构中不可缺少的部分。

**4. 国际组织的决策制度**

"决策是国际组织各机构在其职权范围内，依一定的程序规则，提议、起草、讨论、通过各种决定以及决定生效、终止的一个工作过程。……是实现组织宗旨，履行组织职能的一种主要方式。"② 国际组织的决策方法是投票表决。表决涉及两个问题，一是表决权的分配，是一国一票还是一国数票；二是表决权的集中，是全体一致通过，还是多数通过。常见的表决制度有以下几种：

第一种，全体一致通过表决法，也叫单否决权制，是指一项集体行动方案只有在所有成员都同意或至少没有任何成员反对的情况下才能通过。这种表决制度的基

① 陈世材．国际组织：联合国体系的研究．北京：中国友谊出版公司，1986：87.

② 饶戈平．国际组织法．北京：北京大学出版社，1996：189.

础是国际法上主权国家一律平等的原则，利弊均很明显。其优点在于最大限度地实现主权平等，保证个体利益不受损害，而致命的缺陷则在于它造成了国际组织的软弱无力，要么是长时间的议而不决，要么是一致通过的决议作为妥协的产物，常常不可能真正地行之有效。况且，对全体一致的追求事实上也使少数成员可以阻止绝大多数成员的意愿。

第二种，多数表决制，指国际组织中一项决议必须得到超过一定比例的成员的认同才能实施，是广泛采用的表决方式。多数表决制的基础是民主政治当中“为最大多数谋最大利益”的原则，避免了全体一致通过表决法中极少数成员阻止大多数成员主张的情况，具有内在强制性，但也可能因忽视少数派利益而引发矛盾，而且，多数表决制不一定是民主的，一国一票所产生的多数国家未必能代表多数的人民，多数的国家也不一定反映实际上全世界权力的大部分。多数表决制又包括简单多数和特定多数两种。简单多数只要求 1/2 以上通过，特定多数则要求一个特定的比例，如 2/3、3/4 或 4/5 等。现阶段，就所涉问题的性质而言，多数表决制“多用于行政、技术及程序性事项，极少适用于事关重大的政治性问题；就所做出的决议的效力而言，它多属建议性的，而较少规定严格的法律义务”①。

第三种，加权表决制。在政府间国际组织的表决制度中，一国一票是依据主权国家一律平等的原则。但在国际关系的不同领域，拥有不同人口、领土、资源的国家所处的地位不同，寻求的利益也不同，它们所担负的国际责任和义务也不相同，加权表决制正是为了适应这种差别而提出来的。它根据成员国所具有的利益的不同程度分配给它们相应数目的投票权。这种利益的差别通常表现为经济因素，即按照成员国交纳会费的情况或出资的比例分配票数。目前很多国际经济组织，包括国际货币基金组织和世界银行都采取加权表决制。

第四种，协商一致同意。这是一种不经过正式投票，而是通过非正式协商取得对决议的一致意见的表决方式。各成员在充分协商讨论的基础上，虽允许保留，但努力消除差异，形成意见一致，最后在全体大会上发表达成一致意见的决议或一个有关已达成一致意见的声明，则决议就产生了。这种方式的好处是可以避免因投票表决而造成不同意见之间的对立或根本无法达成一致的问题，缺陷是通过协商一致所产生的决议的有效性比较差。这种方式因其灵活性而被许多国际组织和国际会议采用。

## 二、国际组织的权利能力和行为能力

如前所述，国际组织的国际法主体资格是派生的，是成员国通过成立章程授予的，或是从章程中引申出来的。在国际关系中，国际组织享有为执行其职能及达成其宗旨所必需的权利能力和行为能力，具体表现在：

① 《国际组织》编写组．国际组织．2 版．北京：高等教育出版社，2018：85.

1. **缔约权**

国际组织与其成员国之间、国际组织与非成员国之间、国际组织与其他国际组织之间缔结双边或多边国际条约的能力早就被国际习惯法和国际实践所接受。1986年《关于国家和国际组织间或国际组织相互间条约法的维也纳公约》正式以公约的形式承认国际组织的缔约权。一般来说，国际组织只在其职权范围内或由于组织存在的必需而同国家或其他国际组织签署条约。不论组织基本文件中有无缔约权的明文规定，在实践中都不影响国际组织缔约权的行使。第二次世界大战后，大多数多边国际条约都是在国际组织的主持下订立的。有的情况下，国际组织也可以成为多边条约的缔约方。

2. **使节权**

国际组织有能力与成员国、非成员国或其他国际组织之间建立经常的、持久的关系，有权接受成员国常驻或临时代表机构以及非成员国、其他国际组织的观察员机构。不过，这种权利能力的实现需要得到东道国政府的协助。同时，国际组织有权向其成员国、非成员国、其他国际组织和国际会议派遣常设使团或特别使团。实践中，国际组织通常接受成员国的常驻使团，但向成员国派驻代表团的情况并不普遍。"各成员国向国际组织派遣常驻代表团对促进国际组织的工作，加强各成员国之间的相互了解与合作是十分有益的。"① 联合国系统许多从事经济、社会领域事务的机构，常常向成员国派出代表机构。有时联合国还会为解决政治安全问题而派出特别使团。

国际组织的使节权与国家的使节权有所区别。国家之间的外交关系建立在完全平等的基础上，而国际组织与其成员国及其他交往对象之间不存在同样性质的平等关系，往往不要求对等。多数情况下，国际组织与成员国之间的关系是一种内部关系。

3. **承认与被承认的权利**

作为国际法主体，国际组织享有国际法上的承认权与被承认权。国际组织通过接纳对方为成员国、观察员，或与对方订立协定或者邀请参加本组织会议等方法，来承认一个国家、政府、民族权力机构及其他国际法主体。当新国家出现，国际组织的承认在国际关系中具有重要的意义。当成员国国内同时出现两个或两个以上政府，并都声称拥有该国在国际组织的代表权时，国际组织只能选择其中一个予以承认。值得注意的是，国际组织的承认并不代表其成员国的承认。例如，以色列成为联合国的成员国并不意味着联合国内的阿拉伯成员国都承认了以色列。同时，国际组织又是国际法上承认的客体。国际组织的成员国接受组织章程，向组织派出代表机构，或非成员国向国际组织派遣观察员，都意味着承认了该组织的国际法主体资格。

---

① 饶戈平．国际组织法．北京：北京大学出版社，1996：119.

4. **国际求偿与国际责任**

拥有国际求偿权利，承担国际责任，是国际法主体资格的重要特征。国际组织具备这样的权利和能力。当国际组织的财产及其他权益受到侵害时，国际组织有权提起诉讼或采取其他合法手段要求赔偿，国际组织人员执行公务受到损害时，国际组织有权出面交涉。国际法院在 1949 年发表有关“为联合国服务而受损害的赔偿问题”的咨询意见中，明确联合国有权以自己的名义，为执行公务时受损的联合国人员向负有责任的国家提出索赔的要求。根据权利义务对等原则，国际组织也必须对其损害其他国际法主体的行为承担国际责任。例如，联合国维和行动在实施过程中对有关国家及其人员造成的损害，有关国家有权利向联合国提出求偿的要求。

5. **继承权**

国际组织建立在成员国愿意进行国际合作的基础上，一旦成员国的政治意愿消失，国际组织就会解体。作为国际法主体，国际组织解散时会产生组织之间的继承问题。第一，组织职能的继承。被解散组织未能完成的剩余职能，可由一个或多个国际组织继承。第二，组织法律行为的继承。组织解散时，多数法律行为失效，但仍有一部分由继承组织承担并对其成员国有效，但对于没有参加继承组织的国家不再发生效力。国际组织的解散一般不影响其所制订的国际公约的效力。被解散组织参与订立的双边条约和私法性质的合同，通常随组织解散而失效。组织所欠债务只能在其解散时的清盘中得到补偿。第三，组织职员的继承。原则上，继承组织没有义务接受被继承组织的职员，继承组织是否愿意雇用被继承组织的全部或部分职员，取决于这两个组织的延续性与相关协议。第四，组织财产的继承。国际经济组织解散时如果没有继承组织，其财产应按会费比例或出资比例在成员国之间分配。多数情况下，被继承组织将财产全部移交给继承组织。

6. **召集国际会议的能力**

20 世纪中叶以来，国际组织已越来越多地取代国家，成为国际多边会议的发起者和主持者。一方面，由于国际组织的活动范围涉及人类生活的各个方面，国际会议的议题与国际组织的宗旨与职能范围相一致，召开各种国际会议是国际组织的重要工作内容。另一方面，国际组织拥有日益完善的机构设置、专业的国际公务员团队以及丰富的多边主义经验，能够成为国际会议最合适的召集者。

7. **其他对外权利**

国际组织有权在建筑物及交通工具上使用本组织的徽章标记，有权使用本组织的旗帜，享有通信权，有权使用密码电报。为了国际公务员履行国际职能的必要与便利，国际组织有权为其职员颁发用作出入有关国家的通行证。这种通行证在一定程度上类似于主权国家颁发的护照，持证者可凭此享有一定的外交特权与豁免。国际组织还可以成为国际条约的保管者和登记者。1969 年《维也纳条约法公约》规定，国际组织负责保管条约的正本，并制作副本分送有关国家，接受批准、签署、加入、接受、退出等文书并通告有关国家。联合国秘书处承担了对国际条约登记、归档和备案的职责。

国际组织的国际法主体资格不是产生于国际组织自身，而是产生于国家之间通过缔结条约而制定的组织章程，其活动和职能范围不能超出有关条约和组织章程的规定。“国际组织，即使是最有权威的国际组织，也只是一种介于国家之间的法律组织形式，而非国家实体，并不具备国家的属性。”① 同主权国家相比，国际组织不拥有领土和居民，国际组织驻地所占用的土地是由驻在国提供的，该土地的法律地位是通过国际组织与驻在国政府达成的协议加以确定的。因此，国际组织在国际法与国际关系中的权利能力和行为能力是有局限的。

## 三、国际组织的特权与豁免

国际组织为实现其宗旨、履行其职能而享有必要的特权与豁免，是国际组织国际法主体资格的重要特征。

关于国际组织特权与豁免的法理依据，有职能必要说和代表性说两种不同主张。职能必要说认为，给予国际组织特权与豁免的目的，在于保障国际组织在法律上和实践中的独立性，以便其完成任务。也就是说，国际组织的特权和豁免是实现组织宗旨、履行组织职能所必需的。这一点往往在国际组织章程和有关国际公约中明确指出。职能必要说是公认的有关国际组织特权与豁免的主要法理依据。代表性说认为，国际组织在履行本组织宗旨和原则的范围内代表了成员国的愿望和利益。因此，作为国家间机构的国际组织在一定程度上享受外交特权与豁免。各国与国际组织的关系，在很多方面属于两个国际法主体之间的平等者关系。不论是组织本身还是各国常驻代表团，在交往过程中都应享有类似外交代表的特权与豁免。代表性说揭示了国际组织特权与豁免的事实依据。

构成国际组织特权与豁免法律基础的国际文书有三类：一是国际组织章程中关于该问题的规定。国际组织基本文件中一般都有涉及特权与豁免的原则规定。例如，《联合国宪章》第 105 条规定了联合国在其成员国境内应享受于达成其宗旨所必需的特权与豁免，其成员国代表及组织职员也应享受为独立行使职能所需的特权与豁免。二是有关组织特权与豁免的国际多边条约，最重要的有 1946 年联合国大会通过的《联合国外交特权与豁免公约》、1947 年联合国大会通过的《联合国专门机构特权与豁免公约》以及 1973 年联合国大会通过的《关于防止和惩处侵害应受国际保护人员包括外交代表的罪行的公约》。其中，“《联合国外交特权与豁免公约》是联合国有关该问题的重要的法律文件，为以后所有多边公约和双边条约所仿效”②。三是各组织与东道国订立的双边条约。这类条约具体解决国际组织及其工作人员、各国代表在总部所在国或其他东道国内享受的特权与豁免，通常被称为总部协定或东道国协定。“一些国家为了履行有关国际公约和东道国协定的有关规定，

① 梁西．国际组织法．4 版．武汉：武汉大学出版社，1998：10.
② 饶戈平．国际组织法．北京：北京大学出版社，1996：221.

还专门规定了相应的国内法，明确规定本国为成员国的国际组织在其国内法上具有独立法人的地位。”①

国际组织特权与豁免的内容和范围，根据享受对象的不同可分为以下四种类型：

第一种，国际组织本身的特权与豁免。不同的国际组织依其性质、职能的差异而享有不同等级和范围的特权与豁免。联合国享有最高等级和最大范围的特权与豁免，包括：财产和资金免于任何形式的法律程序；办公处所、档案以及所有或持有的文件不可侵犯；不受驻在国金融控制；免除税捐；通信便利，信使和邮袋享受豁免；等等。联合国专门机构和其他国际组织不具备联合国那样的政治性，享有的特权与豁免低于联合国。国际金融类组织和国际贸易类组织都不同程度卷入商业活动，所享受的特权与豁免比联合国要少得多。

第二种，国际组织职员的特权与豁免。国际组织职员的特权与豁免，是以其独立执行职务时的所必需为前提和限度的。以联合国为例，联合国官员的免于诉讼，只限于他们以公务资格发表的口头或书面言论以及所实施的一切行为；其得自联合国的薪金、津贴免于纳税；免于国民服务义务；其本人、配偶和家属免于移民限制和外侨登记；在货币兑换方面享有与其政府外交使团相当级别官员所应享受的便利；在国际危机时，其本人、配偶和家属享有与外交人员同样的遣返便利；等等。此外，联合国秘书长、副秘书长及助理秘书长本人、配偶及未成年子女享有按照国际法给予外交人员的相等的全部特权、豁免及便利。

第三种，常驻代表团的特权与豁免。普遍性国际组织的成员国常驻代表团通常享有外交使团的特权与豁免。以联合国为例，成员国在联合国主要和附属机构以及出席联合国召集的会议的代表在执行其职务和来往会所地途中应享有以下特权与豁免：免受逮捕和拘禁，其私人行李免受检查，其在代表职权范围内的口头或书面言论和行为免受任何形式的法律程序；所有文件材料不受侵犯；有权使用密码，接收文件或通信可使用信使或密封邮袋；在执行职务期间，其本人及其配偶免于移民限制、外侨登记或国民服务义务；享有与外国政府常驻代表相同的货币兑换方面的便利；等等。

第四种，国际组织与会人员的特权与豁免。出席国际组织会议的与会人员的特权与豁免，一般是按与会人员的身份地位而区别对待的。如果是国家元首、政府首脑或外交部部长出任代表团团长，则他们享受的特权与豁免比外交使节更高。如果是其他官员为团长的代表团，其享受的特权与豁免则略低于外交使节待遇。出席国际会议代表团的特权与豁免是有期限的，从其进入东道国国境时开始算，到其离境时为止。东道国无权宣布国际组织的与会人员为不受欢迎的人，如果派遣国不同意，东道国无权撤销或拒绝其入境。但实践中，曾出现东道国不按有关条约和国际惯例，拒绝给予国际组织与会人员以礼遇的情况。例如，1988 年，联合国邀请巴

① 饶戈平．国际组织法．北京：北京大学出版社，1996：223.

勒斯坦解放组织执行委员会主席阿拉法特出席联合国大会，美国拒绝发给其入境签证。联合国大会于 1988 年 11 月 30 日以 151 票赞成、2 票反对（美国和以色列）、1 票弃权（英国）通过决议，认为东道国违反其所承担的国际法律义务并促请美国重新考虑其决定。在美国拒绝的情况下，联合国大会再次于 12 月 2 日以 152 票赞成、2 票反对通过决议，决定在日内瓦举行 3 天的会议，讨论巴勒斯坦问题，以便使阿拉法特能够出席。

国际组织及其职员在享有特权与豁免的同时，应承担尊重东道国国内法的义务。“特权与豁免并不是免除国际组织的法律责任，而是避免使其受控于一国的国内管辖。”① 总之，国际组织及其职员享受的特权与豁免是有限度的，是在执行其职务及实现其宗旨所必需的范围内。

## 第五节　国际法上的个人

国际法上的个人，有时被称为国际法上的居民，具体包括本国人、外国人、无国籍人。国际法以国籍划分居民，从而确定他们与该国之间的法律关系以及他们在该国所处的相应法律地位。传统国际法认为：“国际法涉及到个人的是：国际法律条款转化为国内法规则，按此形式和通过此方式国际法才能适用于个人。同样，如果个人间的关系需要国际保护，也只能通过国家作为中介而获得。”② 现代国际法不单扩大了保护个人和惩治个人所犯罪行的范围，使国际人权法成为国际法的重要分支，更重要的是，国际法对个人的保护不再“只能通过和由国家作为中介”③，而是能够通过直接限制国家主权的方式来实现。现代国际法中关于个人的内容主要包括国籍，外国人的法律地位、待遇与外交保护、难民的待遇以及作为分支的国际人权法（见第八章）。

### 一、个人的国籍

个人的国籍是指个人作为某一特定国家的国民或公民的一种法律资格或身份。所谓国民和公民，在法律上没有严格区别。但在有些国家，国民和公民在国内法上的含义有所不同。例如，美国法律规定，出生在美国本土并受美国管辖的人是美国公民，出生在美国海外属地的人是美国国民。公民享有完全的政治权利，国民只享有部分政治权利。因此，国民和公民的区别主要体现在国内法上，在国际法上没有实质意义。国籍原本是一个仅适用于个人的概念，后来由于跨国投资的广泛发展，法人的国籍也成为人们关注的对象。一般意义上，国籍可以理解为作为一国成员，

---

① 饶戈平．国际组织法．北京：北京大学出版社，1996：244.

②③ 波利蒂斯．国际法的新趋势．原江，译．昆明：云南人民出版社，2004：27.

隶属于该国的法律资格或身份。

国籍是连接个人和国家的法律纽带。对个人、国家和国际社会都具有重要意义。它构成了国际法上管辖、外交保护、引渡等相关制度的基础。

国籍法是规定个人国籍的取得、变更、丧失以及处理国际冲突的规则和原则的法律规范的总体。国籍法本属于一国主权范围内的国内法。但是，在国家间交往日益密切的今天，人员的国际流动日趋频繁。不同国家国籍法的不同规定往往引起国籍冲突，既关系到不同国家个人的利益，又涉及不同国家的国家利益。国籍问题的国际性使之成为与国际法密切相关的问题。

**1. 国籍的取得**

国籍的取得是指一个人取得某一国家的国民或公民的资格。根据各国的国籍立法和实践，国籍的取得主要有两种方式，一种是因出生而取得一国国籍，另一种是因加入而取得一国国籍。

（1）因出生而取得国籍。

即原始国籍或固有国籍，是指一个人由于出生而取得一国国籍。世界上绝大多数人都是由出生而取得国籍的。各国国籍立法对因出生而取得国籍的规定，采取的立法原则是不相同的。血统主义原则是根据血统关系取得国籍，即以亲子关系来确定一个人的国籍。出生地主义原则指一个人的国籍不依据其父母的国籍，而取决于其出生的地方。历史上大量移民的国家都曾采取过出生地主义。目前，世界各国国籍法实践的趋势是将血统主义和出生地主义相结合，只不过各国侧重点有所不同，有的以血统主义为主、出生地原则为辅，有的则平衡兼采两种原则。

（2）因加入而取得国籍。

即后来国籍或继有国籍，简称入籍，是根据加入国籍者本人的意志或某种事实，并符合入籍国的法定条件和履行法定的程序而取得国籍。入籍有狭义和广义之分，狭义入籍是指外国人或无国籍人按一国法律之规定，通过本人自愿申请并经批准而取得该国国籍。广义入籍还包括基于婚姻、收养、领土变更等原因而取得某国国籍。“虽然入籍使一个外国人成为本国的一个国民，但是入籍并不一定给予他与因出生而取得国籍的本国国民所享有的同样权利。”① 例如，美国宪法规定：通过入籍而取得美国国籍的人，没有成为美国总统的资格。

**2. 国籍的丧失与恢复**

国籍的丧失是指一个人基于某种原因丧失他所具有的某一国家的国籍。国籍的丧失可分为自愿和非自愿两种。

自愿丧失国籍是指根据本人的意愿而丧失国籍，有两种情形，一是本人自愿申请退籍，经批准后丧失本国国籍，但是各国国籍法都规定了一些退籍的条件；二是在两个以上国籍中选择一个国籍，从而丧失未选择的国籍。

---

① 詹宁斯，瓦茨．奥本海国际法：第9版：第1卷：第2分册．王铁崖，陈公绰，汤宗舜，等译．北京：中国大百科全书出版社，1998：305.

非自愿丧失国籍是指基于法定原因而非出于本人自愿而丧失本国国籍。非自愿丧失国籍，主要是由于取得外国国籍、婚姻、收养、认领而丧失本国国籍。偶尔也有被剥夺国籍的情况，政治纷争使得一些国家把剥夺国籍当作一种安全措施予以运用①。但由于剥夺国籍不符合现代人权观念，当代实践中非常少见。

一个丧失某国国籍的人可以通过履行登记或声明手续恢复该国的国籍，或采用入籍的一般程序恢复国籍。

**3. 国籍的冲突及其解决**

国籍的冲突，是指一个人同时有两个或两个以上的国籍或不具有任何国籍的法律状态。前者是积极的国籍冲突，后者是消极的国籍冲突。由于国际法没有统一的国籍规则，国籍的取得和丧失是由国内法规定的，而各国法律又不尽相同，故不可避免地产生了国籍的冲突问题。

国籍在国际法上的意义在于明确国家与其国民的关系，从而有利于国家的管理和国民权利的保障，有利于国际社会的稳定和各国关系的发展。国籍冲突导致的双重国籍、多重国籍和无国籍状况有可能对有关个人和国家造成不利影响。实践中，主要通过国内立法和缔结国际条约的方式来解决国籍冲突问题，减少或避免因国籍冲突带来的混乱和利益受损。

（1）双重国籍问题。

一个人同时具有两个国家的国籍称为双重国籍，具有两个以上国家的国籍称为多重国籍。其中最为常见的是双重国籍，因此，国籍的积极抵触通常称为双重国籍问题。

“每一种取得国籍的方式都可能产生双重国籍问题”②，但根本原因是各国国籍法规定不同。对相关个人而言，双重国籍使个人享受两个国籍国赋予的权利，但同时也应效忠于两个国籍国，同时承担两个国籍国法律规定的服兵役、纳税等义务。这样可能导致双重国籍人因无法履行义务而陷入困境，引发两国之间行使属人管辖权的冲突。对于第三国来说，双重国籍有时带来管理不便，特别是在国籍国同时行使外交保护的时候。

实践中，一般是通过国内立法、双边条约和国际公约的办法来防止和减少双重国籍问题的产生。中国在1949年之前长期采取血统主义原则，出现了很多双重国籍的现象，绝大多数集中在东南亚地区。为了避免因双重国籍引起的争端，中国在20世纪五六十年代与东南亚国家分别通过签订双边条约的方式解决相互间存在的双重国籍问题。其中，最为典型的是1955年中国与印尼签订的《中华人民共和国和印度尼西亚共和国关于“双重国籍”的条约》。

（2）无国籍问题。

无国籍也是由于各国国籍法的不同规定而产生的。无国籍人处于一种不利的地

---

① 布朗利．国际公法原理．曾令良，余敏友，译．北京：法律出版社，2007：494.

② 詹宁斯，瓦茨．奥本海国际法：第9版：第1卷：第2分册．王铁崖，陈公绰，汤宗舜，等译．北京：中国大百科全书出版社，1998：309.

位。由于不具有任何国家的国籍，“他们借以取得国际法利益的主要联系就不存在”①。当无国籍人的利益受到侵害时，他们不能要求任何国家给予外交保护，而任何国家也不会给予外交保护。现在多数国家通常给予无国籍人一般外国人待遇，但是无国籍人士不能享受根据互惠原则给予某些特定国家公民的优惠待遇。

享有国籍是一项被普遍接受的人权。无国籍问题是国际社会和各国应予以解决的问题。通过国内立法来减少和消除无国籍现象是解决无国籍问题的基本方法。国际社会则通过订立的一些国际公约，如 1954 年《关于无国籍人地位的公约》、1961 年《减少无国籍状态公约》等，推动减少无国籍现象，并保护无国籍人。

**案例 4**

## 诺特鲍姆案

诺特鲍姆 1881 年生于德国，其父母均为德国人。依德国国籍法规定，诺特鲍姆出生时即取得了德国国籍。1905 年，他离开了德国到危地马拉（以下简称危国）居住，并在那里发展事业。直到 1943 年他的永久居所地都在危国。

1939 年诺特鲍姆从危国回到德国，并于同年 10 月到列支敦士登（以下简称列国）探望他的兄弟，在此期间快速取得了列国的国籍和护照。1940 年初，他返回了危国，继续从事他的商业活动，并申请将他在外国人登记册上注明的德国国籍改为列国国籍，得到了危国当局的准许。1941 年 12 月 11 日，危国向德国宣战。1943 年 11 月 19 日，危国警察当局逮捕了诺特鲍姆，并把他交给了美国军事当局拘留在美国。同时扣押和没收了他在危国的财产和商店。危国还于 1944 年 12 月 20 日做出了取消把他登记为列国国民的行政决定。

1946 年，诺特鲍姆获释后，向危国驻美国领事馆申请返回危国，但遭到了拒绝，他只能回到列国居住。同年 7 月 24 日，他请求危国政府撤销 1944 年关于取消他登记为列国国民的决定，也遭到了拒绝。列国于 1951 年 12 月 7 日向国际法院提起诉讼，反对危国逮捕诺特鲍姆和没收他的财产，认为这是违反国际法的，应给予损害赔偿和补救。危国对国际法院的管辖权提出了初步反对。

法院于 1953 年 11 月 18 日对它的管辖权做出裁决，确认它对本案有管辖权，否定了危国关于管辖权的初步反对。之后，法院于 1955 年 4 月 6 日做出判决：驳回列国的请求，支持危国的抗辩，认为危国提出了一项很好的原则，即国籍是个人与国家间联系的基础，也是国家行使外交保护的唯一根据。但法院并不认为由于列国赋予了诺特鲍姆国籍，它就有了对抗危国的根据，法院也没有考虑诺特鲍姆列国的国籍效力。

法院认为，国籍属于国家的国内管辖范围，国籍的取得是国内法规定的。国际实践证明，国家行使国内管辖的行为不是必然地或自动地具有国际效力。国籍是个

① 詹宁斯，瓦茨．奥本海国际法：第 9 版：第 1 卷：第 2 分册．王铁崖，陈公绰，汤宗舜，等译．北京：中国大百科全书出版社，1998：311.

人与一个国家的人口有更密切的联系这一事实的法律表述。只有当国籍把个人与赋予国籍国的这种密切联系转变为法律关系时，它才使该国有行使外交保护的权利。从实际看，诺特鲍姆案并不属于这种情形。诺特鲍姆取得国籍时看不出他的传统、事业、利益、活动、家庭以及将来的意向与列国有密切联系，他与列国的联系并不强于别国。而他一直保持着他的家庭和事业与德国的联系。没有事实证明他取得列国国籍是为了脱离德国政府。另外，他已在危国居住了 34 年，该国是他的利益和商业活动的中心。直到 1943 年由于战争中采取的措施才迫使他移出，并控诉危国拒绝重新接纳他。他的家庭还断言他期望在危国度过晚年。相比之下，他与列国的实际联系是极其微弱的。因为 1946 年危国拒绝接纳，他才去了列国，这更可以说明他与列国没有任何联系，而却保持了与危国长期的密切的联系。他取得列国国籍也无法削弱这种联系。他加入列国国籍并非基于他与该国先有真实联系，也没有使他改变生活方式，如果赋予的国籍要在危国得到尊重，这样重要的行为在这两方面都缺乏必要的真实性。诺特鲍姆的国籍是在未考虑国际关系中采取的国籍概念而被赋予的。他要求入籍只是为了取得法律上承认他是列国人，只不过是想以一个中立国的国民身份取代他的敌侨身份，寻求列国的保护是他唯一的目的。而并非他开始热爱该国，因此而改变他的传统、利益、生活方式，或为了履行获得该地位有关义务和行使有关的权利。所以，列国不得以此作为行使外交保护权的根据。

## 二、外国人的法律地位、 待遇与外交保护

外国人是指在一国境内不具有该国国籍而具有其他国家国籍的人。为了便于管理并与本国人相区别，无国籍的人也归入外国人的范畴。双重国籍人，如果他所具有的两个国籍都不是居留国的国籍，属于外国人，如果他具有的国籍中有一个是居留国国籍，居留国一般不把他视为外国人。

外国人包括两类，一类是根据国际法享有外交和领事特权与豁免的外国人，另一类为普通外国人。前者的法律地位与待遇由外交和领事关系法确定，与本节讨论的普通外国人的法律地位有明显区别。

从广义上说，外国人除指自然人外，还包括外国法人，如外国的公司、企业。

**1. 外国人的法律地位**

由于国家的属地管辖权和属人管辖权，外国人处于双重管辖之下。一方面，外国人处于居留国的属地管辖之下，必须遵守居留国的法律和法令。另一方面，外国人同时处于国籍国的属人管辖之下，当他的合法权益受到侵害而用尽当地救济方法未获解决时，可以申请本国的外交保护。

外国人的法律地位包括外国人在入境、居留、出境等各个方面的权利义务，大多通过一国法律对外国人权利和义务的规定来体现。根据属地管辖原则，给予外国人何种法律地位，是一国主权范围内的事项，不受别国干涉。国家通过其国内法对

外国人的法律地位自主做出规定。由于国家之间的平等关系，外国人待遇方面国家之间的对等关系明显。因此，各国在进行有关外国人法律地位的国内立法时，不得违背国家依据条约所承担的国际义务或国际法的一般原则、规则。

关于入境，“从原则上讲，这是一个属于国内管辖的事项。因此，一国可以选择不准外国人入境，或者对其入境施加某些条件”①。出于国家经济、安全、卫生防疫等方面的考虑，国家有权限制某些外国人入境。各国通常都在互惠基础上允许外国人为合法目的入境，一般都要求持有护照和经过签证，也有些国家之间通过协议互免签证。

关于居留，一国有权规定外国人居留的条件和待遇。外国人可以根据居留国的法律法令和有关国际条约或协定的规定，在该国做短期、长期或永久居留。但是，是否允许外国人居留，由居留国自行决定。

关于出境，一国不得禁止外国人合法离境。但外国人的民事纠纷或刑事案件尚未了结，或者债务尚未清偿，或者未付清捐税，即可拒绝其出境。对于合法出境的外国人，应允许按照居留国法律的规定，带走其合法财产。特定情况下，一国可以限令外国人离境或将其驱逐出境。

**2．外国人待遇的一般原则**

国家给予外国人何种待遇，国际法上并无统一规定，而是由各国自行决定或通过国家签订双边条约做出规定。实践中，各国对外国人的待遇采取了各种不同的原则，常见的有国民待遇、最惠国待遇、互惠待遇和差别待遇。

（1）国民待遇。

国民待遇是指国家在一定范围内给予外国人与本国公民相同的待遇，即在同样条件下，外国人所享受的权利和承担的义务与本国人相同。根据这个标准，国家给予外国人的待遇不低于给本国人的待遇，同时，外国人不得要求任何高于本国人的待遇。根据实践，国家给予外国人国民待遇，一般限于民事权利和诉讼权利方面。至于政治权利，外国人一般不能享有。此外，一些国家还规定某些职业只限于本国人担任，禁止外国人拥有土地等。国民待遇通常是国家之间在互惠原则基础上互相给予，体现了国家之间的平等关系。

（2）最惠国待遇。

最惠国待遇是指一国给予另一国的国民或法人的待遇，不低于现时或将来给予任何第三国国民或法人在该国享受的待遇。最惠国待遇通常是国家在互惠基础上通过条约中的最惠国条款互相给予的，适用于经济和贸易方面，往往通过签订双边或多边条约，明确在哪些方面给予缔约国的公民和法人最惠国待遇。

（3）互惠待遇。

互惠待遇是指国家之间根据平等互惠原则，互相给予对方公民同等的待遇，如相互税收优惠、互免入境签证、免收签证费等。

---

① 布朗利．国际公法原理．曾令良，余敏友，译．北京：法律出版社，2007：462.

(4) 差别待遇。

差别待遇是指国家给予外国人不同于本国公民的待遇，或对不同国籍的外国人给予不同的待遇。一种情况是国家给予外国公民或法人的民事权利，在某些方面少于本国公民或法人，例如规定某种企业只能由本国人经营、某种职业只能由本国人担任、某种财产只能由本国人拥有等。另一种情况是由于民族、历史、地理等方面的原因，某些国家或国家集团之间的关系密切一些，因而相互给予对方的国民或法人在某些方面比较优惠的待遇，而这些待遇是不给予第三国的国民或法人的。采取差别待遇不能有任何歧视，如果采取的差别待遇是歧视性的，则是违反国际法的。

**3. 外交保护**

外交保护是指一国对在外国的国民（包括本国法人）的合法权益遭到所在国家非法的侵害而得不到救济或适当救济时，通过外交途径向加害国进行交涉和寻求补偿的行为。2006 年联合国国际法委员会二读通过《关于外交保护的条款草案》。实践中，各国都是通过本国外交机关对在国外的本国公民提供各种保护。

外交保护的基础是国家的属人管辖权，将国民的权利视为国家权益的组成部分，所以对其在外的国民具有保护的权利。外交保护在国家之间进行，本质上是处理国家关系的制度，无论其国民是否做出请求，国家均可自行决定。同时，实施外交保护应尊重外国的主权和属地管辖权。

外交保护的给予需具备两个基本条件：一是损害求偿的本国性，即外交保护所针对的应该是其本国人的损害求偿，因为外交保护的基础是属人管辖。在实践中，求偿者须在损害发生直至外交保护提起时持续地保有保护国的国籍，保护国才能给予外交保护，这被称为国籍持续原则。然而，并不排除对非本国国民主张外交保护的情况。根据《关于外交保护的条款草案》，无国籍人和难民的居住国在限定条件下也可以行使外交保护权。

二是用尽当地救济，即在受到损害后，求偿者应首先利用居留国的国内救济方法。只有当地救济用尽之后，才能诉诸外交保护。外交保护的起因是他国的国际不法行为给本国国民造成损害，设立用尽当地救济这一条件“是为了允许一个国家首先在国内层面对其错误进行补救，以避免这类错误转化为国际层面的争端，从而有可能不必要地扰乱国家间的关系”①。《关于外交保护的条款草案》规定了用尽当地救济的例外，包括当地法院没有提供救济的可能性、必须以用尽当地救济为前提明显不公平或不合理、损害国放弃了用尽当地救济的要求。

行使外交保护的方式多种多样，“保护国可以用不同程度的形式询问其他国家关于某一特定事件的事实，或要求解释，或提出抗议，或要求惩处侵害者，或要求对受害的本国国民给予赔偿。更为有力的保护形式，如干涉，有时候也曾被使用，

① 伯根索尔，墨菲．国际公法：第 3 版．黎作恒，译．北京：法律出版社，2005：111.

虽然这种行动的合法性现在是很可疑的”①。传统外交保护允许一国对另一国采取武力干涉，而现代国际法的外交保护则是以和平方式行使的。

## 三、引渡和庇护

### 1. 引渡

引渡是指一国的主管机关应他国主管机关的请求，将在本国境内而被他国指控犯罪或判刑的人，交给请求国审判或执行处罚的国际司法协助行为。

作为国家间的刑事司法行为，引渡已经成为现代国际法上的公认制度，通常根据双边或多边的引渡条约进行。国家没有一致性的或绝对的引渡义务，除非它根据条约承担了这种义务。联合国大会 1990 年通过《引渡示范条约》，为各国确立了制定引渡条约的范本，也确立了关于引渡的一般原则。

请求引渡的主体一般是对罪犯主张管辖权的国家，包括罪犯本人所属国、犯罪发生地国和受害国，分别根据国家的属人优越权、属地优越权和保护性管辖权，提出引渡要求。如果这三类国家同时对同一罪犯提出引渡要求，在原则上，被请求国有权决定把罪犯引渡给哪个国家。

在引渡的条约和实践中，通常适用以下原则：

第一，政治犯不引渡原则。政治犯不引渡，是指国家对由于政治原因而遭受外国追诉的外国人不予引渡。这一原则是在法国大革命之后，通过欧洲国家的国内立法和各国间的引渡条约规定逐渐形成的，已成为各国公认的国际法原则。但是，关于政治犯的含义和范围缺乏明确性，各国的解释不尽一致，衡量政治犯的标准大不相同。“在一个国家看来是寻求在国家内达到政治目的，值得保护的一个政治运动，但在另一个国家看来则可能是一帮应该予以惩罚的罪犯。”② 实践中，政治犯不引渡原则往往与各国政治利益和对外政策相关联，容易被滥用或歪曲。

第二，双重犯罪原则，又称相同原则。可引渡的犯罪必须是请求引渡国和被请求引渡国双方法律都认定为犯罪的行为。双重犯罪原则实际上是互相尊重国家主权原则在引渡中的具体体现。由于一国一般只能在其领域内行使刑事管辖权，一旦犯罪人逃到他国，只有依靠他国的协助，也就是引渡这种方式，对逃亡罪犯具有管辖权的国家才能真正实现对罪犯的管辖权。要依靠他国的协助，必须尊重他国的主权，而尊重他国主权的具体体现，就是尊重他国的法律。

第三，罪行特定原则，又称为同一原则，是指请求国在将被引渡人引渡回国后，只能以请求引渡时所主张的罪行进行审判和处罚，不得以不同于引渡罪名的其他罪名进行审判或处罚。一般认为，罪行特定原则的目的是防止请求引渡的国家以

---

① 詹宁斯，瓦茨．奥本海国际法：第 9 版：第 1 卷：第 2 分册．王铁崖，陈公绰，汤宗舜，等译．北京：中国大百科全书出版社，1998：332.

② 同①344.

引渡为借口迫害请求国应予保护的人。

第四，本国国民不引渡原则。许多国家在引渡中坚持不引渡本国国民的原则，主要是为了维护本国的属人管辖权。有的国家也担心本国人在请求国处于外国人的地位，会受到不公正的待遇和遇到各种困难。为了防止罪犯因本国国民不引渡的规定而逃避惩罚，许多国际公约规定了“或起诉或引渡”原则，不引渡本国国民的国家，应根据条约规定对罪犯提起公诉。

**2．庇护**

庇护是指国家对于因政治原因遭受追诉或受迫害而来避难的外国人，准其入境和居留，给予保护，并拒绝将他引渡给另一国，这种庇护也叫领土庇护。庇护是国家的主权行为，是国家从属地优越权引申出来的一项权利，但“并不是外国人所具有的一种向其进入的国家要求给予保护和庇护的权利。因为，这种国家没有必要答应这种要求”①。国家在国际法上没有庇护的义务，对于请求政治避难的外国人，是否给予庇护，由国家自行决定。

庇护的主要法律依据是国内法，也有一些国际法文件。例如，1948 年的《世界人权宣言》肯定了庇护权，以因政治性罪行而被起诉的人为庇护对象；1967 年联合国大会通过的《领土庇护宣言》进一步规定了庇护问题上国际社会应遵循的一般原则。

庇护的对象主要是政治犯，指那些不具有庇护国国籍并因从事政治活动而被某一外国追溯或迫害的人，因此也叫政治避难。但是，现代各国法律对庇护对象范围的规定有了新的发展。庇护对象除政治犯外，还包括从事科学和创作活动而受迫害的人。根据《领土庇护宣言》的规定，凡犯有危害和平罪、战争罪或危害人类罪之人，不在庇护之列。从实践看，各国对犯有上述罪行的人是不予庇护的。海盗、贩毒、贩奴等国际犯罪以及一般公认的普通刑事罪犯，也都不属于庇护对象。

受庇护的外国人，同一般外国侨民一样，处于所在国领土管辖权之下，遵守庇护国的一切法律法令，可以在该国居留，不被引渡，也不被驱逐。根据《领土庇护宣言》的规定，给予庇护之国家不得准许享受庇护之人从事违反联合国宗旨与原则之活动。

领土庇护之外，还有所谓的域外庇护，指一国在本国境外的特殊场所，如驻外使领馆、军舰或商船内庇护外国人。由于这类庇护最常发生于驻外使领馆，因此它又被称为外交庇护。域外庇护的理论基础是使领馆的治外法权说和军舰的浮动领土说。但这种法律上的拟制并不为现代国际法所承认。外交庇护虽然被一些南美国家采用，但《维也纳外交关系公约》不予认可。国际法院在 1950 年“庇护权案”中指出，哥伦比亚驻秘鲁大使馆给予秘鲁反对派政治领袖托雷庇护权是不正当的事情。之后，哥伦比亚又向国际法院提出新的诉讼请求书，请求法院判定他是否有义

---

① 詹宁斯，瓦茨．奥本海国际法：第 9 版：第 1 卷：第 2 分册．王铁崖，陈公绰，汤宗舜，等译．北京：中国大百科全书出版社，1998：319.

务把托雷移交给秘鲁当局。法院在1951年的判决中指出，哥伦比亚虽然没有义务把托雷移交给秘鲁当局，但庇护应立即停止。域外庇护是对他国领土主权的侵犯，与领土庇护有本质区别，一直未能得到国际法和国际社会的认可。

## 案例5

### 皮诺切特案

皮诺切特是智利军政强人，于1973年通过军事政变就任总统兼陆军总司令，建立军人独裁政府。1990年3月，皮诺切特卸去总统职务。1998年，皮诺切特辞去陆军总司令职务，被任命为终身参议员。在1973—1990年执政期间，皮诺切特残酷镇压反对派，指使军警当局肆意侵犯人权，包括任意逮捕、非法拘禁、强制失踪、绑架、谋杀、暗杀、非法处决以及强闯民宅等。受害者除智利人外，还包括西班牙、法国、瑞士、瑞典等一些国家的公民。

1998年9月，英国警方在皮诺切特赴伦敦就医期间，依据西班牙法官加尔森签署的国际逮捕令将其拘捕。此后有关各方就是否将其引渡到西班牙受审发生争执。智利政府、皮诺切特及其律师坚持认为，皮诺切特作为一名到英国访问的持有外交护照的政府官员和前国家元首，享有司法豁免权，英国或其他国家对皮诺切特在任期间的行为均没有域外管辖权，并强调智利人在智利所做的行为应由智利法院管辖。西班牙方面则认为，皮诺切特在执政期间对西班牙公民所犯的罪行均是违反国际法的罪行，属于可引渡的罪行。根据普遍管辖原则，西班牙有权对其行使域外管辖权。皮诺切特被逮捕引起了国际社会的广泛关注，西班牙、法国、比利时、瑞士、瑞典、美国、加拿大等国均向英国提出引渡要求。

英国方面的态度则是一波三折。1998年10月28日，英国高等法院裁定皮诺切特作为前国家元首享有免于英国法院民事和刑事诉讼程序的豁免权。11月，英国上院上诉法院推翻高等法院裁定，认为皮诺切特不享有豁免权。12月9日，英国内政大臣斯特劳决定启动引渡皮诺切特的程序。12月17日，因皮诺切特的律师指控英国上院上诉法院审判庭5名成员之一的霍夫曼法官在大赦国际任职，使他对皮诺切特有偏见而致裁决不公，英国上院表示将重新组织新的特别法庭审议裁决。1999年3月24日，上院上诉法院以6票赞成、1票反对通过裁决，认为皮诺切特作为前国家元首在关于酷刑的指控上不享有豁免权，英国司法当局逮捕皮诺切特是合法的。10月8日，伦敦一家地方法院裁决皮诺切特可以被引渡到西班牙受审。皮诺切特的律师随即提出上诉，以健康为由要求准许皮诺切特返回智利。最终，基于皮诺切特健康状况不断恶化的事实，英国决定将皮诺切特遣返智利。

2000年3月，皮诺切特返回智利。8月，智利最高法院做出剥夺皮诺切特终身参议员司法豁免特权的裁定。12月，智利圣地亚哥上诉法院法官古兹曼宣布对皮诺切特执政期间杀害政治犯的案件进行审判，并对其进行软禁。2001年7月初，圣地亚哥上诉法院以皮诺切特健康为由，裁定终止对皮诺切特的审判。2002年7月1

日，智利最高法院做出终审判决，同意圣地亚哥上诉法院的裁决，终止对前总统皮诺切特的审判，宣告皮诺切特案最终结案。2006 年 12 月 10 日，皮诺切特去世。

皮诺切特案在国际法上有着重要的研究价值，涉及国际法上的引渡、前国家元首的豁免权、国际犯罪和对国际犯罪的管辖等问题，引发广泛的争议。本案的重要意义在于，它表明随着现代国际法的发展和国际犯罪为世界各国所承认，无论国际犯罪的行为人是国家元首、政府首脑，还是相关的政府官员，不得以享有管辖豁免为理由，对抗外国法院的刑事管辖权。

## 四、难民

难民是指躲避危险或迫害而被迫逃离家园远走他乡的人。难民问题有古老的渊源。早在古代，就有为摆脱奴役、异族统治和宗教迫害等而大批出逃的难民现象。进入 20 世纪后，两次世界大战造成数千万无辜平民流离失所，沦为难民，国际社会才开始以有组织的方式应对难民问题。

**1．难民的概念**

广义上的难民是指因政治迫害、战争或自然灾害而被迫离开其本国及其经常居住国而前往别国避难的人，包括政治难民、战争难民和经济难民等。狭义上的难民指《关于难民地位的国际公约》界定的难民，又称公约难民。

国际社会着手共同解决难民问题的努力始于第一次世界大战后的国联时期。1921 年，在红十字国际委员会等人道主义组织的推动下，国联设立了俄国难民问题高级专员，指派挪威的南森博士担任高级专员处理俄国难民事务。此后，国联先后颁布了若干关于难民身份证件的专门协定，创立了难民旅行和身份的证明——南森护照。1933 年，国联通过《关于难民国际地位的公约》，这是给难民提供法律保护的具有约束力的第一份多边国际法文件，但其使用范围非常有限。

联合国成立后，逐步构建起一套规范难民事务、为难民提供支持与保护的国际法律体系和制度框架。1951 年 7 月，联合国召开关于难民和无国籍者地位的国际会议，通过了《关于难民地位的国际公约》，指出难民是因有正当理由畏惧由于种族、宗教、国籍、属于某一社会团体或具有某种政治见解的原因留在其本国之外，并且由于此项畏惧而不能或不愿受该国保护的人；或者不具有国籍并由于上述事情留在他以前居住国家以外而现在不能或者由于上述畏惧不愿返回该国的人。该公约首次对难民的含义做出了明确的界定，却仅限于 1951 年 1 月 1 日以前产生的难民，而且各缔约国有权将此公约的地理范围限定在欧洲之内。时间和地域的限制大大削弱了该公约的普遍性，无法应对 20 世纪 50 年代后非殖民化运动中大量涌现的难民。1967 年 1 月联合国通过了《关于难民地位的议定书》。该议定书于 1967 年 10 月正式生效，对 1951 年公约进行了修正，废除了 1951 年公约中对时间和地域的限制，将原公约关于难民的定义扩大至全球范围，使之成为具有普遍性意义的难民公约，至今仍然适用。

上述难民定义仅将产生难民的原因限制在种族、宗教、国籍、属于某一社会团体或具有某种政治见解等五种因素。随着难民问题的长期延续并日趋严峻，新形态的难民不断涌现。一些区域性组织对难民的定义进行了扩展，包括联合国难民署在内的国际人道主义组织在实践中的难民保护早已超出了上述文件界定的范围。但是，难民定义的扩展并没有得到国际社会普遍的法律认可，世界各国在难民身份的认定方面有着明显分歧。实践中，难民潮往往与移民潮相伴，原因在于“难民与其他国际移民群体一样在国际流动过程中涉及了入境、边检、签证、居留、工作、融入、永久居留、入籍等国际移民方面的问题，需要遵循国际移民方面的一般性规则”①。由此产生难民保护范围日益扩大的客观趋势，加剧了对难民进行准确法律界定的困难。

**2. 难民身份的认定**

个人取得难民身份必须具备三个条件：(1) 该人迁移或滞留于本国或经常居住国之外；(2) 该人不能或不愿受本国保护和不能或不愿返回经常居住国；(3) 该人有正当理由畏惧因种族等原因受到迫害。

联合国难民署是联合国下属的解决全球难民问题最重要的机构。难民身份的认定是联合国难民署的重要工作。只有确定了难民的身份，联合国才能给予相关的个人适当的国际保护，获得难民地位的人才能在所在国受到难民的待遇。身份的甄别一般由申请获得难民地位的个人所在国和联合国难民署驻在该国的机构来完成。

1967 年颁布的《关于难民地位的议定书》还规定了排除条款。具备以下情况的人不能取得难民身份：(1) 已取得联合国保护，指已从联合国难民署以外的联合国机构获得保护的人。(2) 被认为无须保护，指被居住地国家的主管当局认为具有附着于该国国籍权利和义务的人。(3) 被认为不得保护的人，指有重大理由足以认为其违反国际文件已做出的规定，犯有破坏和平罪、战争罪或危害人类罪的人；在以难民身份进入避难国之前曾在避难国以外犯有严重的非政治性罪行的人；曾有违反联合国宗旨和原则的行为并认为有罪的人。

**3. 难民的法律地位**

在难民的入境、居留和出境问题上，1951 年公约和 1967 年议定书的缔约国受到以下限制：

第一，对于未经许可而进入或逗留于缔约国领土但毫不迟延地自动向有关当局说明了正当理由的难民，该国不得因该难民非法入境或逗留的事实本身而对之加以惩罚；该国如决定不予接纳，应给此类难民以获得另一国入境许可所需要的合理期限及一切必要的便利；在此类难民于该国取得正常地位或获得另一国入境许可之前，该国不得对之加以不必要的限制。

---

① 刘国福．国际难民法．北京：世界知识出版社，2014：25.

第二，对于合法在缔约国境内的难民，该国除非基于国家安全或公共秩序的理由且根据法定程序做出的判决，不得将之驱逐出境；对于决定予以驱逐的难民该国应给他们一个合理的期限，以便其取得合法进入另一国家的许可。

第三，除非有正当理由认为难民足以危害其所在的缔约国的安全。或难民已被确定的判决认为犯过特别严重罪行从而构成对该国社会的危险，该国不得以任何方式将难民驱逐或送回至其生命或自由因为他的种族、宗教、国籍、参加某一社会团体或具有某种政治见解而受威胁的领土边界。这就是不推回原则，是难民保护的核心原则，也是难民地位最重要的内容。“主权国家有权拒绝外国人难民地位申请和驱逐难民出境，不意味着有权将难民推回至绝境。”① 不推回原则已成为公认的习惯国际法。

一个人经申请获准取得难民地位后，难民本人及其家庭成员在缔约国境内负有服从接受国管辖、遵守所在国的法律规章以及该国为维持公共秩序所采取的措施的一般义务，同时享受所在国赋予的权利和待遇，包括思想自由、迁徙自由、免受酷刑和虐待的自由的权利，以及各种经济、社会和文化的权利，包括医疗保障、受教育权和工作权。此外，难民地位并不是永久性的。难民可以通过自愿遣返、成为避难国永久居民或加入该国国籍、在第三国再次安置等方式来结束难民地位。

## 《 思考题 》

1. 个人是否是国际法主体？
2. 国家的基本权利有哪些？
3. 什么是国家主权豁免？
4. 难民问题的全球治理机制存在哪些局限？

## 《 阅读书目 》


1. 詹宁斯，瓦茨．奥本海国际法：第 9 版：第 1 卷：第 2 分册．王铁崖，陈公绰，汤宗舜，等译．北京：中国大百科全书出版社，1998.
2. 龚刃韧．国家豁免问题的比较研究．2 版．北京：北京大学出版社，2005.
3. 梁淑英．国际难民法．北京：知识产权出版社，2009.
4. 梁西．梁著国际组织法．6 版．武汉：武汉大学出版社，2011.


① 刘国福．国际难民法．北京：世界知识出版社，2014：109.

第四章

# 国际法上的领土及其他自然空间

随着人类认识自然、改造自然能力的增强，国际法原则、规则和制度已涉及所有自然空间。国际法将自然空间划分为不同区域，赋予不同的法律地位，并规范国家在不同自然空间领域的行为。

根据国家在不同空间行使权利的不同，自然空间可以划分为三类：第一类是在国家主权管辖和支配下的国家领土部分；第二类是国家享有一定非领土性质的主权权利和管辖权的空间部分，如毗连区、专属经济区和大陆架；第三类是不属于任何国家管辖和支配下的空间部分，包括国际海底区域、外层空间、南极地区等。

## 第一节　国家领土

“国家领土是指隶属于国家主权的地球表面的特定部分。”[①] 国家领土在国际法和国际关系上的意义在于：第一，领土是国家构成的要素之一。一个国家是不可能没有领土的，领土可大可小，但必须存在。第二，领土是国家行使主权的对象和范围。国家对其领土拥有完全的、排他的支配权和管辖权，禁止他国干涉和侵占，同时国家对其领土范围内的一切人和物及发生的事件享有最高权威。第三，领土主权是国家主权的重要内容和表现。尊重国家领土完整，就是尊重国家主权；破坏国家领土完整，就是侵犯国家主权。

---

① 詹宁斯，瓦茨．奥本海国际法：第9版：第1卷：第2分册．王铁崖，陈公绰，汤宗舜，等译．北京：中国大百科全书出版社，1998：3.

## 一、国家领土的构成

一般而言，国家领土由领陆、领水、领空和底土四个部分构成。

**1．领陆**

领陆是领土的最基本的组成部分，是指国家疆界以内的全部陆地，包括大陆（含飞地）和岛屿。任何国家不能没有领陆。领陆决定着领水、领空、底土的存在。领陆变动，其他部分也随之变动。如果一个国家是内陆国，其领陆全部由大陆陆地构成；如果一个国家是岛国或群岛国，则其领陆由全部岛屿或群岛构成；如果一个国家是大陆沿海国，则其领陆通常由大陆领土和一些岛屿构成。

一国的领土可以是连续的，即全部领土连成一片，也可以是分散的。完全与本国领土相分离而被其他一国或数国的陆地领土所包围的一国部分领土，被称为“飞地”。例如，西班牙位于法国境内的利维亚；德国位于瑞士境内的布辛根；与俄罗斯本土相分离的加里宁格勒州，被波罗的海、波兰、立陶宛所环绕。无论国家领土是连续的还是分散的，只要处于该国主权之下，都是该国的领土，而不问该土地的地理位置或自然状态。

**2．领水**

国家领土的水域部分，指位于陆地疆界以内或与陆地疆界邻接的一定宽度的水域，包括内水和领海两部分。

内水是指陆地领土内的水域以及领海基线向海岸一面的海域，包括河流、湖泊、运河、河口、港口、内海湾、内海峡以及领海基线以内海域等。内水与领陆的法律地位相同，完全受一国领土主权的支配。领海是领海基线以外一定宽度的海域，处于沿海国的领土主权之下。领海与内水的主要不同在于：领海内外国船舶享有无害通行权。

具体来说，陆地领土内的内水在国际法上分为以下不同的类别：

（1）河流一般分为内河、界河、多国河流和国际河流。

内河是完全流经一国境内的河流，完全处于国家主权管辖下。国家对内河的管理和使用享有完全的、排他的权利。除另有条约的规定外，任何外国船舶都没有在内河航行的权利。

界河是指分隔两个国家的河流。法律上，界河是分属沿岸国家的内水，其疆界线一般以界河的主航道中间线或河流的中间线为界。界河一般不对非沿岸国家开放。关于界河及其资源的利用、开发和保护，通过沿岸国之间的协商加以解决。

多国河流是流经两个以上国家的河流。沿岸国对流经本国境内的河段享有主权。沿岸国船舶均可在整条河流上航行。多国河流及其资源的利用、开发和保护，由沿岸国共同按照国际法进行协商。

国际河流也是流经两个以上国家的河流，与多国河流的区别在于：第一，船舶能够直接通航至海洋；第二，有专门的国际条约确立平时航行自由的原则。国际河流流经各沿岸国的河段属于各沿岸国的领土，各沿岸国对其拥有主权。1815 年维也纳和会宣布了不仅沿岸国而且一切国家的商船都可以在欧洲国际河流上自由航行的原则①。1921 年，国联主持缔结了《国际性可航水道制度公约及规约》，规定凡属流经缔约国领土并同海洋相连接的天然可航水道和适于通商的河流全部实行国际化。航行时，各国的国民、财产及船舶享有平等待遇。沿岸国对通过自己领土的河段行使管辖权，特别是关于警察、卫生、关税等事项。此后，国际河流制度成为一项普遍的法律制度。

（2）海洋运河。

运河是在一国领土内人工开凿的可航水道，其地位与内河相同，完全受该国主权的管辖。但在国际实践中，那些完全位于一国境内、两端连接海洋的运河构成国际交通要道，对国际航运具有重大价值，在国际法上具有重要意义。

苏伊士运河位于埃及境内，于 1869 年建成，连接地中海和红海。1888 年主要欧洲列强订立《君士坦丁堡公约》，确立了苏伊士运河对所有国家船舶开放的原则。运河长期由英法两国控制的国际苏伊士运河公司直接经营管理。1956 年 7 月，埃及政府发布关于国际苏伊士运河公司国有化的法令，恢复了对苏伊士运河的主权和经营管理权。

巴拿马运河连接大西洋和太平洋，1914 年开放使用。美国通过与新独立的巴拿马签订条约取得了运河区的永久租让权和航行管理权，运河及其入口保持永久中立并对一切国家的船舶开放。直到 2000 年后，巴拿马才取得单独管理和经营运河的权利。

（3）湖泊。

如果湖泊完全位于一国的领土之内，则被认为是该国领土的组成部分，由该国行使主权管辖。如果湖泊的沿岸属于两个以上的国家，除非另有协议安排，该湖泊属于所有沿岸国，通常以湖中心为界限，分别由各沿岸国管辖。

**3．领空**

领空是领陆和领水之上一定高度的空气空间。国家对领空具有完全的、排他的主权。由于空气空间与外层空间的界限仍是一个有争论的问题，领空的高度尚无明确规定。

**4．底土**

底土又称地下领土，指领陆和领水之下地层，包括其中的地下水、水床和资源，完全受国家主权的管辖。

## 二、领土的取得与变更方式

领土的重要性在于它是国家行使其最高的并且通常是排他的权威的空间，国家

---

① 詹宁斯，瓦茨．奥本海国际法：第 9 版：第 1 卷：第 2 分册．王铁崖，陈公绰，汤宗舜，等译．北京：中国大百科全书出版社，1998：9.

领土的取得“是指对领土的主权的取得”①。传统国际法领土取得的方式主要有五种：先占、时效、添附、割让和征服。

**1．先占**

先占又称占领，是指“国家将不在任何其他国家主权之下的领土有意识地归为自己领土的行为”②。先占必须具备两个条件：一是先占的客体是无主地；二是实行有效占领。

所谓“无主地”，可以是从来都不属于某个国家的土地，也可以是被其他国家抛弃而成为无主地的土地。所谓“有效占领”，是指国家必须将无主地置于其占有之下并实行某种行政管理，一是要有占领的事实，如悬挂国旗、建立定居点，也就是说国家必须要有取得该领土主权的意愿；二是要有行使主权的表现，如设立政府机构对该领土进行管理、驻扎军队等。实践中，国家占领的方式不尽相同，其有效性程度也不同。

当今世界已经没有所谓的“无主地”。但是，先占理论仍然在主权国家发生领土纠纷时，被用来证明国家原始取得无主地的合法性。

**2．时效**

时效是指一国长期、不间断和公开地占有、统治他国部分领土而取得该部分领土的主权。时效与先占的一个显著区别就是先占针对的是“无主地”，而时效针对的是另一国的领土，是“有主地”。两者的相同之处则在于要求国家必须对占领的领土实行“有效控制”。

“自从有国际法学以来，一直有人反对以时效作为一种取得领土的方式。”③ 尤其是第二次世界大战后，互相尊重主权和领土完整成为国际法基本原则，时效作为取得领土的方式在国际法上失去现实意义。

**3．添附**

添附是指通过自然原因或人为作用而形成新的土地，从而使国家领土增加，分为自然添附和人为添附。自然添附是由于自然界的力量而出现的领土，如河口因泥沙冲击而形成三角洲。自然添附被认为是取得领土的合法方式。人为添附是由于人类自身的力量而增加的领土，如围海造田。一般情况下，人为添附也是取得领土的合法方式。但如果一国在人为添附领土时损害了相邻国家的权利，则会引发争议。

**4．割让**

割让是指一国通过条约将其领土的一部分转移给另一国。割让以条约为基础，有强制性割让和非强制性割让两种。强制性割让往往是战争的结果，传统国际法承认其合法性。但现代国际法已经确立规则，即在武力逼迫下签订的条约无效，所以

---

① 詹宁斯，瓦茨．奥本海国际法：第9版：第1卷：第2分册．王铁崖，陈公绰，汤宗舜，等译．北京：中国大百科全书出版社，1998：70.

② 任虎．领土主权与国际法．北京：中国政法大学出版社，2018：16.

③ 同①87.

强迫性割让作为领土取得的方式已经被摒弃。而非强制性割让是有关国家在平等自愿基础上和平谈判的结果，如赠予领土、买卖领土、交换领土等，仍然是现代国际法中的合法方式。

5. 征服

征服是指战争结束后，征服国将被征服国的领土全部或部分加以兼并的行为。根据现代国际法规则，用武力兼并他国领土是侵略行为，征服不能成为取得领土的合法方式，但在传统国际法中，征服被视为一种有效的领土取得方式。

在殖民扩张时期，先占、时效、割让、征服被用于为帝国主义辩护。国际法"转化成一种工具，并产生了一系列各种各样有时相互矛盾的结果"①。第二次世界大战后，违背现代国际法基本原则的领土取得和变更方式被摒弃，国际关系中出现了新的领土取得和变更方式，主要有收复失地、民族自决、全民公决等。

收复失地针对的是历史上被帝国主义征服或强制性割让的领土，分为和平方式和武力方式。和平方式是通过谈判签订条约完成收复，武力方式则是通过武力收复被殖民国家夺去的领土。虽然现代国际法禁止使用武力或武力威胁，但1961年印度以武力收复果阿的行动，表明国际社会并不认为武力收复失地违反国际法。

民族自决是现代国际法的基本原则。根据这一原则，一切处于外国殖民统治、外国占领和外国奴役下的民族，有权争取民族解放获得独立，既可以采取和平的方式，也可以通过武装斗争来实现。在第二次世界大战结束后的非殖民化浪潮中，民族自决成为领土取得和变更的常见方式。

全民公决又称公民投票，是指由当地居民以投票方式决定有关领土的归属。作为实现自决权的一种方式，全民公决的合法性取决于人民的意志能否得到自由表达。具体而言，全民公决应具备参与的普遍性和广泛性，应由一个国家或有关地区公民的普遍参与，而不是部分甚至是少数公民参与；全民公决应有合法正当的理由，以和平方式举行，不应有任何外部力量介入干涉；应由联合国监督投票，以公开、公正和透明的方式进行。近年来，国际关系实践中不符合上述条件的全民公决，往往会在法律和政治上引发争议。

## 三、领土主权及其限制

领土主权是国家对其领土范围内的人和物所行使的最高的和排他的权力，主要包括领土管辖权、领土所有权、领土完整不可侵犯。

领土主权并不是绝对的。根据国际法的原则和规则，国家在行使领土主权时受到两种限制。第一种是一般性限制，如领海的无害通过权、领土的利用不得损害邻国利益等；第二种是特殊限制，即根据国际条约对特定国家的领土主权所做的限制，包括共管、租借、势力范围、国际地役等形式。

---

① 法斯本德，彼得斯．牛津国际法史手册：下册．李明倩，刘俊，王伟臣，译．上海：上海三联书店，2020：828.

**1．共管**

共管是指两个或两个以上的国家对某一特定领土共同行使主权。例如：1899—1956 年英国和埃及对苏丹的共管，1887—1980 年英国和法国对新赫布里底群岛（今为瓦努阿图共和国）的共管等。共管有时可以适用于河流、海湾等，如 1973 年巴西和巴拉圭有关使用巴拉那河的条约规定，巴拉那河的水资源以共管形式为两国所拥有。

**2．租借**

租借是指一国根据条约将其部分领土租借给另一国。租借所转让的不是领土主权，而是使用权和管辖权。租借领土只有以平等自愿为前提才是合法的。19 世纪末，清朝政府曾在帝国主义列强的胁迫和武力威胁下通过一系列不平等条约，将胶州湾租给德国、旅顺和大连租给俄国、广州湾租给法国、威海卫和九龙租借给英国。上述租借地，中国已全部收回。1903 年古巴关塔那摩被租借给美国，虽然古巴仍然拥有主权，但美国至今在该区域行使管辖权。

**3．势力范围**

势力范围“是指专门保留由已经有效占领了邻近土地的国家将来加以占领的那些土地”①。19 世纪末，英、德、法、葡、意等欧洲列强为了避免冲突，保障各自在非洲殖民地的利益，利用订立国际条约的形式来确定各自的势力范围。这类条约规定，凡缔约国互相承认各所占有的地理上的范围，各国在其势力范围内有取得殖民地或设立保护地的完全权利，他方缔约国不得加以侵害。19 世纪末，帝国主义列强也通过不平等条约在中国领土上划分了势力范围。这种违反国家主权原则的做法早已为国际社会所摒弃。

**4．国际地役**

国际地役又称国家地役，是指一国根据条约使该国领土的一部分或全部在一定范围内为另一国家的某种目的或利益服务。国际地役是国家属地权利受到的特殊限制，其产生的必要条件是国家自愿提供役地。国际地役的主体只能是国家，客体是受限制的国家领土的全部或部分，可以是陆地，也可以是河流、海域、领空等。凡对于一国领土主权的某种特殊限制但不涉及该国领土供他国使用的，都不属于国际地役的范畴。

国际地役分为积极地役和消极地役两种。前者是指一国有权在另一国领土内从事某种行为，如筑路、设立税关、军队过境或驻扎、捕鱼等；后者是指一个国家要求另一个国家不得在其领土内从事某种行为，如要求某一邻国在双方边界地区的某些城镇不设防，或要求某一国家不得允许外国军舰在其某一港口内停泊等。积极地役的要素是“容忍”，而消极地役的要素是“不作为”。在国际实践中，国际法所确立的内陆国的过境权也属于国际地役的范畴。根据 1982 年《联合国海洋法公约》

---

① 詹宁斯，瓦茨．奥本海国际法：第 9 版：第 1 卷：第 2 分册．王铁崖，陈公绰，汤宗舜，等译．北京：中国大百科全书出版社，1998：77.

的规定，内陆国有出入海洋的权利和过境自由。

## 四、边界和边境制度

边界又称国界，是划分国家领土范围的界线。边境是国家边界线两边的一定区域。边界划分和边境制度是国际关系中重要的法律问题，对于维护国家领土主权，促进边境地区居民的经济社会交往具有重要意义。

**1．边界的形成与划分**

边界的作用在于确定国家领土的范围或国家管辖的范围。根据边界不同的地理位置，可分为陆地边界、海上边界、空中边界以及地下边界等。陆地边界是基础，其他边界最终都取决于陆地边界的位置。

根据国际实践，边界的确立有两种情况：一种是在历史上逐渐形成的传统习惯线；另一种是有关国家依条约划定的条约边界线。绝大多数情况下，传统习惯线会通过签订边界条约加以确认，使国家边界更具稳定性，减少边界争端。

签订边界条约通常包括三个步骤：（1）定界，有关国家经过边界谈判，将双方达成一致意见的边界主要位置和基本走向载入边界条约。该条约也被称为母约，内容包括对边界线的明确具体的描述，有时附有标出边界线的地图；（2）标界，双方代表组成边界委员会进行实地勘察，根据母约实地划界并竖立界标；（3）制订标界文件，包括边界地图、议定书、证书等。这些文件被称为子约，经双方核准，边界正式划定。子约与母约一起构成完整的文件。

具体的边界划分有三种方法：自然划界法、几何学划界法和天文学划界法。

第一，自然划界法，是利用天然地形，如河流、湖泊、山脉、沙漠和森林等为界，从而划定边界线的方法。采用自然划界法形成的边界线，被称为自然边界或地形边界。国家在适用自然划界法的过程中，形成了一些习惯法规则：（1）以山脉为界时以分水岭为准；（2）以河流为界时，通航河流以主航道中心线为界，不通航河流以中间线为界；（3）界河上的桥梁以桥中间为界；（4）湖泊以中间为界。

第二，几何学划界法，是指以两个固定点之间的直线作为国家边界线的方法。采用几何学划界法而形成的边界，被称为几何学边界。

第三，天文学划界法，是指以一定经纬度来确定国家边界的方法。采用天文学划界法而形成的边界，被称为天文学边界。

几何学划界法和天文学划界法多用于海上或人口稀少的地区。自然边界是有形边界，几何学边界、天文学边界、海上边界、空中边界和地下边界都属于无形边界。

**2．边界争端**

边界直接关系到国家的领土、主权范围和自然资源的利用与开发，涉及相邻国家之间的历史、地理、人口和经济发展水平，因此，边界问题一直是国际关系中的热点问题。第二次世界大战后，世界上仍有相当多的国家存在着与邻国的边界问题。当双方因政治、经济、军事、外交等因素关系恶化时，边界争端就是引发局部战争与冲突的导火索。

和平解决边界争端是国际法和国际关系中的重要课题，分为政治解决方法和法律解决方法两种。政治解决是指通过谈判签订边界条约。由于边界争端大多是历史遗留问题，当事方内部的民族尊严、国民情绪牵扯其中，导致各执一词，达成妥协的难度大，往往需要长时间的努力。例如，1998 年 10 月，秘鲁和厄瓜多尔在国际社会的协调下，签署了象征两国永久和平的《巴西利亚总统条约》，结束了两国之间长达一个多世纪的边界冲突，这不仅有利于两国发展睦邻友好关系，而且有利于拉美地区的和平与稳定。法律解决是指将边界争端交由国际仲裁或国际法院司法解决。在当事方自愿的前提下，常设仲裁法院或国际法院介入国家边界的划分过程，通过法律程序解决边界争端，做出有拘束力的裁决。例如 1960 年洪都拉斯诉尼加拉瓜边界争端案、1962 年泰国与柬埔寨之间的柏威夏寺案、1999 年纳米比亚与博茨瓦纳界河争端案等。

中国的陆地边界线长 22 000 多千米，海岸线长 18 000 多千米。同中国接壤的陆上邻国 14 个：朝鲜、俄罗斯、蒙古、哈萨克斯坦、吉尔吉斯斯坦、塔吉克斯坦、阿富汗、印度、巴基斯坦、尼泊尔、不丹、缅甸、老挝和越南。海上与中国相邻或相向的国家有 8 个：朝鲜、韩国、日本、菲律宾、马来西亚、文莱、印度尼西亚和越南。

历史上，西方殖民者以中国邻国为跳板对中国进行侵略和渗透，留下了许多棘手的边界问题。新中国成立后，一贯主张本着友好协商精神与邻国谈判解决边界问题。到目前为止，除印度和不丹外，中国与其他邻国的陆上边界问题全部解决。海洋方面，中国在 20 世纪 90 年代先后颁布《中华人民共和国领海及毗连区法》《中华人民共和国政府关于中华人民共和国领海基线的声明》《中华人民共和国专属经济区和大陆架法》等重要法律文件，确立了中国的领海、毗连区、专属经济区、大陆架制度，体现了中国在海洋划界问题上的原则立场。

**3. 边境制度**

“边境制度是指国家为了边境的安全、边界线的维护、边境居民生活的便利以及交通和经济的利益等，通过双边条约和国内立法的方式而确立的法律制度。”① 边境制度主要有两个方面的来源：一是相邻国家之间签订的双边协定，内容主要是边界和界标的维护、界河的利用、过境来往制度、自然资源的利用与保护等；二是国家的国内法律和政策，如警戒巡逻制度、海关与卫生检查制度、人员和货物的出入境制度等。

（1）界标的维护。

界标是国家主权的象征，侵犯一国的界标是侵犯国家主权和领土完整的严重的国际不法行为。相邻国家对界标的维护负有共同责任，应使界标的位置、形状、型号和颜色符合边界文件中规定的要求。陆地界标和边界线应保持在易于辨认的状

---

① 《国际公法学》编写组．国际公法学．2 版．北京：高等教育出版社，2018：239.

态，双方都应采取必要措施防止界标被移动或损坏。若一方发现界标出现上述情况，应尽快通知另一方，在双方代表在场的情况下修复或重建，国家有责任对移动、损坏界标的行为给予严厉惩罚。

（2）界河与边境土地的利用。

界河河水的利用不得损害邻国的利益，不得污染河水。在界河上，双方船舶均可在主航道上自由航行，沿岸国有权在分界线的一方水域内捕鱼，但对界河生物资源的养护负有共同责任。对于因界河自然改道而引起的界线变化及岛屿归属问题，一般通过协议解决。

边境陆地领土的利用不得危及邻国的安全。例如，双方均不得在边境的一定范围内设置靶场或武器试验场，彼此不得污染邻国边境的空气和环境。

（3）边民的往来。

边境地区的两国居民，一般在历史、宗教、习惯、生活等方面会存在比较密切的联系。相邻国家一般都在从事探亲访友、朝圣、就医或小额贸易活动等方面给予双方边民一些特殊的方便。这些事项大都通过一国有关的法规以及双方的协议具体规定。

（4）边境争端的处置。

相邻国家通常通过协议，设立边界委员会或其他机构，处理上述边境和边民有关的问题，如偷渡、违章越界、损害界标等事项。特别严重的争端则通过外交途径解决。

## 第二节　两极地区

两极地区是指南极地区和北极地区。两极地区是地球上最寒冷的地区，都被大量冰层包围，当前都面临全球变暖带来的威胁，但两者有很多不同之处。南极地区主要由大陆构成，称为南极洲，约 1 400 万平方千米；北极地区主要由北冰洋及周围陆地海岸带、岛屿等构成，以北极圈为界，北极地区总面积为 2 100 万平方千米。南极地区没有永久居住点，除了科考人员基本无常住人口；北极地区有土著的定居点。南极的矿物资源仍隐藏在冰雪之下；北极的自然资源，如石油、天然气已经为沿岸各国大规模开发。南极是非军事化地区，北极则是军事化地区。

### 一、南极及其法律体系

法律上的南极地区是指南纬 60 度以南的地区，包括南极洲大陆及其沿海岛屿和海域。南极洲在 18 世纪被发现后，随着对南极的探险和考察，一些国家先后对其某些部分提出领土主张。1908 年，英国首次以扇形理论对南极提出主权要求。随后，新西兰、澳大利亚、法国、挪威、智利和阿根廷等国也对南极提出领土要求。这些领土要求大都是扇形的，即以南极的某一区域到南极点的扇形地区被宣布为国家领地。也有依据先占原则、相邻原则、行政管理等提出要求的。

上述主权要求的依据不尽相同，未能得到国际社会绝大多数成员的认可。有些国家的领土要求相互重叠，争议很大。为妥善解决各国的权利要求并促进南极科学考察的国际活动，1959 年 12 月 1 日，当时进行南极活动的英、美、日、法等 12 国在华盛顿签署了《南极条约》。该条约于 1961 年生效，建立了适用于南极地区的国际法律制度。《南极条约》“旨在确保南极专为和平目的而使用，以及按照国际地球物理年期间的实践，在南极科学研究自由的基础上继续和发展国际合作”①，包括序言、14 项条款和最后议定书，其主要内容有：

第一，南极只能用于和平目的，实行南极的非军事化和无核化。第二，各国在南极享有科学调查的自由，并为此目的而进行国际合作。第三，冻结对南极的领土要求。在《南极条约》有效期间内，在南极不得提出新的领土主权要求或扩大现有的要求。第四，缔约各方有权指派观察员在任何时间进入南极任何地区进行视察。第五，建立缔约国协商会议制度。该会议最初每两年举行一次，1993 年后每年举行一次。协商会议是议定南极条约体系内法律文件的场所，是整个南极条约体系不断发展和完善的关键。

截至 2014 年底，《南极条约》共有 50 个成员国，包括 28 个协商国和 22 个非协商国。协商国包括 12 个起草国及 16 个在南极开展实质性科学考察活动的国家，有权表决和通过决议，而非协商国只能列席会议，不能参与表决。

2001 年 7 月，在俄罗斯圣彼得堡举行的第 24 届协商会议决定，《南极条约》常务秘书处总部设于阿根廷首都布宜诺斯艾利斯，其工作任务主要有：组织召开一年一度的协商会议及环境保护委员会会议，促进各成员国的信息交流，收集、存档、安排和出版南极条约协商会议档案文件，向公众提供和宣传关于南极条约及南极相关活动的信息。2006 年 8 月，在英国爱丁堡举行的第 29 届协商会议通过了《关于国际极地年的爱丁堡宣言》，号召协商国全面支持国际极地年科研活动并开展广泛国际合作。

为保护南极环境和资源，《南极条约》缔约国还陆续签署和制定了与《南极条约》有关的条约或文件，主要包括：1964 年《保护南极动植物议定措施》、1972 年《南极海豹保护公约》、1980 年《南极海洋生物资源保护公约》、1988 年《南极矿物资源活动管理公约》以及 1991 年《关于环境保护的南极条约议定书》。这样，以《南极条约》为核心的南极条约体系逐渐形成。其中，1991 年的《关于环境保护的南极条约议定书》又称《马德里议定书》，包含 6 个附件，涵盖对南极环境及相关生态系统的全面保护。根据议定书，南极被指定为自然保护区，并设立环境保护委员会。在南极地区进行任何活动之前，都必须履行环境影响评估程序，并对南极动植物的保护、废料处理和管理、防止海洋污染、维护南极生态系统、南极特殊保护

① 布朗利．国际公法原理．曾令良，余敏友，译．北京：法律出版社，2007：230.

地、突发环境事件处置等做了专门具体的规定。

中国于20世纪80年代开展南极活动。1983年中国加入《南极条约》。1984年，中国首次派出南极科考队。此后，中国每年派遣科学考察人员到南极。1985年，中国成为《南极条约》协商国，并在南极建立了第一个常年科考站——长城站。1989年，中国建立中山站。2009年中国建立南极内陆考察站——昆仑站，实现了从南极大陆边缘向腹地挺进的跨越。2014年，中国建立第四个常年科考站——泰山站。2018年，第五个科考站——罗斯海新站正式选址奠基。

## 二、北极及其争议问题

北极地区是指以北极点和北冰洋为中心，北极圈（约北纬66度34分）以北的区域，除了少数岛屿，绝大部分是冰封的海洋。1909年，美国海军少将皮里在北极升起美国国旗，所以北极地区是否可能成为占领的客体这一问题曾经引起讨论[①]。事实上，北极地区不是陆地，而是冰封的海洋，而且冰块不是固定的，会随着海流从白令海峡向大西洋方向缓慢移动。因此，北极地区不适宜占领。目前，在北极圈内拥有领土的国家有8个：美国、俄罗斯、加拿大、丹麦（格陵兰）、挪威、冰岛、瑞典和芬兰，它们被称为北极国家。其中，美国、俄罗斯、加拿大、丹麦（格陵兰）和挪威拥有直接面向北冰洋主体区域的海岸线，被视为北极国家中的核心国家，在北极问题上拥有更大的话语权[②]。

对北极地区终年冰封的海域，北极国家就其法律属性和归属曾有过不同主张。加拿大和苏联先后在1907年和1926年依据"扇形原则"[③]提出对北冰洋海域的主权要求，但在理论和实践上都遭到国际社会的反对，"没有被普遍接受为领土权利的坚实基础"[④]。《联合国海洋法公约》生效后，有关领海、专属经济区、大陆架的制度成为北极国家争夺北极地区权利的依据，其中，北极大陆架划分问题成为焦点。

尽管北极国家之间的划界问题已经通过签订双边协议、提交国际法庭等方式基本得到解决，但到目前为止，北极地区的法律地位并没有普遍接受的国际法来加以确定。1973年，加拿大、丹麦、挪威、美国和苏联签订了《保护北极熊协定》。1990年，北极地区国家成立了国际北极科学委员会，规定各国在北极的科学研究行为规范和环保责任。1991年，北极国家首脑会议发表《保护北极环境宣言》并制定《北极环境保护战略》。

---

① 詹宁斯，瓦茨．奥本海国际法：第9版：第1卷：第2分册．王铁崖，陈公绰，汤宗舜，等译．北京：中国大百科全书出版社，1998：77.

② 章成．北极大陆架划界的国际法问题研究．武汉：武汉大学出版社，2020：30.

③ 扇形原则是指面向北极的陆地领土的东西两端的两条经度线，向北一直延伸到其交会于北极点的扇形区域内的一切土地应属于邻接这些土地的国家。

④ 同①78.

1996年9月，北极国家在加拿大渥太华成立北极理事会，其宗旨是保护北极地区的环境，促进该地区在经济、社会和福利方面的持续发展。2011年5月，北极理事会外长会议通过了《北极海空搜救合作协定》，这是该机构成立以来的第一份具有法律约束力的文件。会议还决定在挪威设立北极理事会常设秘书处。2013年，北极理事会制定了《北极海洋油污预防与反应合作协定》。

近年来，随着气候变暖和海冰融化速度的加快，北极国家围绕北极资源及北极航道的争夺愈演愈烈。北极地区有丰富的石油、天然气和矿产资源，气候变暖使得能源和矿产的可开采程度大大提升。北极国家纷纷加强在北极地区的力量，谋求地缘竞争优势。英国、法国、德国、日本等非北极国家也加入对北极的争夺中，长期在北极活动。同时，气候变暖带来的夏季无冰期延长，使得连接大西洋和太平洋的北极航道成为可能。北极航道由大部分航段位于俄罗斯沿岸的东北航道、地处加拿大群岛水域的西北航道以及位于北冰洋中心的北极点航道构成。东北航道和西北航道事实上处于俄罗斯和加拿大的控制之下，但美国、欧盟、日本等坚持北极航道属于用于国际航行的海峡和公海海域，各国有权不经批准自由航行。在此背景下，加快构建北极地区的国际法制度已成为国际社会亟待解决的课题。

中国不是北极国家，不谋求在北极地区的领土。1996年，中国正式加入国际北极科学委员会。1999年，中国首次开展北冰洋科学考察，到2021年共进行了12次科考活动。2004年7月，中国在北极建立了第一个科学考察站——黄河站。2013年，中国成为北极理事会的正式观察员。极地是影响世界可持续发展和人类未来的新疆域，是大国竞争的重要领域。积极参与北极地区的政治与法律事务，既是中国经济社会发展的需要，也是中国作为发展中大国对北极地区治理的贡献。

## 第三节 海 洋

海洋是海和洋的总称，是地球表面被海水覆盖的部分，其面积约占地球表面总面积的71%。海是洋的边缘，洋是海的主体。海洋对于人类发展具有极其重要的价值。海洋不仅是重要的交通要道，而且蕴藏丰富的生物资源和矿物资源，因而成为国家间战略竞争和军事部署的重要场所。历史上的世界强国无一不是海洋大国。21世纪以来，海洋的经济和战略地位不断提升。中国在党的十八大以后，将“提高海洋资源开发能力，坚决维护国家海洋权益，建设海洋强国”的目标纳入国家大战略，推动海洋法在对外关系中的影响日益突出。

### 一、海洋法的发展

海洋法“是指各种海域的法律地位和在各种海域中从事航行、资源开发和利用、海洋研究和环境保护等活动的原则、规则和规章制度的总称”①。《联合国海洋法公约》是现代海洋法体系的基石。

海洋法的发展有着悠久的历史。远在古罗马时期，海洋就被认为是和空气一样的“共有之物”。随着罗马帝国势力的扩张，开始出现罗马统治者对海域拥有控制权的主张。到了中世纪，欧洲君主开始宣称对其控制下的海域拥有所谓的“领有权”。尤其是15、16世纪的地理大发现，更加剧了各国之间对海洋的争夺。威尼斯共和国被认为是亚得里亚海的主权者。热那亚共和国被认为是利古里亚海的主权者。1493年，罗马教皇发布两道谕旨，指定大西洋上的一条子午线作为葡萄牙和西班牙两国在海洋行使控制权的分界线，它们各自在界线两侧的特别区内享有商业垄断权。瑞典和丹麦主张对波罗的海的主权，而英国主张对北海以及自北角至菲尼斯特雷角的大西洋的主权②。这表明，海洋为“共有物”的时代已被海洋分割所取代。这一时期，由于航海商业的发展，出现了以商人习惯、海事法院所做判决为基础而编纂的法典，如奥里朗法典、威斯比海上法等。

17世纪后，荷兰崛起，成为新兴海洋大国。为打破葡萄牙和西班牙对海洋的垄断，格劳秀斯1609年发表了著名的《海洋自由论》，主张海洋应当是自由的，不能成为任何国家的占有物。这一主张遭到海洋既得利益大国的反对。英国学者塞尔登1635年出版《闭海论》一书，认为海洋并非全部共有，应为国家使用，英国君主有权占有英国周围的海洋。1702年，荷兰学者宾刻舒克发表了《海洋主权论》一书，将海洋分为领海和公海。领海在沿海国主权控制之下，公海不属于任何国家。宾刻舒克还提出领海宽度以大炮的射程为限，当时的大炮射程一般不超过3海里，领海宽度为3海里的观念被普遍接受。这就是著名的“大炮射程说”。此后，海洋自由被公海自由取代。公海自由制度和领海制度分别得以发展。

对海洋法进行编纂的最初尝试，是1930年在国联的主持下于荷兰海牙召开的国际法编纂会议。47个国家与会，在审议领海、毗连区、历史性海湾等问题时发生了激烈的争论，并未取得实质性成果。

第二次世界大战后，海洋法编纂取得了突破性进展。随着时代发展与科技进步，许多国家陆续提出一些针对海洋区域的新要求，海洋法亟须补充和完善。这些内容集中地反映在联合国主持下召开的三次海洋法会议上。第一次联合国海洋法会议于1958年2月24日至4月27日在日内瓦举行，有86个国家参加，通过了四个公约，即《领海及毗连区公约》、《公海公约》、《捕鱼及养护公海生物资源公约》和《大陆架公约》。第二次联合国海洋法会议于1960年3月17日至4月26日在日内瓦举行，参加国88个。由于各方意见分歧太大而没有达成任何协议。

20世纪60年代后，随着海洋科技的发展和发展中国家的崛起，海洋法所面临

① 《国际公法学》编写组．国际公法学．2版．北京：高等教育出版社，2018：246.

② 詹宁斯，瓦茨．奥本海国际法：第9版：第1卷：第2分册．王铁崖，陈公绰，汤宗舜，等译．北京：中国大百科全书出版社，1998：153.

的问题与日俱增。1967 年，联合国大会决定成立国家管辖范围以外海床、洋底和平利用特设委员会。1968 年，联合国大会将特设委员会改为和平利用国家管辖范围以外海床洋底委员会，简称海底委员会。1970 年 12 月 17 日，第二十五届联合国大会通过《关于各国管辖范围以外海洋床底与下层土壤之原则宣言》，郑重宣布该区域及其资源“为人类的共同继承财产”，并决定召开新的海洋法会议以制定一项新的全面性的海洋法公约。

第三次联合国海洋法会议于 1973 年 12 月 3 日在纽约开幕，历时 9 年，共召开 11 期 16 次会议，167 个国家的代表以及近 50 多个国际组织的代表出席了会议。1982 年 4 月 30 日，会议以 130 票赞成、4 票反对（美国、土耳其、委内瑞拉、以色列）、17 票弃权（英国、苏联、意大利等），通过了《联合国海洋法公约》。1982 年 12 月 6—10 日在牙买加蒙特哥湾举行的最后会议上，包括中国在内的 117 个国家的代表在公约上签字。该公约于 1994 年 11 月 16 日正式生效。

《联合国海洋法公约》正文由 1 个序言和 17 个部分组成，共计 320 条，另有 9 个附件和包括 4 项决议书在内的会议最后文件，还包括《关于执行 1982 年 12 月 10 日〈联合国海洋法公约〉第 11 部分的协定》。公约规定了各种海域的法律地位以及国家在各种海域的开发和利用活动所应遵守的规则和制度，确认了已有的海洋法的规章和制度，也发展了新的原则和规则。这一公约兼顾了发展中国家与发达国家、沿海国与内陆国的利益和要求，是现代海洋法形成的标志和里程碑，也是第一部最系统、最全面的国际海洋法典。到 2021 年，签署并批准公约的国家共 160 个。

## 二、海洋区划及不同海域的法律制度

基线是一国陆地或内水与领海的分割线，也是海洋法测算其不同海域宽度的起算线。基线有正常基线、直线基线和群岛基线。

正常基线是指海岸的低潮线，即海水退潮时退到离岸最远的那条线。

直线基线是选取海岸或近海岛屿的最外缘的若干适当基点，用直线连接而成的折线作为基线。在那些海岸非常曲折或沿岸遍布岛屿的情况下，一般采用直线基线。在划定直线基线时，不应在明显的程度上偏离海岸的一般方向，而且基线内的海域必须充分接近陆地领土，使其受内水制度的支配；同时，一国不得采用直线基线制度，致使另一国的领海同公海或专属经济区隔断。

群岛国连接群岛最外缘和各干礁的最外缘各点构成直线群岛基线。群岛基线的确定需要满足以下条件：（1）直线应包括主要岛屿和一个区域，在此区域内，水域面积和陆地面积的比例应在 1∶1 到 9∶1 之间；（2）此种基线长度不得超过 100 海里，但围绕任何群岛的基线总数中至多 3%可超过该长度，最长以 125 海里为限；（3）此种基线的划定不应在任何明显程度上偏离群岛的一般轮廓。

以基线为起点，海洋可以划分为法律地位不同的八大区域：内水、领海、毗连区、专属经济区、大陆架、用于国际航行的海峡及群岛水域、公海和国际海底区域。

1．内水

基线的划分直接关系到沿海国内水范围的大小。海洋法上的内水，是一国基线以内的海域，包括内陆海、内海湾、港口、河口湾、内海峡和其他位于海岸与领海基线之间的海域。内水是国家领土不可分割的组成部分。国家在内水行使完全的、排他的主权。所有外国的船舶未经许可不得在一国的内水航行。

根据《联合国海洋法公约》，如果沿海国采用直接基线法，使原为领海的靠海岸部分的海域成为内水，那么外国船舶在这部分海域仍享有无害通过权。

2．领海

沿海国的主权及于其陆地领土及其内水以外邻接的一定宽度的海域，在群岛国的情形下则及于群岛水域以外邻接的一定宽度的海域，称为领海。国家对领海的主权及于其上空、海床和底土，以及领海的自然产物有排他性的权利，包括渔业、海床底土的自然资源等。但是，“领海的主权与对内水的主权不同，是受所有国家的商船均享有无害通过和通行的某些权利的限制”①。领海的宽度在历史上曾经有不同的学说。目前世界上绝大多数国家接受 12 海里的领海宽度。

无害通过权是指外国船舶在不妨碍沿海国的和平、良好秩序或安全的条件下无须实现经过准许而通过其领海的权利。“无害通过是领海中的一项重要制度，是领土主权和领海主权根本区别的关键所在。”② 这种通过必须继续不断地迅速进行，不能停靠，不能抛锚。潜水艇或其他潜水器在通过时必须在海面上航行并展示其旗帜。外国军舰在领海是否享有无害通过权的问题，一直存在争议③。中国要求外国军舰通过领海必须事先得到批准。

3．毗连区

毗连区是邻接领海并由沿海国对某些事项行使必要管制的一定宽度的海域，其宽度从领海基线算起，不得超过 24 海里。

毗连区不是领海，也不是公海的一部分。沿海国在毗连区内可对如下事项行使必要的管制：（1）防止在其领土或领海内违反其海关、财政、移民或卫生的法律和规章。（2）惩治在其领土或领海内违反上述法律和规章的行为。在沿海国宣布专属经济区的情况下，毗连区是专属经济区的一部分。“沿海国在其毗连区的权利和管辖与在专属经济区的权利和管辖大体相同，只不过是沿海国在毗连区内侧重于安全方面的考虑，而在专属经济区内则侧重于经济上的考虑。”④

4．专属经济区

专属经济区是《联合国海洋法公约》确立的一项新的海洋法制度，是指领海以

---

① 詹宁斯，瓦茨．奥本海国际法：第 9 版：第 1 卷：第 2 分册．王铁崖，陈公绰，汤宗舜，等译．北京：中国大百科全书出版社，1998：23.

② 《国际公法学》编写组．国际公法学．2 版．北京：高等教育出版社，2018：250.

③ 同①35.

④ 同②253.

外并邻接领海的一个实行特定法律制度的国家管辖海域，其宽度从测算领海宽度的基线量算起，不超过 200 海里。

专属经济区不是公海，不对一切国家开放，也不是领海，不是沿海国的领土组成部分。沿海国只是行使一定的管辖权，因此它是自成一体的海域。历史上海洋大国一直掠夺中小国家沿岸的海洋资源。专属经济区制度的形成，可以说是发展中国家为保护自己的海洋资源与海洋大国进行斗争的结果。

专属经济区的名称和概念是非洲国家首先提出来的。1972 年 6 月，阿尔及利亚等 17 个非洲国家在喀麦隆首都雅温得举行关于海洋法的讨论会，提出的“经济区”概念得到与会各国的支持。同年 8 月，肯尼亚向联合国海底委员会提交关于专属经济区概念的条款草案，并规定 200 海里为专属经济区的最大宽度。1973 年 7 月，非洲 14 国的海底委员会又联合提出“专属经济区条款草案”。1974 年在联合国第三次海洋法会议上，200 海里专属经济区得到广大发展中国家的支持。1982 年《联合国海洋法公约》第五部分对专属经济区制度做出了详细的规定。

沿海国在专属经济区内享有以下权利：（1）以勘探与开发、养护与管理海床和底土及其上覆水域的自然资源（不论为生物或非生物资源）为目的的主权权利；（2）对专属经济区内的人工岛屿、设施和结构的建造及使用、海洋科学研究、海洋环境的保护和保全等方面的管辖权。“‘主权权利’与作为全面的排他性权限的‘主权’不同，‘主权权利’只对特定事项享有有限的权利。”① 沿海国在专属经济区内行使上述权利时，应同时履行公约规定的义务，适当兼顾其他国家在专属经济区内的权利和义务。《联合国海洋法公约》第 58 条规定：在专属经济区内，所有国家，不论为沿海国或内陆国，在本公约有关规定的限制下，享有第 87 条所指的航行与飞越自由，铺设海底电缆和管道的自由，以及与这些自由有关的海洋其他国际合法用途。

**5．大陆架**

大陆架通常指从海岸向海自然延伸到大陆坡为止的一段坡度比较平坦的海底区域。从这里再向外倾斜，坡度急转直下，水深可达 3000 米左右的区域称为大陆坡。《联合国海洋法公约》给大陆架的外部界限确定了两个标准，即 200 海里距离和自然延伸。在从基线起到大陆边外缘的距离不足 200 海里时，则扩展到 200 海里；在陆地领土自然延伸到大陆边外缘的距离超过 200 海里时，则不应超过从基线量起 350 海里，或不应超过连接 2500 米等深线 100 海里。

大陆架有丰富的生物资源和矿物资源。沿海国为勘探大陆架和开发其自然资源，对大陆架享有主权权利。这种权利是专属的，如果沿海国自己不勘探开发，任何人未经沿海国明示同意，不得从事这种活动。而且，这种权利是沿海国所固有的，它并不取决于有效或象征的占领或任何明文公告。这些主权权利主要包括：

---

① 加藤信行，植木俊哉，森田幸一，等．图解国际法．张诗雨，译．北京：社会科学文献出版社，2021：121.

(1) 勘探、开发自然资源的权利，自然资源包括海床和底土的矿物和其他非生物资源，以及属于定居种的生物；(2) 授权和管理为一切目的在大陆架上进行钻探活动的专属权利；(3) 有建造并授权和管理建造、操作和使用人工岛屿、设施和结构的专属权利，并对它们拥有专属管辖权。沿海国开发200海里以外的大陆架上的非生物资源，应向国际海底管理局缴付实物或费用，由各缔约国公平分享。

大陆架和专属经济区在200海里以内是一个重叠区域，沿海国的权利也有所重叠。两者虽然有密切的联系，但又有很大不同。首先，权利的依据不同。沿海国对大陆架的权利是固有的，是根据事实而存在的；而对专属经济区的权利并不是根据事实而存在的，它必须经过宣告。现在世界上大多数沿海国都主张了专属经济区。其次，两者的范围不同。200海里是专属经济区的最大宽度，但却是大陆架的最小宽度。因此，在200海里专属经济区外，沿海国仍可能有大陆架。最后，沿海国在这两个区域的权利范围不同。沿海国对专属经济区的主权权利包括该区域内的所有资源，包括生物资源和非生物资源；而对大陆架的主权权利仅限于海床和底土的矿物和其他非生物资源，以及属于定居种的生物。因此，专属经济区制度和大陆架制度是各自独立但又密切联系的。

**6. 用于国际航行的海峡及群岛水域**

海峡是连接两个较大水域、自然的狭长水道或通道。世界上有几千个海峡，根据其水域地位，一般可以划分为内海峡、领海海峡和非领海海峡。

用于国际航行的海峡连接两端都是公海或专属经济区，构成国际航行的重要通道，被称为国际海峡。随着领海宽度的扩大，导致许多历史上重要的国际海峡成为沿岸国领海海峡。据统计，有116个海峡处于一国或几国的领海范围内，而其中有30个海峡被认为是用于国际航行的海峡。

用于国际航行的海峡实行过境通行制度，即所有船舶和飞机在国际海峡享有为继续不断的目的而行使航行和飞越的自由。但这种海峡的水域其他方面的法律地位和沿岸国对这种水域及其上空、海床和底土行使主权和管辖不受影响。“过境通行制度是介于领海的无害通过和公海的航行和飞越自由之间的一种特殊制度。”① 船舶和飞机在其行使过境通行时，应毫不延迟地通过或飞越海峡，并遵守沿岸国所制定的有关的法律和规章，不得对沿岸国主权、领土完整或政治独立进行任何武力威胁或使用武力。海峡沿岸国不应妨碍或中止过境通行，不得对过境船舶有所歧视，并应公布其所知的对航行有危险的情况。

群岛水域是海洋法中又一个新的概念。群岛国是领陆由一个或多个群岛或岛屿组成的国家，如印度尼西亚、菲律宾等。群岛国划定连接群岛最外缘各岛和各干礁的最外缘各点的直线基线，作为测量其领海、毗连区、专属经济区和大陆架宽度的基线，称为群岛基线。群岛基线内的水域构成群岛水域。群岛水域内，可以在每个岛上的河口、海湾和港口处按照正常的基线规则划定一条封闭线。这条封闭线内的

① 白桂梅．国际法．3版．北京：北京大学出版社，2015：387.

水域是群岛国的内水。因此，严格意义上的群岛水域是群岛基线所包围的内水之外的水域。

群岛水域既不是内水又不是领海，而是具有特殊法律地位的水域。一方面，群岛国的主权及于群岛水域，及于群岛水域的上空、海床和底土，以及其中所包含的资源。另一方面，出于国际交通的需要，其他国家在群岛水域内享有无害通过权和群岛海道通过权，即：所有国家的船舶享有在群岛水域的无害通过权；群岛国可以指定适当的海道和空中通道，以便其他国家的船舶或飞机连续不停地迅速通过或飞越其群岛水域及其邻接的领海。所有国家都享有这种群岛海道通过权。

**7. 公海**

传统国际法中，领海之外的海洋曾经都被认为是公海①。随着领海宽度的扩展以及大陆架、专属经济区、群岛水域和国际海底区域等制度的确立，公海的范围大大缩减。1982 年《联合国海洋法公约》第 86 条规定：公海是指不包括在国家的专属经济区、领海或内水或群岛国的群岛水域内的全部海域。

公海自由是现代国际海洋法的基本原则之一。一方面，公海不是任何国家的领土。任何国家不得对公海的任何部分主张权利，更不能据为己有。另一方面，公海对所有国家开放，不论其为沿海国或内陆国。只要是为和平目的，任何国家在公海都享有六项自由：航行自由、飞越自由、捕鱼自由、铺设海底电缆和管道的自由、建造国际法所容许的人工岛屿和其他设施的自由、科学研究的自由。

公海是自由的，但这并不意味着国家可以在公海为所欲为。公海自由本身是一种法律状态。各国在行使公海自由时，须适当顾及其他国家行使公海自由的利益。任何国家不得在公海上从事威胁甚至破坏和平的行为。

公海不属于任何国家，国家不得对公海本身行使管辖权或在公海范围行使属地管辖。国家对公海上的船舶、人、物或事件进行管辖，是基于其他国际法规则，其中主要是船旗国管辖和普遍性管辖两种。

船旗国管辖是指“公海上航行的每艘船舶具有一国的国籍，并悬挂该国的国旗。通过这种方法，船舶以及船上的人和货物都受船旗国法律的限制，并且一般地受该国的专属管辖”②。船旗国制度对于维护公海法律秩序、保障公海航行安全非常重要。绝大多数国家仅允许本国公民所有的船舶在该国登记注册取得国籍。然而，有些国家出于获取经济利益的考虑，允许他国公民所有的船舶在其领土内登记并给予其国籍，却缺乏规范的管理。船旗国与船舶之间没有真正的联系，由此造成公海航行中的“方便旗”现象，船旗国无法对船舶在公海上的行为承担实际的责任。

---

① 劳特派特．奥本海国际法：第 8 版：上卷：第 2 分册．王铁崖，陈体强，译．北京：商务印书馆，1972：100.

② 詹宁斯，瓦茨．奥本海国际法：第 9 版：第 1 卷：第 2 分册．王铁崖，陈公绰，汤宗舜，等译．北京：中国大百科全书出版社，1998：163.

公海上的普遍管辖权是指各国对发生在公海的，被国际法认为是普遍管辖权对象的特定国际罪行或违反国际法的行为行使管辖权。这类罪行或不法行为包括海盗行为、贩运奴隶、贩运毒品、非法广播等。

国家在公海上实施管辖权的措施有紧追权和登临权两种。(1) 紧追权。沿海国对于违反该国法律和规章的外国船舶有权派军舰、军用飞机或其他经授权的船舶或飞机对该外国船舶进行追逐以便将其捕获。紧追可以开始于一国内水、领海、毗连区或专属经济区，可以追入公海中继续进行，直至追上并依法采取措施，但必须是连续不断的。紧追权在被紧追船舶进入其本国或第三国领海时立即终止。(2) 登临权。登临权是指各国军舰和经授权的国家公务船舶在公海上代表国家靠近和登上被合理地认为有国际法所禁止的非法行为嫌疑的船舶并进行检查的权利。如果嫌疑经证明是无根据的，而且被登临的船舶并未从事涉嫌的任何行为，对该船舶造成的任何损失或损害由登临国承担。

**8. 国际海底区域**

国际海底区域简称“区域”，是《联合国海洋法公约》确立的一个崭新概念，指国家管辖范围以外的海床洋底及其底土，也就是各国大陆架或专属经济区以外的深海洋底及其底土。这个区域约占全球海洋面积的65%，蕴藏着丰富的、极富经济价值的多金属结核——锰结核。深海科技的发展使得勘探开发大洋洋底的多金属结核成为可能，随之产生了国际海底区域及其资源的法律地位问题。

根据《联合国海洋法公约》第11部分的规定，国际海底区域及其资源的法律地位可概括为：(1) 国际海底区域及其资源是人类的共同继承财产。(2) 国际海底区域开放给所有国家，不论是沿海国或内陆国，专为和平目的利用。(3) 任何国家不应对国际海底区域及其资源主张或行使主权或主权权利。(4) 任何国家或自然人或法人都不应将国际海底区域及其资源的任何部分据为已有。任何这种主权和主权权利的主张和行使，或这种据为已有的行为，均应不予承认。(5) 国际海底区域内资源的一切权利属于全人类，由国际海底管理局代表全人类行使。各国都有公平地享受海底资源收益的权利。特别要照顾到发展中国家的利益。(6) 国际海底区域上覆水域或这种水域上空的法律地位不受影响。

国际海底区域的开发制度是第三次联合国海洋法会议中发达国家与发展中国家激烈争论的内容。发达国家主张国际海底管理局负责颁发执照，缔约国的公私营企业与管理局缔结协议进行开发，试图利用技术和资金优势霸占国际海底区域及其资源。发展中国家主张由国际海底管理局负责共同开发的“单一开发制”。《联合国海洋法公约》在双方分歧基础上妥协形成“平行开发制”，即：以管理局为一方，以缔约国公私营企业为另一方的共同开发制度。具体程序是：开发申请者向管理局同时提交两块具有同等估价的矿区，并提交两块矿区的资料。管理局选择一块作为保留区，留给管理局企业部自己开发，或同发展中国家联合开发，另一块作为合同区，由申请者与管理局签订合同后自己开发。这一创新制度表明，“保护和分配珍贵的资源不仅需要依据开采的能力，而且还需要考虑需求和公平”①。由于发达国家对于管理局的表决方式以及开采者所担负的义务等问题多有不满，1994 年联合国大会通过了《关于执行 1982 年 12 月 10 日〈联合国海洋法公约〉第 11 部分的协定》，并对公约第 11 部分进行了修正，进一步提升了公约的普遍性。

## 三、海洋争端及其解决机制

海洋争端，又被称为海洋权益争端，是指由于各国在从事海洋活动中对特定权利的主张不一致，即各国在海洋权益方面的冲突，或者由于对《联合国海洋法公约》的解释或适用的分歧而引起的国际争端。海洋争端属于国际争端的一部分，同时又具有其自身的特点。海洋争端表现在海洋活动的各个方面，如：国家之间关于领海、专属经济区、大陆架划界而产生的争端，内陆国行使海洋航行权而引发的与沿海国的争端，在别国领海、群岛水域内航行引起的争端，在别国大陆架和专属经济区进行科学研究而发生的争端，在外国捕捞和养护渔业资源而造成的争端，由于国际海底资源开发而产生的争端，由于海洋环境保护与污染而引起的争端，等等。

21 世纪是海洋世纪。习近平总书记指出：“海洋对于人类社会生存和发展具有重要意义。海洋孕育了生命、联通了世界、促进了发展。我们人类居住的这个蓝色星球，不是被海洋分割成了各个孤岛，而是被海洋连结成了命运共同体，各国人民安危与共。”② 海洋权益是国家在从事海洋活动中权利和利益的总称。根据《联合国海洋法公约》，海洋权益不仅包括国家在其管辖海域范围内的海洋权益，还包括国家管辖海域范围之外的、被国际法普遍认可的海洋权益。具体而言，国家的海洋权利包括沿海国依法在管辖海域即领海、毗连区、专属经济区和大陆架内维护国家主权和领土完整，对所属岛屿行使主权、管辖权和管制权，开发利用海洋生物资源和非生物资源，在国家管辖海域外即公海和国际海底区域行使各项自由和权利等；国家的海洋利益则包括由海洋权利产生的各种经济、政治、文化利益，随不同国家在不同时期的经济、政治、文化的变化而变化。海洋权利是国际法赋予国家的合法权利。所有国家均享有一定的海洋权利。海洋利益是国家利益的重要组成部分。世界各国由于自然地理条件、发展水平和海洋政策的差异，获得的海洋利益并不相同。有学者认为海洋利益是比海洋权益外延更大的中性概念，“既可能是来自海洋权利的合法的海洋利益，也可能为霸权需要而产生的非法的海洋利益”③。由此可见，海洋权益争端及其解决不仅有着深刻的法理意义，而且还有着极强的国际政治意义。

---

① 克拉彭．布赖尔利万国公法：国际法在国际关系中的作用简介：第 7 版．朱利江，译．北京：中国政法大学出版社，2018：120.

② 习近平．习近平谈治国理政：第 3 卷．北京：外文出版社，2020：463.

③ 张文木．论中国海权．北京：海洋出版社，2009：8.

《联合国海洋法公约》第279条规定，各缔约国应以和平方法解决它们之间有关本公约的解释或适用的任何争端。有关争端解决程序的规定集中在公约第11部分第5节、第15部分，以及附件5调解、附件6国际海洋法法庭规约、附件7仲裁、附件8特别仲裁。

（1）自行选择程序。

首先，缔约国承担用和平方法解决它们相互间有关公约的解释或适用的任何争端的基本义务。其次，为和平解决争端，公约要求缔约国用《联合国宪章》第33条规定的谈判、调查、调停、和解、公断、司法解决、区域机关或区域办法或各该国自行选择之其他和平方法。最后，公约对解决争端所适用的程序做了规定，其中包括争端各方有义务就解决争端所要采取的具体方法交换意见。如果缔约国愿意，可以将争端提交调解。公约附件5对调解程序做了具体规定。

（2）强制性程序。

在自行选择程序无法奏效时，就会启动公约第15部分第2节规定的强制性程序。《联合国海洋法公约》第287条规定，缔约国在签署、批准或加入该公约时，或在其后的任何时间，可以自由地以书面声明的方式选择下列一个或多个争端解决程序：国际海洋法法庭、国际法院、仲裁法庭、特别仲裁法庭。这四种强制性程序处于平行并列、横向竞争的地位，缔约国可以依照各国国情和法律传统的差异选择适用。为了避免由于缔约国无选择或选择不一致时而导致的管辖落空，在出现此种情形时，除非争端各方另有协议，否则该争端应提交附件7所规定的仲裁。因此，附件7规定的仲裁程序被认为是《联合国海洋法公约》争端解决强制性程序的保底程序，或被赋予一种“剩余备用作用”①，从而保证争端获得最终有拘束的解决。

（3）强制性程序的限制和例外。

《联合国海洋法公约》第297条第1款规定，沿海国因在专属经济区行使主权权利或管辖权而发生的对本公约的解释或适用的争端，只有在特定情形下适用强制争端解决程序。第297条第2款规定，本公约关于海洋科学研究的规定在解释或适用上的争端，应按照强制性程序解决。但是沿海国因在专属经济区或大陆架行使权利或斟酌决定权而引起的争端，没有义务接受强制性程序。第297条第3款规定，对于本公约关于渔业的规定在解释或适用上的争端，应按照强制性程序解决，但沿海国因对专属经济区内生物资源的主权权利或此项权利的行使引起的争端，包括关于其对可捕量、捕捞能力、分配剩余量给其他国家等问题的争端，无义务同意接受强制性程序。

《联合国海洋法公约》第298条第1款进一步规定，一国在签署、批准或加入公约时，或在其后任何时间，可以书面声明对于下列三类争端的一类或一类以上，不接受强制性程序：第一类是海洋划界争端，即国家之间关于领海、专属经济区、大陆架划界的争端或者涉及历史性海湾或所有权的争端；第二类是关于军事活动的

① 吴慧．国际海洋法法庭研究．北京：海洋出版社，2002：19.

争端，包括从事非商业服务的政府船只和飞机的军事活动的争端；第三类是安理会执行《联合国宪章》所赋予的职务的争端。中国据此于 2006 年向联合国秘书长提交了书面说明，对于公约第 298 条第 1 款所述的任何争端，中国政府不接受公约第 15 部分第 2 节规定的任何国际司法或仲裁管辖。

除了上述一般程序外，《联合国海洋法公约》的争端解决机制还包括一些特殊程序，如国际深海海底开采争端解决程序、快速释放被扣押船舶及船员的争端解决程序、裁决临时措施的程序等。总体上，公约对和平解决海洋争端做出了详细而复杂的规定，将自行选择程序与强制性程序相结合，尊重各国自由选择解决争端方法的优先权，同时加强了各国在和平解决争端方面的多边义务。

## 案例 1

### 孟加拉国与缅甸关于孟加拉湾海洋划界争端案

孟加拉湾位于印度洋的东北部，面积约为 220 万平方千米。该海湾不仅拥有丰富的渔业、海藻等生物资源，同时也蕴藏着丰富的矿产资源。本案涉及的海洋区域位于孟加拉湾的东北部，待划界区域近乎呈三角形。孟加拉国位于该三角形北部顶点，形成了显著的凹陷海岸。缅甸与孟加拉国相邻，位于孟加拉湾的东部。两国都采用直线基线划界，在孟加拉湾的主张出现重叠，天然气资源的发现导致争端迅速升级。在提请国际海洋法法庭诉讼之前，孟缅两国就孟加拉湾海洋划界问题已进行了长期艰苦的谈判，但双方对孟加拉湾海洋划界问题并未取得实质性的进展。孟加拉国与缅甸分别于 2009 年 11 月 4 日和 11 月 12 日，依据《联合国海洋法公约》第 287 条第 1 款，就孟加拉湾案海洋划界纠纷发表声明，表示接受国际海洋法法庭的管辖权。2009 年 12 月 14 日，孟加拉湾海洋划界争端案正式立案。

2012 年 3 月 14 日，国际海洋法法庭对孟加拉湾海洋划界争端做出了最终裁决，为孟缅两国进行了领海划界、200 海里以内的大陆架及专属经济区的单一划界以及 200 海里以外的大陆架划界，从而结束了两国长达 38 年的海洋划界争端。

该案是国际海洋法法庭审理的首宗海洋划界案，是国际司法机构第一次对当事国 200 海里以外争议大陆架进行划界的案件，也是亚洲发展中国家的海洋划界第一案。因此，该案裁决引起了广泛的关注。

首先，法庭在 200 海里以内的专属经济区及大陆架划界中适用了等距离/相关情况规则，基本遵循了国际法院及常设仲裁机构有关海洋划界的先例，有助于促进国际司法实践作为整体的统一性。然而，法庭采用单一的等距离/相关情况规则划界是值得商榷的。“单一划界虽然在最终形式上只体现了一条海洋界限，但是实际上它是对两种不同法律地位的海洋区域进行划界，而大陆架和专属经济区的权利来源以及划界原则都不尽相同。”①

① 吴士存．国际海洋法最新案例精选．北京：中国民主法制出版社，2016：211.

其次，关于孟加拉国所属圣马丁岛的法律地位，法庭一方面在领海划界中赋予该岛完全效力，使其拥有12海里领海，另一方面认定圣马丁岛对两国大陆架和专属经济区划界不产生任何效力。这一结论缺乏充分的论证。

再次，作为第一起200海里外的大陆架划界案，孟加拉湾案是国际海洋划界司法实践的一次突破。尽管对国际海洋法法庭有关这种大陆架划界案件的管辖权存有争议，但从实际效果来看，法庭的划界有助于两国争议的解决和促使联合国大陆架界限委员会行使其职能。但法庭决定等距离/相关情况规则在200海里外大陆架划界中继续适用缺乏充足的依据。

最后，该案作为第一起亚洲发展中国家提交国际司法机构审理的海洋划界争端案，全面解决了孟缅两国之间的领海、专属经济区及大陆架的划界争议，划界结果也得到了两国的接受与认可，为孟加拉湾的沿岸国家和平解决海洋划界争端起到了示范作用。

---

**案例2**

## 罗马尼亚诉乌克兰黑海划界案

黑海沿岸国家有6个：乌克兰、俄罗斯、保加利亚、格鲁吉亚、罗马尼亚和土耳其。这些国家在涉及黑海的各类问题上存在分歧，罗马尼亚和乌克兰的黑海划界争端，就是其中之一。蛇岛位于多瑙河三角洲以东大约20海里，面积大约0.17平方千米。根据1948年罗马尼亚和苏联缔结的协定，罗马尼亚将黑海中无人居住的蛇岛移交给当时苏联的加盟共和国——乌克兰。

1997年，罗马尼亚和乌克兰签订睦邻友好条约，同意通过谈判解决海上边界问题，在问题解决之前任何一方都不开发争议海区的资源。此后，在黑海发现的油气资源越来越多。罗马尼亚与乌克兰进行数轮谈判未果后，于2004年9月向国际法院提起诉讼，要求国际法院对两国海上边界进行划分。

2009年2月3日，国际法院15名法官一致做出裁决，将双方争议海域面积的80%判归罗马尼亚所有，认定蛇岛属于无法维持人类居住或其本身经济生活的岩礁。根据《联合国海洋法公约》第121条第3款的规定，岩礁不得享有专属经济区和大陆架权利。此外，法院还认定蛇岛不得作为两国间临时等距离线的基点。本案中，国际法院对岛礁法律地位的评判非常值得关注，为后续海洋划界案的审理提供了借鉴。

---

**案例3**

## 毛里求斯诉英国查戈斯仲裁案

查戈斯群岛位于印度洋中部，由一系列珊瑚环礁组成。19世纪以前，毛里求斯曾先后作为荷兰和法国的殖民地。1814年之后，法国将毛里求斯及其他附属区域（包括查戈斯群岛）割让给英国。1965年，毛里求斯与英国谈判，达成《兰卡斯特宫协议》。毛里求斯同意查戈斯群岛分离出去成为英属印度洋领地。英国保留毛里求斯在查戈斯群岛的捕鱼权、矿产和油气权益，并承诺在群岛不具备军事作用时，将其交还给毛里求斯。1966年，英国将群岛的迪戈加西亚岛租给美国50年。迪戈加西亚岛成为美军的重要军事基地。为此，约5 000名迪戈加西亚岛原住民被迫迁到英国，约2 200人迁到毛里求斯。1980年之后，毛里求斯政府开始主张对查戈斯群岛的主权，其宪法和其他国内法也将查戈斯群岛纳入领土范围。另一方面，英国始终坚持查戈斯群岛属于英国领土。

2010年4月1日，英国宣布在查戈斯群岛一带建立世界上最大的海洋保护区。12月20日，毛里求斯对此启动了强制仲裁程序。毛里求斯向仲裁法庭提出了四项请求，分别是：第一，英国无权宣布设立海洋保护区或其他海洋区域，因为英国不是《联合国海洋法公约》意义上的"沿海国"；第二，考虑到英国在查戈斯群岛问题上向毛里求斯已经做出的承诺，英国无权单方面宣布设立海洋保护区或其他海洋区域，因为毛里求斯拥有《联合国海洋法公约》意义上的"沿海国"的权利；第三，英国不得妨碍联合国大陆架界限委员会审议毛里求斯提交的查戈斯群岛外大陆架划界案；第四，英国划设海洋保护区的行为违反了英国在《联合国海洋法公约》和《联合国鱼类种群协定》下的义务。

2015年3月18日，常设仲裁法院仲裁法庭做出裁决，裁定仲裁法庭对毛里求斯的前三项仲裁请求没有管辖权，对第四项请求拥有管辖权；认定毛里求斯具有在查戈斯群岛海域捕鱼的合法权利，直至英国最终将查戈斯群岛归还毛里求斯；裁定英国划设海洋保护区的行为没有适当顾及毛里求斯的上述合法权利，违反了英国在《联合国海洋法公约》下的相关义务。

表面上查戈斯仲裁案的争议焦点是海洋保护区的合法性问题，但实质上，争端的根源在于两国对查尔斯群岛领土主权归属的争议。由于问题并未解决，毛里求斯继续求助于其他国际机制。2017年6月22日，第七十一届联合国大会以94票赞成、15票反对、65票弃权的表决结果通过由非洲联盟提出的决议，请求国际法院就"英国在毛里求斯独立前将查戈斯群岛从毛分离是否导致毛的非殖民化进程未合法完成"以及"在此之后英国持续对查戈斯群岛行使行政管辖的法律后果"等两项问题发表咨询意见。2019年2月25日，国际法院就上述问题发表咨询意见。法院认定1965年的《兰卡斯特宫协议》不是毛里求斯的真实意思表达，1968年毛里求斯独立后，其非殖民化进程尚未合法完成；英国对查戈斯群岛的持续行政管辖是"国际不法行为"，英方有义务尽快结束对查戈斯群岛的管理。2019年5月22日，联合国大会通过了一项决议，要求英国在6个月内结束对查戈斯群岛的殖民统治，将其归还给毛里求斯。这一决议有116个国家投了赞成票，仅有英国、美国、澳大利亚等6个国家反对。然而，英国对于联合国的决议置若罔闻，拒不结束对查戈斯群岛的殖民统治。

# 第四节　空气空间与外层空间

地球表面以上的空间分为空气空间和外层空间。空气空间是指环绕地球的大气层空间，也是航空器运行的活动场所。空气空间法是调整国家之间在空气空间的各种活动的行为规则、原则和制度的总称，也称为国际航空法。外层空间一般指大气层以外的整个空间。20 世纪 50 年代后，人类探索和利用外层空间的活动日益频繁，人造卫星、载人飞船、航天飞机的种类、数量逐渐增多，由此形成了规范各国在外层空间活动的外层空间法。

空气空间与外层空间的分界是一个有争议的问题。各国先后提出地心引力、航空器最高限度、人造卫星最低限度、有效控制等多种划分理论，难以达成共识。有的国家则认为没有必要明确划分外层空间与空气空间的界线，主张以飞行器的功能来确定其所适用的法律。具体而言，进行航空活动的航空器适用于航空法，进行航天活动的航天器适用于外层空间法。但是，随着航空航天科技的发展，具备混合功能的飞行器出现了，这意味着无法按照飞行器功能对空间进行划分。从实践来看，海平面 100 公里以上为外层空间的说法得到国际社会相对较多的认可①。

## 一、空气空间的法律地位

空气空间分为两部分：国家领陆和领海的上空，即领空；不属于任何国家领土的上空，包括领海以外的各海洋区域和南极的上空，即公空或国际空域。领空是国家领土的组成部分，在国家主权的控制之下。公空对所有国家开放，各国的飞机和其他航空器在此区域内有自由飞越的权利。

国家的空中主权是在 20 世纪初逐步确立的。1919 年 10 月，26 个国家在巴黎签署了《关于管理空中航行的公约》(简称《巴黎航空公约》)。这是世界上第一部关于航空活动的国际条约。该公约明确承认各国的空中主权。此后，各国航空立法普遍地规定了国家对其领土上空的主权。1944 年 12 月，在芝加哥签订的《国际民用航空公约》(简称《芝加哥公约》) 重申了《巴黎航空公约》的原则。

国家的空中主权表现在四个方面：(1) 自保权，即一国领空不受侵犯。未经一国允许，任何外国航空器不得进入该国领空。任何国家都有依法保卫其领空不受外来侵犯的权利。(2) 管辖权。领空是一国领土不可分割的组成部分，国家对之行使的领空管辖权属于属地性质的最高权力。当然，国家在行使管辖权时，也应当履行其所承担的国际义务，受到所缔结或者加入的国际条约规定的限制。(3) 管理权。每一个国家都有权自行决定并制定必要的法律和规章，以维护空中航行的正常秩

① 李寿平，赵云．外层空间法专论．北京：光明日报出版社，2009：22.

序，保障空中交通安全，保护公众的合法权益，不受任何外来干涉。任何外国航空器在一国领土上空飞行或在该国领土内运转，都必须遵守当地关于航空器飞行和运转的现行法律和规章。（4）支配权。罗马法中早有“谁有土地，谁就有土地的上空”的格言。根据领空主权原则，国家可以通过国内立法对领空实施支配权。由于空气空间是航空活动赖以存在的场所，外国通航需要签订航空运输协定，获得运营权。

## 二、国际航空法体系

空气空间法律制度的主要渊源是国际航空公约，因为国际航空事业发展迅速，习惯国际法不能应对这种飞速变化，只有通过国际会议迅速制定国际公约的方式才能使这一领域的法律跟上时代步伐。国际航空法体系主要包括以 1944 年《芝加哥公约》为主体的国际民用航空基本制度、以 1970 年《海牙公约》和 1971 年《蒙特利尔公约》为主体的国际民用航空安全制度。

**1. 国际民用航空基本制度**

《芝加哥公约》是现行有关国际航空的最广泛和最重要的国际法律文件，确立了有关现代国际航空法的基本原则和规则，被称为国际民用航空活动的宪章性文件。公约由序言和 96 条条文构成，主要涉及空中航行的一般原则、航班飞行与非航班飞行的权利、空中禁区的划定、航空器国籍等内容。根据该公约成立了国际民用航空组织，其宗旨在于发展国际航行的规则和技术，并促进国际航空运输的规划和发展。该组织于 1947 年 5 月成为联合国的一个专门机构。

公约将民用航空器与国家航空器加以区别。两者以其用途为标准，而不论其所有权为何。凡是从事商业性活动的航空器都是民用航空器；凡是用来执行国家权力的航空器都是国家航空器，如从事军事、海关、警察、邮政等业务的航空器。《芝加哥公约》仅适用于民用航空器。

公约区分了非航班飞行与航班飞行。非航班飞行是指不定期飞行，或不定期的国际航空运输业务。航班飞行是指定期的国际航空运输业务。公约规定，非航班飞行可飞经他国领土上空而不降停或做非业务性的降停，而航班飞行非经特准不得飞过或飞入他国领空。

公约规定，根据国家空中主权原则，各缔约国出于军事需要或公共安全的理由，可以划定其部分领空为禁区，限制或禁止其他国家的航空器在该区域飞行。

公约规定，各缔约国有权保留国内载运权，即将国家领土内两个地点之间的航空营运权归于本国和本国国民。

公约规定，航空器具有登记国的国籍。航空器只能在一个国家进行有效登记，若同时在两个国家登记，其国籍便没有效力，但其登记可由一国转移至另一国。从事国际航班飞行的每一航空器应带有适当的国籍标志和登记标志。航空器的国籍表明该航空器与其登记国的一种法律联系，受该国的法律管辖。

1944 年芝加哥会议还签订了《国际航空运输协定》和《国际航班过境协定》。前者规定了国际定期航班的五种自由：（1）不降停而飞越其领土的权利；（2）非商业性降停的权利；（3）卸下来自航空器国籍国领土的旅客、货物、邮件的权利；（4）装载前往航空器国籍国领土的旅客、货物、邮件的权利；（5）装卸前往或来自任何第三国领土的旅客、货物、邮件的权利。该协定没有得到国际社会的普遍支持。《国际航班过境协定》则规定了不降停而飞越缔约国领土的权利和非运输业务性降停的权利。

1946 年，英美两个航空大国在百慕大举行谈判，签订了双边航空运输协定，即著名的《百慕大协定》。由此确立了国际航空运输的双边管理模式，即由各国缔结双边航空运输协定来规定航空运力、航路分配、运费定价等主要通航问题。

中国是《芝加哥公约》的原始缔约国。1971 年 11 月 19 日，国际民用航空组织通过决议，承认中华人民共和国的代表是中国的唯一合法代表。1974 年 2 月 15 日，中国政府正式通知该组织，承认《芝加哥公约》及其 8 个议定书，自当日起参加该组织的活动。从 1974 年 9 月起中国一直被选为该组织理事会的理事国，2004 年成为一类理事国。

为了开发和利用本国的航空资源，维护空中航行的正常秩序，保护公众的合法利益，主权国家有权制定航空方面的法律和规章。外国航空器必须遵守这种法律和规章。世界大多数国家都制定有这类航空法律和规章。中国于 1995 年 10 月颁布了《中华人民共和国民用航空法》，并多次进行修订，对国内民用航空运输和外国民用航空器在中国从事民用航空活动应遵守的规则做了详细规定。此外，中国还颁布了 27 部行政法规和行政法规性文件以及 118 部有效规章，组成了多层次的民航法规体系框架①。

2013 年 11 月 23 日，中国政府宣布划设东海防空识别区。防空识别区是指从一个国家的陆地或水域表面向上延伸的划定空域，在该空域内基于空防需要，要求对航空器能立即识别、定位和管制。防空识别区在通常情况下，以该国的预警机和预警雷达所能覆盖的最远端作为“防空识别区”的界线，它比领空和专属经济区的范围要大得多，不属于国际法中的主权范畴。一般来说，设置防空识别区的主要目的是防止属性不明的飞机或航空器侵犯主权国领空，提示或警告进入防空识别区的他国航空器不要误入或闯入主权国领空。防空识别区最初是第二次世界大战后美国太平洋总部制定的，用于规范美国及其盟国之间的对空防御作战，此种划界只针对美国的盟国，非盟国则未划界。

由于防空识别区延伸至领空范围之外的公海上空，而且是单方面的行为，因而建立这种空域是否合法，在国际法上尚有争议。一种观点认为，这种没有任何根据地将领空主权向外延伸的单方面行为，是对国际法的破坏；另一种观点则认为，这如同海洋法中关于毗连区的学说一样，建立防空识别区是地面国固有的自卫和自保

① 《国际公法学》编写组．国际公法学．2 版．北京：高等教育出版社，2018：278.

的权利，因而称这种空域为“毗连空域”。

实践中，和平时期建立的永久性防空识别区并未引起异议。建立防空识别区并不被认为是地面国领空范围的扩大，也不意味着其领空主权向外延伸。建立这种空域能有效地将来犯敌机在进入领空之前予以识别，对于加强国防监控、保卫国家领空安全具有重大意义。

自美国于1950年最早建立空中识别区以来，加拿大、澳大利亚、韩国、日本、德国、缅甸、土耳其、泰国等20多个国家和地区也相应地建立了海上空中识别区。尽管各国和地区关于防空识别区的范围、作为限制对象的航空器的种类、目的等内容的规定不尽相同，但防空识别区自20世纪50年代出现以来，已经得到大多数国家的默认和遵守，成为国际法所默认的事实存在的国际习惯。

**2. 国际民用航空安全制度**

20世纪30年代，出现了第一起劫机事件。到了20世纪六七十年代，劫持飞机的犯罪已构成对国际航空的严重威胁。此外，在飞机内的其他犯罪行为以及在机场内的恐怖主义行为也日益严重。为维护国际民用航空安全与正常秩序，有关预防、禁止和惩治危害国际航空罪的国际法原则、规则和制度逐渐形成并得到发展。这方面的国际公约主要包括：1963年《关于在航空器内的犯罪和其他某些行为的公约》（简称《东京公约》）、1970年《关于制止非法劫持航空器的公约》（简称《海牙公约》）、1971年《关于制止危害国际民用航空安全的非法行为的公约》（简称《蒙特利尔公约》）以及1988年《蒙特利尔议定书》。其中《蒙特利尔议定书》作为《蒙特利尔公约》的补充，专门针对机场暴力行为。1991年签订的《关于注标塑性炸药以便探测的公约》也是与国际航空安全相关的国际公约。

（1）危害民用航空安全的罪行。

《海牙公约》第1条规定：凡在飞行中的航空器内的任何人，用暴力或以暴力威胁，或用任何其他恐吓方式非法劫持或控制该航空器，或企图从事任何这种行为，或是从事或企图从事这种行为的人的同犯，即是犯有罪行。《蒙特利尔公约》规定危害民用航空安全的非法行为包括以下5种：第一，对飞行中的航空器内的人从事暴力；第二，破坏使用中的航空器使其不能飞行；第三，在使用中的航空器内放置危及其飞行安全的装置或物质；第四，破坏、损害、妨碍航行设备危及其飞行安全；第五，传送假情报危及飞行中的航空器的安全。该公约还明确规定，凡从事上述行为或企图从事上述行为的人及其同犯，均被认为犯有危害民用航空安全罪。对于航空器“在飞行中”和“在使用中”这两个概念，公约也做了确切规定：航空器从装载完毕，机舱外部各门均已关闭时起，直至打开任一机舱门以便卸载时为止，应被认为是在飞行中；从地面人员或机组人员为某一特定飞行而对航空器进行飞行前的准备时起，直到降落后24小时止，该航空器应被认为是在使用中。

（2）危害民用航空安全犯罪的刑事管辖权。

根据《海牙公约》第4条和《蒙特利尔公约》第5条的有关规定，在下列情况下，各缔约国应采取必要措施对罪行实施管辖权：第一，犯罪行为发生地国，即罪行是在该国领土内发生的；第二，航空器登记国，即罪行是在该国登记的航空器内发生的；第三，降落地国，即发生犯罪行为的航空器在该国降落时被指称的罪犯仍在该航空器内；第四，承租人主要营业地或永久居所地国，即罪行是在租来时不带机组的航空器内发生的，而承租人的主要营业地或永久居所地是在该国；第五，犯罪嫌疑人所在国，即当被指称的罪犯在缔约国领土内，而该国未将此人引渡时。此外，上述两个公约不排斥缔约国根据本国法行使任何刑事管辖权。

（3）对危害民用航空安全罪犯的引渡或起诉。

《海牙公约》第 7 条和《蒙特利尔公约》第 7 条均规定：在其境内发现被指称的罪犯的缔约国，如不将此人引渡，则不论罪行是否在其境内发生，应无例外地将此案件提交其主管当局以便起诉。该当局应按照本国法律以对待任何严重性质的普通罪行案件的同样方式做出决定。

两个公约都将空中劫持视为一种可引渡罪行，但没有设置强制的引渡义务。犯罪嫌疑人所在地国可以有两种选择：一是将罪犯引渡给有主要管辖权的国家；二是把案件提交本国主管当局以便起诉，而该主管当局应把此犯罪行为视作严重的普通罪行（非政治罪）予以惩处。

除上述国际公约外，联合国大会和安理会还通过了一系列打击与危害国际航空罪有关的恐怖主义的决议。1999 年《制止向恐怖主义提供资助的国际公约》进一步补充了控制危害国际航空罪行的国际刑法规则。中国 1978 年加入《东京公约》，1980 年加入《海牙公约》和《蒙特利尔公约》，参与制定并有效执行了联合国若干打击恐怖主义的决议。

## 三、外层空间的法律地位

随着科学技术的发展，外层空间成为人类探索和利用的又一新领域。1957 年 10 月 4 日，苏联成功发射第一颗人造地球卫星；1961 年 4 月 12 日，苏联宇航员加加林驾驶宇宙飞船首次进入太空；1969 年 7 月 20 日，美国宇航员实现了人类登上月球的梦想。

1959 年，联合国大会设立了联合国和平利用外层空间委员会（简称外空委员会），致力于研究和平利用外层空间可能产生的法律问题，为制定适用于外空活动的基本原则和法律制度做出了重要贡献。1961 年，联合国大会通过的第 1721 号决议，肯定了外层空间和天体由所有国家按照国际法自由探测和使用而不得由任何国家据为已有的原则。1963 年，联合国大会通过《各国探索和利用外层空间活动的法律原则宣言》（简称《外空宣言》），进一步重申了国家对外层空间不享有主权的九项原则。虽然该宣言没有法律约束力，但获得联合国会员国的一致赞同，“实际上奠定了国际外空法原则的基础”①。1967 年，《关于各国探索和利用外层空间包括

① 贺其治．外层空间法．北京：法律出版社，1992：34.

月球和其他天体活动所应遵守原则的条约》（简称《外空条约》）生效，文件对外层空间的法律地位做出了更为明确的规定。

首先，外层空间不是国家主权所及的范围，不得据为己有。外层空间，包括月球与其他天体，不得由国家通过提出主权主张，通过使用或占领，或以任何其他方法，据为己有。其次，外层空间由各国在平等基础上自由探索和利用，不得有任何歧视。外层空间是对全人类开放的开发范围。天体的所有地区均得自由进入。这种自由包括科学调查的自由，各国应在此类调查方面提供便利并鼓励国际合作。最后，探索和利用外层空间必须为全人类谋福利和利益，并为了维护国际和平与安全及增进国际合作与谅解而进行。这意味着，技术先进的国家不得仅仅为了自身的利益而利用外层空间。

## 四、外层空间法的基本原则和主要制度

适用于外层空间领域的法律原则、规则和制度总称为外层空间法。作为国际法的一个部门法，外层空间法主要是通过国际条约和其他法律文件逐渐发展起来的。其中，最重要的是在联合国外空委员会主持下签署的五个国际条约：1967 年的《外空条约》、1968 年的《营救宇宙航行员、送回宇宙航行员和归还发射到外层空间的物体的协定》（简称《营救协定》）、1972 年的《空间物体造成损害的国际责任公约》（简称《国际责任公约》）、1975 年的《关于登记射入外层空间物体的公约》（简称《登记公约》）、1979 年的《指导各国在月球和其他天体上活动的协定》（简称《月球协定》）。此外，一些包含了与外层空间活动有关内容的国际公约，如 2001 年《移动设备国际利益公约》，也适用于外层空间。联合国大会还通过了一些有关外层空间的宣言和决议，如 1963 年的《外空宣言》、1982 年的《各国利用人造地球卫星进行国际直接电视广播所应遵守的原则》、1986 年的《关于从外层空间遥感地球的原则》、1992 年的《关于在外层空间使用核动力源的原则》、1998 年的《关于开展探索和利用外层空间的国际合作，促进所有国家的福利和利益，并特别要考虑发展中国家的需要的宣言》等。

### 1. 外层空间法的基本原则

根据《外空条约》的规定，国家从事外空活动必须遵循以下基本原则：

第一，为全人类谋福利和利益。条约规定，探索和利用外层空间，应为所有国家谋福利和利益，而不论其经济或科学发展程度如何，并应作为全人类共同的开发范围。

第二，自由探索和利用。所有国家可在平等、不受任何歧视的基础上，根据国际法自由探索和利用外层空间、自由进入天体一切区域。

第三，不得据为己有。各国不得通过主权要求、使用或占领等方式，以及其他任何措施，把外层空间据为己有。

第四，遵守国际法。各国在外层空间的各种活动应遵守国际法和《联合国宪

章》，以便维护国际和平与安全，促进国际合作和了解。

第五，非军事化。各缔约国保证：不在绕地球轨道上放置任何携带核武器或任何其他类型大规模毁灭性武器的实体，不在天体配置这种武器，也不得以任何其他方式在外层空间部署此种武器。各缔约国必须把月球和其他天体绝对用于和平目的，禁止在天体建立军事基地、设施和工事，禁止在天体上实验任何类型的武器以及进行军事演习。

第六，国际合作。各国在探索和利用外层空间时，应遵守合作与互助的原则。各国在外层空间进行的一切活动，应妥善照顾其他国家的同等利益。如果一国认为另一国在外层空间的活动或实验可能危害和平探索、利用外层空间，可以要求就这种活动或实验进行磋商。

第七，国际责任。各国对本国在外层空间所从事的活动，要承担国际责任。空间物体的发射国，以及为发射物体提供领土或设备的国家，对于该物体及其组成部分在地球、空间对另一国家或其自然人或法人造成的损害，应负国际责任。

第八，保护环境。国家从事外层空间活动时，应采取适当措施，避免使外空遭受有害污染，或使地球环境受到不利的影响。

**2．登记制度**

根据《登记公约》，空间物体登记制度的主要目的是帮助辨认空间物体的身份，确认空间物体的控制和管辖权，为未来空间物体造成损害确立责任提供身份信息。

公约规定，发射国在发射一个外空物体进入或越出地球轨道时，应以登记册的方式登记该外空物体。如果一个外空物体有两个以上发射国，应共同决定由其中的哪一国登记该外空物体。每一登记册的内容项目和保持登记册的条件应由有关的登记国决定。同时，每一登记国应在切实可行的范围内尽快向联合国秘书长提供有关登入其登记册的每一外空物体的下列情报：发射国或多个发射国的国名；外空物体的适当标志或其登记号码；发射日期和地域或地点；基本的轨道参数，包括交点周期、倾斜角、远地点以及近地点等；外空物体的一般功能；等等。

**3．营救制度**

根据《外空条约》和《营救协定》，营救制度的主要内容包括：

第一，关于营救对象，包括空间物体上的所有人员。

第二，关于营救条件，只有相关人员因意外事故、遇难、紧急的或非预定的降落，相关人员才有营救的义务。

第三，关于归还对象，应该是登记国或登记的国际组织，或是对发射负责的国家或组织。

第四，关于缔约国义务，各国负有通知义务、营救义务以及归还义务。

**4．责任制度**

根据《外空条约》和《国际责任公约》，现行外空责任制度包括：

第一，关于责任主体，空间物体造成损害的责任主体是空间物体的发射国。发射国是指发射或促使发射空间物体的国家，或从其领土或设施发射空间物体的国家。

第二，关于归责原则，空间物体对地球表面或飞行中的飞机造成损害，适用绝对责任原则，对地球表面以外的其他地方，对另一发射国的空间实体或其所载人员或财产造成的损害适用过失责任原则。

第三，关于赔偿范围，赔偿的损害主要是指生命丧失、身体受伤或健康的其他损害；国家、自然人、法人的财产，或国际政府间组织的财产受损或损害。

第四，关于求偿途径，一是由受害国或其自然人或法人使用当地救济办法通过发射国的法院、行政法庭或机关向发射国提出求偿；二是由受害国通过外交或类似仲裁的途径向发射国求偿。

第五，关于免责事由，绝对责任应依发射国证明损害全部或部分系由求偿国或其所代表之自然人或法人之重大疏忽或意在造成损害之行为或不行为所致之程度，予以免除。

**5. 月球开发制度**

《月球协定》规定国家在月球和其他天体上活动应遵守的原则和规则。截至2021年1月，有18个参与方、11个签署方①。美国、俄罗斯和中国没有签署。

《月球协定》明确规定：第一，月球及其资源是全人类的共同财产，任何国家不得依据主权要求，通过利用或占领，或以任何其他方式据为己有。第二，各国有权在平等基础上按照国际法的规定探索和利用月球。月球上的一切活动应按照国际法，尤其是《联合国宪章》的规定进行。所有国家应遵循合作与互助原则从事一切探索和利用月球的活动。第三，月球的探索和利用是全人类的事情并应为一切国家谋福利，而不问它们的经济或科学发展程度如何。月球上的一切活动，应顾及维持国际和平与安全以及相互谅解的利益，并适当顾及所有其他国家的相应利益。第四，月球应供全体国家专为和平目的而加以利用。禁止在月球上使用武力或武力威胁。禁止在月球上建立军事基地、军事装置及防御工事，禁止试验任何类型的武器及举行军事演习。第五，月球的探索和利用应充分注意今世与后代人类的利益。各国在探索和利用月球时，应采取措施防止月球环境的现有平衡遭到破坏，同时也应采取措施防止地球环境由于引入地球外物资，或由于其他方式而受到有害影响。第六，在月球自然资源的开发即将可行时，应建立指导此种开发的国际制度。国际开发制度的宗旨是：有秩序地和安全地开发月球的自然资源；对这些资源进行合理的管理；扩大使用这些资源的机会；所有缔约国应公平分享这些资源所带来的惠益，并应对发展中国家的利益和需要，以及各个直接或间接对探索月球做出贡献的国家给予特别的照顾。

**6. 外层空间活动的其他争议问题**

（1）卫星直接电视广播。

卫星直接电视广播是指通过卫星将电视广播信号直接传送至地面电视机，而不

---

① Agreement governing the activities of states on the moon and other celestial bodies. https://treaties.unoda.org/t/moon.

需要通过地面电视接收站的传播。自 1965 年美国发射“国际通信卫星一号”之后，卫星直接电视广播的法律问题逐渐引起国际社会的普遍关注。其涉及的法律问题包括：播出国是否有对他国“自由播放”电视节目的权利；播出国在未经过地面接收国“事先同意”的情况下播出电视节目，是否构成对接收国主权的侵犯；等等。

1982 年联合国大会通过的《各国利用人造地球卫星进行国际直接电视广播所应遵守的原则》，对卫星直播活动起到了积极的指导作用。该决议所确定的原则主要包括：利用卫星进行国际直接电视广播不得侵犯各国主权，包括不得违反不干涉原则；卫星直接电视广播活动应遵守国际法；各国在利用卫星进行国际直接电视广播方面的权利一律平等，并有权享受这种活动带来的利益；进行卫星直接电视广播应以国际合作为基础；广播国与收视国应就有关问题进行协商；各国应对利用卫星进行直接电视广播活动承担国际责任。

（2）卫星遥感地球问题。

卫星遥感地球又称外空遥感地球，是指利用在外空运行中的卫星上的传感器观察和探测地球上物体和现象的性质，分析和决定此种物体和现象的状况的一种空间技术手段。根据 1986 年联合国大会决议的说明，“遥感”是指为管理资源、利用土地和保护环境，利用发射到勘查对象上的电波的回折或反射特性，从外层空间勘查地球表面。“遥感活动”是指对原始数据的收集、处理或分析所获得的数据，以及散发各种卫星数据和资料的活动。进行遥感活动的国家称为“遥感国”，因遥感活动而涉及的地球物体和现象的所属国家称为“被感国”。

有关卫星遥感的法律问题包括：遥感国是否有权在外层空间对他国领土进行遥感活动，是否有权自由处理遥感所获得的信息，遥感国在未取得被感国事先同意的情况下从事遥感活动是否构成对被感国主权的侵犯。发展中国家强调领土国的权利，认为遥感应取得地面国的“事先同意”；而发达国家则强调自由利用外层空间的原则，认为遥感不需要取得地面国的事先同意。与卫星直接电视广播类似，关于卫星遥感地球问题，国际上至今未能以条约的形式确立其法律制度。

1986 年联合国大会通过了《关于从外层空间遥感地球的原则》的决议，该决议所确立的原则主要包括：遥感活动应为所有国家谋福利和利益，并应特别考虑到发展中国家的需要；遥感活动应遵守国际法，不得损害被感国的合法权利和利益；进行遥感活动的国家应促进遥感活动方面的国际合作，提供技术援助；遥感应促进地球自然资源的保护和保护人类免受自然灾害的侵袭；被感国在非歧视的基础上可以依照合理费用取得其管辖下领土的原始数据和经过处理的数据；遥感国应对其活动承担国际责任。

（3）地球静止轨道的法律地位。

地球静止轨道是指位于赤道平面上空离地面 35 871 千米的一条圆形轨道。这条轨道上的人造卫星绕地球一周需要 24 小时，恰好等于地球自转一周的时间。由于卫星运行的方向和地球自转的方向完全相同，从地面上观察，卫星如同处于静止状态，固定在轨道的一定位置上，因而这条轨道被称为静止轨道。理论上，在这条轨道上放置三颗卫星，就可以覆盖全球。据专家测算，静止轨道在同一时间最多容纳不超过 180 颗人造卫星①。静止轨道因而成为一种有限的资源。

发展中国家担心在有需要、有能力使用卫星之前，静止轨道就已经被发达国家的卫星占满。1976 年，8 个赤道国家：巴西、厄瓜多尔、哥伦比亚、刚果、乌拉圭、扎伊尔、印度尼西亚和肯尼亚在哥伦比亚首都波哥大举行会议，并发表《波哥大宣言》，主张位于它们领土之上的静止轨道的各部分属于它们的主权范围。该宣言遭到绝大多数国家的反对。地球静止轨道属于外层空间得到广泛认可，外层空间法律地位的规定同样适用于地球静止轨道。

（4）在外层空间使用核动力源问题。

在外空使用核动力源属于一项尖端技术，其目的是解决航天器对电能的需要。核动力源由于体积小、寿命长及其他特性，被越来越多地用于在外层空间执行某些任务，但同时也使国际社会面临在外层空间使用核动力源带来的新问题，其中最突出的问题在于如何确保在外层空间使用核动力源的安全性。1978 年，苏联发射的核动力卫星（宇宙 954 号）的残体，包括 45 公斤的浓缩铀出人意料地在加拿大境内散落。该事件促使国际社会在《外空条约》的基础上，进一步确立规则和标准以确保在外层空间安全使用核动力源。

1992 年 12 月，联合国大会审议了外空委员会第 35 届会议的工作报告，并通过了《关于在外层空间使用核动力源的原则》的决议。该决议为核动力源的安全应用和评估列出了 11 条原则，为外层空间使用核动力源创设了有秩序的环境。2009 年，外空委员会科学和技术小组委员会与国际原子能机构联合发布《外层空间核动力源应用安全框架》。尽管这是一个不具有法律约束力的国际文件，但也为相关国家在外空使用核动力源提供了行动指南。

（5）空间碎片问题。

随着外空活动的开展，外空轨道上的空间物体残骸、碎片等太空垃圾的不规则运动，可能与人造卫星发生碰撞并对其造成严重损害。早在 1989 年，联合国大会就通过决议将“空间碎片”作为新议题列入工作议程。进入 21 世纪，机构间空间碎片协调委员会和联合国外空委员会先后通过了《空间碎片减缓指南》，为相关国家在外空活动中加强空间碎片减缓提供了重要的行为规范。

2009 年 2 月，美国 1997 年发射的一颗铱星与俄罗斯 1993 年发射但已报废的一颗卫星在西伯利亚上空的太空中相撞。这是人类历史上首次卫星太空相撞事故，碰撞产生的碎片对整个铱星系统以及他国的卫星及太空船的安全产生威胁。据统计，目前已知的包括极微小物体在内的宇宙垃圾已达到 3 500 万个，其中在卫星轨道上存在的 10 厘米以上的垃圾多达 21 000 个②。空间碎片所引起的潜在威胁和太空环

---

① 李寿平，赵云．外层空间法专论．北京：光明日报出版社，2009：36.

② 加藤信行，植木俊哉，森田幸一，等．图解国际法．张诗奡，译．北京：社会科学文献出版社，2021：104.

境污染是国际社会亟待应对的现实问题。

## 思考题

1. 什么是国家领土？试述国家领土的构成及其重要性的表现。
2. 试述南极与北极法律地位的不同。
3. 如何理解公海自由？
4. 试述外层空间的法律地位。

## 阅读书目

1. 张海文，李海清．《联合国海洋法公约》释义集．北京：海洋出版社，2006.
2. 李寿平，赵云．外层空间法专论．北京：光明日报出版社，2009.
3. 任虎．领土主权与国际法．北京：中国政法大学出版社，2018.

第五章

# 国际法对国际交往行为秩序的创建

国际关系本质上是一个处于无政府状态的系统，主权国家和其他非国家行为体的行为及其相互关系的有序性，源于各行为体共同遵循的原则、规范和制度。国际法为国际关系的运行提供制度框架，约束主权国家和其他非国家行为体的国际行为，形成普遍遵循的交往规则和价值标准。其中，条约关系、外交关系、领事关系是保障国际交往行为秩序的基础，也是传统国际法调节的主要对象。国际责任制度是维护国际关系正常秩序的有力手段，其适用范围随着国际关系法制化趋势的发展而不断扩大。

## 第一节　条　约

条约与国际关系相伴而生，并随着国际关系的演变而逐步发展，是现代国际关系中国际合作的最普遍的法律方式。

根据 1969 年《维也纳条约法公约》第 2 条和 1986 年《关于国家和国际组织间或国际组织相互间条约法的维也纳公约》第 2 条的规定，条约是国家之间、国际组织之间以及国家与国际组织之间缔结的受国际法支配的书面国际协议。

条约具有如下特征：

第一，条约的主体必须是国际法主体。换言之，只有国家或其他国际法主体才能缔结条约。国家是最重要的国际法主体，也是条约最主要、最常见的当事方。政府间国际组织和民族权力机构在一定范围内也是国际法主体，所以也能成为条约的当事方。国家和外国个人或法人签订的协议不是条约。1952 年国际法院对“英伊石油公司案”所做的判决明确地阐述了这一点。

第二，条约必须符合国际法。条约必须以国际法为准，这是条约合法性的根本标志。1969 年《维也纳条约法公约》和 1986 年《关于国家和国际组织间或国际组织相互间条约法的维也纳公约》都明确规定：条约应以国际法为准。根据这项原则，一个条约在国际法上是否有效，应该用国际法来衡量，只要不违反国际法上的强行法规则，国际法主体享有缔结条约的自由。

第三，条约的内容是缔约方之间在国际法上的权利和义务关系。首先，条约规定的是缔约方之间在国际法上而不是在国内法上的权利和义务关系。因此，适用于条约的法律是国际法而不是国内法。其次，条约规定的是缔约方之间在法律上的权利义务关系。一项国际协议是否根据国际法在当事方之间创设、改变或废止权利义务关系，是甄别该协议是否是条约的要件之一。

第四，条约的形式主要是书面的。条约是缔约方一致的意思表示，通常采用书面形式。实践中并不排除书面之外其他形式条约的存在和有效性。口头条约的效力在历史和现代都曾偶然出现。但是，口头条约不易证明，容易引起国际争端。因此，口头条约很罕见，条约一般是书面形式的。

## 一、条约是国际法的重要渊源

国际法的渊源问题，是国际法理论中分歧较多的问题之一。《奥本海国际法》第 8 版用泉源或水源对“渊源”做出这样的描述：“它应该解释为一股水从地面的流出。当我们看到一股水而想知道它从哪里来的时候，我们就溯流而上，直到它从地面自然地流出的地方。我们说，那个地方就是这股水的渊源。”① 王铁崖则指出法律渊源是指法律原则、规则和制度第一次出现的地方②。国际社会本质上处于无政府状态，国际法不存在专门的立法机构，而是通过国家的共识和实践逐步发展而来的。《国际法院规约》第 38 条规定了国际法院在处理案件时应当依据的国际法规范，被视为国际法各种渊源存在的权威说明。

**《国际法院规约》第 38 条**

一、法院对于陈诉各项争端，应依国际法裁判之，裁判时应适用：

（子）不论普通或特别国际协约，确立诉讼当事国明白承认之规条者。

（丑）国际习惯，作为通例之证明而经接受为法律者。

（寅）一般法律原则为文明各国所承认者。

（卯）在第五十九条规定之下，司法判例及各国权威最高之公法学家学说，作为确定法律原则之补助资料者。

《国际法院规约》第 38 条将国际法的渊源归结为三种：国际条约、国际习惯以

---

① 劳特派特．奥本海国际法：第 8 版：上卷：第 1 分册．王铁崖，陈体强，译．北京：商务印书馆，1971：17.

② 王铁崖．国际法．北京：法律出版社，1995：10.

及为各国承认的一般法律原则。此外还确立了国际法的辅助资料，包括有权威的公法家学说和司法判例。随着时代的发展，国际组织的决议也成为国际法的渊源或者辅助资料①。

条约是现代国际法的首要渊源。传统国际法的大多数原则、规范都是以习惯的方式表现的，条约仅占一小部分。20 世纪以来，随着国际社会逐渐组织化，国际条约的数量迅速增加。大多数国家都选择以订立条约的方式解决与他国的领土、外交、贸易往来等方面的问题，而国际组织都需要通过签订条约来确立其宗旨、原则及工作程序。而且，国家与国际组织、国际组织彼此间也经常需要以条约的方式确立彼此的权利义务。更重要的是，在联合国等国际组织的推动下，原有的不成文的国际习惯逐渐被成文形式的国际条约所取代。

关于条约的名称，国际法上没有一个强制性的规定和标准。广义的条约是指符合上述定义的国际法主体之间的一切一致的意思表示，而不论以何种名称出现。一般来说，缔约方可以自由选择条约的名称，常见的有公约、条约、协定、议定书、宪章、盟约、规约、文件、宣言、声明、谅解备忘录、联合公报等。不同名称的条约通常仅表示条约内容、缔约方式、缔约程序、生效程序等方面的不同，并不意味条约法律效力的不同。国际法院在 1962 年的“西南非洲案”的判决中曾指出：“术语并不是确定一个国际协议或承诺的性质的决定性因素。在国家和国际组织的实践，以及国际法院的司法实践中，（条约名称的）用法是多种多样的。（在国际上）有很多不同种类的文件，但它们都具备了条约约定的性质。”

条约有多种类型。按照缔约方的数目，条约可分为双边条约、区域性多边条约、全球性多边条约。按照内容的不同，条约可以分为政治、经济、文化等以便记载并归类，例如，《中华人民共和国条约集》把条约分为 14 类：政治类、法律类、边界类、边境问题类、经济类、文化类、科学技术类、农林类、渔业类、卫生保健类、邮政电信类、交通运输类、战争法规类和军事类。有学者主张按照法律性质不同，将条约分为造法性条约和契约性条约。所谓造法性条约，通常指缔约方旨在创立相互间必须遵守的共同行为规则，即创立法律的目的。而契约性条约，指的是缔约方为了解决当前某个或某些具体问题而规定具体行为规则的条约。但是，造法性与契约性的区分界线并不清晰。有的条约既是契约性的，又是造法性的。有学者提出：“在原则上，一切条约都是造法性的，因为它们订立了当事各方所必须当作法律的行为规则。”② 二者的区别只在于“所立的法有一般规则和个别规则的不同而已”③。

根据《国际法院规约》第 38 条的规定，能作为国际法渊源的条约只能是普遍

---

① 关于国际组织决议是否是国际法渊源的问题，国际法学界有不同的看法。《奥本海国际法》第 9 版中写道：国际组织决议属于传统国际法渊源的范围，即条约和国际习惯法的一部分。

② 詹宁斯，瓦茨．奥本海国际法：第 9 版：第 1 卷：第 2 分册．王铁崖，陈公绰，汤宗舜，等译．北京：中国大百科全书出版社，1998：628.

③ 李浩培．国际法的概念和渊源．贵阳：贵州人民出版社，1994：67.

性的、造法性的条约。这类条约由于有很多国家参加，所制定或编纂的是一般国际行为规范，所以具有一般国际法的效力。但是，没有超国家的立法机关，因此并无真正的“立法”可言。从理论上讲，即使是大多数国家参加的造法性条约，通常也只能约束其缔约国，而对非缔约国无效。这种造法性条约之所以对整个国际社会产生普遍效力，原因在于其规范本身是国际习惯法的内容。

只有少数国家参与订立的契约性条约，如边界条约、贸易协定等，其规范仅在特定事项上约束少数当事国，所以只是有关国家间的一种特殊国际法，而不能成为一般国际法的渊源。

## 二、条约的缔结

条约的缔结主要涉及缔约主体的权利能力和多方面技术性的程序问题，在实践中具有重要的法律效果。

**1. 缔约能力和缔约权**

条约主体是条约的缔结者。认识缔约主体的权利能力需要区分缔约能力和缔约权两个概念。

缔约能力是指国际法主体作为国际人格者依照国际法所享有的缔结条约的权利能力或法律资格，它是国家及其他国际法主体的固有属性。缔约权是指国际法主体的特定机关或其授权的人代表该主体缔结条约的权限。缔约能力的有无应根据国际法来确定，而缔约权的有无则根据缔约方的国内法或内部法来确定。缔约能力与缔约权是相互联系的，缔约能力是缔约权的前提，缔约权是实现缔约能力的条件。缔约能力必须通过具体的职能部门行使缔约权来实现。

1969 年《维也纳条约法公约》第 6 条规定：“每一国家皆有缔约之能力。”相对其他国际法主体而言，国家的缔约能力是与国家主权相联系的，比其他国际法主体更广泛。哪个机关代表国家行使缔约权，由各国的国内法通常是宪法来规定的，一般是国家元首、最高行政机关或外交机关对外代表国家缔结条约。在单一制国家，通常只有中央政府才有缔结条约的权力，地方政府经特别授权才可在授权范围内对外缔结条约。例如，中国的香港和澳门两个特别行政区，经全国人民代表大会通过《基本法》赋予了有限的缔约权。有的联邦制国家，如瑞士、德国、加拿大、美国等，联邦中的邦或州享有一定的缔约权力。

**2. 缔约程序**

条约的缔结程序是指缔结条约经过的过程和履行的一定手续。条约的缔结程序一般包括：约文的议定、约文的认证、表示同意受条约拘束。具体所采用的缔约方式和程序取决于缔约方的约定和选择。

（1）约文的议定。

约文的议定包括缔约方为达成条约而进行的谈判、约文起草和草案的商定。谈判过程就是起草约文的过程。双边条约通常在提议缔约的一方提出草案的基础上形成新的草案，也可以双方交换草案供对方确定谈判方案，双方共同起草约文。多边条约最初的谈判草案的形成方式有两种：由常设的编纂机构或临时设立的起草委员会起草；由发起缔约的国家提出建议草案，并在此基础上协商出统一或单一草案。条约草案经议定程序才能成为正式文本。

（2）约文的认证。

约文拟定后需要予以认证，约文的认证是指谈判方确认该约文是正确的和作准的，可以作为当事方之间拟缔结的条约约文。认证方式可以按照条约约文所规定的程序或按照参加起草条约约文的各国所约定的程序进行，一般采用的方式有：草签、暂签、签署等。草签和暂签都不具有正式签署的效力，是在从谈判结束到正式签署尚有一段较长时间的情况下，非正式地认证约文以等待正式签署的步骤。签署是指缔约代表在条约文本上签署姓名，表示认证约文和同意受条约拘束意向的缔约行为。签署既是认证，也是愿意受拘束的表示，在签署条约最后文件的情况下，"认证不被认为是一个单独的程序"①。依照国际惯例，双边条约的签署顺序采用轮换制，即条约文本的每个执存方签于首位，对方签于次位，以体现平等原则。多边条约以约定的顺序签署，如依国名的英文字母顺序签署。

（3）表示同意受条约拘束。

表示同意受条约拘束是缔约程序中最关键的环节，任何缔约主体只有做出同意受某一条约拘束的表示，才能成为条约的当事方。表示同意受条约拘束的方式，可依照该条约的规定或由各方约定，实践中较为常用的主要方式有：签署、批准、加入和接受等。新国家表示同意受条约拘束的方式还有继承。国际组织表示同意受条约拘束的方式与国家相似，只不过相当于国家批准条约的行为，被称为正式确认。

签署除了具有认证条约约文的意义外，也可以具有表示同意受条约拘束的意义，一般发生于下列三种情况：第一种，该条约规定签署有这种效果；第二种，各谈判方约定签署有这种效果；第三种，缔约方在其代表的全权证书中或在谈判过程中表示缔约方赋予签署这种效果。

批准有国内法和国际法上的两种含义。国内法上的批准是一国的权力机关依据该国国内法对条约的认可。国际法上的批准是指一国同意受条约的拘束。国际法上的批准一般是通过交换或交存批准书来完成的，即通知对方或其他各方同意其受条约拘束。一国的权力机关批准某项条约后，需要出具批准书。对于双边条约，是与对方进行该批准书的互换。对于多边条约，一般是交由条约规定的国家或机构保存。并非所有条约都需要批准。"通常，无论明示还是默示，条约自身就规定了它是否在签署时即生效还是只有在经批准后才生效。"②

---

① 詹宁斯，瓦茨．奥本海国际法：第9版：第1卷：第2分册．王铁崖，陈公绰，汤宗舜，等译．北京：中国大百科全书出版社，1998：639.

② 克拉彭．布赖尔利万国公法：国际法在国际关系中的作用简介：第7版．朱利江，译．北京：中国政法大学出版社，2018：190.

加入是指未签署条约的国家或国际组织表示同意受条约的拘束，成为条约当事方的一种方式。加入适用于开放性多边条约，尤其是造法性的国际公约。实践中，一些国际公约规定同时开放给有关国家签署或加入，这时国家可以选择采用哪种方式表示同意接受条约拘束。签署通常只能在条约规定的开放签署期限内进行，而加入一般没有期限的限制，因此加入可以在条约生效之前或生效之后进行。

通过接受和赞同表示同意受条约拘束，在实践中有两种情况。第一种，没有在条约上签署的国家，用接受和赞同来表示同意受条约拘束，成为条约的缔约国，其效果类似于加入。第二种，国家在条约上签署以后，用接受和赞同表示最终同意受条约的拘束，其效果类似批准，实际上是一种简化了的批准手续。国家选择接受和赞同方式，而不是加入或批准方式缔结条约的原因，多半是基于其国内法的约束。

**3. 条约的保留**

1969 年《维也纳条约法公约》第 2 条第 1 款将条约的保留定义为："一国于签署、批准、接受、赞同或加入条约时所做之片面声明，不论其措辞或名称如何，其目的在摒除或更改条约中若干规定对该国适用时之法律效果。"

保留是以国家主权平等原则和缔约自由同意为根据的片面声明，无论声明的名称是什么，只要其目的是排除或更改条约中的某个或某些条款的规定，就是国际法上的保留，直接影响到条约所确立的权利义务关系。保留不同于国家对条约的适用方法提出的政治声明，后者只表明缔约国对条约条款所持的解释，并不改变该缔约国对其他缔约国的义务，不是法律上的保留。

双边条约一般不发生保留问题，如果一方不同意某项条文，会导致重新谈判或谈判破裂。在多边条约的谈判中，各国的政策利益有所不同，要达成完全的、严格的一致同意往往很困难。尽管保留不利于多边条约产生一般适用的一致规则，但得到最大范围的适用显然也是多边条约发挥作用的重要需求①。因此，保留为达成条约提供了一个求同存异的途径，在维持多边条约的完整性与普遍性之间寻求平衡。

并非所有的多边条约都允许保留。根据 1969 年《维也纳条约法公约》的规定，下列情况不得提出保留：条约规定禁止保留；条约准许特定的保留，而有关保留不在条约准许的保留范围内；保留与条约的目的和宗旨不符。

保留是单方面做出的。其他的缔约方对于保留可以做出同意或反对的意思表示，即有权决定是否接受该保留造成的对有关权利义务排除或变更的拘束。对于一项保留是否需要其他缔约国予以接受这个问题，1969 年《维也纳条约法公约》做了以下规定：条约明文准许保留的，一般不需要其他缔约方事后予以接受；如果谈判方数目有限或条约的目的宗旨有所规定，该条约在全体当事方的全部适用是每一当事方同意受该条约拘束的必要条件时，则保留须经全体当事方接受；条约若是一个国际组织的组织约章，保留一般需该组织的相应机关接受；不属于上述情况的，

---

① 克拉彭．布赖尔利万国公法：国际法在国际关系中的作用简介：第 7 版．朱利江，译．北京：中国政法大学出版社，2018：191.

由缔约方决定是否接受保留。

条约的保留只涉及保留方与其他缔约方之间的关系，并不影响其他缔约方相互间的关系。在保留方与接受方之间，按保留的范围，改变该保留所涉及的一些条约规定。在保留方与反对方之间，若反对方并不反对该条约在双方之间生效，则保留所涉及的规定，在保留的范围内，不适用于两方之间；若反对方反对整个条约在双方之间生效，则双方之间不存在条约关系。

## 三、条约的效力与适用

### 1. 条约必须遵守

“条约必须遵守”是一项古老的原则。它最早可溯源到古代罗马法中“约定必守”的概念，以后逐渐扩展到国际法领域，成为国际法的一项原则并沿用至今。在本质上是无政府状态的国际社会中，“条约必须遵守”对于建立互相信赖的国际关系至关重要，对于维持和发展正常的国际秩序是必不可少的。因此，国际法的理论和实践都确认“条约必须遵守”原则并强调其重要意义。

根据 1969 年《维也纳条约法公约》和 1986 年《关于国家和国际组织间或国际组织相互间条约法的维也纳公约》，凡有效之条约对其各当事方均有约束力，必须由各当事方善意履行。“条约必须遵守”的含义主要是：条约缔结后，各方必须按照条约的规定行使自己的权利，履行自己的义务，不得违反。同时，各方必须善意履行条约。所谓善意履行，是指诚实和公平地履行条约，即要符合条约的精神，按照条约真实的含义予以履行。《维也纳条约法公约》第 27 条还规定：条约的当事方不得以其国内法或其组织内部规则为理由而不履行条约。在条约当事各方的关系中，国内法的规定不能优于条约的规定，这是一项得到普遍接受的国际法原则。

当然，“条约必须遵守”并不是一项绝对原则。违反强行法规则的条约是不应遵守的。历史上的不平等条约，是殖民主义者和霸权国家以武力和武力威胁强加给亚非拉弱小民族和国家的，是非法的。迫使弱小国家履行不平等条约的义务，是对“条约必须遵守”原则的歪曲。对不平等条约，不但不应遵守，而且应该反对和废除。因此，反对和废除非法的不平等条约，并不构成对“条约必须遵守”原则的违反。此外，这项原则还受情势根本变迁规则的限制。“所有条约的订立都附有一个默示条件，即‘情势不变’.”① 条约是以各种情势为背景的，条约的效力以缔约时候的情势为条件。一旦缔约时的情势发生了根本变化，当事方有权寻求修改或终止条约。

### 2. 条约的生效

条约的生效是指一个条约正式开始对各当事方产生法律拘束力，各当事方自此

---

① 詹宁斯，瓦茨．奥本海国际法：第 9 版：第 1 卷：第 2 分册．王铁崖，陈公绰，汤宗舜，等译．北京：中国大百科全书出版社，1998：680.

承担条约义务和享有条约权利。条约的生效既表示条约在国际法上对缔约方产生法律效力，又表明条约在各缔约方国内法上产生法律效力。国际法对条约的生效没有统一的规定。一项条约生效的方式和日期，依该条约的规定或各谈判方之间的协议。假如条约中没有关于条约生效的规定，也没有相关协议，可以理解为条约在各谈判方均同意受条约拘束后才生效。

双边条约生效的方式一般有：(1) 自签署之日生效；(2) 自双方均履行完毕国内或内部法律程序并相互通知之日或之后若干天开始生效；(3) 自互换批准书或其他同意受条约拘束的文书之日或之后若干天起生效。

国家间多边条约生效的方式一般有：(1) 自签署国达到一定数目之后生效；(2) 自全体签署国批准或各签署国明确表示承受拘束之日起生效；(3) 自一定数目的国家交存批准书或加入书之日，或之后某日起生效；(4) 自一定数目的国家，其中包括某些特定的国家提交批准书等同意受条约拘束的文书后生效；(5) 自一定数目的国家交存批准书或加入书并且达到一定标准后生效。

条约的生效一般是指条约本身的生效，这与条约开放对某一国家生效不同。如果在条约本身生效之前交存批准书或加入书，条约本身的生效日期和对这些国家的生效日期是一致的。如果在条约本身生效之后交存批准书或加入书，条约对这些国家的生效日期肯定晚于条约本身的生效日期。

对于需要批准的条约，从签署到批准和交换批准书一般相隔一段时间。在这段时间里，条约未生效。但缔约方为了将条约的全部或部分条款在条约正式生效以前适用，可以采取暂时适用措施。这就是条约的暂时适用，即条约在生效前经缔约方约定而具有一定的法律效力。

**3. 条约的适用**

条约的适用是条约的实施，是指缔约方按法定程序。把条约具体应用于实践，使条约条款得以实现的活动。条约的适用涉及适用的时间范围、空间范围以及在国内执行等问题。

条约适用的时间范围主要涉及条约的有效期以及条约有无溯及力的问题。有期限的条约通常在条约中明文规定有效期或有效期的延长问题。造法性条约，包括国际组织的章程，一般不规定有效期。其适用时间原则上是没有限制的。

条约的规定不溯及既往。根据 1969 年《维也纳条约法公约》和 1986 年《关于国家和国际组织间或国际组织相互间条约法的维也纳公约》的规定，除条约表示不同意思，或另经确定外，关于条约对一当事国生效之日以前所发生之任何行为或事实或已不存在之任何情势，条约之规定不对该当事国发生拘束力。

条约适用的空间范围是指条约适用的领土范围。一般情况下，条约适用于当事方的全部领土，除非条约另有规定或当事方另有协议。对于国际组织而言，全部领土通常指该组织成员国的全部领土之和。不过，有的条约因为它所涉及的事项，明文规定或经当事方协议，条约的全部或部分规定只适用于当事方的部分领土或某一地区。

条约缔结和生效后，各缔约方都要采取必要和有效的措施，保证条约在国内的执行。“怎样给予条约以国内法上的效力取决于每个国家的宪法。”① 实践中，各国处理国际条约的国内适用问题大致有三类做法：第一类是所有的国际条约需要通过国内立法措施转化为国内法来适用；第二类是国际条约在经批准和公布后可以被直接适用，具有直接效力；第三类是规定某些国际条约需要通过制定法律来实施，而另一些国际条约则在批准或公布之后即具有法律效力，可以被直接适用。

条约在国际关系中发挥着重要的规范功能。关于国际条约的法律原则、规则和制度的总和构成条约法，除了上述条约的缔结、保留、生效等内容，还包括条约的解释、修订、无效、终止、登记、保管等，是比较完整的国际法分支，负责调整国际法主体之间的条约关系。

**案例 1**

## 柬泰柏威夏寺争端

柏威夏寺（泰语叫隆端寺）是位于柬埔寨和泰国交界的扁担山山脉东部的一座古寺。柬泰两国长期以来对该寺庙及其周围地区的边界存在争议。

1904 年 2 月，法国（当时柬埔寨的保护国）与泰国（当时称“暹罗”）签订了一个边界条约，规定双方边界线沿着扁担山的分水岭划出。双方建立的联合划界委员会对划界地区进行了实地勘察，最后受泰国政府的委托，由法国官员负责绘制边界地图，并在 1907 年完成。其中一张关于扁担山山脉的地图标明柏威夏寺在柬埔寨一边。该地图作为备忘录构成条约的附件，于 1908 年在巴黎出版，广为分发，包括呈送泰国政府作为划界成果，并送联合委员会的泰方官员和泰国内政部长。泰国政府及官员均没有提出异议。1934—1935 年，泰国发现地图上的线与实际的分水岭线有差异，但仍然使用那张地图并继续出版。1949—1952 年，泰国政府派兵占领寺庙及其周边地区。法国政府在 1949 年和 1950 年间曾向泰国提出抗议，但没有得到答复。柬埔寨独立后，曾试图在柏威夏寺建立权力机关，要求泰国撤走其武装力量，遭到拒绝。经过多次谈判未果后，柬埔寨于 1959 年 10 月向国际法院提起诉讼。

1961 年 6 月 26 日，国际法院对该案进行了审理，驳回了泰国提出的初步反对意见。1962 年 6 月 15 日，法院对案情实质做出了判决。法院以 9 票对 3 票判定柏威夏寺是在柬埔寨境内，而泰国有义务撤回驻在该地区的一切军事人员和民事人员，并应将其在占领时期从寺内搬走的一切物品归还柬埔寨。

在这一案例中，法国与泰国在 1904 年签署的边界条约符合国际法的要求，具有国际法效力。而 1908 年出版的错误地图在出版之初不具有国际法效力。泰国在错误的地图出炉之后，有很多机会提出反对意见。如果泰国及时提出反对意见，那

① 奥斯特．现代条约法与实践．江国青，译．北京：中国人民大学出版社，2005：143.

么法泰双方理应根据双方签署的边界条约，重新绘制合乎条约要求的地图。但是，泰国一直没有提出反对意见，甚至在发现地图错误之后的谈判中仍继续使用错误的地图。国际法院认为，泰国事实上的默许行为构成了国际法上的承认，而且依据禁止反言原则，泰国要求改变地图所标示边界的主张应归于无效。

泰国对国际法院的裁决表示遗憾，但仍然遵守判决，撤离了柏威夏寺。然而，国际法院在当时并未对柏威夏寺周边领土做出最终的归属裁决，为泰柬领土争端的持续埋下了隐患。自 2008 年 7 月世界文化遗产委员会将柏威夏寺列为世界文化遗产之后，泰柬双方已经多次爆发冲突。两国间领土争端由于受制于各自国内因素，短期内难以达成最终解决方案。

---

## 第二节　外交与领事关系

“外交构成国家之间赖以建立或维持共同关系及相互交往、或执行其政治或法律事务的任何手段。”[①] 传统国际法上的外交是指国家之间通过其外交机关和授权代表以诸如设立使馆、派遣或接受代表团、出访、参加国际组织和国际会议等方式进行的对外交往活动。外交关系就是国家间在上述活动中所形成的并通过上述行为反映出来的一种相互关系。现代外交的主体除了主权国家外，还扩展到政府间国际组织等其他国际法主体，但国际法意义上的外交仍然是一种主权或官方行为，一般不包括“公共外交”的内容。

“领事是各国为了各种目的、但主要是为了本国的商务和航海的利益，而派驻外国的代表。”[②] 领事关系是国家间根据协议，相互在对方境内派驻领事官员执行领事职务所形成的国家间关系。

外交关系和领事关系都属于国家对外关系的范畴，都是通过法律制度的形式服务于国家间的各种交往。两者之间既有联系又有区别。联系主要表现在：（1）两国间如同意建立外交关系，也就意味着同意建立领事关系；（2）在实践中，外交使节可以同时执行领事职务；（3）在行政系统上，领事官一般与外交官同属于外交人员组织系统，由外交部门领导；（4）在两国没有外交关系的情况下，领事也有兼办外交事务的[③]。两者的区别在于外交关系的内容和范围比领事关系更全面：（1）外交关系涵盖两国间交往的所有内容，领事关系通常只涉及护侨、商业和航务等范围的事务；（2）外交派出机关的活动范围是接受国全境，而领事职务的活动范围则限于领事区域；（3）在特权与豁免制度上，外交特权与豁免高于领事特权与豁免。

---

① 布朗利．国际公法原理．曾令良，余敏友，译．北京：法律出版社，2007：306.

②③ 詹宁斯，瓦茨．奥本海国际法：第 9 版：第 1 卷：第 2 分册．王铁崖，陈公绰，汤宗舜，等译．北京：中国大百科全书出版社，1998：560.

“作为对外政策的执行工具，尽管外交在本质上是一种政策手段，但是法律一直伴其左右。”① 外交与领事关系法是国际法中最古老的分支之一，是适用于外交关系和领事关系的国际法原则、规则和制度的总称。1961 年《维也纳外交关系公约》和 1963 年《维也纳领事关系公约》是有关外交与领事关系法的两个最重要的国际法律文件。

## 一、外交关系机关与外交人员

一国有权与他国或其他国际法主体进行外交活动的各种机关，称为国家的外交关系机关。

**1. 国内外交机关**

国内的外交机关有国家元首、政府、外交部门。它们按照本国宪法和法律确定各自的职责范围。在国际法上，它们都是代表本国与外国或与其他国际法主体建立和保持外交关系而进行外交活动的。

国家元首是一国在国内外代表国家的最高机关。国际法上，国家元首所做出的一切具有法律意义的行为，都被视为国家的行为。不同国家的国家元首名称各不相同，具体职权由其国内法规定，一般包括：派遣和接受外交使节、批准和废除条约、宣战和媾和、参加谈判、缔结条约等。国家元首在外国享有完全的外交特权与豁免以及最高的礼遇。

政府是一国的最高行政机关，也是国家对外关系的领导机关。各国政府的名称不一，其职权由各国国内法规定，主要包括：领导外交工作，管理对外事务；签发外交代表的全权证书，任免外交人员；同外国政府谈判签订条约，参加国际会议，发表共同宣言；等等。政府首脑在外国进行外交活动时享有全部外交特权与豁免。

外交部门是政府中专门具体执行国家对外政策、处理日常对外事务的部门，一般被称为外交部。它的对外职权一般包括：代表本国与外国进行联系和交涉，领导和监督驻外外交代表机构的工作，与外国的代表机构进行联系、谈判，管理协调日常的国家对外事务，等等。外交部部长是外交部的首长，其在外国的活动享有完全的外交特权与豁免。

**2. 外交代表机关**

一国派出驻国外的外交机关，也称外交代表机关，可以分为常驻外交机关和临时外交机关两大类。传统国际法中，常驻代表机关仅指一国派驻他国的外交机关，一般称为使馆。15 世纪欧洲就出现了作为常设外交代表机关的使馆。现代国际法中，常驻代表机关还包括一些政府间国际组织接受和派遣的常驻使团。临时外交代表机关通称特别使团，是指一国派遣到他国或国际组织执行特定的临时外交任务的外交使团。此外，在现代国际法中，国际组织也有派遣特别使团的实践，如联合国

---

① 法斯本德，彼得斯．牛津国际法史手册：下册．李明倩，刘俊，王伟臣，译．上海：上海三联书店，2020：799.

经常派遣特使执行维持国际和平与安全等临时任务。

（1）使馆。

国家之间建立外交关系和互设使馆必须经过双方的协议。这是一项公认的国际法原则。1961 年《维也纳外交关系公约》第 2 条规定："国与国间外交关系及常设使馆之建立，以协议为之。"这种协议可以采用有关双方交换照会、发表联合声明、缔结条约等方式。外交关系是国家间以特定形式进行交往而表现和存在的国家关系，实践中建立外交关系一般是与相互设立常驻外交机构、互派外交代表相联系的。在外交关系建立并互设使馆之后，由于某种原因，一国也可以单方面暂时关闭使馆，甚至断绝与另一国的外交关系。如果两国关系改善或恶化，任何一方都可以提出将已有的外交关系升格或降格，经另一方同意后实现。

作为全面代表本国的使馆，职务十分广泛。《维也纳外交关系公约》第 3 条将使馆的职务规定为五项：第一，代表，即在接受国中代表派遣国。这是使馆的最重要和最基本的职务。第二，保护，即在国际法许可的限度内，在接受国中保护派遣国及其国民的利益。第三，谈判，即与接受国政府办理交涉。第四，调查和报告，即以一切合法手段，调查接受国的状况和发展情形，并向派遣国报告。第五，促进，即促进派遣国与接受国间的友好关系和发展两国间经济、文化和科学关系。

除了上述五项职务外，使馆还可以在不违反国际法的前提下，执行其他职务，如执行领事职务、经接受国同意可以受托保护未在接受国派有代表的第三国及其国民的利益。

（2）使馆人员。

根据《维也纳外交关系公约》第 1 条的规定，使馆人员由使馆馆长和使馆职员组成。使馆职员包括外交人员、行政及技术人员和服务人员几个类别。

使馆馆长分为三级：向国家元首派遣的大使或教廷大使，及其他同等级位之使馆馆长；向国家元首派遣的使节、公使或教廷公使；向外交部部长派遣的代办①。与公使相比，大使不仅代表派遣国，而且代表派遣国的国家元首，享有最高礼遇。以馆长的级别不同，使馆相应地称为大使馆、公使馆和代办处。当使馆馆长缺位或不能执行职务时，应由临时代办暂代使馆馆长。临时代办与代办不同，代办是一级馆长，临时代办则是暂时代理使馆馆长职务的外交人员。

各级使馆馆长除位次和礼仪外，不应依所属级别不同而有任何其他差别。这意味着在位次和礼仪上，大使最先，公使次之，最后是代办。在同级馆长中，位次一般以其到任的先后排定。中国的实践是依照递交国书时间为到任时间，而递交国书或国书副本的时间以馆长到达的日期和时间先后而定。国家之间互派什么等级的使馆馆长，应由有关国家商定。一般说来，在主权平等的原则下，国家互派同一等级的使馆馆长，而且通常是大使一级的。

---

① 中国不接受教廷使节，在加入 1961 年《维也纳外交关系公约》时对第 14 条关于教廷使节的规定做了保留。

除馆长外，使馆的外交人员是指具有外交职衔的人员，包括参赞、武官、秘书和各种专员。行政及技术人员包括译员、工程师、行政主管、会计等。服务人员则包括司机、清洁工、修理工等。

国家在国际法上拥有派遣和接受外交代表的权利，被称为使节权。根据国家主权原则，国家有权自主决定其使馆人员。但是，使节权在法律上的意义是有争议的①。一个国家派遣外交使节的权利，不等于要求另一国家必须接受该使节的权利。因为国家没有义务接受另一国的使节，同样，一个国家也没有义务必须派遣外交使节。由于使馆人员，特别是使馆馆长，对派遣国与接受国之间的关系有重要的影响，所以派遣国派出的使馆人员，应当是接受国能够接受的。否则，一般认为，对于派遣国的使馆馆长及外交人员，接受国可以随时不加解释地宣布其为“不受欢迎的人”，对于使馆的其他人员，接受国可以宣布其为“不能接受”。

（3）特别使团。

特别使团是指一国经另一国同意，为了就特别问题同该另一国进行交涉，或为了执行同该另一国有关的特别任务，而派往该国的、代表其本国的临时使团。

作为一种临时外交形式，特别使团的出现远比常驻外交使团早。1969 年 12 月，联合国大会通过了《联合国特别使团公约》，对有关习惯法规则进行编纂和发展，对特别使团的派遣、组成、职务、外交特权与豁免等做了规定。该公约已于 1985 年 6 月生效。

与常设的使馆相比，特别使团是根据双边关系和多边关系的特殊需要而临时派遣的，其职务只能通过有关当事方商定，上述公约的规定是原则性的。

（4）外交团。

外交团一般指驻在一国首都的各外国使馆馆长和其他外交人员组成的团体。狭义的外交团仅限于使馆馆长，广义的外交团还包括外交人员的家属。外交团团长由外交团中等级最高，递交国书时间最早的使馆馆长担任。在一些天主教国家，外交团团长往往由教廷大使担任。

外交团不具有任何法律职能，不能从事任何政治性的活动或干涉接受国的内政。其作用主要体现在外交礼仪方面，例如，外交团团长代表外交团在接受国的庆典、宴会上致辞；向接受国政府转达外交团成员的有关日常事务方面的要求；应接受国政府请求，向外交团成员传达或通知某些相关的事情。外交团的重要性在于，“它照顾着外交使节们所应当享有的特权和尊荣，并且可以通过团长就这些问题与接受国交涉”②。

---

①　詹宁斯，瓦茨．奥本海国际法：第 9 版：第 1 卷：第 2 分册．王铁崖，陈公绰，汤宗舜，等译．北京：中国大百科全书出版社，1998：480.

②　同①484.

## 二、外交特权与豁免

**1. 外交特权与豁免的根据**

外交特权与豁免是外交代表机关及其人员根据国际法或有关协议在接受国所享有的特别权利和优惠待遇的总称。外交代表所享有的豁免是一种特权。为了使外交代表机关及其人员有效地执行职务，各国通常根据互惠原则相互给予对方外交代表机构及其人员一定的特别权利和优惠待遇。在各国实践的基础上，逐渐形成了有关外交特权与豁免的国际法原则、规则和制度。

关于外交特权与豁免的理论根据，国际法学界主要存以下三种学说：第一，治外法权说。该学说认为，使馆虽然处于接受国领土上，但在法律上应被视为派遣国的领土，是派遣国领土的域外延伸。因此，使馆人员应不受接受国管辖。这种传统的国际法观念不符合客观事实，也不符合国际实践，已经被摒弃。第二，代表性说。该学说认为，外交代表机关及其人员之所以在接受国享有特权与豁免，是因为他们代表派遣国，是派遣国国家或国家元首的代表。根据主权平等国家之间无管辖权的原则，接受国不应对派遣国的代表行使管辖权。第三，职务需要说。这种学说认为，外交特权与豁免是维持国家间正常关系所必不可少的。外交代表机关及其人员只有在享有外交特权与豁免的情况下，才能不受驻在国的干扰和压力，自由地代表本国执行职务。因此，外交特权与豁免的根据在于外交代表机关及其人员在接受国执行职务时有此需要。

代表性说和职务需要说在1961年《维也纳外交关系公约》等文件中得到了肯定。

**2. 使馆的特权与豁免**

（1）使馆馆舍不得侵犯。使馆馆舍是指供使馆使用及供使馆馆长寓邸使用之建筑物或建筑物之各部分，以及其所附属之土地。根据《维也纳外交关系公约》第22条的规定，使馆馆舍不得侵犯的内容包括：接受国官吏非经使馆馆长许可，不得进入使馆馆舍；接受国负有特殊责任，采取一切适当步骤保护使馆馆舍免受侵入或损害，并防止一切扰乱使馆安宁或有损使馆尊严之情事；使馆馆舍及设备，以及馆舍内其他财产与使馆交通工具免受搜查、征用、扣押和强制执行。

（2）使馆档案及文件不得侵犯。使馆档案及文件，不论位于何处，均属不得侵犯。

（3）通信自由。接受国应允许使馆为一切公务目的通信，并予以保护；使馆来往公文不得侵犯；外交邮袋不得予以开拆或扣留；外交信使享有人身不得侵犯权，不受任何方式之逮捕或拘禁。

（4）免纳捐税、关税。使馆所有租赁之馆舍，概免缴纳国家、区域或地方性捐税，但其为对供给特定服务应纳之费用，例如清除垃圾费，不在免除之列。使馆办理公务所收的规费和手续费免征一切捐税。接受国应依本国制定的法律规章，准许使馆公务用品入境并免除一切关税。

（5）使用国旗、国徽。使馆及其馆长有权在使馆馆舍，及在使馆馆长寓邸与交通工具上使用派遣国国旗或国徽。

**3．使馆人员的特权与豁免**

使馆馆长和其他使馆外交人员都享有全部外交特权与豁免，具体包括以下内容：

（1）人身不可侵犯。外交代表人身不得侵犯，不受任何方式之逮捕或拘禁。接受国对外交代表应特示尊重，并采取一切适当步骤以防止其人身、自由或尊严受到任何侵犯。

（2）寓所、文书、信件和财产不可侵犯。

（3）管辖豁免。具体包括：第一，刑事管辖豁免。外交代表对接受国之刑事管辖享有豁免，在派遣国对外交代表的豁免权没有放弃的情况下，接受国不得依其国内法对外交代表进行刑事管辖。第二，民事及行政管辖豁免。除下述三类案件外，外交代表对接受国之民事及行政管辖享有豁免：关于接受国境内私有不动产之物权诉讼，但其代表派遣国为使馆用途置有之不动产不在此列；关于外交代表以私人身份并不代表派遣国而为遗嘱执行人、遗产管理人、继承人或受遗赠人之继承事件之诉讼；关于外交代表于接受国内在公务范围以外所从事之专业或商务活动之诉讼。第三，管辖豁免与执行豁免的放弃。外交代表的管辖豁免可由派遣国放弃。豁免的放弃必须是明示的，派遣国的放弃决定通常由使馆馆长通知接受国。第四，作证义务的免除。外交代表无以证人身份作证之义务。第五，免纳捐税。外交代表免纳一切对人和对物课征之国家、区域或地方性捐税。但同时也规定了6项例外：通常计入商品和劳务价格内之间接税，对于接受国境内私有不动产课征之捐税，遗产税、遗产取得税或继承税，对在接受国内获得的私人所得以及商业投资课征的捐税，为供给特定服务所收费用，不动产登记费、法院手续费或记录费、抵押税及印花税。第六，免除关税和免受查验。接受国应依本国制定之法律规章准许外交代表的私人用品入境并免除一切关税。外交代表私人行李免受查验，但有重大理由推定其中装有不在免税之列的物品或接受国法律禁止进出口或有检疫条例加以管制之物品者，接受国可以在外交代表或其授权代理人在场的情况下检查。第七，其他特权与豁免。外交代表还免于适用接受国施行的社会保险办法；接受国对外交代表应免除一切个人劳务及所有各种公共服务，并应免除关于征用、军事募捐及屯宿等之军事义务。

外交人员之外，使馆其他人员，包括外交代表的家属、使馆行政和技术人员和服务人员等，也都享有不同程度的特权与豁免。

根据《维也纳外交关系公约》的规定，凡享有外交特权与豁免之人，自其进入接受国国境前往就任之时起享有此项特权与豁免，其已在该国境内者，自其委派通知外交部或另经商定之其他部之时开始享有。享有特权与豁免人员的职务如已终止，其上述特权与豁免通常是在该员离境之时或给予其离境的合理期限结束之时终止。即使两国有武装冲突发生，其特权与豁免也应继续有效至上述时间为止。如遇使馆人员死亡，其家属应继续享有其应享有的特权与豁免，直到给予其离境的合理期限结束时为止。

实践中，使馆人员有时需要途经第三国国境。第三国应给予不得侵犯权及确保其过境或返回所必需之其他豁免。

**4. 特别使团及其人员的特权与豁免**

1969 年《联合国特别使团公约》对特别使团及其人员享有的特权与豁免予以规定。特别使团及其人员享有的特权与豁免和使馆及其人员享有的特权与豁免大体相同，但在某些问题上，《联合国特别使团公约》做了变动和限制。比如，《维也纳外交关系公约》中，关于接受国官吏非经使馆馆长许可，不得进入使馆馆舍的条款没有例外。特别使团的房舍同样不可侵犯，但在遇到火灾或其他严重的灾难而无法获得特别使团团长的允许，或者在适当情况下不可能获得常设外交使团团长允许的情况下，接受国可以推定获得同意而进入房舍。再比如，特别使团外交人员的司法管辖豁免的例外中，增加了一类：关于有关人员在公务范围之外由于使用车辆肇事造成损害的诉讼。

**5. 外交代表机关及其人员对接受国的义务**

外交代表机关及其人员所享有的外交特权与豁免必然对应其对接受国的义务。事实上，上述“豁免形式的例外代表着现代法律的发展，并反映出外交代表不能无条件地享有个人豁免的原则”①。为防止外交特权与豁免的滥用，外交代表机关及其人员在接受国享受外交特权与豁免权的同时，也必须遵守公认的国际法原则和规则，并对接受国承担一定的义务。主要包括：

第一，在不妨碍外交特权与豁免的情形下，均应尊重接受国的法律规章。第二，不干涉接受国内政，不介入政党和派别斗争，不得组织反对派。第三，通过外交部进行公务联系。第四，使馆馆舍不得用于与使馆职务不相符合的用途。在使馆内庇护接受国政府所要逮捕的人，或是在使馆馆舍内拘留人，都是以不相符合的方式使用使馆馆舍，都是国际法不承认的。第五，不在接受国为私人利益从事专业或商业活动。

## 三、领事制度

“领事制度起源于中世纪后期。在意大利、西班牙和法国的商业城镇中，商人们经常在他们的同行中选举一个或几个人，作为发生商务争执时的仲裁者。”② 这就是最早出现的仲裁领事或商人领事。1963 年《维也纳领事关系公约》作为领事

① 布朗利．国际公法原理．曾令良，余敏友，译．北京：法律出版社，2007：312.

② 詹宁斯，瓦茨．奥本海国际法：第 9 版：第 1 卷：第 2 分册．王铁崖，陈公绰，汤宗舜，等译．北京：中国大百科全书出版社，1998：559.

关系习惯法规则的法典编纂，对领事关系的建立、领事的派遣和接受、领事职务、领事特权与豁免等问题进行了系统的阐述，是领事制度最重要的法律依据。

**1．领事关系的建立和领馆的设立**

国家之间领事关系的建立以其双边协议确定。除另有声明外，两国间同意建立外交关系亦即同意建立领事关系，但断绝外交关系并不当然断绝领事关系。

一国根据协议派遣到他国一定地区执行护侨、通商、航务等领事职务的机构，称为领事机关。实践中，领事机关分为使馆内的领事部和专设的领事馆两类。前者是派遣国在其派往接受国的使馆内设立的领事机关，后者是派遣国在接受国的特定地点设立的领事机关，即领事馆。领事馆可以分为总领事馆、领事馆、副领事馆和领事代办处四级。领馆须经接受国同意才得在该国境内设立。领馆的设立地点、领馆类别及其辖区由派遣国决定，但须经接受国同意。在原设领馆所在地以外开设办事处作为该领馆的一部分，亦须事先征得接受国明示同意。

**2．领事职务**

《维也纳领事关系公约》第 5 条列举了 13 项领事职务，归纳起来主要包括以下 7 项：

（1）保护，在接受国内保护派遣国及其国民的利益。（2）促进，增进派遣国与接受国间的商业、经济、文化及科学关系的发展，并在其他方面促进两国间的友好关系。（3）了解和报告，以一切合法手段调查接受国内商业、经济、文化及科学活动的状况及发展情形，向派遣国政府报告，并向有关人士提供资料。（4）办理护照和签证，向派遣国国民发给护照及旅行证件，并向拟赴派遣国旅行人士发放签证或其他适当文件。（5）帮助及协助派遣国国民。（6）公证和行政事务，执行公证、民事登记和办理其他行政性事务，但以接受国法律规章未加禁止为限。（7）监督、检查等，对具有派遣国国籍的船舶、航空器及其航行人员行使监督及检查权，并给予协助。

**3．领馆人员**

根据《维也纳领事关系公约》的规定，领馆人员分为领事官员、领馆雇员及服务人员。

领事官员是执行领事职务的人员，包括领馆馆长。领馆馆长分为总领事、领事、副领事和领事代理人四级。领事官员又可以分为职业领事官员和名誉领事官员两类。职业领事官是派遣国任命的专职领事官员，一般为派遣国国民，由派遣国政府支付薪金，不得从事私人商业活动；名誉领事官员则是派遣国从接受国当地人士中选任的兼职领事官员，他们可以是接受国的国民，除了收取一定的领事报酬外，也允许其从事其他赢利业务。名誉领事官员不享受全部领事特权和豁免。是否委派或接受名誉领事，由各国自由决定。

领馆雇员是指受雇担任领馆行政和技术事务的人员。服务人员是担任领馆杂务的人员。

领馆馆长由派遣国委派，并由接受国承认准予执行职务。《维也纳领事关系公约》和习惯国际法并不要求委派领馆馆长须事先征得接受国同意。但有些国家要求事先征求同意。在这种情况下，有关国家可以就事先同意事项达成协议。领馆馆长以外的领馆人员，原则上由派遣国自由委派，并在充分时间前通知接受国。如果接受国在被委任人员到达该国国境或其就职前宣布其为不能接受，派遣国应撤销该员之任命。任命具有接受国国籍的人为领事官员，须经接受国明示同意。

领馆人员开始执行职务后。接受国可以随时通知派遣国，宣告某领事官员为不受欢迎人员或任何其他领馆馆员为不能接受。派遣国应视情形召回该员或终止其在领馆中之职务。如派遣国拒绝或不在合理期限内召回有关人员，接受国可以视情形撤销有关人员的领事证书或不复承认该员为领馆馆员。

**4．领事特权与豁免**

领事特权与豁免是指为了领事馆及其人员在接受国能够有效执行领事职务而由接受国给予的特别权利和优惠待遇的总称。传统国际法认为，“领事在职务和法律地位上有别于外交代表。尽管他们是派遣国出于特殊的目的而派遣的代表，但是不享有外交代表免除接受国法律与执行的豁免”[①]。然而，如同外交特权与豁免一样，领事特权与豁免的目的在于确保领馆能代表本国有效执行职务。1963 年《维也纳领事关系公约》给予职业领事官近似于外交代表的地位。各国的实践和双边的领事条约，比《维也纳领事关系公约》中关于领事特权与豁免的规定有所发展，趋向于接近外交特权与豁免。

原则上，领事特权与豁免比外交特权与豁免要少一些。比如，领事馆馆舍不可侵犯与使馆馆舍不可侵犯相比，存在以下区别：（1）不可侵犯的是馆舍公用部分，馆舍的其余部分不再其内；（2）领馆如遇火灾或其他灾害须迅速采取保护行动时，接受国可推定领馆馆长已表示同意，从而进入领馆；（3）接受国如确有必要，可以征用馆舍及其设备、财产及交通工具，但以给予迅速、充分及有效的赔偿为条件。

领事官员及其他领馆人员享有的特权与豁免比外交特权与豁免略低。主要体现在：（1）外交代表在刑事管辖上享有绝对豁免权，领事官员只享有相对刑事豁免权。当领事官员犯有严重罪行时，依当地司法机关裁判，接受国可予以逮捕或拘禁或对其人身自由加以限制。（2）外交代表没有证人身份作证的义务，即使愿意作证也必须经过派遣国的同意，而领事官员一般有作证义务，其出庭无须派遣国同意，只在领事官员拒绝作证时不能对其施行强制措施或处罚。

领馆、领馆官员和其他享有一定领事特权与豁免的人员，对接受国也应承担一定的义务。领馆馆舍不得以任何与执行领事职务不相符合的方式加以使用；在不妨碍领事特权与豁免的情形下，凡享有领事特权与豁免的人员，均应有尊重接受国法律、规章的义务；这些人员负有不干涉接受国内政的义务；职业领事官员不应在接受国内为私人利益从事任何专业或商业活动；等等。

---

① 布朗利．国际公法原理．曾令良，余敏友，译．北京：法律出版社，2007：314.

**案例 2**

### 美国驻德黑兰外交和领事人员案

1979 年，伊朗爆发伊斯兰革命，亲美的巴列维国王政府被推翻。1979 年 11 月 4 日，伊朗学生在伊朗德黑兰的美国大使馆前举行示威，示威者袭击了大使馆，将美国使馆外交和领事人员以及数名美国普通公民作为人质。

1979 年 11 月 29 日，美国向国际法院对伊朗起诉要求赔偿，并要求法院指示临时保全措施。伊朗拒绝应诉并认为国际法院不能也不应审理这个案件。1979 年 12 月 15 日，国际法院指示临时保全措施，要求伊朗立即归还美国的外交和领事馆舍，对它们的不可侵犯权给予有效保护，并保证立即释放一切被拘作人质的美国公民，对所有外交和领事人员给予充分的保护、特权和豁免。

国际法院在 1980 年 5 月 24 日判决，根据 1961 年和 1963 年关于外交关系和领事关系两个《维也纳公约》的任择议定书、美国和伊朗在 1955 年签订的《友好、经济关系和领事权利条约》，法院对此案有管辖权。在 1979 年 11 月的事件中，由于伊朗当局没有保护美国的外交和领事馆舍，违反了伊朗根据上述条约所承担的义务，伊朗后来的行为已使被指控的行为变为国家行为。示威者没有受到起诉，国家应对此承担国际责任。伊朗当局继续占领使馆并继续拘押人员，更加违反了伊朗根据上述条约承担的义务，因此，法院判称：伊朗违反了伊美两国间的条约义务，也违反依普遍国际法规则应承担的义务。伊朗应对美国承担国际责任。伊朗必须立即采取一切措施以缓和由 1979 年 11 月事件所造成的紧张局势，终止扣押美国人员并保证他们离开伊朗，立即把使馆及其财产交还美国大使馆和领事馆，任何美国的外交或领事人员不得滞留在伊朗等候司法审讯或要充当证人。伊朗政府有义务对美国负赔偿责任，赔偿的方式及数额由法院以后确定。1981 年 1 月 19 日美国和伊朗在阿尔及利亚达成一项协议，人质在被关押 444 天之后获得释放。美国请求法院终止关于赔偿的诉讼。随后，法院于 1981 年 5 月 12 日终止本案。

## 第三节　国际责任制度

国际责任是现代国际法上的重要制度之一。“如同在其他社会关系中一样，在国际关系中，某一法律主体的法律利益受到另一个法律人格者的侵犯，就产生特定法律制度确定的各种不同形式的责任。”① 国际责任是指国际法主体对其国际不法行为或损害行为所应承担的法律责任。在主权国家林立的国际社会，国际关系主要靠各国自觉遵循国际法以及履行其国际义务来维护。通过追究国际责任，不仅能够

---

① 布朗利．国际公法原理．曾令良，余敏友，译．北京：法律出版社，2007：385.

纠正国家的不当行为，维护受害者的合法权益，而且能够在国际关系中确立起正确的行为规范，能促使国家遵守国际法，对于维持正常的国际关系起着重要作用。

## 一、国际责任的特征及其发展

国际责任也称国际法律责任，它具有如下特征：

第一，国际责任的主体与国际法的主体基本上是一致的，国家、政府间国际组织、民族权力机构等国际法主体都具有承担国际责任的资格。个人作为国际犯罪的主体，无论其实施犯罪时的身份如何，都应承担与犯罪行为相适应的国际刑事责任。个人的国际刑事责任主体资格已经得到国际法和国际社会实践的确认，但个人不能成为国际法其他领域的责任主体。

第二，国际责任的实质是要确定国际不法行为或损害行为所产生的法律后果。它的具体目的是要确定国际法律责任者及其责任的性质和范围，并使责任者履行应承担的责任，从而维护国际法律秩序。

第三，国际责任产生的根据是国际不法行为或损害行为。传统国际法主张国际不法行为是产生国际责任的唯一根据。随着科技的发展，国际法不加禁止行为造成损害后果也产生行为方的国际责任，这是现代国际责任制度的新发展。

第四，国际责任的性质具有特殊性。国际责任不同于国内法上的民事责任和刑事责任，而是自成一类的、具有强制性的法律责任。特别是在全球化浪潮中，全人类的共同利益日益突出，国际责任的强制性更加明显。当然，国际责任的强制性与国内法上法律责任的强制性是不能同日而语的①。

由于上述特征，国际责任在国际法上具有重要意义，也容易引发争议，国际责任制度因而发展缓慢。近代国际法中，国家是国际责任的唯一主体。国际责任多指国家违反对外国人待遇方面的义务的后果。如 1930 年海牙国际法编纂会议给国际责任所下的定义是：如果由于国家的机关未能履行国家的国际义务，而在其领土内造成对外国人的人身和财产的损害，则引起该国的国际责任。联合国成立后，对国际责任问题进行了编纂。1953 年，联合国大会通过决议，要求国际法委员会尽快开始对国际责任的国际法原则的编纂工作。1978 年，国际法委员会就将关于国际法不加禁止行为所产生的损害性后果的国际责任列入委员会的议程。1996 年，国际法委员会一读通过了《关于国家责任的条款草案》。该草案打破了传统国际责任范围的局限性，把国际责任扩展到一切国际不法行为的国际责任，包括严重不法行为在内，如国家从事侵略战争、灭绝种族、种族隔离等引起的国际责任。2001 年 8 月，国际法委员会二读通过《国家对国际不法行为的责任条款草案》。2001 年 12 月，联合国大会通过《国家对国际不法行为的责任条款》的决议。此外，国际法委员会也关注到国际组织的国际责任问题。2011 年 6 月，国际法委员会二读通过了国际组织

① 李寿平．现代国际责任法律制度．武汉：武汉大学出版社，2003：28.

责任的67个条文并提交联合国大会。

国际法委员会关于国家对国际不法行为的国际责任的条文、国际组织的国际责任及关于国际法不加禁止行为造成损害的国际责任的条款起草工作，对完善和发展国际责任制度有着积极的作用，既表现在国际责任的主体呈现多元化的发展趋势，又表现在国际责任的形式与实现途径朝多样化方向发展。尤其重要的是，国际责任制度的适用范围不断扩大，国际责任的归责原则也发生了变化。

一方面，国际责任制度的适用范围扩展到国际法所适用的一切领域。20世纪50年代后，随着国际法委员会对国际责任问题的研究与编纂及关于国际责任的国际实践发展，国际责任制度不仅适用于国际不法行为产生的国际责任，也适用于国际法不加禁止行为造成损害后果所产生的国际责任。20世纪90年代，国际法委员会将国际不法行为进一步区分为一般不法行为和国际罪行。国家的国际罪行是否产生国际刑事责任成为国际责任制度中具有争议性的问题。

另一方面，国际责任的归责原则从“过失责任”原则扩展到“无过失责任”原则。传统的“过失责任”原则强调不法行为是国际责任的唯一根据，是国家故意或过失违反国际义务的结果。随着科学技术的迅猛发展，国际社会在核能利用、外层空间探索、海底开发等方面开展了大规模的活动。这些活动伴有高危险性，常给别国带来巨大的威胁和损失。因此，国际责任的归责原则引入了“无过失责任”原则。“无过失责任”原则是指虽非国际责任主体的故意或过失，但有违反国际法的客观事实，并给其他国际法主体造成损害，或从事不为国际法所禁止的活动而给其他国际法主体造成损害，就引起国际责任。这种责任也被称为客观责任或严格责任。

## 二、国际不法行为的责任

国际不法行为的责任，是指国际责任主体对不法行为所要承担的法律后果。国际不法行为责任产生的根据是国际不法行为，不包括国际法不加禁止但造成损害性后果的行为。

**1. 国际不法行为责任的构成要件**

国际责任的构成要件是指国际责任主体承担国际责任必备的条件，或者说是判断责任主体是否应负国际责任的根据。某一行为是否构成国际不法行为，应视该行为是否具备主观要件和客观要件。具备主观要件和客观要件的行为构成国际不法行为，从而引起国际责任。

（1）主观要件。

国际不法行为的主观要件是指可归责于国际责任主体的行为。“只有在行为可以归因于能够承担国际责任的主体时，才产生国际责任。”①

① 李寿平．现代国际责任法律制度．武汉：武汉大学出版社，2003：33.

国家作为国际法的完全主体，它的行为由各个国家机关或个人来实施，国家意志通过这些机关或个人的行为来体现。因此，代表国家行事、其违法行为的法律后果依国际法应归责于国家的国家机关或个人行为称为国家行为。一个机关或一个人是否在事实上行使国家权力是国际法在认定国家行为时的基本原则。具体而言，任何国家机关的行为，都应视为该国的国家行为。依照其本国国内法的规定事实上行使国家权力的实体，其行为也应归于国家。国家元首、政府首脑、外交使节等代表国家行事的个人的行为毫无疑问可归于国家行为，国家公务人员的公务行为可归因于国家行为。

一般情况下，个人、由个人组成的私人团体或实体的行为不能归责于国家。只有当个人行为是受国家指挥、控制，或经授权行使政府权力时，上述行为才可归责于国家。《奥本海国际法》第 9 版提出："国家的义务是运用相当注意以防止私人作国际侵害行为，而在私人已经作了这种行为时，惩罚不法行为人并强令他们支付必要的损害赔偿，以尽可能使受害者得到必要的满足和补偿。"① 如果一个国家没有尽到这种义务，它就要承担责任并付给损害赔偿。

特定情况下，别国的行为也可能归责于本国。一国之所以要承担别国的国际不法行为的责任，是因为该国对别国的国际不法行为提供了援助，或对别国的国际不法行为行使着控制权，或胁迫别国从事了国际不法行为，则该国就应对行为国的行为承担责任。但这并不影响接受援助国、被控制国和被胁迫国因实施国际不法行为而应承担的国际责任。

政府间国际组织是派生的国际法主体。一般来说，国际组织的决议、国际组织权威机构的法律性文件及司法机构的裁决，是判断行为是否可归责于国际组织的法律依据。国际组织机构及其职员在职权范围内的行为是代表国际组织行事的，是可归责于国际组织的行为。国际组织职员的非职务行为或越权行为则不能归责于国际组织。

同时，交由国际组织支配的国家机构或人员的行为，一般是依照有效控制原则由国际组织承担责任。比如，联合国维持和平行动人员，受联合国的派遣和管辖，其行为被视为联合国的行为。如果这些行为构成国际不法行为，就应归责于联合国。但如果某行为只是以国际组织名义行事，但国际组织对此机构或人员并没有支配权，那么，责任应由实际支配者承担。此外，执行国际组织决议的行为应归于国际组织，而不应归责于执行者。如果执行国际组织决议的行为明显违反一般国际法的基本原则，则执行国不能免于承担国际责任。

（2）客观要件。

国际不法行为的客观要件是指该行为违背国际义务。所谓违背国际义务，就是指国际责任主体的行为不符合国际义务对它的要求，不论该义务来源于习惯国际

---

① 詹宁斯，瓦茨．奥本海国际法：第 9 版：第 1 卷：第 1 分册．王铁崖，陈公绰，汤宗舜，等译．北京：中国大百科全书出版社，1995：425.

法、条约或其他国际法渊源，也不论该国际义务的主体为何。国际不法行为的构成不以一国的国内法为准，即使某一行为是根据国内法而采取的，符合其国内法，但只要这一行为违反了该国对外所承担的国际义务，就依然会引起该国的国际责任。

国际不法行为可分为一般国际不法行为和严重国际不法行为。一般国际不法行为是指违反了一般国际义务的行为，如损害别国侨民合法权益、侵犯外交代表的特权与豁免、损坏边界界标、拖欠国际组织会费等。严重国际不法行为是指严重违背一般国际法强制性规范的义务的行为，是对国际社会整体和根本利益的严重侵害，如侵略罪、战争罪、种族灭绝罪、危害人类罪等。此类行为在1996年国际法委员会一读通过的《关于国家责任的条款草案》中被称为国际罪行，即“危害国际社会的利益，为国际刑法所禁止，并依照国际刑法应当承担国际刑事责任的行为”①。但是，由于国际社会对国家的国际罪行和国家的国际刑事责任形式以及责任的履行存在争议，2001年国际法委员会二读通过的《国家对国际不法行为的责任条款草案》中，将“国际罪行”的名称修改为“严重违背一般国际法强制性规范的义务的行为”②。

**2．国际不法行为责任的免除**

国际不法行为是产生国际责任的原因，国际责任是国际不法行为引起的后果。在国际关系中，一国的行为有时具备了国际不法行为的主观要件和客观要件，但由于某些特殊情况的发生，有关的国际义务对该国已经或暂时失去效力，因此该项行为就不再属于违反国际义务的行为，这就排除了该行为的不法性，因而与之相关的国际责任也就免除了。从国际实践来看，排除行为不法性的情况主要有以下几种：

（1）同意。

受害方以有效的方式表示同意加害方实行某项与其所负义务不符的特定行为时，就可以免除加害方因其行为不符合国际义务而应承担的国际责任。例如一国获准在他国专属经济区内捕鱼或开发资源的行为、经一国同意放弃战争赔款因而不赔偿的行为等。受害方的同意必须符合以下条件：第一，同意必须通过有效的方式做出。如国家的同意就必须是该国的正式权力机关做出，而由外国扶持和控制的傀儡政府做出的同意则是无效的。第二，同意必须是受害方的真实意思表示，因被欺诈或被胁迫而做出的同意也是无效的。第三，一般来说，同意是在实施行为前做出，而不是在实施行为后追认。第四，同意不得与国际法强制规范产生的义务不一致。

（2）不可抗力。

国际法上，不可抗力是指由于无力控制、无法预料的外界事件而使义务不可能履行或不可能知道其行为不符合义务的规定的情况。一国不符合该国国际义务的行为，如起因于不可抗拒的力量或该国无力控制或无法预料的外界事件，以至于该国实际上不可能按照该项义务行事或不可能知道其行为不符合该项义务，例如，发生地震而使外国人生命、财产受到损害，由于风暴而使航空器发生故障以至于军用飞

① 邵沙平．现代国际刑法教程．武汉：武汉大学出版社，1993：88.

② 《国际公法学》编写组．国际公法学．2版．北京：高等教育出版社，2018：351.

机进入他国领空。地震和风暴构成不可抗力，因此而发生的行为的不法性应予排除。

（3）反措施。

反措施是指受害方针对他国的国际不法行为而采取的对抗行为。这种行为即使不符合原先对他国承担的国际义务，但由于该行为源于他国的国际不法行为，因此该行为的不法性应予以排除。反措施通常包括一般对抗措施和自卫行为两种。一般对抗措施限于非武力方式，如经济制裁、断绝邦交等。自卫行为则是在受到他国的武力侵略或武装攻击时采取的武力反击行为。2001 年通过的《国家对国际不法行为的责任条款》明确规定了反措施规则。但实践中，国际社会由于担心反措施的滥用而一直持慎重态度。

（4）危难或危急情况。

危难情况下的行为，是指行为人在极端困难的情况下，为拯救其生命或受其监护者的生命，仅能做违背义务的行为，别无他法。该行为的不法性应予以排除。在国际责任领域，危难多发生在船舶或飞机因天气恶劣或机械故障而遇险的情况，一般不应延伸到人道主义干涉等其他领域。

危急情况下的行为，通常是指一国遭遇到严重危及该国生存和根本利益的紧急情况下，为了应付或消除这种严重紧急状况而采取措施所做的行为。其行为的不法性也应予以排除。援引危急情况作为免责事由必须是有极其严重的危险存在。实践中，要证明“极其严重的危险存在”容易引发争议①，危急情况作为免责事由因而是有限制的。

（5）与强制性规范相一致。

任何违反强制性规范的国际条约都是无效的。如果一项违背条约义务的行为与一般国际强制性规范的规定是一致的，就可构成该违约行为的免责事由。例如，根据一项军火供应协定承诺提供武器，假如提供的武器是用于灭绝种族或危害人类的，在此情况下，按照军火协定提供军火是协定规定的义务，但由于该军火是用以灭绝种族或危害人类，显然，不履行该条约义务是有理由的②。因此，违约行为与强制性规范相一致，就不产生违约责任。

**3. 国际不法行为的责任形式**

国际不法行为已经确定，如无免除责任的情形，就产生承担相应责任的法律后果。“虽然随着国际法的发展，对违反国际义务的行为可应用的制裁手段已经增多，但是，国际不法行为的主要法律后果仍然是对所造成的精神上和物质上的损害给以赔偿。”③ 从有关国际条约、国际习惯和国际实践中可以发现，国际不法行为的国际责任形式有：终止不法行为、保证不再重犯、恢复原状、补偿、道歉、限制主

---

① 李寿平．现代国际责任法律制度．武汉：武汉大学出版社，2003：139.

② 同①141.

③ 詹宁斯，瓦茨．奥本海国际法：第 9 版：第 1 卷：第 1 分册．王铁崖，陈公绰，汤宗舜，等译．北京：中国大百科全书出版社，1995：415.

权等。

（1）终止不法行为和保证不再重犯。

终止不法行为和保证不再重犯这种责任形式适用于持续进行的，并且在援引国际责任国主张由行为国承担责任时，该行为仍在继续。当一个国家做出具有持续性的国际不法行为时，例如非法占领他国领土、扣押他国外交官等，它要承担的国际责任首先是终止不法行为，必要时还要做出不再重犯的承诺。

（2）恢复原状。

国际法上的恢复原状是指将被损害的事物恢复到发生不法行为以前存在的状态。例如归还非法没收或掠夺的财产、历史文物和艺术珍品，恢复被非法移动的边界界标和非法毁坏的边境建筑物，修复被不法行为损坏的外交使团的馆舍等。第二次世界大战后签订的对意大利、匈牙利、保加利亚、罗马尼亚、芬兰的五国和约中，就规定有返还责任条款，规定上述国家应将所有用掠夺或其他不正当方式从所属国家领土内移走的一切财产、物质及其他文化物品归还原国。恢复原状不是一种绝对的责任形式，在不能恢复原状的情况下，对不法行为造成的物质损失可用金钱补偿来代替。

（3）补偿。

国际法上的补偿是指在没有或无法通过恢复原状得到赔偿的情况下，对受害方的物质损失进行相应的货币或物质赔偿。关于赔偿的限额，国际法上并无统一的原则，可以分为赔偿额等于实际损害的补偿性赔偿、大于实际损害的惩罚性赔偿和小于实际损害的象征性赔偿三类。在国际实践中，使用比较多的是补偿型赔偿。关于赔偿范围，既包括对国家的损害赔偿，也包括对受害国国民的损害赔偿。此外，作为国际责任形式的补偿，与一国政府从道义或友好出发给予外国人的救济或补偿在性质上是完全不同的。在发生战争或自然灾害的情况下，一国政府给予受害的外国人以人道主义的物资救济，或一国实行国有化或征用外国企业时给予外国人以适当补偿，都不是国际责任形式的补偿。因为这两种情况下，国家不存在国际不法行为，不引起国际责任。

（4）道歉。

道歉是指犯有国际不法行为的国际法主体，向受害者承认错误，给受害者以精神上的满足的责任形式。道歉可以口头表达，也可以用书面形式。有时还可以采用其他方式表示，例如派遣专使前往受害国表示遗憾和道歉，对受害国的国旗、国徽行礼致敬，或者惩办肇事人员，保证不再发生类似事件等。道歉是国际上使用的非常普遍的国际责任形式，通常适用于损害他国主权尊严的事件。

（5）限制主权。

限制主权是指全面或局部限制责任国行使主权的一种责任形式。它是国际不法行为引起的最严厉的一种后果。限制主权只适用于对他国进行武装侵略，侵犯他国主权、独立和领土完整，破坏国际和平与安全，从而严重违反国际强行法规则的国家。比如，在第二次世界大战后，为惩罚侵略者和防止侵略势力东山再起，根据国际协定，同盟国对德国和日本实行了军事管制，将德国和日本的最高权力交由盟国管制委员会代为行使。这就是对德国、日本主权的全面限制。

上述各种国际责任形式相互之间没有排他性。某一特定的国际不法行为，可能只引起一种形式的国际责任，也可能同时产生多种形式的国际责任。

## 三、国际法不加禁止行为造成损害性后果的国际责任

国际法不加禁止行为造成损害性后果的国际责任，也称国际赔偿责任。当前，国际赔偿责任还没有一个系统的实在法规则，主要是由第二次世界大战后签订的少数责任公约和一些国际条约的责任条款构成的。联合国国际法委员会 2001 年二读通过的《关于预防危险活动的跨界损害的条款草案》和 2006 年通过的《关于危险活动造成的跨界损害案件中损失分配的原则草案》为国际法不加禁止行为造成损害性后果的国际责任提供重要的法律依据。

**1．国际法不加禁止行为造成损害性后果国际责任的特点**

国际法不加禁止行为造成损害性后果国际责任概念的提出，是由工业化发展、高科技进步带来的，如核能的和平利用、航天航空活动、远洋石油运输、跨界河流的开发等活动，造成他国国民人身、财产及其环境的跨国界损害。这种国际法不加禁止但造成损害后果的行为被称为国际损害行为，其特点是：（1）其活动都是由国家或其实体在本国领土或控制范围内从事的，但其危害具有跨国性；（2）其活动通常具有潜在的危险性；（3）活动本身都是现行国际法未加禁止的；（4）受害国有权要求加害国给予合理赔偿。现行国际关系中，对这种产生损害责任的行为，既不能加以禁止，又不能置之不理。这就需要一种能够平衡这种行为的社会效益与社会危害之间的制度，使那些可能产生域外损害的活动能够按照国际社会接受的方式进行。这就产生了国际赔偿责任制度。

国际赔偿责任与国际不法行为的国际责任的区别十分明显。首先，国际不法行为责任的性质是不法行为的责任，责任的产生取决于行为的不法性；而国际赔偿责任的产生不仅取决于消极地不履行义务，更取决于跨国损害的事实和结果的存在。其次，在国际不法行为责任中，如果国家或其他主体能够证明它已采取合理手段阻止违法义务事实和结果的发生，即使其努力失败，也可免除其责任。但在赔偿责任中，一般而言，只要行为造成了损害性后果，就可能产生赔偿责任。再次，在国际不法行为责任中，即使行为国对其违背义务的行为采取了补救措施，行为国也不能再继续实施该行为。而在国际赔偿责任中，只要行为国对其造成的损害给予赔偿，其行动继续进行就不受限制，因为该行为是国际法不加禁止的行为，甚至可以说是合法行为。最后，从责任主体来看，赔偿责任的主体更具有多元性，不仅包括国家和国际组织，也包括经营人与国家的共同责任和经营人的独立责任。

简言之，国家赔偿责任是在从事国际法不加禁止的活动中因造成跨国损害的事实与结果而引起的。对赔偿责任的追究不仅要求造成损害的行为的存在，更强调该

行为导致的实际物质损害。实践中，赔偿责任依其主体不同，可分为（1）国家专属责任。其主体是国家，主要涉及国家本身或其他国家实体的活动，以及其他非政府团体的活动，它们的行为所引起的国际责任，完全由国家来承担。如《空间物体造成损害的国际责任公约》规定，国家对无论是国家机关还是非政府团体发射的空间物体造成的损害均承担绝对的赔偿责任。（2）国家和经营人共同承担的赔偿责任。该责任主要适用于民用核活动领域。由于核活动可能造成特别严重的损害性后果，仅仅由经营人承担损害赔偿责任不足以补偿实际损害，而过于严格的民事责任又不利于发展民用核事业，因此有必要由经营人及其所属国共同对损害承担赔偿责任。（3）经营人承担赔偿责任，即由经营人单独承担有限赔偿责任。根据有关条约的规定，经营人必须担保或就赔偿做出必要的财务安排，以便使受害人按照统一标准得到赔偿。

**2. 国际法不加禁止行为造成损害性后果国际责任的适用范围**

国际法不加禁止行为造成损害性后果的国际责任的适用范围，在现行国际法中没有明确规定，在理论和实践中也是有分歧的。随着科技发展日新月异，国际法不加禁止却带来危险性后果的行为有进一步增加的趋势，国际法不加禁止行为造成损害性后果国际责任的适用范围也不断扩展。而且，如果从客观上造成损害的角度衡量，那么，国与国之间的贸易禁运、限制性商业活动、限制性关税、向他国转移有害工业等也是导致他国损害性后果的行为。但迄今为止，国际赔偿责任的适用范围仅限于有关自然环境利用所造成的跨界有形后果，相关的实践几乎都是与领土的利用有关的，尚不能归纳出适用于经济和社会领域的规则。

国际法委员会在《关于预防危险活动的跨界损害的条款草案》中，将赔偿责任的适用范围规定为“国际法不加禁止的、其有形后果有造成重大跨界损害的危险的活动”。《关于危险活动造成的跨界损害案件中损失分配的原则草案》则规定赔偿责任“适用于国际法未加禁止的危险活动所造成的跨界损害”。据此，现阶段国际法不加禁止行为造成损害性后果国际责任主要适用于民用核活动、航空飞行、外空利用、国际河流和共同水域的利用、海洋开发、远洋石油运输等防止环境污染领域。

**3. 国际法不加禁止行为造成损害性后果国际责任的形式**

国际法不加禁止行为造成损害性后果国际责任的形式主要有道歉、恢复原状、赔偿损失等。

《关于危险活动造成的跨界损害案件中损失分配的原则草案》规定，赔偿损失范围包括对人员、财产或环境所造成的重大损害。具体包括：人员死亡或人身伤害；财产的损失或损害，包括构成文化遗产一部分的财产的损失或损害；环境受损而引起的损失或损害；对财产或包括自然资源在内的环境的合理修复措施的费用；合理应对措施的费用。

赔偿损失的原则是及时、充分赔偿跨界损害原则。该原则要求各国采取一切立法、监管和行政措施无歧视地保证受害人得到及时充分的赔偿。

## 思考题

1. 如何从国际关系角度理解条约的保留?
2. 比较使馆与领馆职务的主要内容及两者的联系与区别。
3. 阐述国际责任制度的发展趋势。

## 阅读书目

1. 李寿平．现代国际责任法律制度．武汉：武汉大学出版社，2003.
2. 奥斯特．现代条约法与实践．汪国青，译．北京：中国人民大学出版社，2005.
3. 殷敏．外交保护法律制度和中国．上海：上海人民出版社，2010.

# 第六章

# 国际法对国际和平与安全的维护

追求和平与安全是人类的恒久愿望。古老的国际法是从战争中产生的。“法律为人所珍视的价值在于其在人类事务的调整中能替代武力的使用。”[①] 在人类数千年的历史长河中，战争从未间断。国际法在 20 世纪以前的重要内容就是对战争本身进行规范和约束，因此形成了比较完整的战争法。第二次世界大战后，主权国家诉诸战争的绝对权力被废止，国际法的重心转向对和平秩序的制度设计。70 多年来，尽管地区性的战争和武装冲突从未停止，使用武力或武力威胁的事件更是频频发生，但是，世界性的大战未曾发生，世界的总体和平得以长时间维持。这一进程中，以联合国为核心的集体安全制度发挥了不可或缺的作用，和平解决国际争端、禁止使用武力或武力威胁等国际法基本原则为维护国际和平与安全奠定了法律基础。

## 第一节　集体安全制度的演变

集体安全是指以维持国际和平及安全为宗旨、以整体安全观念为理论基础、以武力使用的国际法管制为核心、以集体强制力为后盾、以普遍性国际组织为存在形式的安全保障体制。在这种体制下，侵略者进攻集体安全体系中任何一个国家，即视为侵犯所有国家。简而言之，集体安全就是国际和平与安全领域的“人人为我，我为人人”。

---

① 法斯本德，彼得斯．牛津国际法史手册：上册．李明倩，刘俊，王伟臣，译．上海：上海三联书店，2020：268.

## 一、集体安全制度的确立

安全是指主体免于危险或威胁的状态。自民族国家产生后，国家成为维护安全的最重要的主体力量。在无政府状态的国际关系中，国家实现安全的出路在于自助，通过最大限度地增强自己的实力，依靠自己的力量或与他国结盟来保障安全。这种个体安全保障的方式无法摆脱“安全困境”，既不能确保单个国家的长久安全，也不足以维护世界和平。

从14世纪开始，欧洲就产生了建立国际联合并以集体的力量保障和平的理念，这是饱受战火之苦的欧洲人的共同愿望，具有明显的空想性质。15世纪之后，受地理大发现和交通通信技术突破的推动，世界不同国家和地区之间的经济文化往来和民间交流逐渐频繁。为了争夺地区霸权、扩张殖民势力，欧洲列强之间爆发了从1618年延续到1648年的三十年战争。1648年《威斯特伐利亚和约》开创了通过国际会议解决战争问题的先例，包含了诸多构建国际安全制度的要素。而这一时期格劳秀斯在经典著作《战争与和平法》中，通过改造传统的自然法，“使之弥合了皇帝和教皇至上权威崩塌后导致的权力真空”①，为形成《威斯特伐利亚和约》缔结后欧洲各国之间共同遵循的法律秩序发挥了重要作用。

到19世纪，政府间国际会议制度已经成为欧洲列强就欧洲安全问题进行妥协的平台。从1815年维也纳和会到第一次世界大战爆发前，持续不断的多边会议外交成为欧洲列强处理重大问题时普遍接受的方式，这种方式被称为“欧洲协调”。大国协调的主动权掌握在英国、奥地利、俄国、普鲁士、法国五强手中，作为本质上的强权政治，“欧洲协调”充当了维护欧洲反动堡垒、扼杀民族革命的工具，但它为全球性国际安全制度的出现提供了可资借鉴的经验。

19世纪末20世纪初，欧美和日本等主要资本主义国家向以垄断为基本特征的帝国主义阶段过渡，将掠夺领土、资源和扩大贸易的触角延伸至世界的各个角落，亚洲、非洲和拉丁美洲都被纳入资本主义世界经济体系。为了瓜分世界、争夺霸权，帝国主义国家之间，特别是欧洲大国的扩军活动空前激烈。同时，帝国主义的战争政策也受到世界各国人民的坚决反对，反战运动的声浪日益高涨。在此背景下召开的两次海牙和会，不仅进一步发展了限制作战手段和方法的战争法规，而且确立起了和平解决国际争端的程序，为探索战争之外的解决国际争端的方法提供了有指导意义的思路和原则。

第一次世界大战的深重灾难催生了建立国际合作组织来防止世界性冲突的主张。美国总统威尔逊提出的“十四点和平原则”，被誉为建立世界和平的纲领，提出“为了大小国家都能相互保证政治独立和领土完整，必须成立一个具有特定盟约

---

① 法斯本德，彼得斯．牛津国际法史手册：上册．李明倩，刘俊，王伟臣，译．上海：上海三联书店，2020：273.

的、普遍性的国际联盟”[①]。这个主张将建立全球性国际组织的设计同预防战争、改造国际体系的政治目标联系起来，反映出威尔逊对集体安全的倡导。

战后成立的国联是第一个全球性的国际政治组织，它的诞生开创了集体安全制度在全球范围内的初步尝试。《国际联盟盟约》规定：“缔约各国，为增进国际间合作并保证其和平与安全起见，特允承受不从事战争之义务，维持各国间公开、公正、荣誉之邦交。”“凡任何战争或战争之威胁，无论其直接影响联盟任何一会员国与否，皆为有关联盟全体之事。”“联盟会员国如有不顾本盟约第十二条、第十三条或第十五条所定文规的而从事战争者，则据此事实应视为对于所有联盟其他会员国有战争行为。”上述条文清楚表明国联的集体安全思想，各会员国在维护和平、防止战争、抵御侵略问题上是作为一个整体来进行的，其设计无疑昭示着国际安全制度的巨大革新。“虽未明显使用‘集体安全’这一术语，但却隐含着这个概念。”[②]这是集体安全制度在全球范围内的首次尝试，它否定了长期以来的集团对立观念，对会员国予以法律约束，通过所有会员国的相互保证，共同维护世界安全。相对于以往的军事同盟而言，集体安全制度的设计对20世纪的国际关系与国际法发展产生了深刻的影响。但是，国联所处的时代，国际关系中仍然信奉强权政治和“弱肉强食”的丛林法则。由于各资本主义国家经济政治发展不平衡，第一次世界大战后体现战胜国意志的“凡尔赛体系”，不能反映列强之间力量的对比消长变化。面对20世纪30年代席卷资本主义世界的大危机，国联理想中的虚幻和平走向终结，但为集体安全制度留下了宝贵的经验和深刻的教训。

第二次世界大战后，建立一个新的更加有效的全球性国际组织的愿望更加迫切。诞生于战火中的联合国被赋予了维护世界和平与安全的主要责任，并且通过《联合国宪章》确立起一整套维护世界和平与安全的原则、规则、规范和决策程序。“采取有效集体办法，以防止且消除对于和平之威胁，制止侵略行为或其他和平之破坏；并以和平方法且依正义及国际法之原则，调整或解决足以破坏和平之国际争端或情势。”在联合国的集体安全制度设计中，侵略任何一个国家意味着侵犯所有的国家，将受到其他所有成员国集体的反对和惩罚。《联合国宪章》第七章具体就和平之威胁、和平之破坏及侵略行为的断定和应付方法，防止情势恶化的临时办法，武力和非武力的制裁措施，维护国际和平及安全所必需的军队、协助和便利，军事参谋团的组织，安理会决议的实施等问题做出了规定，构成联合国集体安全体制集体强制力的核心。根据《联合国宪章》，安理会应断定任何和平之威胁、和平之破坏或侵略行为之是否存在，并享有决定采取何种办法维持或恢复和平及安全的权力。一类是非武力的强制办法，包括断绝一切经济关系、铁路、海运、航空、邮电、无线电及其他交通工具联系以及外交关系；另一类是武力的强制办法，当安理

① 斯塔夫里阿诺斯．全球通史：1500年以后的世界．吴象婴，梁赤民，译．上海：上海社会科学院出版社，1992：609.

② 梁西．国际组织法．4版．武汉：武汉大学出版社，1998：214.

会认为非武力强制的办法“不足或已经证明为不足时，得采取必要之空海陆军行动，以维持或恢复国际和平及安全。此项行动得包括联合国会员国之空海陆军示威、封锁、及其他军事举动”。

与国联时期相比，联合国的集体安全模式在组织形式、行动方式、权力配置上都得到了进一步完善。最重要的是，联合国的集体安全模式将大国合作与集体安全结合起来，给予安理会五个常任理事国特权，在程序上使得大国一致构成联合国安全机制正常运行的前提。这样的设计显然是为了避免联合国的集体安全体制重蹈国联的覆辙，通过给予大国特权来确保大国的参与，而大国的参与才能确保集体安全体制的权威性和有效性，同时也意味着大国对世界的和平与安全担负着主要责任。尽管否决权容易沦为大国政治斗争的工具，国际社会对否决权一直存在争议，但否决权在客观上对大国力量形成有效平衡，因而充当了联合国集体安全体制的“安全阀”①，其存在对于国际安全制度而言是必要的。

有效的集体安全不仅应具有做出决议的能力，而且应具有执行这些决议的能力，不仅为国家规定使用武力的规则，而且强制实施这些规则，不仅对国家的违法行为做出判断，而且对违法者予以制裁②。从《联合国宪章》的设计看，联合国集体安全制度既有国际法基础又有强制武力做后盾，比此前任何制度都更能起到制止战争和维持和平的作用，标志着集体安全制度得以确立。

## 二、联合国集体安全制度的实践

联合国集体安全制度，是以《联合国宪章》为法律依据，经过联合国 70 多年实践确立、发展起来的维护世界和平与安全的一整套制度。它既包括现行国际法中有关维护世界和平与安全的基本宗旨和原则，也包括联合国制止威胁和平、破坏和平及侵略行为的规则和程序，还包括联合国体系内实施机构的职权划分及运作机制。集体安全作为一种理想是完美无缺的，因为它的确提供了一个在由主权国家构成的国际社会中解决国际法执行问题的理想途径③。然而，联合国集体安全制度的有效运作在很大程度上取决于五大国保持一致，要求包括五大国在内的所有成员国抛弃国家利己主义和各自外交目标，将对任何一个成员国的威胁和入侵行为都视为对自己国家的威胁和侵略行为。摩根索指出：“集体原则要求对所有的侵略采取集体措施，而不考虑权力和利益的环境。外交政策的原则要求根据权力和利益的环境区别不同种类的侵略和侵略者。集体安全作为一种理想被导向反对一切抽象的侵略；外交政策则只能反对某一特定的具体的侵略者。”④ 正因如此，联合

① 陈世材．国际组织：联合国体系的研究．北京：中国友谊出版社，1986：67.

② 许光建．联合国宪章诠释．太原：山西教育出版社，1999：281.

③ 摩根索．国家间政治：权力斗争与和平：第 7 版．徐昕，郝望，李保平，译．北京：北京大学出版社，2006：331.

④ 同③461.

国集体安全制度在第二次世界大战结束后的国际政治现实中的作用仍然带有很强的局限性。

整个冷战时期，联合国受制于两极格局下的美苏对抗而少有作为。美苏为首的两大阵营各自建立起军事集团进行对峙，集体安全制度的大国一致原则成为一纸空文。尽管这一时期联合国在五次中东战争、印巴克什米尔问题、刚果危机、两伊战争等地区性冲突与安全问题上发挥了积极作用，但在朝鲜战争问题上却出现了对集体安全原则公然的歪曲和滥用。1950 年 6 月 25 日，朝鲜战争爆发。联合国安理会在苏联代表缺席的情况下，受美国操纵先后通过了第 82 号、第 83 号和第 84 号决议，宣布朝鲜民主主义人民共和国为"侵略者"，要求会员国提供军队，恢复地区和平与安全。以上三个决议是在苏联明确反对美国有关朝鲜问题立场并且拒绝出席安理会会议的情况下通过的。根据《联合国宪章》相关程序的规定，常任理事国拒绝出席和投票与投弃权票的法律效果是完全不同的，前者是坚决反对的立场，后者则是"不予赞成但无意否决"的立场。因此，安理会第 82 号、第 83 号、第 84 号决议以及依决议所采取的行动，都是违反《联合国宪章》的，是非法的、无效的。

直到 20 世纪 80 年代后期，随着美苏关系的缓和，大国合作的动力增强，联合国集体安全制度才重新焕发生机与活力。两极对抗的结束和全面战争可能性的下降，推动联合国从昔日被冷落的边缘地位逐渐走向国际舞台的中央。90 年代初的海湾战争，是集体安全制度下大国合作的典型范例。其后，联合国安理会出于人道主义保护、恢复民选政府、恢复和平与安全等目的，依据《联合国宪章》第七章授权在南斯拉夫联盟、索马里、卢旺达、海地、阿尔巴尼亚、东帝汶等国家采取了不同程度的军事行动，联合国的集体安全职能得到一定程度的强化。但是，1999 年以美国为首的北约在没有安理会授权的情况下，对南斯拉夫联盟采取了军事行动；2001 年美国在国际反恐合作的旗帜下发动了阿富汗战争，将联合国边缘化；2003 年美国无视联合国安理会多数成员的反对，撇开联合国发动了伊拉克战争；等等。上述单边主义行径公然践踏联合国的权威，一再冲击联合国集体安全制度在国际安全领域的核心地位。2011 年，利比亚内战局势恶化。联合国安理会通过了第 1973 号决议，决定对利比亚实施禁飞，要求卡扎菲政权立即停火，并授权采取一切必要措施保护平民和平民居住区免受武装袭击的威胁。根据这一授权，以北约为首的多国部队对利比亚进行了军事干预。但多国部队的行动被认为滥用了安理会授权，事实上干涉了利比亚的政权更迭，违背了安理会决议的初衷。因此，这次干预行动在国际社会引起了很大的争议，动摇了集体安全制度的大国一致基础。同年叙利亚内战爆发，利比亚战争的前车之鉴导致安理会在叙利亚问题上无法达成共识，集体安全制度再度陷入困境。

**案例 1**

### 联合国安理会第 678 号决议与海湾战争

1990 年 8 月 2 日，伊拉克入侵科威特，遭到世界各国的普遍谴责和反对。联合国安理会迅速做出反应，于当日以 14 票赞同（也门未出席）通过了谴责伊拉克违反国际法、要求其无条件撤军的第 660 号决议。其后，安理会先后通过 9 项决议，强调将启动集体安全机制的强制手段。11 月 29 日，安理会以 12 票赞成、2 票反对（古巴、也门）、1 票弃权（中国）通过第 678 号决议，授权联合国会员国在伊拉克于 1991 年 1 月 15 日之前仍拒不执行从科威特撤军等安理会有关决议的情况下，使用一切必要手段，维护、执行有关决议，恢复海湾地区的和平与安全。

1991 年 1 月 17 日，以美国为首的多国部队轰炸巴格达，海湾战争爆发。2 月 26 日，萨达姆宣布接受停火。2 月 28 日，海湾战争结束。4 月 3 日，安理会通过了第 687 号决议，要求伊拉克无条件摧毁它的大规模杀伤性武器，并停止对这些武器的研究，决定由国际原子能机构帮助伊拉克进行裁军检查。

海湾战争被视为联合国集体安全制度最典型、最有效的一次实践，向世界充分展示出大国一致基础上集体安全制度的权威性和有效性。

在《联合国宪章》对于集体安全制度的设计中，谈判、斡旋、调停等和平手段常常难以有效发挥作用，强制性措施又往往难以在大国间达成一致。作为一种折中和创新，维持和平行动及其机制逐步发展成为联合国集体安全制度不可缺少的重要环节。1948 年第一次中东战争后，安理会通过决议向巴勒斯坦派遣了停战监督组织，负责监督以色列与阿拉伯国家间达成停战协议的执行。这是联合国的第一次维持和平行动。1956 年 11 月，为了解决苏伊士运河危机，联合国大会向苏伊士运河区、西奈半岛及加沙地带派出了由 10 个国家组成的维和部队，负责确保并监督停止敌对行动，开创了联合国派驻维和部队的先例。由于被定位在《联合国宪章》第六章和平解决争端与第七章强制性集体安全措施之间，维持和平行动也被称为“第 6.5 章”。

冷战时期，维持和平行动以“当事方同意”“中立”“自卫”作为三项指导原则，指有军事人员参与的、无强制执行权力的行动，以自愿与合作为前提，在冲突中采取中立立场，军事人员不以打败敌人为己任，只配备少量武器用于自卫。这与宪章第 42 条中的强制军事行动形成对照。

冷战结束后，世界大战的威胁大大减少，但原来被两极体制掩盖的民族矛盾、宗教问题、边界纠纷日益突出，世界热点地区增多。联合国加大了对集体安全制度的创新以应对各种新的安全威胁。1992 年，联合国秘书长加利向联合国大会和安理会提交了题为《和平纲领》的报告，提出了扩大的维和行动新战略，突破了冷战时期传统维和行动的概念和模式，将维和行为从过去的临时性辅助措施提升到全球战略的新高度。扩大了的维和行动新战略由预防性外交、建立和平、维持和平、建设和平四个相互关联的部分有机组成。维和行动已不再是单纯的军事范围的活动，而是担负起了多元化的使命，具体职责大大拓展，规模和频率明显增大，更多涉及一国内部事务，强制因素增加。维和行动的中立性原则逐步弱化，被公正性原则取代。2015 年 9 月，联合国秘书长潘基文提交了题为《联合国和平行动的未来：执行和平行动问题高级别独立小组的各项建议》的报告，正式提出“联合国和平行动”

的概念，涵盖联合国大会、安理会授权或核准的所有和平与安全行动，包括政治调解、建设和平、维持和平三个阶段。传统的维和行动演变成综合性、多层次、多行为主体混合参与的和平行动，成为减少敌对、抑制冲突升级的有效工具。

## 三、集体安全制度的改革

集体安全思想被视为国际无政府状态和世界政府之间的中间站①。在 70 多年的实践中，联合国集体安全制度在制止战争、保障全球安全的国际合作中发挥着不可替代的作用，为国际社会制定了使用武力的行为规范，已经成为公认的国际关系基本准则。与此同时，由于制度设计和国际政治现实的固有局限，集体安全制度长期面临理论和实践的挑战，无法满足国际社会对其维护国际和平与安全的需求。随着国际关系的演变，积极推进集体安全制度的改革，不断提高集体安全制度的权威和效力，一直是联合国及世界各国的共识。

作为集体安全制度的重要法律渊源，《联合国宪章》对集体安全制度的阐释无法从理论上解决集体安全共同利益与主权国家各自国家利益之间的矛盾。根据《联合国宪章》，集体安全建立在三个原则基础之上：第一，除非自卫和联合国授权，否则各国放弃使用武力的权利；第二，所有国家同意和平是不可分割的。对一国的袭击就是对国际社会所有国家的袭击；第三，所有国家同意联合起来制止侵略、恢复和平。换言之，和平是不可分割的，集体安全思想预设主权国家认可整体的共同利益高于个体的国家利益。“这一机制打破了以往国际法的实施完全依靠国家的自觉遵守和国家间的自助制裁的局面，确立了一种以联合国组织为基础，由其内部监督与执行机制构成的国际法的实施模式。”② 但是，主权原则是现代国际法和国际关系的基石，主权国家拥有独立自主处理内政与外交的权力，联合国的行动必须尊重成员国的主权。不同国家在考量国际安全问题时最基本的出发点仍然是国家利益。正如摩根索所说：“至少对于某些国家来说，在任何可以想象的可能需要实现集体安全的地方，国家和超国家的利益与道德的冲突都是不可避免的。那些国家情不自禁地要从自己国家的私利出发去解决这种冲突，从而使集体体系的运转陷于瘫痪。”③ 联合国的建立并未改变国际社会本质上的无政府状态，集体安全制度并非超国家性质的“世界政府”。《联合国宪章》对集体安全的设计过于笼统，国际安全威胁的复杂性、多样性加剧了国家判断安全威胁的差异，不同国家为集体安全贡献

① CLAUDE I. Collective security as an approach to peace//WILLIAMS P, GOLDSTEIN D M, SHAFRITZ J M. Classic readings of international relations. 2nd ed. Fort Worth: Harcourt Brace College Publishers Inc., 1999: 255.

② 饶戈平．国际组织与国际法实施机制的发展．北京：北京大学出版社，2013：227.

③ 摩根索．国家间政治：权力斗争与和平：第 7 版．徐昕，郝望，李保平，译．北京：北京大学出版社，2006：462.

的动机和意愿很难达成统一，极易陷入“集体行动困境”。因此，在国际法层面进一步推动相关法律条文的建设，强化集体安全行动的合法性基础，弥补《联合国宪章》的解释能力，是改革集体安全制度的深层次途径。近年来，面对国际安全领域不断涌现的新问题，如国际恐怖主义、大规模杀伤性武器、大规模人道主义灾难、不干涉内政原则受到冲击等，联合国努力扩大国际社会的安全共识，在坚持国家主权原则的前提下，推动创设新的国际法规范。长远而言，只有与时俱进地推动集体安全制度的法律建设，才能强化联合国应对安全威胁的合法性基础，避免各国从自己的立场、政策和利益出发对集体安全制度做出自己的解释。

在实践层面，“安理会的合法化功能远未取代权力政治，然而通过使之制度化改变了权力政治的背景”①。大国一致原则是联合国集体安全制度的基石，但同时引发了对决策效率以及大国特权的质疑，有关集体安全决策机制的改革问题一直是联合国改革议程的焦点。在联合国集体安全制度的设计中，安理会占据决策核心，是唯一有权采取强制行动或军事行动来维持国际和平与安全的机构。联合国的主要机构中，安理会规模最小、权力最大，由 5 个常任理事国和 10 个非常任理事国组成。从数量上看，安理会存在严重的代表性不足问题，越来越不能反映当今世界国际力量对比的状况。从常任理事国拥有的特权来看，任意一个常任理事国的反对都能阻止安理会的行动，使得集体安全制度面临沦为大国政治工具的可能性。中小国家普遍认为否决权有悖于国家主权平等原则，与国际关系民主化的努力背道而驰，部分国家主张必须予以取消，部分国家提出了限制、约束否决权机制的多种方案。

有关安理会改革的问题在 20 世纪 70 年代末就提出来了。冷战结束后，安理会改革问题成为联合国的重要议题。1992 年 12 月，第四十七届联合国大会通过《安全理事会席位公平分配和成员数目增加的问题》的决议。1993 年 12 月，第四十八届联合国大会上通过决议建立工作组，专门负责审议安理会成员国数量扩展问题。扩大安理会已经成为联合国及其会员国的共识。但是，在具体的改革方案上，各国却存在着根本的分歧。2003 年，安南秘书长任命了 16 位在国际事务中具有影响力的权威人士组成威胁、挑战和改革问题高级别小组，负责对联合国改革进行研究。2004 年 12 月，该小组提交了题为《一个更加安全的世界：我们共同的责任》的报告。报告在肯定否决权具有重大作用的同时，指出否决权与日益发展的潮流不符，建议安理会改革不应扩大否决权，并敦促 5 个常任理事国约束对否决权的使用。报告提出了扩大安理会的两套备选方案：第一套方案新增 6 个没有否决权的常任理事国，非洲、亚洲各 2 个，欧洲和美洲各 1 个，另新增 3 个非常任理事国；第二套方案新增 8 个没有否决权的准常任理事国，亚洲、非洲、欧洲和美洲各 2 名，任期 4 年，可以连任，另新增 1 个非常任理事国。这两套方案参考了此前国际社会提出的各种安理会改革建议和扩大方案，尽量折中、平衡了各方的立场和观点，将新增否决

---

① 赫德．无政府状态之后：联合国安理会中的合法性与权力．毛瑞鹏，译．上海：上海人民出版社，2018：127.

权、否决权存废等更具争议性的问题搁置起来。2009 年 2 月，联合国启动了有关安理会改革的政府间谈判。但迄今为止，持不同改革立场的国家和国家集团仍然坚持各自的原则，安理会改革长时间内无法取得实质性进展。

增强集体安全制度的工作效率和效力是另一项重要的改革内容。集体安全制度改革的目的，在于强化联合国在国际社会的地位，提升联合国应对各种安全新威胁、新挑战的能力。为此，一方面，安理会作为决策核心，需要提高工作效率，改进工作方法并增加决策透明度；另一方面，安理会的作用也需要得到联合国大会、秘书处等机构的制衡和补充。根据《联合国宪章》，联合国大会有权讨论关于维持国际和平与安全的任何问题以及提出对各项问题的建议，有权针对足以危及国际和平与安全的情势提请安理会注意。安理会的 10 个非常任理事国由联合国大会选举产生，选举时主要考虑各成员国的贡献以及地域上的公平分配。虽然联合国大会不具备安理会那样的强制行动能力，但却拥有广泛的代表性和建议权，对安理会的职能起到辅助和监督作用。秘书处和秘书长负责联合国的日常行政事务，同样能够在维护国际和平与安全方面发挥独特的协调作用。秘书长有权就任何可能威胁和平与安全的事件提请安理会注意，作为和平、中立、公正的化身，秘书长能够在化解危机的行动中充当独特的斡旋者和调停人。从加利、安南、潘基文到古特雷斯，加强联合国大会和秘书处的改革一直在进行中，目的是提高工作效率，在安全领域更好地发挥作用。

上述有关集体安全决策机制的改革是集体安全制度改革的重点内容。除此之外，广泛意义上的集体安全制度改革还包括加强国际法院的司法震慑作用、扩展维和行动等措施。

国际法院是运用法律方法解决国际争端制度不可或缺的组成部分，负责对国家间争端做出法律裁决。尽管国际法院管辖权以国家自愿为前提，带有很强的局限性。但是，“它对于国际法的规则还是提供了重要的支持，并且对服从法律的文化有所贡献”①。20 世纪 90 年代，针对南斯拉夫联盟解体和卢旺达内战期间发生的大规模人道主义危机，安理会先后设立了前南斯拉夫问题国际刑事法庭和卢旺达问题国际刑事法庭，审理那些被控犯下战争罪、种族灭绝罪和危害人类罪的个人，通过实践确立了国际司法强制措施在维护国际和平与安全领域的作用。2002 年，国际刑事法院正式运行后，安理会有权依据《联合国宪章》第七章开展行动，能够将相关案件提交给国际刑事法院，由国际刑事法院检察官启动调查。由于《联合国宪章》第七章具备强制约束力，这种情况下的国际刑事法院管辖权也成为集体安全制度的一部分。

维和行动作为联合国在实践中的制度创新，其理念和规范在冷战结束后都发生了重大变革。“维和行动”的概念被更广义的“和平行动”所取代，以监督停火为主的传统型维和行动转变为包括组织和监督选举、支持国家制度建设和法治建设、

① 亨金．国际法：政治与价值．张乃根，马忠法，罗国强，译．北京：中国政法大学出版社，2005：86.

促进社会经济发展等内容的综合性、多层面混合行动，成为联合国集体安全制度中可采用的最有效工具。但是，“让联合国维和行动扮演维持和平和保护平民免受暴力威胁的全球角色几乎没有希望。各国没有给联合国充分发挥职责的方法”①。随着维和行动职能越来越复杂，人力物力财力等资源短缺情况加剧，维和人员的安全风险加大，尤其是近年来维和行动越来越超越传统的同意和中立原则而倾向于采取强制手段，与不干涉内政原则之间的矛盾日益突出。在尊重国家主权的前提下，推动维和行动改革仍然是联合国的一项长期任务。

“在为修补国际法执行体系完全松散的缺陷而进行的努力方面，集体安全是历史上意义最为深远的尝试。”② 尽管集体安全实践受制于国际关系现实的局限，但总体上，集体安全制度本身具有不断自我改革与完善的动力，以应对全球安全威胁形式与内涵日益扩展所带来的严峻挑战。

## 第二节 和平解决国际争端

国际争端是指不同国际关系行为体之间由于在法律上或事实上意见分歧，或围绕权力与利益冲突所引发的矛盾、争执和对立。狭义的国际争端只是主权国家之间的争端。广义的国际争端不仅包括国家之间的争端，而且包括国家与国际组织等其他国际法主体之间的争端，甚至包括以国家为一方，以其他国家的自然人、法人等非主权实体为另一方的争端。国际争端的主体主要是主权国家，通常关系到国家的重大利益或国际和平与安全。当今世界国家众多，文化传统各异，政治经济利益不同，国际争端的出现难以避免。以何种方法解决国际争端，是关系到维护国际和平与安全的重要问题。如果国际争端不能得到合理、有效的解决，可能导致严重的后果。但国家之间不存在超国家的权力机关或裁判者来制定法律和审理争端，国际争端的解决受到国际关系力量对比的制约。解决国际争端的方法和程序一直是国际法与国际关系中的重要问题。

### 一、和平解决国际争端原则的确立

和平解决国际争端是一项国际法基本原则。它是随着历史的发展和变化而逐步确立起来的，已经得到《联合国宪章》和许多重要国际法律文件的确认。

传统国际法将解决国际争端的方法分为强制的解决方法与和平的解决方法。所

---

① 克拉彭．布赖尔利万国公法：国际法在国际关系中的作用简介：第7版．朱利江，译．北京：中国政法大学出版社，2018：290.

② 摩根索．国家间政治：权力斗争与和平：第7版．徐昕，郝望，李保平，译．北京：北京大学出版社，2006：331.

谓强制的解决方法，是指一个国家为了使另一个国家同意它所要求的对国际争端的解决和处理，而采取的带有强制性的解决措施，包括反报、报复、平时封锁、干涉等。尽管强制的解决方法可能包含有伤害性的措施，但强制方法不同于战争，不会对一切和平关系产生影响，包括“外交上和商业上的交往、条约的执行和其他类似关系照旧保持”①。

反报，是一国对另一国不礼貌、不友好、不公正的行为以同样或类似的行为所采取的措施，通常用于国家之间的贸易、关税、航运和移民等法律关系和经济关系，如取消关税优惠待遇或特权、禁止入境或驱逐出境等。

报复，是一国对另一国的国际不法行为而采取的强制措施，以迫使对方停止其不法行为，或对其不法行为、侵权行为所造成的后果索取赔偿。报复与反报的不同之处在于，报复针对的是国际不法行为，而反报针对的是不礼貌、不友好、不公正行为。反报行为本身是不违法的，而报复行为只能在合法要求无法实现的情况下才能使用，且不应超出实际损害的程度，过度的报复也构成国际不法行为。

平时封锁，是在和平时期，以武力封锁他国的港口或海岸，迫使被封锁的国家满足其要求的行为。

干涉，是指强制性地染指他国事务，而不理会对象国同意与否。干涉的方式多种多样，狭义的干涉专指武装干涉，广义的包括从发表言论、经济制裁到采取军事行动等不同程度的干涉行为。

现代国际法并不完全排除利用强制的方法解决国际争端。联合国安理会授权下的集体安全行动、主权国家享有的单独和集体自卫权，都是合法运用强制方法解决国际争端的方式。但是，由于强制解决方法是以实力，尤其是以武力为基础，只能在严格遵守国际法的基础上才能正当地使用。反报和报复作为国际法上的自助手段，在实践中很容易被滥用。平时封锁和干涉如果不是在联合国安理会授权之下的行动，则是违反国际法的霸权主义行径。因此，强制解决国际争端的方法在现代国际法中是受到明确限制的。

和平解决国际争端原则的提出和演变，与国际法上战争被限制和废弃的进程密切相关。在19世纪末20世纪初的两次海牙和会上签订的《和平解决国际争端公约》，提出了和平解决国际争端的国际法原则，倡导以和平方法解决国际争端。第一次世界大战后，国际和平运动空前高涨，推动了和平解决国际争端的国际法制度的发展。《国际联盟盟约》规定了会员国以和平方法解决它们之间争端的义务，“似乎能够为欧洲提供保障和平、和解冲突、平衡利益及深化合作的机制与规范”②。第二次世界大战后，《联合国宪章》第1条第1项把“以和平方法且依正义及国际法之原则，调整或解决足以破坏和平之国际争端或情势”列为联合国的宗旨之一，

① 劳特派特．奥本海国际法：第8版：下卷：第1分册．王铁崖，陈体强，译．北京：商务印书馆，1972：93.

② 法斯本德，彼得斯．牛津国际法史手册：上册．李明倩，刘俊，王伟臣，译．上海：上海三联书店，2020：674.

第 2 条第 3 项把“各会员国应以和平方法解决其国际争端，俾免危及国际和平、安全、及正义”列为联合国及其会员国都应遵守的原则。在总结以往国际条约和国际实践的基础上，《联合国宪章》第六章专门对和平解决国际争端的方法、程序、措施、联合国安理会和大会的职权等事项做出了详细规定，建立了联合国解决国际争端的体系，构建了和平解决国际争端制度的基本内容。其中，第 33 条第 1 项详尽列举了解决国际争端的各项和平方法，指出：“任何争端之当事国，于争端之继续存在足以危及国际和平与安全之维持时，应尽先以谈判、调查、调停、和解、公断、司法解决、区域机关或区域办法之利用、或各该国自行选择之其他和平方法，求得解决。”

联合国成立后通过的一些重要决议和宣言中反复确认和重申了和平解决国际争端的原则。例如，1970 年 10 月 24 日，联合国大会通过的《国际法原则宣言》，提出了 7 项国际法原则，其中第 2 项指出：“每一国应以和平方法解决其与其他国家之国际争端，避免危及国际和平、安全及正义。各国因此应以谈判、调查、调停、和解、公断、司法解决、区域机关或办法之利用或其所选择之他种和平方法寻求国际争端之早日及公平之解决。”宣言进一步规定，争端当事国如未能就某一和平方法解决有关争端时，“有义务继续以其所商定之他种和平方法寻求争端之解决”。这就意味着，和平解决国际争端原则本身是强制性的，国家可以任意选择具体的和平方法，但必须用尽和平方法。再如，1982 年，联合国大会通过的《关于和平解决国际争端的马尼拉宣言》，进一步庄严宣告：“所有国家应只以和平方法解决其国际争端，俾免危及国际和平与安全及正义的原则。”而且，任何争端当事国不得因为争端的存在，或者一项和平解决争端程序的失败，而使用武力或武力威胁。

区域机关或区域办法也是和平解决国际争端的重要途径。“区域办法是以地理接近为基础、用条约建立起来、设有共同机关、并以合作和互助，尤其是政治方法合作和互助为目的的一些国家的结合。”① 很多重要的区域性国际组织的章程和区域性条约都明确规定了和平解决成员国之间争端的义务。阿拉伯国家联盟 1945 年成立时通过的《阿拉伯联盟宪章》规定：成员国相互尊重政治制度，不得诉诸武力解决彼此之间争端。美洲国家组织 1948 年通过的《波哥大宪章》规定：美洲国家之间可能发生的一切国际争端，在提交联合国安全理事会之前，必须交由本章程所规定的和平方法来处理。非洲联盟的成立章程规定：成员国之间禁止使用或威胁使用武力，成员国有权要求非盟进行干预，以便恢复和平与安全。东南亚国家联盟主张以协商方法解决成员之间的内部争端，并要求各成员国根据国际法和《联合国宪章》，以和平方法解决它们与其他国家之间的国际争端。欧洲安全与合作组织倡导预防性外交，以预防、管理和解决冲突为宗旨，成员国承诺采取和平方法解决相互之间的争端。上海合作组织在其组织宪章中规定：成员国之间平等互利，通过相互

---

① 劳特派特．奥本海国际法：第 8 版：下卷：第 1 分册．王铁崖，陈体强，译．北京：商务印书馆，1972：82.

协商解决所有问题。区域性组织在和平解决国际争端方面进行了大量实践，取得了显著成效。

第二次世界大战结束以来的国际关系反复证明，国际争端只有通过和平解决，才能真正促进国际和平与安全，以战争、武力或武力威胁的强制方法，不仅不能从根本上解决争端，反而会激化有关国家间的敌对情绪，而且有可能使争端扩大和升级，成为冲突和战争的祸根。和平解决国际争端已经成为公认的国际法基本原则。和平解决国际争端既是国家的义务，也是国家的权利。国家不仅有权要求与其存在分歧或争端的国家以和平方法解决它们之间的争端，而且还有权自由选择和平解决争端的具体方法。

## 二、和平解决国际争端的政治方法

和平解决国际争端的政治方法，也被称为外交方法，是指在争端当事国同意基础上，当事国之间的解决方法，或经由当事国以外的第三方参与的解决方法，一般包括谈判、协商、调查、斡旋、调停与和解。政治解决方法充分尊重争端当事国的主权，适用于各种不同类型的争端。在一种政治方法不成功的情况下，争端当事国可以寻求另一种政治方法或政治方法以外的解决方法。“第三方的介入对于争端当事方之间争端的解决并不起到决定性的作用，它不是替争端方决定如何解决争论，而是劝说他们自己决定如何及解决争端。”① 由于上述特点，政治解决方法在国际关系中运用非常广泛。但本质上，政治解决方法是当事国以实力为基础开展双边或多边外交的结果，约束力较弱，其结果不影响争端当事国同时或今后采取其他的争端解决方法。

**1. 谈判和协商**

谈判和协商是最基本的政治解决方法，指争端当事国为解决争端而进行的直接交涉，包括澄清事实、阐明观点、消除隔阂和误会、增进相互了解和信任，以寻求双方都能接受的解决方案。

用谈判的方法解决国家之间的争端在历史上很早就出现了。近代以来，谈判的方法日益普遍。进入 20 世纪，谈判成为和平解决国际争端的首要方法，发展出一套比较固定的形式和程序。“绝大多数关于和平解决的国际条约都承认谈判是解决国际争端的第一步。”② 与谈判相比，协商不如谈判正式，在形式和程序上更为灵活。在传统国际法中，协商是谈判的基础，原本只是谈判的一个步骤或一个组成部分。20 世纪 50 年代以后，协商作为单独的解决争端的方法受到国际社会的肯定，

---

① 克拉彭．布赖尔利万国公法：国际法在国际关系中的作用简介：第 7 版．朱利江，译．北京：中国政法大学出版社，2018：256.

② 劳特派特．奥本海国际法：第 8 版：下卷：第 1 分册．王铁崖，陈体强，译．北京：商务印书馆，1972：3.

成为和平解决国际争端的新的重要方法。

谈判和协商在国际关系实践中应用广泛。争端当事国参与、掌握整个谈判和协商过程，在原则上处于完全平等的地位，能够决定谈判和协商的具体形式、时间、地点乃至参加人员，能够提出、接受、拒绝或修正任何解决争端的建议。谈判和协商的结果有三种。第一种是争端一方让步，放弃自己的主张或要求，接受争端另一方的意见、主张或要求；第二种是争端各方互相让步、妥协，找出各方都能接受的方案；第三种是争端各方坚持己见，互不让步，造成谈判破裂，转而寻求其他争端解决方法。

**2．调查**

调查又称“查询”或“查明事实”，指在特别涉及对事实问题发生分歧的国际争端中，争端当事国同意第三方为解决争端而通过一定的方式调查有争议的事实，查明是否有当事国所声称的情势的存在，以最终解决争端的一种方法。

早在1899年，第一次海牙和会上就创立了以国际调查委员会解决国际争端的方法。“这种方式在当时被认为有助于‘平息国家之间对立的脆弱情感’，并且可以确保‘冲突的尖锐性得以消失’。”① 1907年，第二次海牙和会上进一步完善了国际调查程序规则。1928年，国联第八次大会通过了《和平解决国际争端的日内瓦总议定书》（简称《日内瓦议定书》），常设调查委员会的方法成为国际法上通行的制度。该议定书在1949年经联合国大会修改，并由联合国大会专门设立一个调查与调解小组供当事国发生争端时选用。1967年，联合国大会通过决议，肯定实地调查是一种公平有效地解决国际争端的方式。1988年，联合国大会通过《关于预防和消除可能威胁国际和平与安全的争端和局势以及关于联合国在该领域的作用的宣言》，要求国际社会充分利用安理会、大会和秘书长的事实调查能力。1991年，联合国大会审议并通过《联合国在维持国际和平与安全方面事实调查宣言》，进一步对联合国在和平解决国际争端方面采用调查方法和程序做了具体规定。

调查方法一般都有一定的组织或机构，其组成、职能、程序等根据有关条约加以具体规定。调查的目的在于查明事实真相，将外交、法律、技术的优点结合起来，可以为争端当事国就争端中的问题提供一份来自第三方的公正的报告，往往成为和平解决国际争端的第一步。调查报告一般是对已查明事实的记述，对争端当事国没有约束力。

**3．斡旋和调停**

斡旋和调停是当争端当事国不能通过直接谈判或协商的方法解决争端时，第三方进行有助于促成争端当事国直接谈判，协助争端当事国解决争端的方法。这种协助可能出于争端当事国一方或双方的请求，也可以由第三方主动提出。“外交实践

① 克拉彭．布赖尔利万国公法：国际法在国际关系中的作用简介：第7版．朱利江，译．北京：中国政法大学出版社，2018：257.

和条约对于斡旋和调停不总是加以区别的。”① 但理论上，斡旋和调停是两种不同的方法。斡旋的特点是第三方本身不直接参与当事国的谈判，但可以为各方提出建议或转达当事国相互间的建议。调停的特点是第三方以中间人的身份直接参与当事国之间的谈判，或提出解决方案，促使各方让步，达成妥协。

进行斡旋和调停的第三方大多数是国家，也可以是国际机构或具备国际影响力的个人。斡旋者和调停者提出的建议，只具有劝告性质，没有法律约束力，对争端当事国不产生法律后果。因此，斡旋和调停通常是其他政治解决方法的初步或辅助措施。

**4. 和解**

和解也被称为调解，是将争端提交给一个由若干人组成的委员会，并由委员会查明事实，提出报告和建议，促使当事国达成协议，解决争端。

和解的程序和工作方法是以国际条约为根据的。历史上，两次海牙和会、国联、联合国和一些区域性国际组织都为和解方法的完善和发展做出了贡献。

和解也是一种第三方解决争端的方法。和解与调查既有联系又有区别。调查是和解的前提，调查的主要目的在于弄清事实，为当事国自行解决争端创造条件；而和解的目的是通过和解委员会帮助和推动当事国就解决争端达成协议。和解不同于调停。调停是第三方就解决争端的方案提出建议并参与当事国的谈判；而和解是当事国将争端交给和解委员会，由和解委员会进行调查并提出解决方案，供当事国考虑和采纳。与其他第三方解决方法相比，和解的独特在于其具有半司法的特性，“若干人员因授权而组成的委员会得查明事实，可以听取争端当事各方的意见，但必须提出解决争端的建议”②。只不过这些建议对争端当事方没有约束力。

## 三、和平解决国际争端的法律方法

和平解决国际争端的法律方法是指用仲裁和司法判决来解决国际争端。法律方法适用于解决与法律权利和利益相关的国际争端，依据是法律规则，有相对完善的组织机构和比较固定的程序规则。法律解决方法是解决争端的最后方法，仲裁裁决或司法判决一旦做出，对争端当事国具有约束力，当事国一般不再诉诸其他争端解决方法。这是法律解决方法与政治解决方法的根本区别。

**1. 仲裁**

仲裁又称公断，是指争端当事国一致同意把它们之间的争端交给自己选择的仲裁员处理，并承诺遵守其裁决的解决争端的方法。仲裁的特点有以下三点：第一，仲裁以自愿管辖为基础。争端当事国之间订有仲裁协定或条约，或是有关条约中含有仲裁条款，愿意把争端提交仲裁解决，并且自己选择仲裁人。第二，仲裁裁决对

---

① 劳特派特．奥本海国际法：第8版：下卷：第1分册．王铁崖，陈体强，译．北京：商务印书馆，1972：6.

② 布朗利．国际公法原理．曾令良，余敏友，译．北京：法律出版社，2007：624.

当事国具有约束力，除非仲裁人有越权、恶意等行为，或违反仲裁规则。当事国把争端提交仲裁，就意味着当事国愿意自愿履行裁决。第三，仲裁裁决是依据法律做出的，当事国有权选择仲裁所依据的法律。

仲裁是一项在古希腊和古罗马时期就出现的古老制度。中世纪欧洲国家也曾采用仲裁方法解决争端，所谓“欧洲仲裁者”的角色多数时期为教皇所把持①。18 世纪以后，仲裁在国际关系中得到广泛的应用。1794 年，英国和美国签订《美英友好通商航海条约》，也被称为《杰伊条约》，决定建立三个混合仲裁庭来解决美国独立战争以来两国在条约谈判过程中无法解决的各种争端，此举被认为是近代意义上仲裁制度的发端，对仲裁制度的发展产生了重要影响。19 世纪，国家之间的仲裁案件数量大幅增加，涉及主权利益、领土纠纷、海洋捕鱼等各方面。1872 年，美英两国之间通过仲裁的方法圆满解决了阿拉巴马号案②，避免了两国之间的严重冲突，体现出仲裁制度在解决国际争端中的价值，促进了近代仲裁制度的发展。1899 年，海牙和会通过的《和平解决国际争端公约》，第一次对国际仲裁制度进行了系统和详细的规定，并决定成立常设仲裁法院。国际仲裁制度正式确立。1907 年，海牙和会再次强调了国际仲裁制度对和平解决国际争端的重要性，并依据公约建立了国际调查委员会，进一步充实了国际仲裁制度。第二次世界大战后，国际仲裁制度作为和平解决国际争端的方法得到《联合国宪章》的接受和继承。1949 年，联合国大会通过的《和平解决国际争端修订总议定书》完善了国际仲裁法庭的组织机构和规则。1958 年，联合国国际法委员会通过《仲裁程序示范规则（草案）》，对国际仲裁的协议和范围、仲裁庭的组成、仲裁程序、仲裁效力等都做出了具体明确的规定，使国际仲裁成为现代解决国际争端的主要法律方法之一。

当前世界上最重要的仲裁机构，是 1899 年在海牙宣告成立的常设仲裁法院。常设仲裁法院事实上“不是一个法院而是一旦应召即可组成仲裁庭的机构”③，由常设行政理事会、国际事务局和仲裁法庭组成。常设行政理事会由各缔约国驻荷兰的外交官和荷兰外交大臣组成，荷兰外交大臣任理事会主席。理事会的任务是监督、指导国际事务局的工作，决定有关仲裁法庭的一切行政问题。国际事务局负责法院开庭事项的文件转达、保管档案和处理一切行政事务，是常设仲裁法院的书记处。由各缔约国选任一些公认的深通国际法和享有道德名望的国际法专家组成仲裁员名单。仲裁员任期 6 年，可连选连任。当缔约国将争端提交常设仲裁法院解决时，由争端当事国双方在仲裁员名单中各选定 2 名仲裁员，再由被选定的仲裁员共

---

① 法斯本德，彼得斯．牛津国际法史手册：上册．李明倩，刘俊，王伟臣，译．上海：上海三联书店，2020：152.

② 美国南北战争期间，英国为南方叛乱联邦订造了一艘后来被命名为“阿拉巴马号”的船舶。名为商船，实为军舰。在南北内战中，该船击沉了 70 多艘北方联邦的商船。内战结束后，美国向英国政府要求赔偿由于阿拉巴马号等类似船舶的活动所遭受的损失。1871 年双方达成协议，将争端提交仲裁，由英、美、巴西、意大利和瑞士各选一名仲裁员组成仲裁法庭。该庭于 1872 年 9 月 14 日做出裁决，英国向美国偿付 1 500 万美元作为赔偿费。

③ 布朗利．国际公法原理．曾令良，余敏友，译．北京：法律出版社，2007：624.

同选定第5名仲裁员组成仲裁法庭，负责审理和裁决争端案件。常设仲裁法院从1902年开始受理案件，实际发挥的作用有限。1993年9月，常设仲裁法院召开了历史上第一次全体仲裁员大会。1994年，第四十九届联合国大会一致同意接纳常设仲裁法院为联合国观察员，推动常设仲裁法院成为一个为解决国际争端提供更多选择的机构。

**2．司法解决**

国际争端的司法解决，是指在争端当事国同意的基础上，由一个常设的国际司法机构，对于提交给它的争端根据国际法进行审理，做出有约束力的判决。

司法解决与仲裁都是以法律方法解决国际争端，两者的主要区别在于：第一，司法解决的法院或法庭是固定的和事先组成的，而不是像仲裁法庭那样临时组成；第二，司法解决的法院或法庭的法官不取决于争端当事国的选择，是由有关国家事先和定期选举产生的，在一定时期内具有稳定性，而仲裁法庭的仲裁员则是当事国为特定的案件而专门选任的；第三，司法解决的法院或法庭审判案件适用国际法，而仲裁法庭所适用的法律则需要争端当事国的一致同意，有较大的任意性。

第一个严格意义上的司法解决国际争端的机构，是第一次世界大战后由国联创立的国际常设法院。1922年，国际常设法院在海牙正式成立，受理国联会员国和在一定条件下其他国家提交的诉讼案件，也可就国联行政院或大会提交的争端或问题发表咨询意见。国际常设法院在20多年中，共受理了争端案件65个，其中做出判决32个，此外还提出了28项咨询意见①。1946年，国际常设法院解散，其功能被随后成立的联合国国际法院取代。

国际法院设在海牙，是联合国六大主要机构之一，也是一个对所有国家开放的、具有一般管辖权的国际司法机构，“应当被视为一个为国际社会服务的世界法院”②。国际法院由15名不同国籍的独立法官组成，任期9年，每3年改选其中的5名，可连选连任，在联合国会员国所推荐的法学家中由联合国大会和安理会绝对多数选出。法官不得接受本国政府的指示，不得行使任何政治或行政职务，或执行任何其他职业性质之任务。法院由法官秘密投票选举院长和副院长各1人，任期各3年，可连选连任。法院设有书记处负责日常行政事务。国际法院审判案件需要全体法官参加，不存在回避制度，但一般情况下，9名法官就构成法定人数。对于没有本国国籍法官参与的案件，当事国可以选派1名本国法官临时参与案件审理。

国际法院的管辖权分为诉讼管辖权和咨询管辖权。

第一，诉讼管辖权。只有国家才能是向国际法院提交案件的当事方。国际法院的诉讼管辖范围有三类：一是当事国提交的一切案件，即当事国在事先协商同意下自愿提交的各种案件，国际法院称为“自愿管辖”；二是现行条约中特别规定的事

---

① 王铁崖．国际法．北京：法律出版社，1995：429.

② 克拉彭．布赖尔利万国公法：国际法在国际关系中的作用简介：第7版．朱利江，译．北京：中国政法大学出版社，2018：249.

件或争端，国际法院称为“协定管辖”；三是国家随时声明接受国际法院管辖的一切法律争端。由于当事国可以任意选择是否发表声明、在何时发表声明，同时，一旦当事国发表声明，在声明的范围内，国际法院具有了强制管辖权。这类管辖因此被称为“任择性强制管辖”。目前接受国际法院任择性强制管辖的国家只有 60 多个，而且相当一部分国家还附加了各种保留。总体上，国际法院的诉讼管辖权是建立在国家同意基础之上的，只有在国家明示同意接受国际法院管辖的情况下，国际法院才能行使其对特定案件的管辖权。经过审理，国际法院的判决是最终判决，不得上诉。判决对争端当事国有确定的拘束力。

第二，咨询管辖权。咨询管辖权是指国际法院作为联合国的司法机构，就被咨询的任何法律问题发表意见，“用来协助各种政治机构解决争端，并对各机构及专门机构行使职能产生的法律问题提供权威性指导”①。只有联合国大会、安理会和经大会授权的专门机构和其他机构，才有权请求国际法院提供咨询意见。国家不能请求国际法院发表咨询意见，也不能阻止国际法院发表咨询意见。任何个人，包括联合国秘书长，无权请求国际法院发表咨询意见。国际法院发表的咨询意见虽然属于咨询性质，但仍具有重要的法律意义：为国际争端的和平解决提供法律意见和依据，特别是帮助安理会和大会更好地履行其义务，对国际法的发展产生重要影响。

国际法院是迄今为止最为重要的国际司法机构。此外，国际社会还有一些临时性、专业性或地区性的国际司法机构，如根据安理会决议建立的前南斯拉夫问题国际刑事法庭、根据安理会决议建立的卢旺达问题国际刑事法庭、世界贸易组织中的争端解决机制、国际海洋法法庭、国际刑事法院、中美洲法院、欧洲法院等。这些国际司法机构的职能和范围不同，但都是通过司法解决的方法和平解决国际争端或惩罚国际犯罪。

### 案例 2

### 国际法院对“威胁使用或使用核武器的合法性”问题的咨询意见

20 世纪 50 年代起，在世界处于核威胁的情况下，使用核武器是否符合国际法引起国际社会的广泛关注。1993 年 5 月，世界卫生组织请求国际法院就下述问题发表咨询意见：“就对健康和环境产生的影响而言，一国在战争或其他武装冲突中使用核武器是否违反该国的国际法义务，包括世界卫生组织的章程。”1994 年 12 月，第四十九届联合国大会通过决议，请求国际法院就“国际法是否允许在任何情况下威胁使用或使用核武器”的问题发表咨询意见。

1996 年 7 月，国际法院以世界卫生组织提出的问题与该组织的活动范围无关为由，拒绝对该组织提出的问题发表咨询意见。但国际法院针对联合国大会的请求提出了咨询意见。法院认为，威胁使用或使用核武器的问题虽然带有政治性，但无论

① 布朗利．国际公法原理．曾令良，余敏友，译．北京：法律出版社，2007：634.

如何都不能否认这个问题的法律性质，因此它有权发表咨询意见。

法院认为，与本问题最直接相关的可适用法律是《联合国宪章》有关使用武力的规定、适用于武装冲突的法律以及有关核武器的特定条约。宪章中有几个条款涉及威胁使用或使用武力，即第 2 条第 4 项、第 51 条和第 42 条。这些条款没有提到特定的武器，但它们适用于任何的使用武力，而不管使用什么武器。宪章既没有明确禁止也没有允许使用任何特定的武器，包括核武器。根据条约或习惯本身就是非法的武器，不会因为用于宪章下的合法目的就成为合法。自卫中无论使用什么武力手段，都必须适用必要性和相称性的习惯国际法规则。因此，相称性原则本身并不排除在自卫时在一切情况下使用核武器。但是，具有相称性的使用武力要成为合法，还必须满足适用于武装冲突中的法律，特别是人道法原则和规则所规定的条件。

国际习惯法和条约法都没有包含允许在一般或某些情况下，特别是在行使合法自卫的情况下威胁使用或使用核武器或任何其他武器的任何特定规定。然而，也不存在任何国际法原则或规则使威胁使用或使用核武器或任何其他武器的合法性取决于特别的授权。国家实践表明，使用某种武器的非法性不是因为没有授权，相反，它是以禁止性条款来明确规定的。在条约法上，在有关禁止使用有毒武器、某种大规模杀伤性武器、生化武器以及专门涉及获得、制造、拥有、部署和试验核武器的条约中都不能找到禁止使用核武器的具体条款。在习惯国际法上，不存在有关禁止使用核武器的法律确信，联合国大会通过的一系列禁止使用核武器的决议也不能证明存在使用核武器是非法的法律确信。

至于在适用于武装冲突中的国际人道法和中立法方面，保护平民和民用目标以及区分战斗员和非战斗员、不致使战斗员遭受不必要痛苦这两项基本原则为所有国家所遵守，无论它们是否批准载有这些原则的公约。人道法原则和规则适用于核武器。中立原则也适用于国际武装冲突，无论使用什么类型的武器。但是，使用核武器并不必然在所有情况下都违反适用于武装冲突中的法律原则和规则。所有国家在面临生死存亡时有生存的基本权利，因此有诉诸自卫的权利。法院不能对此视而不见。因此，从总体上看，在一国的生存受到威胁的极端情况下，以自卫使用核武器是否合法的问题还不能得出肯定结论。

法院最后发表如下意见：习惯国际法或条约国际法都未特别允许，也未全面地、普遍地禁止威胁使用或使用核武器；违反《联合国宪章》第 2 条第 4 项以及不符合第 51 条所有条件以核武器进行威胁或使用武力是非法的；威胁使用或使用核武器还必须符合适用于武装冲突中的国际法的要求，尤其是那些国际人道法的原则和规则，以及明确涉及核武器的特定条约义务和其他承诺；因此，威胁使用或使用核武器一般的是违反适用于武装冲突的国际法规则的，特别是人道法的原则和规则。然而，就国际法的现状和法院所掌握的事实情况来看，法院对于在一国的生存受到威胁而进行自卫的极端情况下，威胁使用或使用核武器是否合法还不能做出肯定结论。各国有义务秉持善意，谈判缔结一项在各个方面都处于严格和有效国际控制下的核裁军的协议。

## 第三节 国际法上的战争与武装冲突

格劳秀斯认为："战争就是一种使用武力进行争斗的状态。"① 劳特派特指出："在没有一个执行法律的国际机关的情形下，战争是实现基于国际法的或自称基于国际法的权利主张的一种自助手段。"② 传统国际法不禁止战争，有关战争期间的法律义务与责任具有悠久的历史。"'正义战争'的原则非但不认为战争为非法，还经常推动战争的爆发。"③ 现代国际法禁止侵略战争和非法使用武力，战争和武装冲突在国际法中的地位发生了根本性的变化。

### 一、战争与武装冲突的概念

战争是国家之间或国内社会集团之间为了特定政治目的而进行的大规模暴力冲突。战争有两个显著的特点，一个是暴力性，一个是政治性，两者缺一不可。战争首先是一种大规模的暴力活动，但并非所有的暴力活动都可以被称为战争，具有某种政治目的的大规模暴力活动才能够称为战争。正如克劳塞维茨指出的那样："战争既是一种政治行为，更是一种真正的政治工具。它是政治交往的继续，也是一种实现政治交往的手段。"④

国际法上的战争主要是指两个或两个以上敌对国家之间以武力推行国家政策所造成的武装冲突和由此而产生的一种法律状态。劳特派特提出："战争是两个或两个以上国家通过武装部队的争斗，其目的在于彼此制服并由战胜国对他方强加以它所任意要求的和平条约。战争是国际法所承认的并在许多方面为国际法所规定的事实，然而不是国际法所确立的事实。"⑤ 在传统国际法中，只有敌对国家间的具有相当规模和范围，并持续一定时间的武装冲突才是国际法上的战争。偶然发生的、小规模的、短暂的武装冲突，不构成国际法上的战争。现代国际法明确禁止一切非法使用武力的行为。尽管禁止使用武力并不排除《联合国宪章》规定的合法的武力使用，也并不能杜绝武力在国际关系实践中的存在，但是，"战争"的概念在第二次世界大战后越来越不常用，在国际法律文件中越来越多地被"武装冲突"的概念

---

① 格劳秀斯．战争与和平法：第1卷．凯尔西，等英译．马呈元，译．修订版．北京：中国政法大学出版社，2018：34.

② 劳特派特．奥本海国际法：第8版：下卷：第1分册．王铁崖，陈体强，译．北京：商务印书馆，1972：129.

③ 亨金．国际法：政治与价值．张乃根，马忠法，罗国强，译．北京：中国政法大学出版社，2005：165.

④ 克劳塞维茨．战争论．盛峰峻，译．武汉：武汉大学出版社，2014：14.

⑤ 同②145.

所取代。

武装冲突是指冲突各方互相行使武力而产生的事实状态，包括一切的武力行动或军事强制措施。武装冲突和战争虽然都涉及武力的使用，但武装冲突一词的含义更宽泛，两者的联系与区别具体表现在：

首先，并非一切的武装冲突都构成战争，唯有当武装冲突或敌对行动上升到一定程度或者发展到一定的级别时才构成战争。

其次，武装冲突的主体更为广泛，除了国家之外，还包括非国家实体，如一国的某个地区、民族、宗教团体和叛乱团体等。争取民族独立、反抗殖民主义和种族主义的民族解放运动在国际法上的主体地位得到确认，非国际性的武装冲突同样受到战争法规的规范。

最后，按照传统国际法，武装冲突只是一种事实，而不是一种法律状态。军事对抗的对方一旦打起来就构成武装冲突，而战争是一个法律概念，会带来相应的法律后果。战争不仅取决于敌对国家之间一定规模的武装冲突事实，还取决于交战国之间是否有明确的“交战意思”以及非交战国的态度。所谓“交战意思”，是指交战各方或一方宣战，或者非交战国宣布中立。“交战意思”的存在，意味着交战国之间、交战国与非交战国之间平时的关系转变为战时的权利与义务关系，从而形成法律上的战争状态，并由此产生一系列的法律后果，包括外交关系的变化、条约关系的变化以及对交战国人民和财产的影响等。然而，发动战争的国家为了规避国际法义务往往否认开战意图，历史上有很多战争都是不宣而战的，如 1904 年的日俄战争、1939 年德国入侵波兰、1941 年日本偷袭珍珠港等。第二次世界大战后，实际发生的大规模武装冲突大多是不宣而战的，但事实上的战争状态同样会导致相应的法律后果，同样适用相应的战争法规。从这个角度而言，现代国际法中的战争与武装冲突既是一种事实状态，又是一种法律状态。

## 二、战争与武装冲突法的演变

战争法是传统国际法中古老的组成部分，随着“武装冲突”的概念日益替代“战争”的概念，现代国际法倾向于将战争法扩展为战争与武装冲突法。概括地说，战争与武装冲突法是指在战争和武装冲突中，以条约和惯例的形式，用来调整各交战国或武装冲突各方之间、交战国与中立国之间以及交战行为的原则、规则和制度的总体。当然，“国家之间的冲突和有组织的非国家武装团体与一国或者他们彼此之间的其他武装冲突是不同的。关于国家之间的武装冲突的有些规则对于国内武装冲突是不适用的”①。同时，由于战争与武装冲突法的内容是围绕人道主义或人道原则的考虑而制定的，“在现代国际法上又越来越经常地称之为‘国际人道法’，有

---

① 克拉彭．布赖尔利万国公法：国际法在国际关系中的作用简介：第 7 版．朱利江，译．北京：中国政法大学出版社，2018：292.

时简称为‘人道法’”①，其宗旨在于保护战争和武装中未参与或不再参与敌对行动的人员。

战争古已有之。在古代埃及、印度、希腊、罗马和中国的春秋战国时期，都存在过很多涉及战争行为规范的历史遗迹。国际法的产生与战争的发展密切相关，格劳秀斯的巨著《战争与和平法》，全面论述了古代和中世纪的战争思想和战争规则，奠定了国际法独立学科的地位。进入 19 世纪，科技进步推动武器装备和作战手段的更新，杀伤能力的提高加剧了战争的残酷程度。为了限制作战手段和作战方法，规范交战各方的行为以降低战争的破坏性，欧洲国家通过一系列的多边会议开启了战争法规的法典化进程。1856 年的巴黎会议通过了《巴黎会议关于海上若干原则的宣言》，使传统的战争惯例第一次以成文形式载入战争法史册。1864 年的日内瓦会议通过《改善战地武装部队伤者境遇的公约》，首开国际条约对战地受伤者实行人道主义保护的先例。该公约只有 10 条，规定了伤员、救护车辆、医院和救护人员的不可侵犯性，并且采用红十字作为救护的标志。之后，1868 年的圣彼得堡会议通过了禁止在战争中使用某些爆炸性子弹的《圣彼得堡宣言》。1899 年和 1907 年的两次海牙和会通过一系列公约与宣言，进一步规范了作战手段和方法。1929 年的日内瓦会议修正补充了改善伤者病者境遇的公约，又订立了关于战俘待遇的公约。上述战争法规随着演变在内容上被分为两个体系：关于作战规则、作战方法和武器的制度以两次海牙和会通过的一系列文件为主，被称为“海牙体系”；关于战时的人道主义保护则是日内瓦会议的结果，被称为“日内瓦体系”。两个体系相对独立，在具体规则上也相互渗透。

第二次世界大战后，战争在国际法上的地位发生了重大变化，传统战争法中的宣战、缔结和约、中立等方面的制度不再有新的发展。然而，“一个集团发起反对另一个集团的暴力是一种永恒的实践”②。与之相适应，战时人道主义保护、限制作战方法和作战武器、惩处战争罪犯等方面的内容得到充实和扩展。

1949 年 8 月，为了将人道主义原则落实到各种类型的战争受难者的保护方面，在红十字国际委员会的倡议下，63 个国家签订了新的保护战争受难者的日内瓦（四）公约，包括对战地武装部队伤者病者、海上武装部队伤者病者及遇船难者、战俘、战时平民的保护。日内瓦（四）公约不仅适用于经过宣战的战争，也适用于一切武装冲突，不仅适用于国际性武装冲突，也适用于内战，极大地补充了战时人道主义保护规则。其后，由于公约在民族解放运动实践中显示出的局限，1977 年 6 月，缔约各国又签订了日内瓦（四）公约附加议定书，将适用范围扩大到反对殖民统治、外国占领和种族主义政权的武装冲突。至此，一个比较完整的保护战争与武装冲突中受难者的国际人道主义法律体系形成了。

---

① 朱文奇．国际人道法．北京：中国人民大学出版社，2007：31.

② 勒博．国家为何而战?：过去与未来的战争动机．陈定定，段啸林，赵洋，译．上海：上海人民出版社，2014：9.

传统上被限制或禁止的作战手段和方法主要有：具有过分伤害力和滥杀滥伤作用的武器、不分皂白的战争手段和作战方法、背信弃义的战争手段和作战方法、改变环境的作战手段和方法等①。第二次世界大战后，随着军事技术的进步，限制作战方法和作战武器的公约也有新的发展，主要包括：1971 年的《禁止在海床、洋底及其底土安置核武器和其他大规模毁灭性武器条约》、1971 年的《禁止细菌（生物）和毒素武器的发展、生产及储存以及销毁这类武器的公约》、1976 年的《禁止为军事或任何其他敌对目的使用改变环境的技术的公约》、1980 年的《禁止或限制使用某些可被认为具有过分伤害力或滥杀滥伤作用的常规武器公约》、1992 年的《关于禁止发展、生产、储存和使用化学武器以及销毁此种武器的公约》、1994 年的《适用于海上武装冲突的圣雷莫国际法手册》、1995 年的《关于致盲激光武器的议定书》、1997 年的《关于禁止使用、储存、生产和转让杀伤人员地雷及销毁此种武器的公约》等。

对战争罪行、严重违反国际人道主义法的行为追究个人刑事责任，是第二次世界大战后战争与武装冲突法的又一重大发展。纽伦堡审判和东京审判开创了通过国际司法机构对战争犯罪进行追究的先例，确立和形成了关于追究战争责任、惩治战争犯罪的原则。根据 1945 年《关于控诉和惩处欧洲轴心国主要战犯的伦敦协定》和《欧洲国际军事法庭宪章》以及 1946 年《远东国际军事法庭宪章》，纽伦堡军事法庭和东京军事法庭对战争罪、反和平罪、反人道罪具有管辖权。20 世纪 90 年代，大规模人道主义灾难时有发生。以此为背景，1993 年 6 月，根据联合国安理会第 827 号决议，前南斯拉夫问题国际刑事法庭成立，负责对发生在前南斯拉夫境内武装冲突中的严重犯罪行为进行审判。1994 年 11 月，根据联合国安理会第 955 号决议，卢旺达问题国际刑事法庭成立，负责对卢旺达国内冲突中严重违反国际人道主义法的行为进行审判。1998 年 7 月，《国际刑事法院规约》在罗马获得通过。2002 年 7 月，国际刑事法院正式成立。作为人类历史上第一个常设的国际刑事司法机构，国际刑事法院对种族灭绝罪、反人类罪、战争罪和侵略罪具有管辖权。

战争与武装冲突的目的是用武力击败敌人。战争与武装冲突法产生发展的目的，则是尽量减轻战争与武装冲突带给人类的伤害。在战争与武装冲突法长期演变的过程中，形成了对作战手段和方法进行限制的一般原则，构成战争与武装冲突法的基础。

第一，人道原则。战争的目的是制服对方，这项原则要求“不得使用非为制服对方所必需的一切种类和程度的暴力”②，对于敌人也不应施加不必要的伤害，从而尽量减低战争的残酷性。

第二，“军事必要”不能解除交战方义务的原则。交战各方为达到目的，可以

---

① 王铁崖．国际法．北京：法律出版社，1995：462－465.

② 劳特派特．奥本海国际法：第 8 版：下卷：第 1 分册．王铁崖，陈体强，译．北京：商务印书馆，1972：164.

使用必要的武力，但必须遵守战争与武装冲突法所加诸的义务，不得以“军事必要”来对抗和破坏战争与武装冲突法规定的义务。

第三，限制原则。这项原则要求交战国和冲突各方对作战方法和手段的选择应受到法律的限制，例如，禁止使用不分皂白的作战手段和作战方法，禁止使用大规模屠杀和毁灭人类的作战方法和手段，禁止使用滥杀滥伤、造成极度痛苦的作战方法和手段。

第四，比例原则。这项原则要求作战方法和手段的使用应与预期的、具体的和直接军事利益成比例，禁止损害过分的攻击，禁止引起过分伤害和不必要痛苦的作战方法和手段。

第五，区分原则。这项原则要求对不同性质的目标和人员进行区分，并在战争与武装冲突中给予不同的对待。这种区分包括平民与军事人员、武装部队中的战斗员与非战斗员、有战斗能力的战斗员与丧失战斗能力的战争受难者、军用物体与民用物体、军用目标与民用目标等。

第六，“条约无规定”不解除当事方义务原则。战争与武装冲突法的原则、规则和制度，不仅存在于条约之中，而且还通过习惯的形式发挥作用，其具体内容可能不足以及时、全面地覆盖军事技术的发展。因此，在战争与武装冲突法尚无具体规则的情况下，有关各方不能为所欲为。根据 1907 年海牙和会通过的《陆战法规和惯例公约》及 1977 年《日内瓦公约》第一附加议定书中的“马尔顿条款”，在国际条约没有规定的情况下，平民和战斗员仍然受来源于既定习惯、人道原则和公众良心要求的国际法原则的保护。

综上所述，人类社会的进步、科学技术的发展，推动战争与武装冲突法的内容不断丰富和发展。进入 21 世纪，高科技的突飞猛进带来新的军事变革，信息武器、太空武器、基因武器等新式武器层出不穷，大规模杀伤性武器的残酷性和破坏力进一步加大，使战争与武装冲突法的完善面临新的挑战。

## 三、禁止使用武力原则及其例外

在人类历史上，限制使用武力的努力与战争的历史一样悠久。伴随人类文明的进步，武力的使用越来越受到道德和国际法的约束，经历了自由从事战争、限制战争、部分禁止战争、全部禁止战争、普遍禁止战争几个阶段。20 世纪两次世界大战的惨痛遭遇使得人类认识到全面普遍禁止使用武力的必要性，《联合国宪章》普遍而全面地禁止使用武力，标志着国际社会告别了弱肉强食的丛林法则时代。从此，禁止使用武力原则成为国际法最重要的基本原则之一。

禁止使用武力原则的确立是一个渐进的过程。在古代，战争及武力的使用是常见的现象。对战争和武力的限制最早来自道德学说和宗教观念，其中最有代表性的是正义战争论，主张战争分为正义战争和非正义战争，只有正义战争才是被允许的。正义战争论在中世纪成为欧洲君主们发动宗教战争的合法根据，反映出战争需要有正当理由的思想。但实践中并没有判断正义与非正义的客观标准，正义战争论无法起到阻止战争的作用，并未成为实在国际法的规范。

近代以后，受国家绝对主权观念的影响，使用武力的权利被视为主权国家的固有权利。“为任何目的而进行战争的权利，是国家主权的特权。这样看来，任何战争都是正义的。”① 正义战争论被无限制战争权所取代，正如劳特派特指出的那样，“传统国际法是以各国家有为执行和反对法律权利的目的而进行战争的无限权利为特征的”②。

19世纪末，和平运动席卷欧洲，国际社会出现了限制诉诸武力的呼声。两次海牙和会首次尝试以公约的形式对战争的绝对权利加以限制，但效果微弱。第一次世界大战后，《国际联盟盟约》提出“缔约各国特允承受不从事战争之义务”，对战争规定了程序上的延缓期限，对会员国在特定情况下的战争权进行了限制和部分禁止。尽管国联在实践中无力对非法从事战争的国家实施有效制裁，但《国际联盟盟约》的规定对禁止战争的发展起到了促进作用，此后的一系列多边或双边条约中出现了承诺放弃战争、互不侵犯、不使用武力的内容。1928年法国外长白里安和美国国务卿凯洛格发起的《非战公约》中，普遍禁止战争的思想第一次得以确定。“缔约各方以它们各国人民的名义郑重声明，它们斥责用战争来解决国际纠纷，并在它们的相互关系上，废弃战争作为实行国家政策的工具。”不过，《非战公约》并没有废止战争制度，更不能对非缔约国产生影响，因此没有能够阻止世界大战的再度爆发。

《联合国宪章》是在第二次世界大战浩劫的废墟上孕育的，第2条第4项规定：“各会员国在其国际关系上不得使用威胁或武力，或以与联合国宗旨不符之任何其他方法，侵害任何会员国或国家之领土完整或政治独立。”该条款禁止各国以任何与《联合国宪章》不符的方法使用武力或武力威胁去侵害任何国家的主权，被认为是联合国及其会员国应遵循原则的核心部分。“联合国组织的成功在很大程度上取决于各会员国遵守这项原则，取决于各有关机构为此而有效地履行自己的职责。”③

与《国际联盟盟约》和《非战公约》相比，《联合国宪章》第2条第4项禁止“使用威胁或武力”，不仅是禁止“战争”，而且包括所有次于战争的武力措施，是普遍、全面地禁止使用武力，其广泛程度是此前的国际文件所无法比拟的，防止诉诸战争行为的国家以不宣而战的方式逃避国际责任和制裁。同时，所谓禁止“使用威胁或武力”，禁止的对象不仅是实际的使用武力，而且还包括使用武力的威胁。理论上，武力威胁不同于使用武力，尽管目的都是要迫使其他国家屈服于本国的意志，但武力威胁本质上是恐吓与勒索，不涉及武力的实际使用。实践中，对武力威

---

① 劳特派特．奥本海国际法：第8版：下卷：第1分册．王铁崖，陈体强，译．北京：商务印书馆，1972：162.

② 同①158.

③ 许光建．联合国宪章诠释．太原：山西教育出版社，1999：39.

胁的认定和判断存在很大争议。1970 年，联合国大会通过《国际法原则宣言》，通过宣言的形式列举并确认了国际法的 7 项基本原则。其中，禁止以武力威胁或使用武力被列为 7 项原则的首位。宣言明确指出，侵略战争构成危害和平之罪行，以武力威胁或使用武力是违反国际法及《联合国宪章》的行为。1987 年，联合国大会通过的《加强在国际关系上不使用武力或进行武力威胁原则的效力宣言》，再次强调："每个国家都有义务在其国际关系上不得进行武力威胁或使用武力，或以与联合国宗旨不符的任何其他方法侵犯国家的领土完整或政治独立。这种武力威胁或使用武力构成对国际法和《联合国宪章》的违反，应承担国际责任。"

禁止使用武力原则在国际法上的确立，从根本上改变了传统国际法中战争与武力的地位，成为第二次世界大战后维护国际和平与安全、捍卫国家主权与独立的基石。正如亨金指出的那样，"当代国际法的首要发展成果，是《联合国宪章》宣告在国际关系中使用武力为非法的规定"①。

禁止使用武力不是绝对的。一方面，一切侵略战争、以武力解决国际争端等各种使用武力的行为都是违反国际法的；另一方面，当武力为维护国际法、确保国际和平与安全发挥不可或缺作用时，使用武力不仅是必要的，也是合法的。《联合国宪章》明文规定了禁止使用武力原则的例外情况，包括：

第一，联合国安理会授权或采取的武力行动。根据《联合国宪章》，当安理会断定存在对和平之威胁、和平之破坏或侵略行为时，有权根据第七章第 42 条采取涉及使用武力的措施。在安理会采取行动时，联合国会员国依照第 43 条，需要提供"维持国际和平及安全所必需的军队、协助及便利，包括过境权"。根据《联合国宪章》第八章第 53 条，安理会在适当情况下可以授权区域组织采取包括使用武力在内的强制行动。《联合国宪章》将维护国际和平与安全的责任赋予安理会，安理会以集体武力行动来替代单个国家使用武力，以达到维护国际和平与安全的目的。

第二，自卫权。"因自卫而使用武力（在国家关系中可以采取战争的形式），是任何法律体系中对禁止诉诸武力的恒久限制。"②《联合国宪章》第 51 条规定："联合国任何会员国受武力攻击时，在安全理事会采取必要办法，以维持国际和平及安全以前，本宪章不得认为禁止行使单独或集体自卫之自然权利。会员国因行使此项自卫权而采取之办法，应立即向安全理事会报告，此项办法于任何方面不得影响该会按照本宪章随时采取其所认为必要行动之权责，以维持或恢复国际和平及安全。"简而言之，当一国受到武力攻击时，有权进行单独或集体自卫，以维护本国的主权和领土完整。自卫权的主体是国家，自卫是主权国家唯一的可以单方面诉诸武力保护自

---

① LOUIS H. How nations behave：law and foreign policy. 2nd ed. New York：Columbia University Press，1979：135.

② 劳特派特．奥本海国际法：第 8 版：下卷：第 1 分册．王铁崖，陈体强，译．北京：商务印书馆，1972：137.

己的合法行为，集体自卫则是指主权国家通过缔结双边或多边防御条约，彼此承担在遭受武力攻击时相互给予援助的义务。

行使自卫权必须满足宪章规定的条件：(1) 自卫必须是而且只能是对已经实际发生的武力攻击进行的反击。(2) 自卫权的行使需要与安理会的职权相协调。作为一种临时的紧急救助办法，自卫的时间局限于安理会采取必要办法之前，自卫的武装行动应当随着侵略的结束而结束，会员国对于行使自卫权时所采取的措施负有向安理会报告的义务。(3) 自卫的目的是击退或阻止武力攻击，而不是出于惩罚，因此，行使自卫权的国家必须遵守必要性原则和相称性原则。必要性原则，是指在没有其他切实可行的和平手段可供选择的情况下，不得不使用武力诉诸自卫。相称性原则，是指自卫所使用的武力强度和规模必须与所受攻击的严重性成比例或保持合理的关系。相称性原则对于防止武装冲突升级至关重要，因而被称为"自卫的精髓"①。实践中，自卫权的行使存在被滥用的危险。一些国家在诉诸武力侵犯另一国的权利时，试图以行使自卫权来为它们的行为寻求合法根据，一些国家将合法自卫与军事报复行动相混淆，还有一些国家以"预防性自卫"为借口任意干涉他国。任何权利都不是绝对的，自卫权的行使同样要受到国际法的约束。

第三，敌国条款。《联合国宪章》第 107 条规定："本宪章并不取消或禁止负行动责任之政府对于在第二次世界大战中本宪章任何签字国之敌国因该次战争而采取或授权执行之行动。"也就是说，第二次世界大战中的盟国，不需要经过安理会的授权，就可以直接对前敌国的再度侵略采取防止性的武力强制行动。不过，随着敌国都已成为联合国会员国，理论上，敌国条款的效力已经丧失。

由此可见，当前禁止武力原则在《联合国宪章》框架下的合法例外有两种，即安理会授权的武力行动与行使自卫权。此外，20 世纪六七十年代，面对非殖民化浪潮中为争取民族独立与解放而进行的战争和武装冲突，联合国大会通过了一系列宣言和决议，确认了民族解放运动为反抗殖民统治、外国占领而使用武力的合法性。"一切法律手段都是主观意图的体现，国际社会持续的武力行动表明《联合国宪章》也不例外。自 1945 年以来，许多国家仍竭力为其使用武力提供合法的根据，至少它们自己认为其行为满足了宪章的要求。"② 冷战结束后，全球范围内恐怖主义活动蔓延，引发关于武力打击国际恐怖主义合法性的讨论。"9·11"恐怖袭击事件促使安理会通过多项决议，提出采取一切手段打击恐怖主义行为对国际和平与安全所造成的威胁。但是，依照现行国际法，只有在联合国框架内的武力反恐才具有合法性，任何打着"反恐"旗号的单方面武力行动，都是对禁止使用武力原则的违背。

① BROWNLIE I. International law and the use of force by states. New York: Oxford University Press, 1963: 268.

② LEVI W. Contemporary international law: a concise introduction. Boulder: Westview Press, 1979: 305-306.

**案例 3**

## 阿富汗战争与自卫权

2001 年 9 月 11 日发生了对纽约世界贸易中心和美国国防部五角大楼的恐怖袭击事件。次日，联合国安理会通过第 1368 号决议，决定以各种方式来应对恐怖主义对国际和平与安全带来的威胁，承认各国依据宪章享有的单独与集体自卫的自然权利。9 月 14 日，美国国会授权对那些卷入这次袭击（包括为恐怖主义分子和恐怖主义组织提供活动基地）的国家使用武力。9 月 21 日，塔利班拒绝了美国要求其交出恐怖分子的要求，除非美国能够提出确凿证据表明“9·11”恐怖袭击是“基地”组织所为。9 月 28 日，安理会通过第 1373 号决议，重申根据宪章以一切手段打击恐怖主义行为对国际和平与安全造成的威胁，重申单独或集体自卫的固有权利，着重强调对于恐怖活动资金来源和人员及武器装备供给方面的打击。10 月 7 日，以美国为首的联军开始对“基地”组织在阿富汗的训练营和塔利班的军事设施进行空中打击，阿富汗战争正式开始，同时也标志着美国领导下反恐战争的开始，引发国际社会对武力反恐合法性的讨论。

在美国看来，阿富汗战争的依据是安理会决议中反复强调的“单独或集体的自卫权”。“基地”组织虽然不是国家，但安理会认定其对国际和平与安全构成威胁。塔利班政权是“基地”组织的支持和庇护者，也应承担责任。“9·11”恐怖袭击是“基地”组织发动的针对美国的战争，并且“基地”组织声称将继续攻击美国。因此，阿富汗战争是美国针对武力攻击行使的自卫权。而自卫权不需要安理会的授权，也不需要提供证据。

质疑阿富汗战争合法性的观点认为：自卫权只能针对国家发动的攻击才可以适用，“基地”组织不是国家，其发动的袭击不构成武力攻击；自卫权只能对实际攻击者才可以行使，塔利班不是攻击者；自卫权只能在安理会采取必要措施之前才可以行使，安理会第 1368 号、第 1373 号等决议已经采取了措施，美国行使自卫权的条件不复存在；自卫权只能在受到袭击的同时行使，在袭击结束后自卫是不允许的；等等。

阿富汗战争打响后，美国进一步发展了先发制人的自卫的理论，并且将大规模杀伤性武器同恐怖主义联系起来。2003 年 3 月，美国单方面发动伊拉克战争，以反恐为借口武力推翻萨达姆政权，严重践踏以联合国为主导的国际法体系，进一步深化了武力反恐合法化问题的讨论。

## 思考题

1. 如何理解联合国安理会改革的困境？
2. 和平解决国际争端的政治解决方法和法律解决方法各自有何优势与局限？

3. 如何理解国际法上的国际干涉与国家主权原则之间的关系?

## 阅读书目

1. CLAUDE I. Swords into plowshares. New York：Random House，1964.

2. 盛红生，杨泽伟，秦小轩．武力的边界：21 世纪前期武装冲突中的国际法问题研究．北京：时事出版社，2003.

3. 黄瑶．论禁止使用武力原则：联合国宪章第二条第四项法理分析．北京：北京大学出版社，2003.

4. 摩根索．国家间政治：权力斗争与和平：第 7 版．徐昕，郝望，李保平，译．北京：北京大学出版社，2006.

# 第七章 国际法对国际经济秩序的保障

第二次世界大战后，国际经济秩序重建及各国经济复苏成为重中之重。除了各国国内提振经济的举措，针对国家间经济行为的制度立法也应运而生并蓬勃发展。国际经济的繁荣催生了国际法在经济领域的迅速拓展，国际经济法的确立与完善也为国际经济秩序的平稳运行提供了有效的保障。随着经济全球化的不断发展，国际货币基金组织、世界银行、世界贸易组织作为世界经济的三大支柱，在国际货币金融、国际贸易等领域充分显示其全球性制度安排的重要作用。

## 第一节 国际经济法的产生与发展

"国际经济法，顾名思义，是泛指调整国际经济关系的各种法律规范。换句话说，它是调整国际经济关系的各种法律规范的总称。"① 国际经济法的产生，可以追溯到资本主义全球扩张时期的国际贸易规范。第二次世界大战后，以世界各国在经济上日益加深的相互依赖为基础，以日益密切的跨国界经济关系为前提，国际经济法作为新兴的法律部门与法学学科迅速发展，为国际经济秩序提供法律保障，推动了经济全球化的进程。

### 一、国际经济法的产生

任何法律部门的产生都基于特定的社会关系。早在古罗马时期，地中海沿岸的

① 陈安，李国安．国际经济法．2版．北京：法律出版社，2007：1.

贸易实践就形成了各种商事法规和习惯。中世纪，地中海沿岸各地出现了民间编纂的国际性商事习惯法法典，如《康索拉多海商法典》《阿马斐法》《汉萨法》等，被视为国际经济法的萌芽。同一时期，欧洲城邦国家之间建立贸易联盟而缔结的商务规约，内容包含贸易仲裁、贸易特权，甚至必要时共同对付联盟以外的贸易战争①，为近代以后国际经济法规和制度的出现打下基础。资本主义世界市场形成后，用以调整国际经济关系的国际条约、国际习惯和国内立法大量出现，国际经济法的产生大体经历了三个阶段。

**1. 自由资本主义阶段**

17 世纪以后，随着西欧各国相继完成工业革命，大机器生产和交通技术的变革使新兴资产阶级不断为商品寻找更广大的海外市场。大航海时代的到来也标志着商品交换的范围超越国界，统一的资本主义世界市场逐步形成。

在商业资本海外扩张与资本主义国际化大生产的背景下，列强围绕商品市场的冲突与合作，列强与殖民地之间为建立双边经济关系的博弈，为早期国际经济法的产生奠定了现实基础。17 世纪至 18 世纪中叶，列强与殖民地签订的不平等条约和片面特惠条款，以及列强间的双边和多边性国际商务公约，上升为当时用来调整国际经济关系的主要法律规范。前者贯穿弱肉强食的不平等条款，后者则含有互惠互利的商务条款。

19 世纪后，出现了一系列多边性的国际商务专题公约。其中影响较大的有：1883 年签订的《关于保护工业产权巴黎公约》，专门对技术发明的专利权、商标和商号的专用权等事项，做出统一规定，并实行国际保护；1886 年签订的《关于保护文学和艺术作品伯尔尼公约》，对作品的版权问题做出统一规定，实行国际性的共同保护；1891 年签订的《关于商标国际注册的马德里协定》，专门对商标申请注册的内容、效力、收费、转让等事项做出比较详细的统一规定；1910 年签订的《统一船舶碰撞若干法律规定的国际公约》和《统一海上救助若干法律规则的国际公约》，专门对各种水域船舶碰撞的损害赔偿问题以及水上施救行为的报酬索取问题做出统一的规定。

**2. 第一次世界大战至第二次世界大战前**

在第一次世界大战之前，交通和通信设施不发达，各国的关税税率相对较低，资金和货物的流通几乎不受限制。第一次世界大战的爆发摧毁了原有的国际经济关系。战后，自由资本主义发展成为垄断资本主义。一方面，工业资本、商业资本与金融资本高度结合，使资本进一步集中化；另一方面，由于 1929 年资本主义世界爆发经济大危机，关税成为各国推动出口、降低失业率和促进经济增长的手段。一些国家相继实行保护主义的关税政策，加强国家对进出口贸易的管制。为避免在国际贸易中两败俱伤，各国针对一些竞争激烈的专项商品达成一系列协调国家间经济

---

① 劳特派特．奥本海国际法：第 8 版：上卷：第 1 分册．王铁崖，陈体强，译．北京：商务印书馆，1971：55-56.

关系的协定，就其生产限额、销售价格、出口配额、进口限制、关税比率等实行国际性的约束，被统称为“国际卡特尔专项商品协定”。如 1931 年和 1937 年的国际砂糖协定、1931 年的国际锡协定、1933 年的国际小麦协定、1934 年的国际橡胶协定等。

这一时期，为提高国际商务活动的效率，从 19 世纪中叶沿袭而来的各种商务规则和习惯得到进一步修订和广泛采用。1932 年，国际法协会制定了《华沙-牛津规则》，对国际贸易中成本加保险费加运费（CIF）条件下，买卖合同双方所承担的责任、费用和风险制订了统一的规则。1933 年，国际商会公布了《商业跟单信用证统一惯例》，对国际贸易结算中最常用因而争端最多的信用证支付方式，制定了统一的准则并做出统一的解释。1936 年，国际商会制定了《国际贸易术语解释通则》，对国际贸易合同中最常见的九种价格术语做了统一的解释。这些规范的形成与运用对国际经济法的产生，起到了推动的作用。

**3. 第二次世界大战后**

1944 年 7 月，在美国的新罕布什尔州布雷顿森林镇召开的国际货币金融会议通过了“布雷顿森林协定”，开始筹划新的战后国际经济秩序。1945 年底，作为布雷顿森林会议的成果，国际货币基金组织和国际复兴开发银行正式成立，形成了以美元为中心的国际货币体系。1947 年，关税与贸易总协定（简称“关贸总协定”）签署，开始发挥协调、管理国际贸易的职能。关贸总协定连同布雷顿森林会议通过的各项协定，统称为布雷顿森林体系，由此建立起以外汇自由化、资本自由化和贸易自由化为主要内容的多边经济体制。国际经济关系进入多边协调的崭新阶段，国际经济法作为独立的法律部门应运而生。

第二次世界大战后国际经济关系的变化，主要体现在：

第一，国际货币基金组织、世界银行、关贸总协定是战后国际经济秩序的维护者，也是美国对资本主义世界经济进行全球性协调的尝试。作为美国维持其霸权地位的重要工具，布雷顿森林体系具有明显的局限性。但第二次世界大战以前，多边条约调整的对象，都是带有技术型的专门事项，如专利权、商标权、合同规则等。而国际金融、国际投资、国际贸易是国际经济的核心问题，影响国际经济关系的全局和各国经济的发展，从根本上对国际经济活动进行协调与管理。

第二，随着战后民族解放运动的兴起，众多发展中国家摆脱殖民统治，作为独立的新兴力量，登上国际舞台。为摆脱经济上的从属和附庸地位，发展中国家始终不渝为改造旧的国际政治经济秩序、建立新的国际经济秩序、废除国际经济法中不公平不合理的规范而斗争。1962 年的《天然资源之永久主权》，1974 年的《建立新的国际经济秩序宣言》、《建立新的国际经济秩序行动纲领》和《各国经济权利和义务宪章》等，为发展中国家维护经济主权提供了法理上的有力依据。

第三，战后国际组织的蓬勃发展对国际经济关系产生了巨大影响。联合国及其专门机构加强了国家间的经济交流与合作，全球性、区域性、专业性等不同类型的国际经济组织成为创设规范、维护秩序、协调矛盾、平衡利益的重要平台。通过推动形成共同遵守的基本准则，国际经济组织在国际经济法的演变过程中发挥重要作用。

## 二、国际经济法的内容及基本原则

“贸易与商务是国际关系的核心。没有哪一个现代国家是自给自足的，与其他国家的贸易对于每个国家及其居民的生存都是必要的。”① 在国际关系史和法学史中，国际经济关系的法律条款常见诸国际协定之中。例如，1648 年签订《威斯特伐利亚和约》时，参会代表们就赔偿、外国人待遇、航行和贸易等问题做出了规定②。第二次世界大战后，国际经济法（international economic law）成为独立的法律概念。该词语初见于 1948 年，伦敦大学教授乔治·施瓦曾伯格提出：国际经济法与国际机构法、国际航空法、国际劳动法等，可视为国际公法的特殊部门③。其后，“国际经济法”在世界范围内成为一个为国际法学界广泛认同和采用的术语。

**1. 国际经济法的概念**

法的调整对象是特定的社会关系，国际经济法以国际经济关系为调整对象。国际经济关系是超越国界的，具有经济内容的社会关系。具体而言，国际经济关系是指国际经济关系参与方在物质资料生产、分配、交换、消费过程中结成的相互关系。目前，依据主体的范围及国际经济法的地位，可将关于国际经济法概念的讨论分为狭义说和广义说。

狭义说又称国际法分支说。狭义说认为，传统的国际公法主要调整国家间的政治、外交、军事等非经济关系，狭义的国际经济法是指直接支配国家或国际组织之间经济关系的国际公法的一部分，主要包括世界贸易法、国际投资法和国际货币法。因此，国际经济法的主体主要是国家和政府间国际组织，不包括个人、法人或其他团体。由于在市场经济条件下，国家和国际组织很少亲自参与国际贸易等方面的关系，从而狭义国际经济法调整的国际经济关系也相应狭窄得多。

广义说又称独立法律部门说。广义说的支持者认为国际经济法是调整跨越一国国境的经济交往的法律规范。这种观点认为国际经济法不仅仅适用于调整国家和（或）国际组织之间的经济关系，而且也适用于大量分属于不同国家的个人、法人、个人与法人之间以及他们与他国政府或国际组织之间的经济关系④。广义说认为国际经济法不只是国际法的一个分支，而且还涉及国际私法、国际商法以及各国的经济法、民商法等法律规范，是一个多门类、跨学科的综合体。第二次世界大战后，

---

① 亨金．国际法：政治与价值．张乃根，马忠法，罗国强，译．北京：中国政法大学出版社，2005：215.

② BOTCHWAY F. Documents in international economic law. London：Routledge，2006：Preface 1.

③ SCHWARZENBERGER G. The province and standards of international economic law. The international law quarterly，1948，2（3）：405.

④ 陈安．国际经济法学新论．4 版．北京：高等教育出版社，2017：2.

国际经济关系日趋复杂，经济一体化和各国经济相互依赖空前发展。在市场经济条件下，各国的公司及个人都积极参与国际经济贸易交往，日益占据重要的地位。同时，国家、政府间国际组织在参与贸易和投资等经济活动时，也不享受豁免权，而是具有与一般法人相同的主体地位。

狭义说严格划清国际法与国内法的界限，但不符合国际经济交往的客观情况。因为国际经济关系的主体从来就不局限于国家政府和政府间国际组织。历史上，自然人、法人在跨越一国国境的经济往来中占有重要地位。现代经济生活中，绝大多数国际货物买卖、国际投资、国际工程承包等活动，都是由具体的自然人、法人或其他经济实体实施的。因此，国际经济法的范畴绝不仅仅是国际法主体间的经济关系中所涉及的法律现象及发展规律，而应当包括国际法主体之间，以及国际法主体与个人、法人之间在国际经济关系中所涉及的法律现象及发展规律的问题。所以广义说更加客观反映国际经济交往的实际情况。

**2. 国际经济法的体系**

依据广义的国际经济法的观点，国际经济法与国际法是密切联系、各自独立的学科。

一方面，国际法基本原则，如国家主权原则、平等互利原则、约定必须遵守原则等，同样适用于国际经济法。国际经济法作为独立学科的产生，与第二次世界大战后世界主要国家在经济领域加强国际协调直接相关，战后成立的各类国际经济组织推动了国际经济运行规则的制定与完善。其中，国际货币基金组织、国际复兴开发银行和关贸总协定成为国际经济法的三大支柱。尽管国际经济法主体比国际法主体更广泛，但主权国家和政府间国际组织在国际经济法的形成过程中同样发挥了主导作用。

另一方面，国际经济法有其独特的主体、调整对象和法律渊源，使之成为独立的法律部门。国际经济法的主体包括经济管理关系的主体和经济交往关系的主体，除了主权国家和国际经济组织，还包括自然人、法人和其他经济实体。就调整对象而言，国际经济法调整的国际经济关系分为三个层次，即平等当事人之间的国际经济交往关系、国家对国际经济交往关系的当事人及其有关活动实施管理或管制的关系、国家或国际经济组织之间通过双边或多边国际公约或协定确立的国际经济关系①。就法律渊源而言，国际经济法的渊源并不限于国际法中涉及经济方面的行为规范，而是包括大量国际经济条约、国际惯例、国际组织的决议和规范性文件，同时吸收了各国国内涉外经济立法以及国际私人商务惯例等。

国际经济法由多层次的法律规范组成，所涉及的国际经济关系的范围非常广泛，主要包括国际贸易、国际投资、国际金融、国际税收及国际经济贸易争端解决等方面的关系。与此相适应，国际经济法可分为国际贸易法、国际投资法、国际金融法、国际税法、国际经济组织法、国际经济贸易争端解决法等分支。国际贸易法

① 郭寿康，赵秀文．国际经济法．5版．北京：中国人民大学出版社，2015：21.

是调整国际贸易中交易双方权利义务的法律规范，包括国际货物买卖法、国际技术贸易法与国际服务贸易法。国际投资法是调整国际私人直接投资关系的国内法规范和国际法规范的总称。国际金融法是调整国际金融关系的国际规范和国内规范的总称。国际税法是调整国际税收关系的各种法律规范的总称。国际经济组织法是调整国际经济组织成员国相互之间、国际经济组织与各成员国之间关系的法律规范和所有国际经济组织的普遍法律规范的总称。国际经济贸易争端解决法是解决国际经济贸易主体之间争议的法律制度的总称。国际经济法的每一个分支，都可以作为一门单独的学科加以研究。本章对国际经济法内容的阐述，仅集中在其调整国际经济关系的国际法方面。

**3．国际经济法的基本原则**

国际经济法的基本原则是指“那些获得国际社会成员的公认，对国际经济法各个领域均具有普遍意义，并构成国际经济法基础的法律原则”①。第二次世界大战后，广大发展中国家积极参与制定各类国际经济法行为规范和准则，努力推动建立公正、合理的国际经济新秩序。1974 年，联合国大会通过的《各国经济权利和义务宪章》列举了 15 项原则作为指导国际经济关系的基本原则，其中，经济主权原则、公平互利原则、国际合作发展原则等获得国际社会的普遍认同，对国际经济法具有普遍的指导意义。

第一，经济主权原则。国家主权既包括国家在政治上的独立自主，也包括国家在经济、社会、文化等方面的独立自主。经济主权原则是国际经济法的首要基本原则。《各国经济权利和义务宪章》第 1 条规定：每个国家有依照其人民意志选择经济制度以及政治、社会和文化制度的不可剥夺的主权权利，不容任何形式的外来干涉、强迫和威胁。第 2 条概括了经济主权在本国境内的主要体现，提出：每个国家对其全部财富、自然资源和经济活动享有充分的永久主权，包括拥有权、使用权和处置权在内，并得自由行使此项主权。第 10 条进一步规定国家平等参与国际经济决策的权利，提出：“所有的国家在法律上一律平等，并作为国际社会的平等成员，有权充分和有效地参加——包括通过有关国际组织并按照其现有的和今后订定的规则参加——为解决世界经济、金融和货币问题做出国际决定的过程，并公平分享由此产生的利益。”

经济主权原则对于战后获得政治独立的发展中国家具有特别重要的意义。政治独立和经济主权密不可分，政治独立是经济主权的前提，经济主权是政治独立的基础。为强调一国对本国境内一切经济活动享有完整、永久的主权，《各国经济权利和义务宪章》规定各国对境内的外国投资以及跨国公司的活动享有管理监督权，各国对境内的外国资产有权收归国有或征收。由于曾经的殖民主义列强、宗主国力图继续染指发展中国家的自然资源，继续通过资本和跨国公司攫取超额利润，国际社会围绕外资国有化及征收补偿等问题长期存在着尖锐分歧。

---

① 《国际经济法学》编写组．国际经济法学．2 版．北京：高等教育出版社，2019：30.

第二，公平互利原则。公平互利原则是国际法上主权平等原则在国际经济关系中的重大发展。公平，意为公正、平等、合理，不仅是形式上的平等，而且是实质上的平等。国家不论大小强弱贫富，在国际经济关系中享有同等的地位。在贫富悬殊的南北关系中，无视国家间的实力差异，片面强调对等原则，事实上是以平等的表象掩盖不平等的实质。真正的公平应该是发达国家给予发展中国家单方面的优惠待遇，照顾发展中国家的利益，最大限度地消除南北差距。互利，是指照顾到有关各方的利益，不能为满足己方利益而损害他方利益，更不能为谋求单方利益而牺牲他方。国际经济关系只有建立在公平的基础上，才能实现互利；反过来，只有通过互利，才能实现真正的公平。《各国经济权利和义务宪章》规定，发达国家应当尽可能给予发展中国家“普遍优惠的、不要求互惠的和不加以歧视的待遇”，并针对发展中国家出口的产品推行“普遍的、不要求互惠和不加以歧视的关税优惠制度”。前者通常简称为“普惠待遇”，以区别于国际法中的传统概念“互惠待遇”或“最惠国待遇”。后者通常简称为“关税普惠制”。两者都是公平互利原则的具体运用，不仅有利于发展中国家的成长进步，而且有利于发达国家的持久繁荣，从而实现国际社会各类成员的共同发展。

第三，国际合作发展原则。《各国经济权利和义务宪章》第一章将国际合作以谋发展列为指导国际经济关系的基本原则之一。第 8 条概括了国际合作的基本目标为“促进较为公平合理的国际经济关系，并在一个均衡的世界经济的意义上鼓励结构变革，要符合所有国家特别是发展中国家的需要和利益”。第 17 条进一步提出：“国际合作以谋发展是所有国家的一致目标和共同义务。每个国家都应对发展中国家的努力给予合作，提供有利的外界条件，给予符合其发展需要和发展目标的积极协助，要严格尊重各国的主权平等，不附带任何有损它们主权的条件，以加速它们的经济和社会发展。”国际合作与发展密切相连。《各国经济权利和义务宪章》第 31 条重申国际合作对于发展的重要意义，“所有国家有义务对世界经济的均衡发展做出贡献，要适当考虑到发达国家的福利同发展中国家有增长和发展之间的密切关联，并考虑到整个国际社会的繁荣依其组成部分的繁荣为转移”。在科技进步和生产国际化的带动下，各国经济相互依赖、相互渗透日益加深，发展问题的内涵也相应扩大，不仅仅是经济发展，而是囊括了经济、社会、资源、环境等各个方面的可持续发展。2015 年 9 月，习近平主席出席联合国发展峰会，阐述了中国的发展观，倡导国际社会“共同走出一条公平、开放、全面、创新的发展之路，努力实现各国共同发展”①，推动国际合作发展原则在经济全球化时代得到与时俱进的深化。

## 三、经济全球化背景下国际经济法的新发展

国际经济法以国际经济关系为调整对象。随着国际经济关系的不断发展，国际

① 习近平．习近平在联合国成立 70 周年系列峰会上的讲话．北京：人民出版社，2015：2.

经济法也处于发展变动之中。20 世纪 90 年代以来，经济全球化加速发展，不仅使各国联系更为紧密，也在改变着国际经济力量对比状况和国际经济秩序。国际经济法面临新课题和新挑战。

**1. 经济全球化强化了国际经济法的地位和作用**

经济全球化是生产力和国际分工高度发展的产物。第一次工业革命以来，伴随着大航海运动与殖民扩张，经济生活国际化的进程不断加强。“资产阶级，由于开拓了世界市场，使一切国家的生产和消费都成为世界性的了。……过去那种地方的和民族的自给自足和闭关自守状态，被各民族的各方面的互相往来和各方面的互相依赖所代替了。物质的生产是如此，精神的生产也是如此。”① 到了 20 世纪 90 年代，经济国际化进入全球化的阶段。具体表现为：世界性的水平型分工逐渐取代垂直型的国际分工，各国经济都成了世界经济整体的组成部分；市场经济体系席卷全球，真正意义上的统一的世界市场形成，各国经济体制和主要经济政策趋于一致；国际贸易飞速发展，贸易壁垒不断降低，国际资本加速流动，全球性投资规范形成，各国金融融合进程加快；跨国公司蓬勃发展，跨国界和跨行业的兼并浪潮来势汹汹；区域集团化向纵深拓展，跨区域经济合作增强；等等。

国际经济关系的高度复杂化是国际经济法发展的重要原因。经济全球化背景下，各国必须加强国际合作并借助国际组织进行协调管理，国际经济法的权威地位得到强化。具体表现为：

第一，经济全球化促进国际经济法走向统一。经济全球化加强了各国各地区经济相互依赖的程度，需要建立更为完善的法律体系以便利国际经济交往。尤其是在商业交易领域，为了保障国际贸易的顺利进行，减少贸易摩擦，降低交易风险，避免因规则不同而导致的矛盾，需要有统一的具有普遍约束力的法律体系。因此，经济全球化背景下，国际经济法走向统一是必然趋势。以世界贸易组织为代表的国际经济组织，通过缔结多边国际公约的方式创设规则，不仅涵盖贸易、投资、金融等领域，而且涉及相关的劳工、环境、人权等事项，使国际经济法律规范的统一化取得重要进展。

第二，经济全球化推动国际经济法对国内立法产生重大影响。经济基础决定上层建筑。随着经济全球化的蓬勃发展，越来越多的问题超越传统经济主权的管辖范围，越来越多的非国家行为体参与塑造国际经济格局，影响着经济规则和标准的制定。跨国公司成为国际经济的重要主体，直接或间接影响着母国和东道国的经济政策和法律体系。为了能够更好地适应经济全球化背景下的国际经济发展，各国在进行国内立法时，更多地吸收国际经济法的内容，使得涉外经济的相关法律与国际经济法实现一定程度的融合。法律在调整国际经济关系的过程中，国际法与国内法是相互渗透、相互融合的关系。尽管在具体事项的规定上，各国国内法有很大差异。但国际经济法在各国国内法建设过程中有了更大的影响力，从事国际

① 马克思，恩格斯．马克思恩格斯选集：第 1 卷．2 版．北京：人民出版社，1995：276.

经济活动遵循的行为规则趋于一致，在国际公约、国际惯例和国内法上均有所体现。

第三，经济全球化加强国际经济法的争端解决能力。经济全球化的直接结果，就是全球市场的不断协调和统一。随着经济全球化进程的不断深入，国际经济法的执行机制受到越来越普遍的认可，国际贸易、投资、金融等活动中的争端解决机制被广泛采用。世界贸易组织争端解决机制的运行，大大提升了国际经济法的执行力和强制力。争端解决机制的裁决，对于维护多边贸易制度的权威、解决成员间的纠纷能够起到有效作用。同时，由于世界贸易组织争端解决机制的争议范围十分广泛，许多原来缺乏强制实施力的多边条约，在被纳入世界贸易组织体制后，取得了强制执行的效力，缔约方也达到前所未有的数量。例如，知识产权国际保护方面的《关于保护工业产权巴黎公约》《关于保护文学和艺术作品伯尔尼公约》《保护表演者、音像制品制作者和广播组织罗马公约》等，能够在世界贸易组织争端解决机制的框架内处理成员之间的争议。

**2. 国际经济法是经济全球化有序发展的重要保障**

经济全球化是一柄双刃剑。各国、各地区经济连成整体，任何国家的经济都无法脱离国际经济的整体运行。任何国家的经济波动，都会通过生存、贸易、金融等活动而迅速波及他国。各国在享受红利的同时，不可避免地要应对国际经济环境中更加密集的风险和更加剧烈的竞争压力。经济全球化的负面作用集中表现为它在世界财富的国际分配中造成了新的重大失衡，明显有失公平①，各种新矛盾新问题不断推动国际经济法律规范的更新与变革，以保障国际经济关系的有序运行，并推动建立更为公平合理的国际经济秩序。

为了适应经济全球化的要求，国际经济法对国际经济关系的调整范围不断扩大、能力显著提高。全球性、地区性和专业性的国际经济组织日益活跃，不仅为各国就经济发展问题的对话和谈判提供了场所，而且为各国缔结多边条约创造了条件，确立起覆盖国际经济所有重要领域的运行规则。国际经济法的逐步发展和规范化，成为国际经济往来行为体的行为规范，也带动了国际关系其他领域的有序化。虽然国际经济组织一般不会直接规范各成员内部的私人商业行为，但其条约、规章对于各成员具有法律拘束力，促使成员内部的经济立法做出相应调整，使得国际经济组织制定的规则、制度成为它所调整领域普遍遵守的基本准则。对于世界各国而言，国际经济法中的国内法部分需要立足各国国情，更需要与国际规则接轨，这样才能充分利用经济全球化的机遇，有效抵御经济全球化的风险。

在经济全球化的背景下，国际经济法成为建立更为公平合理国际经济秩序的重要途径。经济全球化极大改变了人们的传统观念，"空间和时间对人类相互关系的限制已经被彻底压缩，形成一张相互关联、相互依赖的网，这张网以前所未有的有

① 陈安，李国安．国际经济法．2版．北京：法律出版社，2007：10.

效方式将世界整合在一起”[①]。国际经济法的发展需要将这种关联和依赖以法律规范的形式表达出来，建立起有利于世界各国共同发展的国际经济新秩序。现行国际经济秩序在很大程度上仍是第二次世界大战后国际经济关系的结果，未能充分反映发展中国家和新兴经济体的意志和利益。随着发展中国家和新兴经济体实力的迅速增长，它们强烈要求改革不公平、不合理的旧的国际经济秩序。国际经济法的发展更新以新型国际经济关系为基础，体现历史发展和时代进步的要求。秉持公平、合作、互利等价值观，有利于扩大发展中国家对国际经济事务的参与权和决策权，从而促进公平合理国际经济新秩序的建立。

经济全球化是不平衡的。在有力推动国际社会相互依存的同时，经济全球化也加剧了危及全人类命运的各种问题。尤其是扩大了贫富差距和分配不公的鸿沟，激化了国内社会矛盾，滋生了社会危机和撕裂的根源，由此引发全球范围内的反全球化、逆全球化浪潮。然而，虽然贫富悬殊、中产阶级收入下降、产业空心化、高失业率、难民潮等问题的发生在一定程度上反映了经济全球化的负面效应，但保护主义、单边主义、民粹主义等逆流并不能提供解决经济全球化弊端的现实途径。习近平总书记指出：“人类历史告诉我们，有问题不可怕，可怕的是不敢直面问题，找不到解决问题的思路。面对经济全球化带来的机遇和挑战，正确的选择是，充分利用一切机遇，合作应对一切挑战，引导好经济全球化走向。”[②] 任何国家如果割断同世界经济的联系，完全置身于全球化进程之外，只会付出更大的代价，更加落后于世界先进潮流，根本无法参与国际竞争。当今世界正处于大发展大变革大调整时期，国际分工、国际贸易、国际投资的环境都在发生重大变化，迫切需要国际经济法进一步自我调整与完善。中国提出的“一带一路”倡议致力于为沿线地区各国人民带来发展和繁荣，符合经济全球化时代要求。“一带一路”建设实践在推动既有国际经济法规则适用的同时，必将极大丰富国际经济法规则的宝库，并为维护多元文明基础上建立开放的、共赢的、可持续发展的国际经济秩序做出贡献。

## 第二节 国际货币金融秩序及其改革

国际货币金融法是国际经济法的重要组成部分，对于国际经济关系和国际经济秩序具有重要的基础性作用。离开了国际货币金融法所形成的秩序，国际贸易、国际投资和其他国际经济活动都将难以合理、顺利地进行。随着金融全球化的发展，金融服务业的开放以及频发的金融危机，国际货币金融制度的发展相对滞后，使得国际货币金融秩序及其改革成为国际关系中引人注目的领域之一。

---

① 凯米莱里，福尔克．主权的终结?：日趋“缩小”和“碎片化”的世界政治．李东燕，译．杭州：浙江人民出版社，2001：299.

② 习近平．习近平谈治国理政：第2卷．北京：外文出版社，2017：478.

## 一、国际货币金融法体系

国际货币金融法是调整国际货币关系与国际金融关系的国际规范和国内规范的总称。在内容上，它涉及国际货币体系、国际资本跨国流动、跨国性金融经营机构及其管制、关于外汇的兑换与交易、关于各种国际金融资产及衍生工具的交易等问题。

国际货币金融法包括国际货币法和国际金融法两部分。理论上，学者们对国际货币关系和国际货币法的认识较为一致，而对于国际金融关系和国际金融法的认识则不尽相同。国际货币关系是基于国家涉外货币管理活动和国家间的协调而形成的公法关系。国际货币法具有典型的公法性质，主要是国家之间因调整彼此间货币政策而产生的法律规范，也包括国家在行使货币主权和履行国际货币条约义务过程中与有关的国际经济组织之间产生的法律规范。国际金融是指国际上的货币流通与信用活动。在实行不同涉外货币制度的国家中，国际金融活动、国际金融关系和国际金融法等概念具有不尽相同的含义和内容。一般意义上，国际金融法是指国家、国际经济组织和私人之间因跨国金融交易活动及其管理而产生的法律，其内容既有公法规范，也有私法规范。

概括而言，“作为国际货币金融法调整对象的国际货币金融关系实际上包括国家、国际经济组织及私人在货币政策的制定与实施以及在跨国金融活动及其管理中存在的各种法律关系”①。第二次世界大战结束后，尤其是冷战结束以来，国际货币金融关系急速发展，国际货币金融法的内容不断充实和完善，演变成结构合理、体系完整的国际经济法分支。

国际货币金融法的渊源主要包括以下三种，其中前两种是国际渊源，后一种是其国内渊源。

第一种，国际条约。国际条约是国际货币金融法的重要渊源，对缔约方具有法律约束力。缔约方在货币金融交往中应严格遵守国际条约，若有违反，都应依条约承担一定的责任或受一定的惩罚。目前，调整国际货币金融关系的国际条约主要包括《国际货币基金协定》《国际复兴开发银行协定》《金融服务协定》等。《国际货币基金协定》在国际货币法体系中具有至关重要的地位，被认为是维系战后国际经济秩序的支柱之一。此外，由国际货币基金组织、世界银行等国际金融机构制定的某些规则、决议或规范性文件也被认为是国际货币金融法的国际渊源。这些规则、决议、文件往往对于相关的国际条约具有解释意义。

第二种，国际惯例。国际惯例是国际货币金融法的主要渊源，是各国在长期的国际货币金融实践中形成和发展起来，并被普遍接受和采纳，成为约束各国国际货币金融行为的规范。目前，国际上被普遍接受的国际货币金融惯例有：由世界银行

---

① 陈安，李国安．国际经济法．2版．北京：法律出版社，2007：316.

《国际复兴开发银行贷款协定和担保协定通则》概括的国际贷款合同惯例、由国际开发协会《国际开发协会开发信贷协定通则》概括的国际信贷惯例、国际融资实践依意思自治原则被普遍接受的国际贷款协议共同条款、在国际证券市场实践中被广泛接受的利息规则、各主要国际金融市场上被普遍采用的合同规则等。

第三种，各国关于国际货币金融的国内法。对国际货币的管理实质上是国家行为，各国基于主权原则对涉外货币关系的法律调整都是采用国内法形式。国际货币条约仅对成员国政府具有协调和约束作用，国际金融活动是跨国性金融交易行为，对国际金融关系的法律调整首先涉及当事人本国法的适用，在有关国际条约或国际惯例适用时也要考虑到相关国家国内法的限制性制度。各国关于国际货币金融的国内法通常包括：涉外货币兑换和跨国流动的制度、汇率制度、财政货币政策、关于涉外货币金融机构和监管的制度、关于外汇和黄金国际交易的制度、国际信贷融资法制、国际证券融资法制、关于涉外金融资产衍生工具的交易法制等。

## 二、国际货币制度的沿革及改革

“国际货币制度是各国在货币领域的合作与协调过程中所形成的、为相关各国所普遍遵守的法律制度。”① 工业革命前后，随着国际经济交往日益增多，国家之间越来越需要处理诸如货币兑换、储备、结算、支付等方面的问题。于是，国际社会各方围绕国际货币关系，确立国际惯例，签订国际协议，建立国际规章，乃至形成国际货币制度。20 世纪以来，国际货币制度经历了从最初的金本位制度到以美元为中心的布雷顿森林体系，再到浮动汇率的牙买加体系以及日益发展的区域性货币一体化的进程。

国际货币制度主要具有三个功能：第一，规定汇率制度，即规定一国货币与其他货币之间的汇率应如何决定和维持、能否自由兑换、采用固定汇率制度还是浮动汇率制度。第二，规定国际收支的调节方式，即规定各国政府应采取什么方法弥补国际收支的缺口，以及各国之间的政策措施如何进行互相协调，以纠正各国国际收支的不平衡，确保世界经济的稳定与发展。第三，规定国际储备资产，即规定用什么货币作为国际结算和支付的手段，以及来源、形式、数量和运用范围如何等。

### 1. 国际金本位制度

国际金本位制度是 19 世纪到第一次世界大战前主要资本主义国家之间实行的国际货币制度。货币是交易的媒介，是由各国依据其货币主权发行的。金本位制度是以一定成色和重量的黄金为本位货币的一种货币制度。它最初是作为国内货币制度出现的。1816 年，英国政府颁布了《金本位制度法案》，至 1821 年全面完成金本位制的确立工作，率先在全球范围内实行金本位制度。而后，德国、法国、日本、美国等也陆续建立了金本位制度。各国以国内法为基础，相继颁布法令确定本国货

① 陈安，李国安．国际经济法．2 版．北京：法律出版社，2007：318.

币的含金量和对外国货币的比值。这种金本位制度的特点是：规定金币的重量、成色和价值单位，以金币作为流通货币；金币具有无限清偿能力，政府无限制买卖黄金；银行券可自由兑换黄金，货币储备使用黄金，用黄金进行国际结算；金币可自由铸造，黄金可自由输出输入；各国货币的比价有统一的计算标准。金本位制度下各国货币汇率稳定，有利于维持有秩序的国际货币关系。

第一次世界大战爆发后，各国禁止黄金外流，汇价波动剧烈，国际金本位制度难以维持。1922 年，世界货币会议在意大利热那亚召开，决定采用“节约黄金”的原则，实行金块本位制和金汇兑本位制。在金块本位制下，流通货币为银行券等价值符号，货币单位仍规定含金量；银行券在限额以上可以按含金量与黄金兑换；中央银行掌管黄金的输出输入。英国、法国、荷兰等实行这一货币制度。在金汇兑本位制下，规定国内货币的含金量，但禁止自由铸造金币，国内只流通银行券，银行券不能直接兑换黄金，只能兑换外汇；本币同另一个实行金块本位制国家的货币保持固定比价，并在该国存放外汇和黄金作为准备金。德国、意大利、奥地利等实行这一货币制度。在 1929—1933 年经济大危机的冲击下，各国纷纷放弃金块本位制和金汇兑本位制，采用不兑换纸币制度。国际货币关系陷入混乱状况。

**2．布雷顿森林体系**

第二次世界大战还没有结束的时候，同盟国即着手拟定战后的经济重建计划，旨在促进国际经济合作与解决经济秩序问题。1944 年 7 月，同盟国 44 个国家出席了在美国新罕布什尔州布雷顿森林镇召开的国际金融会议，商讨重建国际货币体系。这次会议通过了《国际货币基金协定》，确立了以美元为中心、以黄金为后盾的固定汇率制，也被称为布雷顿森林体系。《国际货币基金协定》于 1945 年 12 月 27 日正式生效，据此成立的国际货币基金组织担负起稳定国际货币秩序的职责。

布雷顿森林体系的核心是双挂钩制度。一是美元与黄金挂钩，各会员国确认 1 盎司黄金等于 35 美元为黄金官价，并以此作为国际货币体系的基础，各国可以随时用美元按黄金官价向美国兑换黄金，但其他国家的货币不能直接兑换黄金。二是各国货币与美元挂钩，各会员国货币必须与美元保持固定的比价，除非国际收支发生根本性失衡，各成员国货币对美元汇率的波动不得超过法定汇率上下各 1%的幅度。各国政府有义务在外汇市场上进行干预活动，以便保持外汇市场的稳定。因此，布雷顿森林体系实质上是以美元为中心的国际金汇兑本位制，或称美元本位制。

布雷顿森林体系是以美国强大的经济实力和雄厚的黄金储备为基础建立起来的。固定汇率制对稳定国际金融、扩大国际贸易提供了有利条件，增进了世界福利。到 20 世纪 60 年代末 70 年代初，在日本、西欧崛起的同时，美国经济实力相对削弱，贸易逆差扩大，黄金大量外流，美国无力承担稳定美元汇率的责任，先后两次宣布美元贬值。各国纷纷放弃本国货币与美元的固定汇率并采取浮动汇率制，以美元为中心的国际货币制度走向终结。

### 3. 牙买加体系

布雷顿森林体系崩溃后，世界各国为建立一个新的国际货币体系进行了长期的讨论与协商。1976年1月，国际货币基金组织的国际货币制度临时委员会在牙买加首都举行会议，讨论修订《国际货币基金协定》，达成了《牙买加协定》，并于1978年4月生效。自此，国际货币制度进入了牙买加体系阶段。

《牙买加协定》的主要内容包括：第一，份额调整，各成员国对国际货币基金组织所缴纳的份额，由原来的292亿特别提款权[①]单位增加到390亿特别提款权单位，各成员国应交份额有所调整，发达国家的投票权相对减少。第二，浮动汇率合法化，成员国可以自由选择决定汇率制度，基金组织承认固定汇率与浮动汇率并存。各成员国与基金组织合作以保证有秩序的汇率安排和促进汇率稳定。第三，黄金非货币化，废除黄金官价条款，让黄金成为单纯的普通商品，使特别提款权逐步代替黄金成为国际货币制度的主要储备资产。第四，扩大对发展中国家的资金融通，基金组织设立信托基金用于援助发展中国家。

牙买加体系“不是一个新的国际货币制度，它只是对布雷顿森林制度崩溃状况的一种确认，是以法律的形式宣告了布雷顿森林制度的最终瓦解”[②]。在这一体系下，以美元为中心的多元化国际储备和浮动汇率体系得到确定，但国际货币领域仍然有发生危机的风险，有关国际货币制度的改革问题一直是国际社会关注的焦点。

在全球性国际货币制度不断演变的同时，区域性国际货币合作在欧洲一体化进程中取得显著进展。20世纪70年代末，出于稳定成员国货币、维护共同市场的需要，欧共体决定成立欧洲货币体系，建立欧洲货币单位，命名为“埃居”（ECU）。作为欧共体成员国的共同记账单位和结算手段，“埃居”由各成员国的货币共同构成，每种货币的比重依各成员国在共同体内的贸易额和国民生产总值加以确定，通常每5年调整一次。1991年12月，欧共体马斯特里赫特首脑会议通过了《欧洲经济货币联盟条约》和《欧洲政治联盟条约》。其中，经货联盟的目标是实现欧洲统一货币和成立欧洲中央银行。1999年1月1日，欧洲单一货币欧元正式启动，并于2002年正式进入流通领域。欧洲经货联盟正式建立，迄今欧元区已有19个国家。

### 4. 国际货币制度的改革

当前国际货币制度的根本缺陷在于难以克服由国别货币充当全球货币而面临的“特里芬两难”[③]。改革的理想目标，是创设一种与主权国家脱钩并能保持币值长期

---

① 特别提款权（special drawing right，SDR），是国际货币基金组织1969年创建的国际储备资产，用于补充成员国官方储备。当前特别提款权的价值根据五种主要货币（美元、欧元、日元、英镑和人民币）构成的货币篮子确定。

② 《国际经济法学》编写组．国际经济法学．2版．北京：高等教育出版社，2019：283－284.

③ “特里芬两难”（Triffin Dilemma）这一概念由美国经济学家罗伯特·特里芬提出。其含义是：由于美元与黄金挂钩，而其他国家的货币与美元挂钩，美元虽然取得了国际核心货币的地位，但是各国为了发展国际贸易，必须用美元作为结算与储备货币，这样就会导致流出美国的货币在海外不断沉淀，对美国国际收支来说就会发生长期逆差；而美元作为国际货币核心的前提是必须保持美元币值稳定，这又要求美国必须是一个国际贸易收支长期顺差国。这两个要求互相矛盾，因此是一个悖论。

稳定的国际储备货币，从而避免主权信用货币作为储备货币的内在缺陷。但是，国际货币制度的演进是一个渐进的过程。基于目前存在的缺陷和问题，国际货币制度改革主要有以下四个问题：

第一，本位货币的选择。

在国际本位货币这个问题上，各国意见分歧很大。法国主张恢复金本位制，英美的一些经济学家主张改善以美元为中心的国际金汇兑本位制，而一部分美国经济学家则提出美元本位制，还有的国家提出以多种货币为基础或以特别提款权为基础的制度。历史经验证明，传统的金本位制很难恢复，因为一旦各国恢复金本位制，黄金将出现严重的供不应求。以一国货币为中心货币也是不能持久的，中心货币国家经济一般都是由当时经济力量最强大的国家的货币充当，当中心货币国家经济实力削弱而不能保持中心货币地位时，这个货币体系也就无法维持了。货币体系的变动与中心货币的兴衰相联系，这是金汇兑本位制和美元本位制最大的缺点。当前，世界上也没有哪个国家具有强大的、足以充当中心货币国角色的经济力量。

就目前国际货币格局和发展趋势来看，未来最有可能形成的较为稳定的货币体系是美元、欧元和人民币三足鼎立。多元化的货币体系虽然也存在问题，但有利于形成多个相互竞争的国际区域货币，避免一国独大，对某一种主权货币过度依赖的状况，其稳定性和信用度会高于单一国家的主权货币。美元、欧元和人民币共同构成新的货币体系平衡有可能是未来几十年货币体系发展的最优路径①。

第二，汇率制度。

维持有秩序的汇率是国际货币制度的核心内容。固定汇率在目前显然是行不通的。由于各国经济增长率、通货膨胀率、利率、对外收支等方面存在很大差异，实行固定汇率制度缺乏基础。现行的汇率制度主要是一种管理浮动汇率制，但由于主要货币之间汇率波动剧烈等弊病，这并不是理想的汇率制度。从发展趋势来看，要使汇率保持相对稳定，尽量缩小汇率波动幅度，必须加强各国之间的相互协调和国际联合干预的能力，为汇率的稳定创造条件。欧洲货币体系的可调整的固定汇率经验在这方面有一定借鉴价值，西方学者据此提出了“汇率指标区”的方案，即通过协商规定主要货币汇率的浮动幅度。如果市场汇率超过规定幅度，有关国家就要采取相应的政策措施，使市场汇率回到指标区内。但就指标区幅度而言，如何调整指标区的水平，以及各国如何协调政策和联合干预来维持这个指标区，协商困难仍然很大②。《国际货币基金协定》确认了成员国在汇率安排上具有一定的自由并负有相应的合作义务，但国际货币基金组织在协调成员国间的汇率政策、督促成员国采取合理公平的汇率措施以实现汇率稳定方面的职能仍需通过改革加以强化。

第三，国际收支平衡制度。

当今世界经济的一个显著特征是全球失衡，也就是世界范围内各国普遍出现的

---

① 姚大庆．国际货币：地位分析和体系改革．上海：上海社会科学院出版社，2016：241.

② 陈建忠，曹金飞，余敏丽．国际金融．4版．北京：电子工业出版社，2017：178.

经常账户不平衡现象，某些国家拥有大量的贸易赤字，与此相对应的是贸易盈余集中在另一些国家。一般暂时性的贸易失衡并不值得大惊小怪，然而，当今的全球失衡已经持续了近40年，并且尚未出现逆转的态势。这一特征反映到国际货币体系之中，表现为美国以及部分欧元区国家过度的信用扩张、大量举债、超发货币。世界货币的经济基础随之也变得愈发脆弱，增加了国际货币体系的不稳定性。

根据《国际货币基金协定》，国际货币基金组织有责任向已发生、即将发生或潜在可能会发生国际收支问题的成员国提供财政援助。这种援助使各国可以重新积累国际储备、稳定本币币值、继续为进口付款以恢复实现强劲经济增长的条件，同时实施政策调整国际收支问题。但是，实践中国际货币基金组织财政援助的有效性经常受到质疑。国际货币制度改革需要设立一种调节机制，一方面使顺差国的盈余暂时调节逆差国的逆差，另一方面要促使逆差国减少逆差、顺差国减少顺差，实现经济的持续健康增长。

第四，促进体系公平。

长期以来，在西方国家主导的世界经济体系中发展不平衡是一个突出的问题。国际货币制度是第二次世界大战后确立的国际经济秩序的一个组成部分，美元霸权是不平等国际经济关系的一个重要体现。西方国家虽然丧失了对发展中国家的宗主国地位，却仍然在国际经济秩序中控制着发展中国家的命脉。对于发展中国家的经济增长而言，有公平、稳定的国际货币制度作为外部经济环境的保障是极为重要的。当前，国际社会针对全球性货币金融危机的预警能力、防范能力、救援能力严重不足，改革国际货币制度、加强金融全球化的管理成为世界各国迫切需要解决的问题。

## 三、国际金融组织及其改革

各种类型国际经济组织的出现，是第二次世界大战后国际经济关系的重要特点。全球性国际金融组织以国际货币基金组织、世界银行、国际清算银行为代表，地区性国际金融组织主要有美洲开发银行、非洲开发银行、亚洲开发银行、亚洲基础设施投资银行等。这些国际经济组织的调整“影响到各国经济生活和国际经济关系的全局和根本，并直接对缔约各国政府具有法律约束力，体现为国际组织对国家管理国际金融活动的协调和约束，构成国际组织对其成员的规则和纪律”①。

近年来，频繁的国际金融动荡和危机严重冲击了世界经济的健康运行，改革国际金融组织以确保国际金融市场有序运行逐步成为全球共识。1999年，西方七国集团发起成立金融稳定论坛，以通过金融监管的信息交换和国际合作来提高国际金融稳定性为宗旨。2009年，二十国集团将金融稳定论坛改组为金融稳定理事会，成员扩展为二十国集团的所有成员，负责推进国际金融监管改革。二十国集团虽然

① 韩龙．国际金融法．北京：法律出版社，2007：16.

还无法完全替代既有制度架构，完成国际金融法治体系的转型，但是至少是在转型过程中不断完善国际金融法律制度的重要尝试，国际金融秩序是朝着更高级别的平衡化制度架构的方向发展演进的①。随着各类国际金融组织的不断改革，国际金融秩序多边制衡的趋势日益明显。

**1. 国际货币基金组织及其改革**

国际货币基金组织于1944年布雷顿森林会议上提出，1945年成立。截至2022年，国际货币基金组织有190个成员国②。国际货币基金组织的主要宗旨是确保国际货币体系和金融稳定，推动国际贸易发展，促进高水平就业和可持续经济增长，减少全球贫困。具体而言，国际货币基金组织通过监督、贷款、能力建设三个主要职能来达到上述宗旨。

（1）监督。国际货币基金组织监督国际货币体系，并监测其成员国的经济和金融发展形势及政策。通过考察成员国可能给国内和国际收支稳定造成的风险，基金组织评估国内政策是否促进了本国稳定，并就所需的政策调整提出建议。当一国政策促进国内稳定但可能损害全球稳定时，基金组织也会建议采取其他措施。

（2）贷款。国际货币基金组织向出现实际或潜在国际收支问题的成员国提供贷款。当某一成员国遭遇国际收支危机时，基金组织可以提供资金援助，支持有关政策规划，以纠正宏观经济根本问题，限制对国内和全球经济的不利影响，帮助恢复信心、稳定和增长。对于经济基本面较稳健的国家，基金组织也为其提供预防性信贷额度来预防危机。

（3）能力建设，包括技术援助和培训活动。国际货币基金组织与各国政府合作，为各国提供能力建设和培训，其目的是帮助成员国增强其设计和有效实施政策的能力，包括税收政策和征管、支出管理、货币和汇率政策、银行和金融体系监管、立法框架和统计等领域。

为适应国际货币金融关系的发展，国际货币基金组织自20世纪60年代以后经历了多次改革。2008年全球金融危机的发生，暴露出国际货币基金组织对发达国家金融市场潜在风险缺乏准确评估，有关国际货币基金组织治理结构、贷款机制与融资规模的改革进程得以加速。2009年4月的二十国集团伦敦峰会，出台了国际货币基金组织份额和治理结构的改革方案，并决定成立金融稳定委员会，与国际货币基金组织密切合作。2010年11月，国际货币基金组织通过了这一改革方案。但是，由于美国国会拖延批准，该方案直至2016年1月26日才正式生效。其主要内容有：

第一，成员国的份额资源增加一倍，提高了有效应对危机的能力。从约2 385亿特别提款权（约3 290亿美元）增至4 770亿特别提款权（约6 590亿美元）。

---

① 孙珺．全球治理视角下的国际经济法．北京：北京大学出版社，2021：97.

② 科索沃2009年加入国际货币基金组织，尽管科索沃并不是联合国的会员国，其主权国家地位没有得到国际社会的普遍认可。

第二，超过 6%的基金组织份额从代表性过高的成员国转移至代表性不足的成员国，转移到富有活力的新兴市场和发展中国家。中国的投票权份额提升至第三，仅次于美国和日本。从份额排列看，中国、巴西、印度和俄罗斯等新兴大国是位居国际货币基金组织前十的成员。

此外，改革后，国际货币基金组织执董会将首次全部由选举的执董组成，不再采用任命执董形式。同时，最贫穷成员国的配额份额和投票权将得到保护。

此次改革是国际货币金融领域最大规模的有利于新兴市场和发展中国家的权力调整，充分反映出富有活力的新兴市场和发展中国家在国际货币金融治理结构中日益重要的作用，加强了国际货币基金组织的可信性、有效性和合法性。

**案例 1**

### 国际货币基金组织救助墨西哥金融危机

1994 年 12 月 20 日，墨西哥政府突然对外宣布：本国货币比索贬值 15%。这一决定在金融市场上引起极大恐慌。外国投资者疯狂抛售比索，抢购美元，比索汇率急剧下跌。12 月 20 日汇率从最初的 3.47 比索兑换 1 美元跌至 3.925 比索兑换 1 美元，狂跌 13%。21 日再跌 15.3%。伴随比索贬值，外国投资者大量撤走资金，墨西哥外汇储备两天锐减近 40 亿美元。墨西哥整个金融市场一片混乱。从 20 日至 22 日，短短三天时间，墨西哥比索兑换美元的汇价就暴跌了 42.17%。12 月 22 日，墨西哥政府被迫允许比索自由浮动，这使得事态进一步恶化，比索又贬值了 15%，更多的外资纷纷出逃。

墨西哥金融危机被认为是新兴市场国家在经济全球化时代爆发的第一次金融危机。当时墨西哥刚加入北美自由贸易区，美国为防止危机波及自身并影响全球金融稳定，联手国际货币基金组织、国际清算银行、加拿大及商业银行等，向墨西哥提供了 518 亿美元的援助。其中，美国 200 亿美元，国际货币基金组织 178 亿美元，国际清算银行 100 亿美元，加拿大 10 亿美元，商业银行 30 亿美元。国际货币基金组织在向墨西哥提供援助时提出的贷款条件主要有：采取紧缩的货币政策和灵活的汇率政策；保持财政盈余，限制墨西哥银行国内资产的增长，控制墨西哥发展银行的扩张；进一步推进私有化进程。国际货币基金组织向墨西哥提供 178 亿美元，是墨西哥基金份额的 7 倍，而国际货币基金组织通常对一国最高借款额仅是该国所交份额的 3 倍。由于援助力度和贷款的绝对额很大，同时，墨西哥对援助方案所附加经济政策的执行情况较好，国际货币基金组织的援助在短时间内取得明显的稳定金融秩序、恢复经济增长的作用。

#### 2. 世界银行及其改革

世界银行集团由国际复兴开发银行、国际开发协会、国际金融公司、国际投资争端解决中心、多边投资担保机构五个机构组成。该集团的共同目标是促进成员国经济发展和社会进步，减轻贫困，改善人民生活。其中，国际复兴开发银行与国际开发协会合称为世界银行，负责向发展中国家的政府提供资金、政策咨询和技术援助。前者向中等收入国家政府和信誉良好的低收入国家政府提供贷款，后者向最贫困国家的政府提供无息贷款（也称信贷）和赠款，两者贷款都以成员国政府为对象。国际金融公司成立于1956年，负责向成员国，特别是发展中国家成员国的私人企业融通资金，以帮助这些企业发展。国际投资争端解决中心成立于1966年，目的是通过和解与仲裁的方式解决投资者和东道国之间的投资争端。多边投资担保机构成立于1988年，旨在向投资者提供长期政治风险担保，鼓励在发展中国家的外国投资，以及通过向发展中国家提供技术和资源帮助它们吸引投资，以此配合世界银行的工作。

世界银行有189个成员国，是世界上最大的多边开发援助机构。自2008年全球金融危机以来，世界银行同样面临治理结构改革的压力。2010年4月，世界银行发展委员会春季会议率先兑现了对发展中国家转移投票权的承诺，通过了投票权改革的方案。其主要内容包括：为国际复兴开发银行增资862亿美元，为国际金融公司增资2亿美元；由发达国家向发展中国家和转型国家转移3.13%的投票权，使发展中国家和转型国家的投票权从44.06%增加到47.19%。中国的投票权从2.77%提高到4.42%，是投票权增加最多的国家。除投票权改革外，世界银行还进行了一些其他改革，主要包括：提升透明度，增加信息获取渠道，帮助人们应对当今世界面临的发展挑战；增加话语权，提高参与度，增加发展中国家和经济转型国家在世界银行集团的话语权和代表性；促进问责、治理与反腐败工作；加强风险管理，更有效回应借款国的需求和不断变化的全球环境；等等。

长期以来，世界银行除了向发展中国家提供援助资金，还在减轻贫困、资助教育、保护生物多样性、防治艾滋病、反对腐败等全球性议题的治理中发挥重要作用，从一个“重建银行”发展成“贷款银行”，进而演变成为“知识银行”与“解决方案银行”。

**3. 国际清算银行及其改革**

国际清算银行成立于1930年，最初为处理第一次世界大战后德国战争赔款问题而设立，第二次世界大战后其宗旨逐渐转变为促进各国中央银行之间的合作，为国际金融业务提供便利，并接受委托或作为代理人办理国际清算业务，是世界上历史最悠久的国际金融组织。

国际清算银行的总部设在瑞士巴塞尔，成员是60多家中央银行或金融管理局。这些银行代表的国家占世界GDP的95%，国际清算银行因而往往被称为“中央银行的银行”。为促进国际金融体系稳定，国际清算银行成立了以巴塞尔银行监管委员会（简称巴塞尔委员会）为核心的五个常设委员会，从事不同领域标准的制定。五个委员会分别是：巴塞尔银行监管委员会，负责制定对商业银行进行有效监管的标准；全球金融体系委员会，针对各国中央银行维持货币和金融稳定提供政策建议；支付结算体系委员会，负责在支付、清算与结算业务方面金融标准的制定；市场委员会，负责对外汇市场以及相关金融市场发展的监管；费希尔中央银行统计委员会，发挥数据分析职能，为各国提供关于中央银行经济统计数据以及规范统计方法的服务。其中，巴塞尔委员会自1974年成立后，“制定和发布的许多规则已成为国际银行监管的圭臬，巴塞尔委员会也成为国际银行监管最具影响的机构”①。

2008年全球金融危机凸显出金融监管的重大缺陷。国际清算银行借助自身专业优势和良好的运作效率，在宏观审慎管理、建立早期预警机制方面进行改革，积极促进与相关金融机构之间的政策协调与沟通，为国际标准设立机构提供更强有力的服务。与此同时，国际清算银行积极推进其支持运作的各标准制定机构吸收来自新兴市场经济体的成员加入，以增强标准制定机构的代表性，制定适用性更广泛的国际金融标准。巴塞尔委员会于2009年3月和5月两次扩员，成员扩展到27个主要国家和地区的央行和银行监管当局。支付结算体系委员会于2009年7月扩员，现成员涵盖23个国家和地区。全球金融体系委员会2010年1月正式吸收中国、印度、巴西和墨西哥央行行长。市场委员会同样于2010年1月吸收了中国、印度央行等新成员。2012年，国际清算银行建立了一个中央数据中心，为各国监管部门提供有关全球系统重要性银行信贷风险的数据。通过上述措施，国际清算银行提升了金融标准制定机构的代表性，更有效发挥全球金融标准制定中枢的作用。

**4．区域性国际金融组织的发展与改革**

区域性国际金融组织包括两种：一种是成员主要在区域内，但也有区域外的成员参加，如美洲开发银行、非洲开发银行、亚洲开发银行、亚洲基础设施投资银行等；另一种是完全由区域内的成员组成，是真正的区域性国际金融组织，如欧洲中央银行、欧洲投资银行、伊斯兰发展银行等。区域性国际金融组织与全球性国际金融组织互相配合、互为补充，协调进行全球金融治理，创建稳定、有效的国际金融法治环境。

美洲开发银行也叫泛美开发银行，于1960年10月正式营业，总部设在华盛顿，是西方国家与拉美国家之间的国际金融组织。其宗旨是为拉丁美洲国家的经济、社会发展计划提供资金和技术援助，主要活动包括提供贷款促进拉美地区的经济发展、帮助成员国发展贸易，为各种开发计划和项目的准备、筹备和执行提供技术合作等。近年来，拉美国家改革美洲开发银行的呼声愈高，将改善管理、提高效率作为改革目标，主张成立一个监管和评估委员会，对美洲开发银行资产账目和信贷资金的发放进行监管，保证信贷资金能够以透明、公正和负责任的方式得到使用，从而更好地适应拉美地区经济发展需求，为拉美发展提供更多有效支持。

非洲开发银行1966年7月开始营业，总部设在科特迪瓦阿比让，其主要活动

① 韩龙．国际金融法．北京：法律出版社，2007：324.

是通过提供投资和贷款，利用非洲大陆的人力和资源，促进成员国经济发展和社会进步，优先向有利于地区的经济合作和扩大成员国间的贸易项目提供资金和技术援助，帮助成员国研究、制定、协调和执行经济发展计划，以逐步实现非洲经济一体化。截至2022年，非洲开发银行共81个成员，除非洲54个国家外，还有27个域外成员。非洲国家拥有60%的股权，对非洲开发银行的决策拥有绝对主导权。尼日利亚是最大股东，持股9.1%；美国是第二大股东，也是最大域外股东，持股6.5%。在治理和经营决策上难以拥有像在世界银行、美洲开发银行或亚洲开发银行中的影响力。

亚洲开发银行于1966年12月营业，总部设在马尼拉，以促进亚太地区的社会经济发展和合作、协助本地区发展中成员加速经济发展为宗旨，通过向成员提供贷款和投资推动经济增长和社会进步，通过提供技术援助提高成员决策机构的能力。亚洲开发银行由68名成员组成，其中有49名成员来自亚洲和太平洋地区。自成立以来，亚洲开发银行一直由日本和美国主导，行长一职长期由日本把持。发达国家占据亚洲开发银行股份的大多数，美国、日本通过亚洲开发银行推行有利于自己的亚洲经济政策。亚洲开发银行的发展中国家成员与发达国家成员存在分歧，一些亚洲国家对亚洲开发银行不信任，不利于亚洲开发银行的内部团结和进一步发展。

上述区域性金融机构的发展，对于调节管理全球资金流动、加强区域一体化建设起到积极作用。进入21世纪后，国际金融制度在应对危机和基础设施建设资金供给方面的不足日益突出。新兴经济体一方面推动既有金融机构的改革和增资扩容，另一方面着手建设新型的国际金融组织，以满足经济发展的需要。其中，金砖国家新开发银行（简称新开发银行）和亚洲基础设施投资银行（简称亚投行）的先后成立，对于重构、完善国际金融制度具有特别重要的意义。

新开发银行是首个由新兴国家突破区域界限成立的多边金融机构，于2014年7月在金砖国家领导人第六次峰会上宣布成立，总部设在上海。它的成立弥补了现有国际金融机构的信贷不足，有助于稳定世界经济，是现行国际金融制度的重要补充，有利于加速国际货币基金组织和世界银行的改革。金砖国家机制以集团协商的方式谋求发展中国家共同的利益诉求，对内，有助于通过密切的经贸合作强化金砖国家机制持久发展的基础；对外，则有利于以集团力量获得更多的发言权和更大的影响力。新开发银行着眼于长期发展融资，与之同时启动的金砖国家应急储备安排则着眼于金融稳定，从而解决金砖国家和其他发展中国家在基础设施等领域的资金短缺问题，共同抵御市场波动，逐步打造更加公平、合理的国际金融制度。

亚投行是中国发起成立的第一个多边国际金融机构。2013年10月，习近平主席访问印度尼西亚期间正式提出倡议。2015年12月25日，亚投行正式成立。到2022年，亚投行已经拥有来自六大洲的106个成员。亚投行的主要宗旨是：通过在基础设施及其他生产性领域的投资，促进亚洲经济可持续发展、创造财富并改善基础设施互联互通；与其他多边和双边开发机构紧密合作，推进区域合作和伙伴关系，应对发展挑战。从组织宗旨、架构和职能来看，亚投行与世界银行、亚洲开发银行等国际金融机构的业务范围和运行模式基本一致。但是，作为新生的多边开发机构，亚投行借助后发优势，在专业定位、权力分配和发展理念等方面做出了改革和创新，为现行国际金融机构的改革做出了有益的探索。就专业定位来说，亚投行明确将其主要业务范围定位于基础设施建设，其主要区域范围定位于亚洲，这在很大程度上能够弥补现有多边金融机构由于地域及部门分散带来的融资缺口。就权力分配来说，亚投行在投票权上突破了西方国家主导的分配格局，给予了发展中国家更多发声的机会。亚投行倡导协商一致的决策方式，更多采用成员国在充分沟通基础上达成共识的议事程序，投票权在很大程度上被弱化，更加符合国际关系民主化的趋势。就发展理念来说，亚投行明确规定任何项目的审批和实行不得受任何成员政治特性影响，贷款不附加政治条件，而是更多地考虑接受国的实际需求。总之，亚投行的创新发展所带来的制度竞争，将促进现行国际金融组织加快其自身改革，从而推动全球金融制度趋向完善。

## 第三节　国际贸易法的演变与世界贸易组织

国际贸易关系随着跨越国界的经济交往而逐渐形成。在资本主义生产方式产生之前，生产力水平低下，只存在局部的、个别的国家间经济联系。随着资本主义生产方式的确立，以国际分工为基础的国家间商品交换和世界市场出现了，国际贸易获得空前发展。19 世纪末 20 世纪初，在第二次科技革命的推动下，资本主义国家的经济活动进一步国际化，殖民主义将越来越多的国家和地区卷入国际经济生活，贸易领域的关税协调、贸易自由等规则伴随着列强国家的炮舰政策向亚非拉国家扩展。然而，这一时期的国际贸易活动主要以单边或双边的形式进行，各个资本主义国家从自身利益出发制定以邻为壑的贸易政策。1948 年 1 月 1 日正式生效的《关税与贸易总协定》，开始了通过建立多边机制维护国际贸易秩序的尝试。1995 年，世界贸易组织的成立，标志着真正统一的国际贸易制度的确立。

### 一、国际贸易法体系

“国际贸易法是调整跨国货物、技术、服务的交换关系以及与这种交换关系有关的国际法律规范和国内法律规范的总和。”① 第二次世界大战后，尤其是在世界贸易组织成立后，国际贸易法的内涵和外延得到了迅猛发展，为维护国际贸易秩序、促进经济全球化发挥了重要作用。

---

① 王传丽．国际贸易法．2 版．北京：中国政法大学出版社，2015：7.

1. **国际贸易法的历史**

国际贸易法具有古老的渊源。随着人类历史上不同地区商人之间商事交往的发展，一系列支配他们之间贸易关系的商业惯例和习惯性做法逐渐形成。一般认为，古代罗马的万民法，适用于调整罗马公民与非罗马公民之间的贸易关系，是国际贸易法的源头①。但是，在20世纪以前，除某些习惯规则外，国际贸易关系主要由国家的民法或商法来调整。国际贸易法学的主要创始人之一施米托夫认为，国际贸易法的发展分为三个阶段：中世纪商人习惯法时期、欧洲各民族国家国内法时期、超越国境的跨国贸易法时期②。

中世纪商人习惯法产生于10—12世纪意大利、法国、德国的自治城市中，是从事欧洲与东方之间贸易往来的商人阶层发展起来的习惯。商人们在地中海口岸从事纸张、香料等物品的贸易，有特别法庭专门审理彼此之间的纠纷。这些被法庭承认并执行的习惯就是商人法，内容主要包括买卖契约、代理、合伙、汇票、海商法以及保护公开市场的规则等，普遍适用于欧洲各国以及东西方贸易。

15世纪之后，随着主权思想的产生和民族国家的兴起，欧洲各国采取不同方式逐渐把商人习惯法纳入国内法。如：法国1673年的《商事条例》、1681年的《海事条例》和1807年颁布的《商法典》，德意志关税同盟1848年颁布的《普遍德意志票据法》和1861年的《普遍德意志商法典》，英国大法官曼斯菲尔德1756年至1788年任职期间将商人习惯法纳入普通法。但是，“没有一个国家把商法完全纳入国内法。即便在这一时期，商法的国际性的痕迹依然存在”③。国际商品交换是商法的核心内容，国际性是其本质特性。

进入20世纪后，国家间的经济交往日益频繁，促使各国加强对跨国经济活动的支持和干预。国际贸易不仅涉及国际法，而且涉及国内法，需要建立更加统一、协调的法律框架以促进国际商业交易的顺利进行。1930年，总部位于意大利罗马的国际统一私法协会着手起草一项国际贸易统一法，后由于战争爆发而被迫搁置。第二次世界大战后，联合国国际贸易法委员会、国际统一私法协会、国际商会等机构，以主权国家的认可与同意为前提，积极推动国际贸易法的统一和各国贸易立法的规范化。其中最具代表性的有：国际贸易法委员会1978年通过的《联合国海上货物运输公约》（也称《汉堡规则》），1988年生效的《联合国国际货物销售合同公约》，国际统一私法协会1994年制定并于2004年、2010年、2016年修订的《国际商事合同通则》，国际商会修订的《国际贸易术语解释通则》和《跟单信用证统一惯例》，等等。

关贸总协定本来只是一个暂时性的多边国际协定，但实际发挥了一个国际贸易组织的作用。关贸总协定的宗旨是：各缔约方本着提高生活水平、保证充分就

---

① 陈安，李国安．国际经济法．2版．北京：法律出版社，2007：150.

② 施米托夫．国际贸易法文选．赵秀文，译．北京：中国大百科全书出版社，1993：39.

③ 同②10-11.

业、保障实际收入和有效需求稳定增长、充分利用世界资源、扩大商品生产和交换、促进经济发展的目的，来处理它们在贸易和经济发展方面的相互关系，彼此减让关税，取消各种贸易壁垒和歧视性待遇，实现贸易自由化。其基本原则主要包括自由贸易原则、非歧视原则、互惠原则、透明度原则、取消数量限制原则、反倾销与限制出口补贴原则等。上述基本原则在实践中成为各国普遍接受的关于关税与贸易方面最具权威的准则。关贸总协定时期的缔约方先后进行了八轮多边贸易谈判，来拆除各国间的关税和非关税壁垒，限制乃至取消那些非经济的行政管理手段，创造稳定平等的国际贸易环境，为全球范围内的多边贸易合作奠定了坚实基础。

1995年1月1日，世界贸易组织正式成立，取代了运行近40年的关贸总协定。世界贸易组织继承了关贸总协定的基本原则，继续推进货物贸易自由化，还在服务贸易、与贸易有关的知识产权以及投资、金融等领域加以推广，显示出贸易法与其他相关法律学科交叉互补的密切联系。许多原本完全属于国内法控制的经济活动现在受到国际法和国内法的双重管辖，成员方的国内法不得与世界贸易组织规则相抵触，推动相关经济活动的国际法规则与国内法规则逐步趋同。与此同时，区域性及双边贸易安排发展迅速。地理位置相邻或相近的国家为了提高资源的有效配置，利用优惠贸易协定、自由贸易区、关税同盟等不同水平的组织形式，极大地促进了区域贸易的发展，丰富了国际贸易法的内容。

**2. 国际贸易法的调整范围**

国际贸易法主要调整国际货物贸易、国际技术贸易和国际服务贸易。

传统的国际贸易法主要是国际货物贸易法，它包括国际货物买卖、国际货物运输、国际货物运输保险和国际货款的支付等几个环节的相关制度和规范。

随着科技进步和经济全球化的发展，国际贸易不断扩大深化。20世纪60年代后，技术开始作为一种独立的交易主体进入市场，技术贸易由此产生。国际技术贸易法是调整超越一国范围的技术贸易关系的法律规范的总和，主要内容是知识产权的国际保护和技术转让。与货物贸易相比，技术贸易的管制性更强。国际技术贸易法中有关技术管制的规范占有重要的地位，一方面通过知识产权法保护知识产权，通过赋予发明者垄断权以鼓励发明；另一方面通过竞争法阻止对竞争的人为限制，以此来保护知识产权及有关技术，并对违反者进行处罚。涉及国家安全利益的技术，各国对其许可转让实施严格的管制。

20世纪80年代后，国际劳务合作向纵深发展，服务贸易被引入。1986年开始的关贸总协定乌拉圭回合谈判，首次正式将服务贸易纳入谈判议题。国际服务贸易法是调整国际服务贸易的法律规范的总和。《服务贸易总协定》是国际服务贸易法的核心，将国际服务贸易界定为四种交易方式：跨境提供，从一成员境内向任何其他成员境内提供服务；境外消费，在一成员境内向任何其他成员服务消费者提供的服务；商业存在，一成员的服务提供者在任何其他成员境内通过商业存在提供的服务；自然人存在，一成员的服务提供者在任何其他成员境内以自然人存在提供的服务。

从法律规范的内容来看，上述三大领域的国际贸易法既包括横向的国际贸易交易规范，也包括纵向的国际贸易管理规范。完整意义上的国际贸易关系不仅包括平等贸易主体之间的交易关系，而且包括主权国家政府、国际组织等对交易进行的管理和管制。经济全球化的飞速发展加快了国际贸易交易规范的统一化进程，更凸显了国际贸易管理规范的地位。国家管理对外贸易的手段从关税领域扩展到非关税领域，管理手段的法律化、科学化、系统化增加了各国贸易法律与规章的稳定性和透明度。各国在制定国内法的同时，与其他国家签订双边、区域和多边贸易条约，使本国的对外贸易管理立法与国际贸易管理规范相协调，形成了有机整体。《建立世界贸易组织的协定》是国际贸易管理法律体系的核心。

从法律规范的表现形式来看，国际贸易法包括国际条约、国际惯例和国内立法。国际条约是国际贸易法重要的表现形式，最能反映国际社会普遍认可的规范和国际贸易法的统一趋势。国际惯例指在一定领域内为大家所普遍遵循的规范，虽然不是国际条约或国内立法，但一经当事人选用即对该当事人具有约束力，法院或仲裁机构可以据此裁定或强制执行。早期国际惯例是不成文的，后来由国际组织、行业协会或社会团体加以编撰和拟定，多用于国际商事交易。国际条约和国际惯例的法律规范没有涵盖所有的国际贸易关系，也未能约束所有的国家，因此，国内立法仍是国际贸易法的主要表现形式。而且，国际条约和国际惯例的适用、效力皆来自国内立法的规定。作为国际贸易法的三种形式，国际条约、国际惯例和国内立法相互补充，形成内容庞大、较为成熟的综合性法律体系。

**3．贸易自由化原则**

从经济学和法学的角度来看，贸易的自由流通能够最大限度实现资源的合理配置，达到增进各国福利、推动世界经济增长、提高人民生活水平的目的。国际贸易法的宗旨就是在一个开放的市场上逐步削减关税和非关税壁垒，最终实现货物、技术、服务、人员和资本在全球范围内的自由流动。

贸易自由化的理论基础来源于亚当·斯密和大卫·李嘉图。亚当·斯密认为，根据各国资源条件而进行的自然分工，使各国都按照最有利的条件进行专业化生产，通过自由贸易，输出本国在生产费用上占绝对优势的商品，换取本国不能生产或生产费用较高的产品。大卫·李嘉图在亚当·斯密的绝对生产费用理论基础上，提出了比较优势学说。各国在那些具有比较优势的领域进行专业化生产，通过国际分工实现比较利益，通过贸易的自由流通提高各国的真实财富总量，并推动世界经济的增长。受比较优势学说的影响，英国议会 1846 年废除限制粮食进口的谷物法，使英国成为一个实行自由贸易的国家。

比较优势学说阐明各国都可以从贸易中获益的原理。此外，“自由的国际贸易增加了可供消费者消费的物品的多样性，使企业可以利用规模经济，使市场更具竞争性，并有助于技术扩散①。第二次世界大战后，贸易自由化席卷全球，在很大程度上反映了世界经济和生产力发展的内在要求。关贸总协定的出现和世界贸易组织的建立，都以贸易自由化为宗旨，以多边谈判为手段，降低关税、减少贸易壁垒、消除各种歧视性待遇，从而大大提高世界各国的贸易自由化程度和市场准入程度。区域性关税同盟、自由贸易区、共同市场等虽然具有一定的排他性，但也都以促进贸易自由化为宗旨，传统的封闭色彩在经济全球化的冲击下逐渐淡化，代之以开放的地区主义，共同推进国际贸易自由化进程。

然而，贸易自由化绝对不是完美无缺的。国际贸易关系归根结底要受到社会生产关系的制约。贸易自由化的发展有可能加剧世界各国各地区经济发展的不平衡。即使国家作为一个整体的经济状况因贸易自由而改善，但国家内部也会有部分群体的经济状况会因此而变坏。因此，反对自由贸易的声音从未断绝。主权国家政府处理国际贸易问题的政策和手段，往往不单是从自然条件或经济利益着眼，而是兼顾到幼稚产业保护、国际收支平衡、国家安全保障等因素。国际贸易中的保护主义，是指在贸易关系中实行限制进口以保护本国商品在国内市场免受外国商品竞争，并向本国商品提供各种优惠以增强其国际竞争力的主张和政策。对处于工业化进程中的发展中国家来说，在国际贸易中适当运用保护主义手段有助于增强民族企业在世界市场的竞争能力。但是，世界经济发展的历程表明，经济增长与贸易自由化水平关系密切。贸易保护主义措施在保护少数产业的同时，会对经济长期发展的创新性和竞争力造成制约。2008 年全球金融危机后，以美国为首的西方国家为维护经济霸权推行保护主义和单边主义，破坏全球供应链和产业链，严重冲击全球自由贸易秩序和多边贸易体制。从这个角度而言，坚持在世界贸易组织框架中继续推动贸易自由化进程，对于国际贸易和世界经济的长期发展具有重要意义。

## 二、世界贸易组织的法律体系与职能

世界贸易组织是多边贸易体制的法律基础和组织基础，是最权威的全球性国际贸易惯例机构。世界贸易组织的成员是主权国家和在对外贸易方面有充分自主权的单独关税领土的政府。当前，世界贸易组织拥有 164 个成员和 25 个观察员政府，成员贸易总额达到世界贸易总额的 95％以上。

**1．世界贸易组织的法律地位**

世界贸易组织是对关贸总协定的继承和发展。关贸总协定本质上是一份临时适用的多边协定，尽管在实践中发展出秘书处和一些委员会来负责管理协定的实施，但并不是真正的国际组织，从未取得国际法上的法律人格，缺乏履行职能所必需的

① 曼昆．经济学原理：微观经济学分册：第 5 版．梁小民，梁砾，译．北京：北京大学出版社，2009：194.

机构和制度。世界贸易组织是具有法律人格的政府间国际组织。根据《建立世界贸易组织的协定》序言的规定，世界贸易组织的宗旨是：(1) 加强世界经济与贸易的联系与合作，以提高生活水平，保证充分就业，增加实际收入和有效需要，增加货物与服务的生产和贸易。同时考虑到以可持续发展的方式，合理开发和利用世界资源，保护和维护环境。(2) 通过实施切实有效的计划，以确保发展中成员在国际贸易中增长的份额，适应其经济发展需要。(3) 通过互利互惠的协议安排，实质性地降低关税，减少其他贸易壁垒，在国际贸易中消除歧视待遇。(4) 维持关贸总协定的基本原则，进一步完成关贸总协定的目标，发展一个综合的、更加有活力的、持久的多边贸易制度。

世界贸易组织具有国际法上的法律人格，享有各成员所赋予的为履行其职责所需的特权和豁免，其官员和各成员代表同样享有各成员所赋予的独立行使有关职责所必需的特权和豁免。

**2. 世界贸易组织的多边贸易法律体系**

世界贸易组织的建立是关贸总协定乌拉圭回合谈判的结果。作为关贸总协定的第八轮谈判，乌拉圭回合从 1986 年 9 月开始，谈判议题广泛，涉及所有贸易问题，以及与贸易相关的投资、服务、知识产权、争端解决等问题。1994 年 4 月 15 日，乌拉圭回合谈判代表在摩洛哥马拉喀什正式签署乌拉圭回合最后文件和《建立世界贸易组织的协定》，并经各成员立法机关批准，于 1995 年 1 月 1 日正式生效。

《建立世界贸易组织的协定》由序言、正文 16 条和 4 个附件组成，构成多边贸易法律体系的主要内容。正文规定了世界贸易组织的宗旨、地位、职能、机构与运作等内容，属于国际组织法的性质。附件 1 包括 13 个多边货物贸易协议、服务贸易总协定和与贸易有关的知识产权协议；附件 2 是关于争端解决规则和程序的谅解；附件 3 是贸易政策审议机制；附件 4 是 4 个诸边协议，包括民用航空器协议、政府采购协议、国际奶制品协议和国际牛肉协议。诸边协议可以自由选择参加，具有相对独立性，成员比较有限。《建立世界贸易组织的协定》各个组成部分的具体制定时间不同，但都是乌拉圭回合谈判修改的结果，在法律意义上构成了同一时间达成的同一协议的不同组成部分。

作为正式的国际条约，《建立世界贸易组织的协定》构成了系统的、完整的国际贸易法律体系。通过健全的组织体系和准司法性质的争端解决机制，世界贸易组织下的多边贸易法律体系比关贸总协定时期具有更大的权威性和约束力。《建立世界贸易组织的协定》是单一的法律文件，采取“一揽子”接受的方式。附件 1、附件 2 和附件 3 是有机组成部分，对所有成员都有约束力，成员不得把其中任何单一的协议文件排除在外。原则上，成员不被允许对世界贸易组织法律体系做出保留，各成员的国内立法要与世界贸易组织规则保持一致，国内法的规定不应成为不履行世界贸易组织义务的理由。贸易政策评审机制和争端解决机制的建立，进一步强化了世界贸易组织监督、保障贸易规则的执行力和约束力。世界贸易组织的争端解决机制是统一的，成员间在不同贸易协议框架下产生的争端都是用同一争端解决机制，即使是诸边贸易协议也不例外。

《建立世界贸易组织的协定》继承、拓展了关贸总协定的基本原则，贯穿于世界贸易组织的各项协议，具有全局性和普遍性，指导世界贸易组织的运转，成为多边贸易制度的基石。归纳起来，主要有非歧视原则、贸易自由化原则、预期和透明原则、公平竞争原则、特殊与差别待遇原则等。

（1）非歧视原则，亦称为无差别原则，包括两个方面，即最惠国待遇原则和国民待遇原则。最惠国待遇旨在使外国货物、知识产权保护与服务享受的待遇平等，国民待遇则使外国货物、知识产权保护与服务所享受的待遇与本国平等。非歧视原则是多边贸易制度的精髓所在，不应被孤立地理解。对于非歧视原则在何种程度上适用，不同经济水平的国家有着不同的理解。

（2）贸易自由化原则，指通过多边贸易谈判降低贸易壁垒，促进国际贸易的扩大。在当今国际贸易体系中，这些贸易壁垒包括进口关税、数量限制、政府的某些限制进口的规定及汇率政策等方面的限制措施。贸易自由化原则的实现要求各成员对其国内政策法规进行调整，逐步提高本国市场的开放程度，更好地促进自由贸易，产生更大的利益。

（3）预期和透明原则。为了保证贸易环境的稳定性和可预见性，世界贸易组织除了要求各成员遵守市场开放的承诺之外，还要求各成员的各项贸易措施保持透明。具体而言，各成员应当随时公布所制定和实施的贸易法规、行政措施，未经公布的法规和措施不得实施，而当上述法规和行政措施发生变更时，应当及时通知世界贸易组织。各成员所参加的与国际贸易有关的国际条约，也应及时公布和通知世界贸易组织。

（4）公平竞争原则。公平竞争是市场经济顺利运行的重要保障。在世界贸易组织框架内，各成员应避免采取扭曲市场竞争的措施，禁止采用倾销、补贴等不公平的竞争形式，在货物贸易、服务贸易和与贸易有关的知识产权领域，创造和维护公平、公开、公正的市场环境。

（5）特殊与差别待遇原则。世界贸易组织80%以上的成员都是发展中成员，为缓解发展中成员融入经济全球化的困难，减少其可能遭遇的风险，世界贸易组织给予发展中成员特殊优惠待遇，包括更优惠的市场准入和技术援助、非互惠的市场保护、更长的过渡期待遇等。最不发达成员还可享有更加特殊的差别待遇。

**3．世界贸易组织的组织机构和职能**

世界贸易组织设有部长级会议、总理事会、专门委员会、总干事、秘书处等主要机构。

部长级会议是世界贸易组织的最高权力机构，由世界贸易组织所有成员代表组成，负责履行世界贸易组织的职能并采取相应行动。部长级会议至少每两年召开一次，有权对各多边贸易协议中的任何事项做出决定。

总理事会是世界贸易组织的常设执行机构，也由所有成员代表组成，在部长级会议休会期间行使部长级会议职能。总理事会同时也履行争端解决机构和贸易评审机构的职能。

总理事会下设货物贸易理事会、服务贸易理事会和与贸易有关的知识产权理事会，分别负责监督各自领域协议的实施，成员资格向所有成员代表开放，并按履行职务的需要召开会议。

世界贸易组织还设有专门委员会和工作组，履行《建立世界贸易组织的协定》及总理事会授予的职能，包括贸易与发展委员会、国际收支平衡委员会、区域贸易协定委员会、最不发达国家小组委员会等。各专门委员会的成员资格向所有成员代表开放。

总干事及他领导下的秘书处为世界贸易组织及成员提供行政支持和服务。总干事由部长级会议指定，秘书处人员由总干事指派。

在部长级会议和总理事会会议上，世界贸易组织遵循协商一致的决策程序。理论上，每个世界贸易组织成员在做出决策时都有一票，如无任何成员正式表示反对，就可达成共识，形成决议。如果不能达成共识，则采用投票方式。但是，“所有成员在协商一致原则下集体参加决策，并不等于平等参与或平等获益”①。协商一致本质上仍然是大国谋求共识基础上的一致。世界贸易组织不可能采取投票表决的方式强行通过有争议的事项，协商一致的做法在实践中主导世界贸易组织的决策。

世界贸易组织主要履行以下职能：(1) 促进世界贸易组织各项宗旨的实现，监督与管理其统辖范围的各项协议与安排的实施运行，并为执行上述各项协议提供统一的机构框架；(2) 为成员多边贸易谈判提供论坛和场所；(3) 管理与解决各成员之间的贸易纠纷和争端；(4) 定期审议成员的贸易政策及其对多边贸易体制运行所产生的影响；(5) 与国际货币基金组织和世界银行等相关国际组织进行合作；(6) 对发展中成员和最不发达成员提供技术援助和培训。

## 三、世界贸易组织的活动及改革

自成立以来，世界贸易组织已经成为全球范围内最权威、最重要的多边贸易机制，推动世界贸易蓬勃发展，确保国际经济运行的秩序和可预见性。但是，2008年全球金融危机后，贸易保护主义上升、多哈回合谈判陷入困境、区域贸易机制竞争加剧等难题给世界贸易组织的发展带来严峻挑战，如何进行有效的改革直接影响世界贸易组织以及国际贸易机制的未来发展前景。

### 1. 世界贸易组织的主要活动

组织多边贸易谈判是世界贸易组织推动贸易自由化的重要方式。在 2001 年 11 月卡塔尔首都多哈举行的第四次部长级会议上，世界贸易组织成功发起了新一轮的多边贸易谈判，被称作多哈回合谈判。多哈回合谈判是世界贸易组织发起的首轮多

---

① WILKINSON R. Multilateralism and the World Trade Organization. London: Routledge Press, 2000: 6.

边贸易谈判，也是有史以来涵盖议题最广泛、参与方最多的多边贸易谈判，谈判议程涉及8个领域20多个方面的问题，包括农业、非农业产品市场准入、服务、知识产权、规则、争端解决、贸易与环境以及贸易与发展问题等，所有谈判预计于2005年1月1日结束。然而，2003年墨西哥坎昆举行的第五次部长级会议在农业问题、非农市场准入等问题上难以协商一致，会议无果而终。之后多哈回合谈判多次重启，但僵局未能被彻底打破。2013年12月，第九次部长级会议在印度尼西亚巴厘岛召开，通过了《巴厘一揽子协定》。这是世界贸易组织成立后的首份全球性多边贸易协定，包括贸易便利化、农业、棉花、发展等议题共10份协定。与多哈回合谈判雄心勃勃的目标相比，《巴厘一揽子协定》没有涉及非农产品市场准入、服务贸易、知识产权等敏感议题。由于发达成员与发展中成员在推进谈判方式和议题上的分歧巨大，2017年在布宜诺斯艾利斯召开第十一次部长级会议后，多哈回合谈判被认为事实上已经以失败而告终。

贸易政策审议机制是世界贸易组织首次创立的国别贸易政策审议制度，是监督多边贸易制度运行的重要方式。其作用在于审查成员的贸易政策和做法对多边贸易体制的影响，力求使各成员贸易政策、措施与有关协议相一致，通过提高各成员贸易政策的透明度达到提高国际贸易的可预见性和稳定性，有助于加强对各成员履行多边贸易义务的监督，保障多边贸易体制的平稳运行。世界贸易组织以召集贸易政策审议会议的形式、在集体审议的基础上实施监督，通过成员间的相互审议鼓励各成员更加严格地遵守组织规则，并履行其承诺。不同成员在国际贸易中所占份额不同，接受贸易审议的频率也就不同。贸易额排名前4位的成员每2年接受一次审议，紧随其后的16个成员每4年审议一次，其余成员每6年审议一次，最不发达成员的间隔时间更长。

争端解决机制是世界贸易组织法律体系的支柱，是保障多边贸易自由化的最后一道防线。争端解决机制以法律方式解决成员方彼此之间的纠纷，其宗旨是：根据国际法的习惯规则来阐明各项协定的内容，通过有效执行的裁决来解决成员方之间的贸易争端，以避免贸易冲突的产生，保障缔约方的相应权利义务得以实现或履行，从而为多边贸易机制提供安全保障，是一种"既具有司法性又具有外交性的独特的国际争端解决机制"①。与关贸总协定时期的争端解决机制相比，世界贸易组织争端解决机制有很大的创新和改进：统一了争端处理的程序与规则、设立了专家组和上述机构的两审制、设定了处理争端的时限等。尤其是争端解决机构在通过专家组和上述机构的裁决报告时，采取"反向共识"规则，即除非争端解决机构一致不通过相关报告，否则该项报告获得通过。这一规则大大增强了世界贸易组织争端解决机制的强制管辖权及其约束力，成员利用争端解决机制解决贸易纠纷的频率明显上升。

---

① 毛燕琼．WTO争端解决机制问题与改革．北京：法律出版社，2010：24.

案例 2

## WTO反倾销规则——欧盟紧固件案

紧固件，是将两个或两个以上的构件紧固连接成为一个整体时所采用的一类机械零件，如螺栓、螺柱等，有“工业之米”之称。中国是世界上最大的碳钢紧固件生产国。欧盟是这些产品的主要市场。

2007年9月26日，欧盟金属紧固件生产商协会提出中国向欧洲地区出口的碳钢紧固件存在倾销。同年11月9日，欧盟委员会决定对产自中国的紧固件进行反倾销调查。2009年1月，欧盟决定对中国碳钢紧固件产品征收26.5%～85%的反倾销税。

2009年7月31日，中国将欧盟有关立法及反倾销措施诉诸WTO争端解决机制。9月14日，中欧磋商失败。10月12日，中国请求WTO争端解决机制成立评审团立案审理。2010年12月3日，WTO专家组发布裁决报告，裁定欧盟对中国紧固件行业不公正的反倾销措施违反了WTO规则，支持中国在单独税率问题上的全部主张及紧固件反倾销措施方面的部分主张。2011年3月25日，欧方提出上诉。3月30日，中方就未获专家组支持的问题另行提出上诉。7月15日，世界贸易组织上诉机构发布裁决报告，再次裁定欧盟对中国紧固件采取的反倾销措施违反WTO规则。

经过中欧双方商定，欧盟于2012年10月12日前执行裁决。2012年3月6日，欧盟对中国紧固件产品反倾销措施启动复审调查程序。9月6日，欧盟新修订的《反倾销基本条例》第9.5条正式生效，适用于所有的反倾销调查。10月10日，欧盟公布对中国紧固件企业调查后的反倾销税，税率为22.9%～74.1%，对中国紧固件企业调整后的反倾销税只是稍微下降，依然严重影响中国企业对欧盟的产品出口。

2013年10月30日，针对欧盟2012年3月对中国紧固件行业提起的反倾销复审措施，中国政府请求WTO争端解决机制就欧盟的执行情况成立专门的复议评审团。争端解决机构同意中国的请求，并指定原评审团进行复议。2015年8月7日，WTO裁定欧盟对中国紧固件行业反倾销复审措施违反WTO规则。2015年9月，中国和欧盟再次分别提出上诉。2016年1月18日，WTO发布最终公告，第四次裁定欧盟对中国紧固件产品采取的反倾销措施违反WTO规则。2016年2月27日，根据WTO争端解决机构的最终裁决，欧盟发布公告正式取消对中国紧固件行业的反倾销措施。

反倾销措施，是指对造成进口国国内产业损害的倾销产品采取的、旨在消除损害后果的限制措施。欧盟一直以中国是非市场经济国家为由，在计算倾销幅度时采取替代国价格，并且对中国采取统一反倾销税率，即不考虑出口价格的差异，对所有的中国出口商统一按照一个税率征收反倾销税。这种做法显然是不公平的，构成对中国产品的歧视。

紧固件案是中国加入 WTO 后第一次对欧盟提起申诉的案件，裁决结果对中国而言是一次胜利，解决了中国在双边贸易中几十年都没有解决的单独税率问题，对于中国企业出口有着重要意义。

---

**2. 世界贸易组织面临的困境**

首先，从深层次来看，世界贸易组织的困境在于无法适应全球政治经济权力格局的转换，多边贸易体系未能顺应全球价值链的发展需求。2008 年全球金融危机之后，随着新兴经济体鹊起，发展中成员日益强烈要求在世界贸易组织框架下维护自身利益，冲击了发达成员昔日主导的贸易决策权。在新的全球权力结构下，美国等西方国家不能再控制世界贸易组织，转而采取各种保护主义、单边主义措施，谋求本国利益最大化。破坏以世界贸易组织为核心的多边贸易体制。同时，全球价值链的兴起和发展导致国际贸易的内容、形式发生巨大变化。根据世界银行 2020 年发布的报告，"全球价值链在 1990 年到 2007 年期间增长最为迅速，原因是交通、信息和通信领域技术进步，以及贸易壁垒降低吸引制造企业将生产历程延伸至国境之外"①。全球价值链跨越国界，一个国家的政策行为或不作为可能影响到其他国家的生产者和消费者。这就要求进一步减少中间产品的贸易壁垒、推动服务贸易自由化、削减投资壁垒以及协调边境内政策，将电子商务、数据保护、竞争政策等国际贸易新问题纳入谈判议程。然而，世界贸易组织成立后始终无法推出符合全球价值链发展的新的多边贸易规则，多哈回合谈判失败，阻碍国际贸易的发展。

其次，世界贸易组织协商一致的决策机制，制约着多边贸易谈判进程。作为一种广泛应用的决策方式，协商一致是国际关系中践行主权平等的标志，体现出世界贸易组织的公平民主原则。与一般国际经济组织通行的加权投票制比起来，协商一致避免了个别强国、大国操控国际组织的情况，使得决策过程和结果具有广泛的民主合法性。但协商一致意味着每个成员都有否决权，事实上使发展中和不发达成员获得了否决权，"增大了它们讨价还价的能力，尤其是使它们可以在决策前的非正式协商中形成同盟"②。随着成员增多，谈判启动、推进和达成越来越困难，协商一致决策的效率越来越低，也成为多哈回合谈判失败的制度性障碍。多边贸易谈判内容庞杂，不仅包含程序性事项，还包含实体性内容，不仅包含关税减免，还包含非关税壁垒。发达成员和发展中成员在主要谈判议题上的分歧难以调和，前者在谈判中强调投资自由化、服务贸易、竞争政策及边境内规则；后者关注农产品等传统议题上的利益。

再次，争端解决机制在为国际经济法治做出重要贡献的同时，也暴露了缺乏透

---

① WORLD BANK. World development report 2020: trading for development in the age of global value chains. Washington D C: World Bank, 2020: 2.

② HOCKMAN B M, KOSTECKI M M. The political economy of the world trading system: the WTO and beyond. 3rd ed. Oxford: Oxford University Press, 2009: 66.

明度、程序冗长、独立性和公正性不足、第三方制度不完善、执行力不足等缺陷，需要得到进一步的改进和完善。在逆全球化浪潮的冲击下，以美国为首的西方国家以公平贸易之名，行保护主义之实，争端解决机制面临更严峻的政治压力。美国特朗普政府期间，无视世界贸易组织规则和争端解决机制，与主要贸易伙伴大打贸易战。美国还以争端解决机制越权为借口阻挠上诉机构启动法官甄选程序，导致上诉机构法官人数无法满足审理案件的最低标准，争端解决机制陷入危机之中。

最后，从外部来看，世界贸易组织成员之间的区域贸易协定或自由贸易协定大量涌现，世界贸易组织被边缘化。区域贸易协定应该是与多边贸易体制并行不悖的。区域贸易协定给予其成员更优惠的待遇，是世界贸易组织规则本身所允许的。多边贸易体制成员数量多，利益差距大，难以达成共识。这种情况下发展区域贸易协定具有积极意义。但是，大量区域贸易协定的交错共存导致国际贸易法治的“意大利面碗”① 现象日益突出，造成国际贸易规则的“碎片化”。区域贸易协定实行的内外有别政策及其贸易转移效应，则违反了世界贸易组织的非歧视原则，削弱了多边贸易体制的普遍性和统一性。

世界贸易组织面临着前所未有的危机，改革世界贸易组织和多边贸易体系已经成为国际社会的共识。

**3. 世界贸易组织的改革方案**

当今世界处于百年未有之大变局。世界贸易组织该何去何从，成为世界主要经济体关注的焦点。一方面，绝大多数成员都认同世界贸易组织的重要价值，支持其改革以打破僵局重获动力；另一方面，对于改革的原则、内容，主要成员的立场和诉求各有不同。

中国于2018年11月发布了《中国关于世贸组织改革的立场文件》，阐述了中国对世界贸易组织改革的三个原则和五项建议。三个原则：一是维护多边贸易体制非歧视和开放的核心价值，二是保障发展中成员的发展利益，三是遵循协商一致的决策机制。其中，核心是非歧视，改革方案不针对任何特定成员。五项建议：一是加大对世界贸易组织现有特殊与差别待遇条款的执行和监督力度，特别是最不发达成员关注的免关税、免配额待遇和服务豁免机制的实施；二是增加技术援助的针对性和具体性，确保其有助于发展中成员融入多边贸易体制和全球价值链；三是根据《多哈部长宣言》要求，继续推进特殊与差别待遇条款的谈判；四是在未来贸易投资规则制定中，为发展中成员提供充分有效的特殊与差别待遇；五是鼓励发展中成员积极承担与其发展水平和经济能力相符的义务。

2019年5月颁布的《中国关于世界贸易组织改革的建议文件》在上述立场文件的基础上提出了四个方面的改革建议：第一，解决危及世界贸易组织生存的关键和

---

① “意大利面碗”现象一词源于美国经济学家巴格沃蒂1995年出版的《美国贸易政策》一书，指在双边自由贸易协定（FTA）和区域贸易协定（RTA）之下，各个协议的不同优惠待遇和原产地规则就像碗里的意大利面条，一根根地绞在一起，剪不断，理还乱。这种现象被贸易专家们称为“意大利面碗”现象或效应。

紧迫性问题，尽快讨论关于争端解决上诉程序改革的联合提案，打破上诉机构成员遴选僵局，加强对各成员滥用国家安全例外的措施和违反世界贸易组织规则单边措施的纪律；第二，提高世界贸易组织在全球治理中的作用，解决农业领域规则不公平问题，完善贸易救济领域的相关规则，完成渔业补贴协议的谈判，推进电子商务议题和监管一致性等新议题谈判；第三，提高世界贸易组织的运行效率，强化贸易政策通报义务，提高贸易政策的透明度及改进审议机制；第四，增强多边贸易体制的包容性，尊重发展中成员特殊与差别待遇，坚持贸易与投资的公平竞争原则，反对对国有企业设立额外的透明度和纪律，以及在投资安全审查中歧视国有企业，确保不同所有制在进行商业活动时的公平竞争环境。

美国认为世界贸易组织现行体制对美国不公平，发展中国家利用世界贸易组织规则获得了好处，破坏了多边贸易体系的公平。因此，世界贸易组织改革必须符合美国的利益。美国的主张主要包括解决所谓非市场经济体带来的挑战、争端解决机制必须尊重成员的主权政策选择、世界贸易组织成员必须遵守通报义务、修改对发展中成员的认定方式和其享受的特殊与差别待遇。这种美国利益优先的改革主张，将美国国内法凌驾于国际法之上，具有强烈的霸权主义色彩，对多边贸易体系和国际贸易增长带来巨大挑战。美国与欧盟、日本等发达国家多次就世界贸易组织改革议题协调立场，在非市场经济体、国有企业、强迫技术转让、数字贸易等问题上有共同诉求，但在农业扶持政策、争端解决机制等方面也存在分歧。

世界贸易组织改革将是一个复杂的进程。中国从维护多边贸易体系的高度推进世界贸易组织改革，在坚定维护发展中成员权益的同时扩大各方共识，抵制贸易保护主义，积极推动世界贸易组织在全球经济治理中发挥更大作用。

## 思考题

1. 试述经济全球化对国际经济法的影响。
2. 国际货币基金组织的改革对国际金融秩序产生了何种影响?
3. 世界贸易组织和关贸总协定相比，有哪些职能上的变化?
4. 试述世界贸易组织改革的主要问题。

## 阅读书目

1. 施米托夫．国际贸易法文选．赵秀文，译．北京：中国大百科全书出版社，1993.

2. 沃尔芬森．我的世行之路：跨越贫富两界的跌宕人生．司徒爱勤，译．北京：中信出版社，2011.

3.《国际经济法学》编写组．国际经济法学．2 版．北京：高等教育出版社，2019.

## 第八章

# 国际人权法与国际关系中的人权问题

人权是指人生而为人应享有的基本权利。自 17—18 世纪欧洲资产阶级启蒙运动思想家们提出“天赋人权”至今，人权的理论和实践经历了巨大变化。“我们的时代是权利的时代。人权是我们时代的观念，是已经得到普遍接受的唯一的政治与道德观念。”① 国际人权法，是指关于人权保护的国际法，是“包括全球性的和区域性的、国际公约和条约以及国际习惯组成的国际法的独立分支，是国际上保护人权的原则、规则和制度的总称”②。第二次世界大战以前，人权问题基本上是被当作纯属国内管辖的事项，只有个别国际组织参与了人权保护的特定领域。19 世纪 60 年代成立的红十字国际委员会，开启了为战争中的受害者提供人道主义保护的尝试；成立于 1920 年的国联，为保护少数者、禁止奴隶制度、国际劳工保护等设立了相关的机构和程序。第二次世界大战后，人权问题全面进入国际法和国际关系领域，内容得到了全方位扩展。尊重和保障人权的理念已经超出了国际人权法的范围，渗透到国际法的各个领域中，成为国际法的基本价值导向。尽管国际人权法是国家之间的法律，但其目的在于保护和实现个人权利。国际人权法的内容除了规定缔约国之间的权利和义务，还包括每一缔约国与其领土内和受其管辖的个人之间的权利义务关系。在这一关系中，个人享有权利，国家承担义务。人权问题与各国内政密切相关，涉及政治、历史、文化、宗教等复杂问题，这使得人权问题政治化成为国际人权法发展中的突出问题。

国际人权法主要有两方面的内容：第一是实体法，即人权保护的具体内容。迄今为止，有关人权的国际文书已有 70 多项，而且大多数都是造法性的，包括全球

① 亨金．权利的时代．信春鹰，吴玉章，李林，译．北京：知识出版社，1997：1.

② 张晓玲．人权法学．北京：中共中央党校出版社，2014：2.

性的和区域性的。联合国和其他国际组织通过的宣言、决议，国际人权保护机构通过的意见或建议，国际司法机构就人权案件做出的判决或咨询意见等，是确定国际人权法原则的辅助资料。第二是程序法，即人权保护的程序或实施机制，主要包括以《联合国宪章》为基础的人权保护体系和以国际人权公约为基础建立的人权保护机制。

# 第一节 国际人权法的重要文书

国际人权法是在对第二次世界大战深刻反思的基础上产生和发展起来的。第二次世界大战的结局加强了这样的信念："国际承认和保护人权，不但是与国际法目标的开明的概念相符合的，而且也是与国际和平的基本需要相符合的"①。《联合国宪章》是联合国人权事业的指导性文件，人权问题从此广泛进入国际法领域。1948年的《世界人权宣言》第一次以国际文件的形式对人权的内涵进行了系统阐述，与1966年通过的《公民权利和政治权利国际公约》《经济、社会及文化权利国际公约》构成国际人权法的基本框架。其后，各专门性国际人权公约和区域性人权公约进一步丰富、发展了国际人权法的内容。

## 一、《联合国宪章》的人权条款

维护和促进人权始终是联合国的主要职能。《联合国宪章》序言开宗明义宣布："欲免后世再遭今代人类两度身历惨不堪言之战祸，重申基本人权，人格尊严与价值，以及男女与大小各国平等权利之信念。"宪章正文包含了7项涉及人权的条款，即第1条第3项、第13条第1项、第55条、第56条、第62条第2项、第68条和第76条，为国际人权法的发展奠定了法律上和概念上的基础。

宪章第1条第3项规定联合国的宗旨之一是"促成国际合作，以解决国际间属于经济、社会、文化及人类福利性质之国际问题，且不分种族、性别、语言或宗教，增进并激励对于全体人类之人权及基本自由之尊重"。为了这一宗旨，宪章第13条第1项把"促进经济、社会、文化、教育及卫生各部门之国际合作，且不分种族、性别、语言或宗教，助成全体人类之人权及基本自由之实现"列为联合国大会的主要职责之一。

宪章第55条规定，联合国应促进"全体人类之人权及基本自由之普遍尊重与遵守，不分种族、性别、语言或宗教"。第56条规定："各会员国担允采取共同及个别行动与本组织合作，以达成第五十五条所载之宗旨。"这两条是宪章有关人权

① 詹宁斯，瓦茨．奥本海国际法：第9版：第1卷：第2分册．王铁崖，陈公绰，汤宗舜，等译．北京：中国大百科全书出版社，1998：357.

的关键条款。一些法学家认为这两条为联合国会员国创设了人权义务，尤其第 56 条具有法律责任的明显要素。另一些法学家则认为第 56 条没有构成会员国的直接义务，促进尊重与遵守人权的要求只是一种倡导，而不能解释为必须，将法律义务强加给会员国①。实践中，联合国大会在一些决议中明确第 56 条对会员国构成了国际义务。

宪章第 62 条第 2 项规定，经济及社会理事会在人权领域的职权是“为增进全体人类之人权及基本自由之尊重及维护起见，得作成建议案”。该条款将人权问题单独列为一项，授权经济及社会理事会，给予经济及社会理事会充分的活动空间。第 68 条授权经济及社会理事会“设立经济与社会部门及以提倡人权为目的之各种委员会，并得设立于行使职务所必需之其他委员会”。该条款为经济及社会理事会后来设立各种人权机构提供了法律依据。

宪章第 76 条是关于托管制度的规定，把“不分种族、性别、语言或宗教，提倡全体人类之人权及基本自由之尊重”列为托管制度的目的之一。托管理事会在保护托管领土内的人权方面曾经发挥过重要作用。随着联合国最后一个托管领土帕劳 1994 年取得独立，托管制度的目的已经充分实现。

《联合国宪章》人权条款的规定，是国际和平、民主和正义力量的胜利，为第二次世界大战后联合国在人权领域的活动奠定了法律基础。尽管上述条款的内容只是一般性阐述，不够清晰具体，但宪章使人权问题走向国际化。“一个批准了《宪章》的国家不得坚称人权问题仍专属其国内管辖范围，这是一个不争的事实。”②宪章将过去零散的、对特定人群和特定权利的保护演变成对全世界所有人的全面的保护，国际人权保护因而被认为是第二次世界大战后国际法上最为引人注目的发展领域。

## 二、国际人权宪章

国际人权宪章包含《世界人权宣言》、《公民权利和政治权利国际公约》、《经济、社会及文化权利国际公约》及两个公约的附加议定书。国际人权宪章是联合国人权保护系统中最重要的国际文书，也是现代国际人权法的核心。

**1.《世界人权宣言》**

1948 年 12 月 10 日，第三届联合国大会以 48 票赞成、8 票弃权、0 票反对通过《世界人权宣言》。12 月 10 日这一天随后被宣布为“联合国人权日”。《世界人权宣言》是国际社会第一个系统提出尊重和保护基本人权具体内容的国际文书，是联合国倡导人权的标志性基本文献，因此被看作国际人权法的“母法”。联合国后来的人权公约、宣言和决议都以此为理论和法律基础。欧洲、非洲及美洲的区域性国际

---

① 王铁崖. 国际法. 北京：法律出版社，1995：145－146.

② 伯根索尔. 国际人权法精要：第 4 版. 黎作恒，译. 北京：法律出版社，2010：23.

组织通过的人权条约也对其进行了广泛引用。

《世界人权宣言》包括序言和30条条文。序言指出联合国大会通过《世界人权宣言》"作为所有人民和所有国家努力实现的共同标准"。第1条宣告："人人生而自由，在尊严和权利上一律平等。"第2条是防止歧视条款，规定："人人有资格享受本宣言所载的一切权利和自由，不分种族、肤色、性别、语言、宗教、政治或其他见解、国籍或社会出身、财产、出生或其他身份等任何区别。"第3条到第21条规定了以生命、自由、人身安全权为基石的公民权利和政治权利。第22条到第27条规定了工作权、同工同酬、休息和闲暇的权利、社会保障权、教育权等经济、社会和文化权利。第28条到第30条是关于实现上述各项权利和自由的限制性条款。第29条提出权利不是绝对的，个人不但享有权利，而且负有义务，对权利做出限制不但是可能的，而且是必需的。第30条规定："本宣言的任何条文，不得解释为默许任何国家、集团或个人有权进行任何旨在破坏本宣言所载的任何权利和自由的活动或行为。"

《世界人权宣言》继承、吸取了人类文化遗产中有关自由、平等、人权的一般观念，对人权的理论与实践做出了重大的贡献。首先，宣言通过对人权主体的明确规定，真正体现了人人平等的原则。30条文本中，"人人"和"任何人"的字眼比比皆是，为的就是确定人权的"人"是指"所有人"，从而强调不得以任何借口限制或剥夺任何人的人权。

其次，宣言中有关权利的内容更加广泛，涉及人们社会实践、社会生活和社会关系的各个方面，有关经济、社会、文化权利的内容不仅突破了西方将人权仅仅归结为公民和政治权利的狭隘观念，而且为《公民权利和政治权利国际公约》和《经济、社会及文化权利国际公约》在联合国的通过奠定了基础。

最后，宣言明确主张权利和义务统一的原则，反对那种只讲权利、不讲义务的片面的人权观。宣言强调"人人对社会负有义务"，在行使权利和自由时，要"受法律所确定的限制"，要"适应道德、公共秩序和普遍福利的正当需要"，特别是强调"无论在任何情形下均不得违背联合国的宗旨和原则"。

受历史条件的限制，《世界人权宣言》存在一定的局限性。例如，在强调人权的普遍性、共同标准时，宣言没有阐明人权的特殊性，即人权的实现不能脱离而必须充分考虑各国的特殊条件和特殊表现，这就忽视了共同标准的实现在不同国家具有不同特点。再如，宣言没有保护少数者方面的条款，也没有规定包括民族自决权在内的集体人权。另外，为了使宣言得到各国政府和人民的广泛接受，宣言采取了较为抽象的措辞方式，内容带有不确定性。然而，上述局限没有削弱《世界人权宣言》在国际法和国际关系中的巨大影响力。它代表着"对《联合国宪章》中'人权'术语的一种权威解释"①，对于国际人权法的发展具有开创意义。

---

① 诺瓦克．国际人权制度导论．柳华文，译．北京：北京大学出版社，2010：73.

### 2.《公民权利和政治权利国际公约》及其议定书

《公民权利和政治权利国际公约》于1966年在联合国大会上通过，1976年3月生效。该公约规定了公民权利和政治权利等个人权利和基本自由，推动民族自决权等集体人权概念的形成，在国际人权领域具有重大影响。到2021年，已有173个国家批准或加入该公约。中国于1998年签署了该公约。其后，中国对国内立法和司法进行了修订或修改，2004年将“国家尊重和保障人权”写入宪法，使人权保护上升为宪法原则，为批准该公约创造了良好条件。

公约包括前文和六个部分，共53条。第一部分即第1条规定民族自决权，包括政治地位的自决权、谋求发展的自决权、生存手段的绝对保有权以及对其天然财富和资源的自由处置权。第二部分从第2条到第5条，规定了缔约国的一般义务，除了非歧视原则和男女平等权利外，还对缔约国限制或克减该公约规定的基本权利做出了严格的限制性规定，强调缔约国必须确保在其领土上及受其管辖的一切个人享有该公约规定的权利，并为权利受到侵犯的个人提供有效补救。第三部分从第6条到第27条，是公约的核心，列举了各项实质性的权利和自由。第四部分从第28条到第45条，规定了公约监督机构及其相关职能和履职程序。第五部分是第46和47条，规定了公约内容与《联合国宪章》和各专门机构的组织章程的规定之间的关系，以及公约规定与国家经济主权之间的关系。第六部分为剩余6条，涉及公约的批准、生效、修正等技术性事项。

公约系统完整地规定了个人的公民权利和政治权利。与《世界人权宪章》相比，公约确认了几种新的权利，包括被剥夺自由者享有人道待遇的权利、不因债务被监禁的权利、民族自决权、儿童权利、少数者权利等。由于公约起草过程中各国代表的立场分歧，《世界人权宣言》中规定的财产权、庇护权在公约中没有提及。

与公约同时通过的《公民权利和政治权利国际公约任择议定书》补充了公约的监督机制，“其目的在于使那些声称其为违背公约行为受害者的私人一方能向人权事务委员会提出个人申诉”①。议定书规定由人权事务委员会接受和审查受害人的来文。这就是人权条约国际监督机制中带有某些准司法性质的个人来文程序。议定书是一个单独的文件，公约的缔约国可以自由决定是否接受议定书。

1989年12月，第四十四届联合国大会通过了《旨在废除死刑的〈公民权利和政治权利国际公约〉第二项任择议定书》，并于1991年生效。议定书认为废除死刑有助于提高人的尊严和促进人权的持续发展，深信废除死刑的所有措施应被视为在享受生命权方面的进步，要求在本议定书缔约国管辖范围内，任何人不得被处死刑。每一缔约国应采取一切必要措施在其管辖范围内废除死刑。

### 3.《经济、社会及文化权利国际公约》及其议定书

《经济、社会及文化权利国际公约》于1966年在联合国大会上通过，1976年1月生效。尽管一些西方国家坚持经济自由主义，抵触经济、社会和文化权利的人权

---

① 徐显明．国际人权法．北京：法律出版社，2004：74.

性质。但该公约还是得到国际社会的普遍接受。截至 2022 年 6 月，已有 171 个国家批准或加入该公约。中国于 1997 年签署该公约，2001 年批准该公约。该公约所规定的各项权利在中国宪法及各项单行法律中已有较全面的体现。

公约包括前文和五个部分，共 31 条。第一部分即第 1 条，规定民族自决权，与《公民权利和政治权利国际公约》完全一致。第二部分共 4 条，规定缔约国的一般性义务：尽最大努力逐步实施公约所列权利。第三部分共 10 条，是公约的核心，列举各项实质性权利。第四部分共 10 条，规定国际执行和监督机制。第五部分共 6 条，设计公约的批准、生效等技术性条款。

公约确认的经济、社会和文化权利共 9 项：工作权、享受公平和良好的工作条件的权利、组织和参加工会的权利和罢工权、享受社会保障和社会保险的权利、对家庭的保护和协助、获得相当的生活水准的权利、享有能达到的最高的身心健康标准的权利、受教育权、享受文化和享受科学进步利益的权利。公约不仅罗列这些权利，而且具体阐述这些权利所包含的内容，并规定了缔约国为促进这些权利的实现所应采取的步骤。公约要求缔约国尽最大能力逐步实现公约规定的各项权利，而不强求一步到位。这使处于不同经济、社会发展水平的国家在履行本公约义务时可依据各自国情制订计划。公约强调缔约国应开展国际援助与合作，特别是经济和技术方面的援助与合作，以达到公约规定的各项权利的充分实现。

与《公民权利和政治权利国际公约》相比，《经济、社会及文化权利国际公约》在监督机制方面比较详细地规定了缔约国报告制度，没有设立国家间和个人来文程序。为此，2008 年 12 月联合国大会通过了《经济、社会及文化权利国际公约任择议定书》，以加强公约的监督机制。议定书规定了国家间和个人来文程序，还设立了调查程序。议定书已于 2013 年生效。

上述两个公约是对《世界人权宣言》内容的进一步完善和法律化，人权的国际保护进入了有组织、有法律的时代。两个公约共同宣告了集体人权：所有人民都享有自决权。两个公约都规定了防止歧视的原则：缔约国承担保证公约中规定的权利和自由得到普遍尊重，不分种族、肤色、性别、语言、宗教、政治或其他见解、国籍或社会出身、财产、出生或其他身份等任何区别。《公民权利和政治权利国际公约》的重点在于保护个人免受来自国家的干涉、限制和非法侵害，国家承担的主要是不作为的消极义务。《经济、社会及文化权利国际公约》的大部分权利需要国家积极采取措施才能实现，国家承担的主要是行动的积极义务。虽然消极权利和积极权利被规定在两个公约中，“但联合国的决议和文件强调这些权利是相互联系、不可分割的一个整体”①。两个公约将人权的内容首次以国际条约的形式作为一个完整体系被确定下来。

---

① 白桂梅．人权法学．北京：北京大学出版社，2011：78.

## 三、专门性国际人权公约

专门性国际人权公约是指由联合国系统主持制定的关于尊重和保护某类个人或某类权利的特殊性国际公约和议定书。目前联合国有 9 个核心人权公约，除了上述《公民权利和政治权利国际公约》和《经济、社会及文化权利国际公约》外，其他 7 个是专门性公约，内容涉及消除种族歧视、妇女、禁止酷刑、儿童、保护移徙权利、保护免遭强迫失踪和残疾人等。每个核心人权公约都设立了条约机构，负责监督缔约国履行公约义务的情况。这些人权条约机构都位于日内瓦，由以个人身份工作的人权专家组成。核心人权公约之外，还有若干涉及惩治战争罪行、废除奴隶制度和强迫劳动、无国籍和难民保护等议题的专门性人权公约，表 8－1 例示了主要的专门性人权公约。

**表 8－1　主要的专门性人权公约**

| 名称 | 通过时间 | 生效时间 | 缔约国数量 | 公约机构 | 内容 |
|---|---|---|---|---|---|
| 《防止及惩治灭绝种族罪公约》 | 1948 | 1951 | 153 | | 确认灭绝种族是国际法上的一种罪行 |
| 《关于难民地位的公约》 | 1951 | 1954 | 146 | | 规定难民以个人身份取得的权利 |
| 《关于无国籍人地位的公约》 | 1954 | 1960 | 96 | | 规定无国籍人享有的基本权利 |
| 《废止奴隶制、奴隶贩卖及类似奴隶制的制度与习俗补充公约》 | 1956 | 1957 | 124 | | 扩大了禁奴的范围 |
| 《废止强迫劳动公约》 | 1957 | 1959 | 177 | | 规定缔约国不得利用任何形式的强迫劳动 |
| 《减少无国籍状态公约》 | 1961 | 1975 | 78 | | 规定缔约国采取措施减少无国籍状态 |
| 《消除一切形式种族歧视国际公约》 | 1965 | 1969 | 182 | 消除种族歧视委员会 | 缔约国有义务采取一切适当帮扶禁止和终止任何人、任何团体或任何组织所施行的种族歧视 |
| 《关于难民地位的议定书》 | 1967 | 1967 | 147 | | 扩大难民的范围 |
| 《禁止并惩治种族隔离罪行国际公约》 | 1973 | 1976 | 110 | | 宣布种族隔离是危害人类的罪行 |
| 《消除对妇女一切形式歧视公约》 | 1979 | 1981 | 189 | 消除对妇女歧视委员会 | 规定妇女的各项权利 |
| 《禁止酷刑和其他残忍、不人道或有辱人格的待遇或处罚公约》 | 1984 | 1987 | 173 | 禁止酷刑委员会 | 禁止使用酷刑，将酷刑规定为国内法上的犯罪行为 |

续表

| 名称 | 通过时间 | 生效时间 | 缔约国数量 | 公约机构 | 内容 |
|---|---|---|---|---|---|
| 《儿童权利公约》 | 1989 | 1990 | 196 | 儿童权利委员会 | 规定未满 18 岁者享有自由权，经济、社会和文化权利 |
| 《保护所有移徙工人及其家庭成员权利国际公约》 | 1990 | 2003 | 57 | 保护所有移徙工人及其家庭成员权利委员会 | 不论是违法状态还是非法状态，保护所有移徙工人及其家庭成员的权利 |
| 《残疾人权利公约》 | 2006 | 2008 | 185 | 残疾人权利委员会 | 规定以残疾人为权利主题，社会包容并确保残疾人权利 |
| 《保护所有人免遭强迫失踪国际公约》 | 2006 | 2010 | 68 | 强迫失踪问题委员会 | 规定缔约国有义务将强迫失踪规定为犯罪 |

资料来源：数据截至 2022 年 6 月 30 日，表格根据联合国公约与宣言检索系统资料整理。

## 四、区域性人权公约

普遍性和专门性国际人权公约发展的同时，世界各地区通过了以保护本地区内人权为目的的区域性人权公约，表 8-2 例示了主要的区域性人权公约。这些公约主要是以区域性国际组织为核心起草制定的。与普遍性和专门性国际人权公约相比，区域性人权公约体现出相关地区的特点，对于人权的保护具有更强的针对性，同时也更为具体和全面。

**表 8-2　主要的区域性人权公约**

| 名称 | 基础机构 | 通过时间 | 生效时间 | 缔约国数量 | 公约机构 |
|---|---|---|---|---|---|
| 《欧洲人权公约》 | 欧洲委员会 | 1950 | 1953 | 46 | 欧洲人权法院 |
| 《美洲人权公约》 | 美洲国家组织 | 1969 | 1978 | 25 | 美洲国家间人权委员会<br>美洲国家间人权法院 |
| 《非洲人权和民族权宪章》 | 非洲联盟 | 1981 | 1986 | 54 | 非洲人权与民族权法院<br>非洲人权委员会 |
| 《阿拉伯人权宪章》 | 阿拉伯国家联盟 | 2004 | 2008 | 16 | 阿拉伯人权委员会 |

注：时间截至 2022 年 6 月 30 日。

《欧洲人权公约》于 1950 年 11 月在罗马签署，是第二次世界大战后制定的第一部区域性人权公约。它将《世界人权宣言》中宣示性的权利落实为具有法律约束力的法律原则和规则，同时与《欧洲社会宪章》、《欧洲防止酷刑公约》及《欧洲保护少数民族框架公约》等其他欧洲人权文件协同发挥效力。《欧洲人权公约》还搭建了由欧洲人权法院、欧洲理事会部长委员会及人权事务高级专员办事处等构成的系统架构，来推进全欧洲范围内的人权保护。总体而言，《欧洲人权公约》一方面吸收了《公民权利和政治权利国际公约》规定的权利，如选举权、迁徙自由、禁止因债务的监禁等；另一方面又增加了《公民权利和政治权利国际公约》没有规定但符合欧洲需要的权利，如财产权、禁止驱逐国民及禁止集体驱逐外国人等。

《美洲人权公约》于 1969 年 11 月在哥斯达黎加的圣约瑟通过，是继《欧洲人权公约》后的第二个区域性政府间国际组织的人权保障公约。该公约包括序言和 82 条正文，由国家义务和受保护的权利、保护的方式、一般和过渡条款三部分组成。《美洲人权公约》在序言中把经济、社会、文化权利摆在公民和政治权利前面，并强调个人权利与义务的统一性，这与欧洲集中关注公民权利和政治权利的基本人权观念显然有所差异。

《非洲人权和民族权宪章》于 1981 年 6 月由非洲统一组织（非洲联盟前身）在肯尼亚首都内罗毕通过。这是发展中国家通过的第一个具有法律约束力的区域性国际人权文书。该宪章包括序言和 68 条正文。正文由“权利与义务”、“保护措施”及“一般条款”三部分组成，具有鲜明的地区特色和显著的发展中国家特征。该宪章第一次全面系统地将集体人权规定在一个国际人权文书中，并且突出其鲜明的反帝、反殖、反霸、反对种族主义的特点，“最能全面代表第三世界国家有关人权的观点和立场”①。它强调了经济、社会和文化权利的重要性，指出满足经济、社会和文化权利是享有公民权利和政治权利的基础保证。该宪章尤其突出国家的责任，特别是国家在保障个人经济、社会和文化权利，以及在维护社会道德和非洲传统价值方面负有义不容辞的责任。权利和义务的一致性也是其重点，宪章明确指出每一个人享有权利和自由的同时也意味着对义务的履行。

《阿拉伯人权宪章》最初的草案于 1994 年由阿拉伯国家联盟通过。由于这份宪章的一些内容被认为不符合国际人权标准，2004 年阿拉伯国家联盟理事会通过了宪章的修订版。该宪章明确提出将人权置于阿拉伯各国重点关注的核心，带有伊斯兰教法内容。

亚洲作为一个整体，迄今没有区域性人权公约，也没有政府间的人权保护机构。根源在于亚洲幅员广阔，亚洲国家在地理、历史、宗教、政治、经济等各方面存在巨大差异，很难达成一个多数国家能够接受的区域性人权保护文件。1993 年维也纳世界人权大会召开前夕，亚洲各国在泰国曼谷举行的世界人权大会亚洲区域筹备会议上通过了《曼谷宣言》。该宣言列举了国家应该尊重的人权内容，同时强调国家主权和不干涉内政的重要性，强调不能把实施人权作为政治手段来干涉别国的内政，体现出鲜明的亚洲色彩。亚洲的非政府组织早在 1979 年亚洲人权论坛上就通过了《亚洲人权论坛宣言》。1998 年，亚洲人权委员会等非政府组织发表《亚洲国家人权宪章》，倡议亚洲制定区域性人权条约。东南亚国家联盟（简称东盟）2007 年通过《东南亚国家联盟宪章》作为其组织的框架性文件，将人权保障原则写入该宪章，并于 2009 年设立东盟政府间人权委员会，以加强东盟国家在人权领域的合作。2012 年东盟领导人峰会通过《东盟人权宣言》，一方面重申东盟对国际人权公约的承诺，另一方面强调地区差异，提出发展是实现人权的必要条件，反对

① 万鄂湘，郭克强．国际人权法．武汉：武汉大学出版社，1993：171.

以保护人权为由干涉他国内政。尽管该项成果未能得到西方国家和国际人权机构的广泛认可，但东盟的尝试仍为亚洲地区人权保护机制的建立提供了经验和基础。

## 第二节　国际人权法的实施机制

国际人权法的实施机制，是指根据国际人权文书的精神和原则，通过国际协调和合作，促使各国维护和保障人权，防止和纠正对人权的侵犯，以便在国际范围内实现基本人权目标的机制。

### 一、联合国体系内机构的人权保护实施机制

广义上说，几乎所有联合国机构的工作都与人权相关，因为联合国在和平与安全、发展、人道主义援助以及经济和社会事务等关键领域的所有政策和方案都会涉及人权这一跨领域的主题。事实上，联合国大会、经济及社会理事会，以及包括国际劳工组织、联合国教科文组织和世界卫生组织等在内的绝大多数联合国专门机构的工作都是围绕人权保护的各个维度展开的。其中最重要的是联合国人权理事会和联合国人权事务高级专员。

**1. 联合国人权理事会**

联合国人权理事会是联合国大会下设机构。其前身是1946年6月建立的联合国人权委员会。该委员会是联合国经济及社会理事会下的一个职能委员会，最初只负责向经济及社会理事会提交特定人权问题的报告。20世纪60年代，经济及社会理事会通过相关决议赋予人权委员会一些直接处理国别人权问题的职权与程序。由于该委员会受到人权政治化的严重影响，导致其信誉降低，最终于2006年3月被由联合国大会通过建立的人权理事会取代。

人权理事会由联合国大会投票产生的47个成员组成，当选者必须获得联合国193个成员国半数以上支持，其资格向联合国所有成员国开放。人权理事会成员构成以地域公平为基础：非洲国家13个、亚洲国家13个、东欧国家6个、拉美和加勒比地区国家8个、西欧和其他国家7个。人权理事会是联合国在人权领域的最重要机构，直接向联合国所有成员国负责，其主要职责有：向联合国大会提出进一步发展人权领域国际法的建议；负责处理各种侵犯人权的情况，包括严重和系统的侵犯行为，并就此提出建议；承担普遍定期审查的责任，普遍定期审查每个联合国会员国履行人权义务和承诺的情况，促进人权问题主流化；与各国政府、区域组织、国家人权机构和社会密切协作；充当人权对话的论坛；每年向联合国大会提交年度报告。

普遍定期审查制度是联合国人权理事会建立的独特的报告审议制度，是指理事会根据客观和可靠的信息，以确保普遍、平等地对待并尊重所有国家的方式，并在相关国家充分参与及考虑能力建设需要的基础上，定期普遍地审查每个国家履行人

权义务和承诺的情况。在该制度下，所有联合国会员国每 4 年都要接受一次人权理事会的审议。虽然审议意见没有法律约束力，但被审议国应当实施审议结果，如果被审议国拒不实施审议结果，理事会将在用尽与国家进行合作的一切努力后把一贯不合作的情况予以公开。

人权理事会沿袭了人权委员会的来文审查程序，负责审查个人或团体关于侵犯人权问题的来文。同时保留了人权委员会的特别程序，旨在处理个别国家的国别人权问题或世界范围内的专题人权问题，迅速响应世界各地对侵犯人权的指控。特别程序的任务都是根据人权理事会相关决议而设立的，通常由任务负责人对特定国家或地区的人权状况，或者对世界各地发生的严重的人权侵权现象，进行审查、监督、咨询和公开报告。前者称为“国别任务”，后者称为“专题任务”。

人权理事会承接了人权委员会的申诉程序。人权委员会的申诉程序被称为“1503 程序”——1970 年联合国经济及社会理事会通过题为“有关侵犯人权及基本自由的来文的处理程序”的第 1503 号决议。该决议规定防止歧视及保护少数小组委员会不用依据条约，在经证明确系一贯和严重地侵害基本人权的情形下即有权受理个人的来文。小组委员会可决定将具有一贯侵犯人权特点的情况提交人权委员会审议。人权委员会可以自行研究并向经济及社会理事会提出报告和建议，也可以在征得有关国家同意的情况下任命一个特设委员会进行调查。人权理事会改进了上述申诉程序，使之成为唯一涵盖所有国家所有人权和基本自由权的申诉程序，理论上可以让世界任何地方在任何情况下发生的一贯严重侵犯所有人权和基本自由权的情形得到处理。由于这一程序不以国家的自愿接受为前提，“申诉程序本身就是对国家主权的极大挑战”①。为促使所涉国家进行合作，该程序原则上不公开。

**2. 联合国人权事务高级专员**

1993 年，联合国大会通过第 48/141 号决议，设立人权事务高级专员（简称人权高专）。这是联合国系统内负责人权事务的最高行政长官，由联合国秘书长任命，经联合国大会核准产生。任期四年，可连任一次。人权高专办公室是人权高专的办事机构，总部设在日内瓦，并在纽约联合国总部设办事处，是联合国人权活动的协调中心，为联合国人权理事会和人权条约机构及其程序提供秘书服务和各种行政及技术支持。

人权高专负有在联合国范围内将人权纳入主流的任务，即：将人权视角注入联合国所有工作方案，以确保联合国系统的三个基本支柱（安全、发展和人权）相互关联、相辅相成。其具体职责是：促进和保护所有人切实享受各项人权；履行联合国有关机构分派的公务；促进发展权的实现；应有关国家的要求，在人权领域向其提供咨询、技术和财政援助；为确保尊重人权与各国政府进行对话；促进人权领域的国际合作；协调联合国系统各项人权行动。此外，人权高专还获授权处理严重侵犯人权的行为，并采取预防行动和措施。尽管人权高专与人权理事会是各自独立的

---

① 肖君拥．国际人权法讲义．北京：知识产权出版社，2013：312.

实体，但人权高专为联合国内人权会议提供实质性的支持，同时还负责跟进理事会所做出的决议。

## 二、人权条约机构的人权保护实施机制

人权条约机构是根据核心人权公约规定设立的由独立专家组成的委员会，主要负责监督特定人权公约的执行情况。目前共有 10 个人权条约机构。其中，9 个核心人权公约各自拥有相应的机构，分别是：消除种族歧视委员会（1965 年《消除一切形式种族歧视国际公约》），人权事务委员会（1966 年《公民权利和政治权利国际公约》），经济、社会及文化权利委员会（1966 年《经济、社会及文化权利国际公约》），消除对妇女歧视委员会（1979 年《消除对妇女一切形式歧视公约》），禁止酷刑委员会（1984 年《禁止酷刑和其他残忍、不人道或有辱人格的待遇或处罚公约》），儿童权利委员会（1989 年《儿童权利公约》），保护所有移徙工人及其家庭成员权利委员会（1990 年《保护所有移徙工人及其家庭成员权利国际公约》），强迫失踪问题委员会（2006 年《保护所有人免遭强迫失踪国际公约》），残疾人权利委员会（2006 年《残疾人权利公约》）。此外，还有一个防范酷刑小组委员会，负责监督 2002 年通过、2006 年生效的《〈禁止酷刑和其他残忍、不人道或有辱人格的待遇或处罚公约〉任择议定书》缔约国的拘留场所。

人权条约机构不同于联合国体系内的人权机构。前者的职权范围仅限于参加了该条约的缔约国，后者的职权范围涵盖所有联合国会员国；前者是由以个人身份工作的人权专家组成的，不代表任何国家或组织，后者是由联合国会员国直派的代表组成的，是政府间官方机构。两者的共同之处在于：它们都不是司法机构，它们的决议和意见没有法律拘束力。

人权条约机构的人权保护制度有：

### 1. 报告制度

报告制度（reporting system）又被称为缔约国报告程序，“它要求缔约国在公约规定的期限内，或在有关国际机构要求时，依公约规定的程序，向有关人权机构提交他们在履行公约方面所采取的措施和所取得的进展的报告”①。报告制度是国际人权条约实施机制中唯一的具有强制性的制度，即国家没有选择的余地，只要参加了上述国际人权公约，就必须提交报告并接受人权条约机构审议报告。

报告制度对于人权条约的实施具有重要的意义，其主要目的是在条约机构与缔约国之间建立一种建设性对话关系。国际人权条约的执行主要取决于缔约国政府在国内履行其条约义务，报告制度迫使缔约国彻底地反映它是否以及如何在国内法律制度中履行义务，起到预防缔约国违反人权条约的作用。缔约国可以在条约机构的帮助下了解本国人权保护的立法和实践与国际人权条约之间的差异，加深对人权条

---

① 王家福，刘海年．中国人权百科全书．北京：中国大百科全书出版社，1998：488.

约规定的理解，并且与其他缔约国相互交流在国内实施人权条约的具体经验，进而促使缔约国履行人权条约所规定的各项义务。

**2．国家间指控制度**

国家间指控制度（inter-state complaints）又称缔约国间指控来文程序，指人权条约的一个缔约国有权向条约机构指控另一缔约国违反了条约规定的义务。这项制度一般为任择性质，即在相关人权条约中有一个条款规定这一制度，但缔约国可以随时做出声明接受这一制度。该制度仅对已经做出声明的缔约国发生效力。只有《消除一切形式种族歧视国际公约》中的国家间指控制度不是任择性质的，所有批准该公约的缔约国都自动接受这一制度。理论上，这种制度能够发挥促进缔约国之间在履行公约义务方面相互监督的作用，但是，国际人权条约缔约国出于政治、经济、外交等因素的考虑在实践中从未启动缔约国间指控制度，“而是倾向于在联合国政治讲坛上对其他国家违反人权的事件进行批评与指责”①。与普遍性国际人权条约机构不同，欧洲人权法院的国家间指控制度被多次适用。

**3．个人来文制度**

个人来文制度（individual communication），是有关个人通过国际机构维护自身权利，促进有关国家，特别是来文者本国履行国际人权义务的重要程序。根据这一程序，人权条约机构有权接受并审议条约缔约国管辖下的个人声称为该缔约国侵害条约所载任何权利的受害者来文。

国际人权条约大多在单独的任择议定书中规定个人来文制度，需要缔约国单独批准。个人不能对没有批准任择议定书的缔约国提出申诉。而且，个人来文制度有着严格的可受理性标准，要求不能是匿名的，必须以“用尽当地救济”为必要前提，不能滥用申诉权，不能同时向不同的国际机构提出申诉。个人申诉制度有利于从国际层面对缔约国侵害条约所载各项权利的受害者提供救济。实践中，很多国家考虑到该制度对国内政治稳定可能造成的威胁而对其保持谨慎和疑虑，使得个人来文制度成为国际人权保护领域的争议焦点。

## 三、国际人权法的其他国际实施机制

由联合国机构和条约机构组成的人权实施机制已经形成了比较完备的体系，在国际人权保护中发挥重要作用。随着人权问题在国际关系中的地位日益突出，人权保护的国际机制得到了更多层次的发展。

**1．区域性机制**

如前所述，欧洲委员会、美洲国家组织、非洲联盟等区域性组织不仅通过了区域性的人权公约，而且建立起区域性的人权保护机制。这些区域性机制“在很大程度上是对联合国体系的一个补充，虽然为了应对地区特定的政治、法律、经济、历

---

① 肖君拥．国际人权法讲义．北京：知识产权出版社，2013：305.

史以及文化现状，他们有时会创立崭新的标准或对现有标准加以改变”①。

欧洲的人权保护机制是围绕《欧洲人权公约》建立起来的。成立于1949年的欧洲委员会，在其章程中规定要为欧洲国家设立统一的人权标准。1950年《欧洲人权公约》签署后，设立了欧洲人权委员会和欧洲人权法院两个机构。前者负责接受个人的申诉，以决定哪些案件可以被提交到欧洲人权法院，后者则对案件做出判决。1998年《欧洲人权公约》第十一附加议定书生效，个人申诉程序成为缔约国必须强制接受的义务，人权委员会和欧洲人权法院合并成为常设的欧洲人权法院，负责甄别个人申诉和国家间指控是否可以被受理并做出审判。这一改变增强了欧洲人权保护机制的有效性和强制力，使得个人在一个国际性的司法机构起诉国家成为可能，体现出欧洲人权保护机制的超国家性。

美洲的人权保护机制由两个不同渊源的体系交错组成。一方面，1948年，美洲国家组织成立时的《美洲国家组织宪章》中提出“人人享有基本权利”，并通过了《美洲人的权利和义务宣言》作为美洲国家组织人权保护的依据。1960年，美洲国家组织成立美洲国家间人权委员会，由7名以个人身份当选的专家组成，其职责是促进成员国尊重人权。美洲国家组织人权保护机制的效力范围是美洲国家组织的成员国。另一方面，《美洲人权公约》1978年生效，美洲国家组织成员并没有都被要求批准公约，公约仅适用于缔约国。但是，该公约将美洲人权委员会和美洲人权法院作为其执行机构，而美洲人权委员会是两个体系的共同机构，因此，“两个系统实际上通常是合并在一起运作的”②。美洲人权法院7名法官由缔约国提名经投票选出，任期6年，可连任1次。在运作程序方面，美洲人权保护机制主要有国家间指控和个人申诉两种制度。

非洲的人权保护机制以《非洲人权和民族权宪章》作为基础。该宪章规定由非洲统一组织建立非洲人权和民族权委员会，以促进人权和民族权利，并确保这些权利在非洲得到保护。委员会由11名委员组成，委员由非洲统一组织（现非洲联盟）国家元首和政府首脑大会从缔约国提交的名单中选举产生。委员以个人身份任职，任期6年，可以连选连任。委员会每年召开两次为期两周的会议，每年向非洲联盟首脑会议提交一份年度报告。委员会保护人权的职能主要通过国家间指控程序和个人申诉程序来实现，这两种制度对于缔约国来说是强制性的。1998年6月，非洲统一组织首脑会议通过了《非洲人权和民族权宪章关于建立非洲人权和民族权法院的议定书》。该议定书于2004年生效，非洲人权和民族权法院开始运作。法院拥有广泛的咨询管辖权和诉讼管辖权，由11名法官组成，任期6年，可连任1次。2003年非洲联盟通过《关于非洲联盟司法法院议定书》。随后，非洲联盟首脑会议决定将非洲人权和民族权法院与非洲司法法院合并。2008年7月《关于非洲司法与人权法院规约的议定书》获得通过，但迄今尚未生效，非洲司法与人权法院没有正式

---

① 穆图．人权标准：霸权、法律和政治．王睿，译．北京：法律出版社，2020：102－103.

② 伯根索尔．国际人权法精要：第4版．黎作恒，译．北京：法律出版社，2010：179－180.

成立。

**2. 非政府组织的人权保护机制**

非政府组织在国际人权保护中发挥重要作用。所有的人权条约机构和政府间组织都为非政府组织参与人权保护做出了制度上的安排，越来越多的非政府组织人权活动人士进入人权条约机构和联合国机构工作。在人权条约机构，非政府组织可以对缔约国提交的报告发表口头意见，也可以通过递交报告的方式发表书面意见，还可以提起个人申诉、启动调查程序。在联合国，取得咨商地位的非政府组织有权在人权理事会或经济及社会理事会下属机构中发言、发表书面材料、公开指责侵犯人权的政府，并参与决议的起草。在欧洲委员会，具有咨商地位的非政府组织为欧洲社会委员会、欧洲预防酷刑委员会等机构的工作做出贡献。在非洲人权与民族权委员会，非政府组织通过组织研讨会、培训项目、分享信息等方式开展富有成效的工作。"在制定人权运动议程上，没有任何一个组织的影响力能够同国际非政府组织相媲美。"① 它们充分利用联合国等机构传播观念、启迪民众、游说政府，推动国际人权法的进一步发展。然而，值得注意的是，在人权保护领域活跃的非政府组织大多来自西方国家。它们以西方国家的人权观念和标准来评判人权议题，其对抗性的工作方式往往引起发展中国家的警惕。这种以保护人权为由干涉他国内政的非政府组织，必须加以批评和反对。

**3. 国际司法机制**

国际司法机制在人权保护中的运用有两种途径，一种是由国际法院对国家履行保护人权的义务做出判决或解释，另一种是对个人严重侵犯人权的刑事责任进行追究。

国际法院作为联合国的司法机关，并非专门的人权法院，但仍可以利用其专业优势和实践经验，为核心人权公约的解释和适用提供权威法律意见。几乎所有普遍性的人权公约都不同程度规定了缔约国关于公约的解释、运用或执行的争端，如不能以其他方法解决，应提交司法程序解决。根据人权公约的规定，国际法院的诉讼管辖权具有强制性和任意性两类。前者规定缔约国不能以其他方式解决争端时，应提交国际法院裁决，并且缔约国不得对此做出保留。如《消除一切形式种族歧视国际公约》规定："两个或两个以上缔约国关于本公约的解释或适用的任何争端不能以谈判或以本公约所明定的程序解决者，除争端各方商定其他解决方式外，应于争端任何一方请求时提请国际法院裁决。"《消除对妇女一切形式歧视公约》《关于难民地位的公约》等也有类似规定。但多数人权公约的规定是任意性的，即缔约国在一定条件下得将其间的有关争端提交法院审理，也允许缔约国对有关国际法院管辖权的条款做出保留。

个人因严重侵犯人权被追究刑事责任，是第二次世界大战后国际法的新发展。纽伦堡和远东国际军事法庭的审判，开创了国际犯罪者个人刑事责任的先例。20

① 穆图．人权标准：霸权、法律和政治．王睿，译．北京：法律出版社，2020：115.

世纪 90 年代后，前南斯拉夫问题国际刑事法庭、卢旺达问题国际刑事法庭、东帝汶混合法庭、塞拉利昂问题特别法庭等机构的实践，加深了个人因严重侵犯人权而负有刑事责任的原则。2002 年，国际刑事法院成立，专门对犯有种族屠杀罪、危害人类罪、战争罪和侵略罪的个人进行起诉和审判。国际刑事法院是人类历史上第一个对犯有国际罪行的个人行使管辖权的常设性国际司法机构，推动国际人权保护法治进程迈出重要的一步。

## 四、国际人权法的国内实施机制

同国际法的其他分支一样，国际人权法主要地、直接地适用于主权国家。国家承担的义务主要是在国内尊重、促进和实现所有人的人权，涉及国家与其管辖下个人和群体之间的关系。国际人权法的国内实施机制，“主要是指国家立法、司法、行政和其他机关通过国内途径，以消极的不作为或积极的作为等方式，履行其根据国际人权法承担的义务，从而使位于其境内和受其管辖的所有个人和群体依国际人权法所应当享有的权利得以实现”①。国内实施是实现国际人权法宗旨的主要途径，国际实施机制在现行国际关系中只能发挥辅助的、补充的作用。

**1．国际人权法国内实施的主要措施**

根据各主要人权公约的规定，缔约国应采取一切适当措施确保公约确认的权利的实现。这些措施主要包括：

第一，立法措施。国家的立法措施对人权的保护、享有和实现具有至关重要的影响。许多普遍性和区域性的人权公约一方面原则上强调缔约国应当采取必要而适当的立法措施以确保公约确立的权利的实现，另一方面通常对缔约国不得采取或应当采取的立法措施明确提出具体的要求。以国内立法执行条约义务，需要处理好国内法与国际法的关系。国际法取得国内法的效力没有统一的模式，各国可以根据本国法律制度选择适当的方式。缔约国可以通过一项专门的宪法条款将国际人权法自动纳入或采纳为国内法，也可以通过立法机关的一项特别法律将其专门纳入或采纳为国内法，还可以通过具体的或专门的国内法规则将其转化为国内法。《维也纳条约法公约》规定：一当事国不得以其国内法规为理由而不履行条约，除非该条约是明显违反该缔约国“基本重要性之国内立法”关于缔约权之规定而缔结的。也就是说，缔约国对一项合法而有效的条约义务优先于其国内法律或法令。

但是，缔结国际公约和完善国内立法不可能同步。考虑到缔约国的国内立法受到国内政治、经济、社会状况的影响，大多数人权公约都不明文禁止缔约国做出必要的保留或声明。

第二，救济措施。国家机关对人权遭到侵犯的受害者提供有效救济可以使侵犯

---

① 徐显明．国际人权法．北京：法律出版社，2004：177.

人权的行为得到矫正，使行为人受到惩罚，使受害者遭受的损害得到补偿，也有助于防止新的侵犯人权的行为的发生，在维护个人权利、人权规范和社会基本价值方面具有重要意义。许多人权公约明确要求缔约国确保为权利受到侵害的个人提供有效的救济，有的还进一步将请求、获得救济确认为一项人权，还有区域性的人权公约对特定情况下的救济问题做出专门规定。以《公民权利和政治权利国际公约》为例，该公约第 2 条第 3 款规定了国家对被侵犯了公约权利的个人进行救济的义务。国家有义务对侵权行为加以惩治，对被侵权人采取措施加以补救。任何一个被侵犯权利的人，都有权利申请补救。审查补救申请的机关是合格的司法、行政、立法当局，一般由司法机关审查决定补救侵权的申请。关于补救的执行，国家通常设立司法补救、行政补救或由国家授权的机构进行补救等制度。

第三，社会进步和发展措施。一国的社会、经济和文化等领域的进步与发展水平并不必然反映人权的保障状况，但社会和经济的高度发展可以为人权的充分实现提供制度、观念和资源等各个方面的基础，直接促成许多具体权利的实现。同时，一国在国内实施国际人权法的能力和意愿在很大程度上取决于该国社会、经济、文化等领域的全面进步与发展。因此，为了促进、实现社会的进步和发展，各国应制订和实施相关的法律、政策、计划，并采取其他一切适当的步骤、措施和方法，创造有利的社会环境和资源，消除贫困、饥饿、偏见、歧视、暴力、不平等和其他一切障碍因素，确保国内社会全体成员自由、有效地参与发展进程并公平地分享发展成果。

第四，教育、培训与宣传。教育、培训与宣传是人权实现的基础。健全而普及的教育可以减少乃至消除文盲，并有助于减少或消除由于缺乏教育而导致的贫困、失业、犯罪和其他所有否定人权的现象，促进个人和社会的全面进步和发展，从而为人权的实现创造必要的条件。人权培训与宣传有助于培养人权意识、传播人权知识、提高人权技能，有助于减少或消除长期存在于个人、群体、政府和国家之间的误解、无知、偏见、歧视、仇恨等导致侵犯人权行为发生的思想根源，有助于在社会成员之间形成相互了解、理解、宽容、友好、和平、合作等普遍和充分实现人权所需要的思想基础。有鉴于此，许多国际人权公约都将教育、培训与宣传规定为各国为确保人权实现应当采取的重要方法和措施。

**2．国家人权机构**

国家人权机构是主权国家设立的关于人权的专门国家级机构的统称，是指一国根据宪法或法律而设立的专司促进和保护人权职能的国家机构。20 世纪六七十年代，随着国际人权宪章的生效，越来越需要建立一种机制保障这些人权标准在国内的实施。1978 年，联合国人权委员会召开关于促进和保障人权的国内和地方机构研讨会，首次确定了国家人权机构的结构与功能方面的指南。1991 年，联合国人权事务中心在巴黎起草了《关于保护和促进人权的国家机构的地位和职责的原则》的建议。该建议 1993 年由联合国人权委员会核准并于 1994 年在联合国大会通过，简称《巴黎原则》。《巴黎原则》明确提出了关于国家人权机构的定义，对国家人权机构的地位、职权以及工作方法做出原则性的说明。“《巴黎原则》在世界范围内极大地促进了人们对国家人权机构的认识和理解，有力地推动了国家人权机构的建立和发展。”① 以《巴黎原则》作为标准，联合国人权高专领导下的国家机构单位所属的国家促进和保护人权国际协调委员会下设专门的认证小组，负责对各国成立的国家人权机构进行认证，规范各国的国家人权机构的运行，为全球范围内人权机构的交流和借鉴提供指引。

当前，国家人权机构已经在世界许多国家建立起来，由于各国政治体制的不同，这些机构的名称和职能也不尽相同。名称上，有国家人权委员会、人权咨询委员会、人权检察署、人权督察专员公署、人权协会或人权中心等。职能上，有具有综合性职责的国家人权机构，不仅可以审理侵犯人权的案件，还可以提供咨询、审查立法并进行人权教育和宣传；也有专门型的机构，职权范围限于某个领域或针对某个或某些人权；还有具有咨询性质的机构，主要是为促进人权提供咨询服务，对政府和其他部门提出关于保护人权方面的意见和建议。

**3．对人权行使的限制与克减**

对人权行使的限制，是指国家对个人和群体行使人权的范围、方式和程度所施加的限制或约束，其目的“在于为个人或群体行使人权的行为规定适当的范围或界限，以免因其人权的不适当行使或滥用而损害其他个人或群体的权利或某些公共的或普遍的利益”②。许多国际人权法律文书都用若干一般或特殊条款或者某些限制性的用语对限制人权行使的问题做出规定，认定国家在一定状态下可以对个人的权利进行限制。权利限制必须是基于为维护国家安全、公共安全、公共秩序、公共卫生、健康与道德、防止混乱、防止犯罪、保护他人等合法的目的，而且必须由法律明确做出规定。人权的国际保护离不开国家。个人的政治、经济、文化和社会权利主要靠主权国家通过制定国内法予以调整和保护。国家对人权的行使施加合法且正当的限制有助于防止人权的不当行使或滥用，从而有助于人权的实现。

国际人权法中的克减，是指在社会紧急状态、国家危难或战争等局势下，缔约国可能暂停或中止履行其承担的国际人权公约规定的义务，其目的是在保护人权和国家生存等普遍利益之间保持适当的平衡。形式上，克减表现为对人权行使的限制的加强和对人权保障的减少或取消。本质上，克减是国家对人权的行使施加的特别限制，是对人权行使的限制的补充。一些国际人权公约有专门的克减条款，对缔约国的克减权利和行使这一权利的条件做出原则性的规定。国际人权公约在国内的有效实施原则上要求国家全面、始终履行其承担的国际人权义务。作为这一原则的例外，克减应受到严格的限制。缔约国宣布紧急状态以及因此而采取的措施应当特别谨慎，不得超过必要的限度。而且，“并不是所有的权利和义务都可被克减。换句

---

① 管云虎．国家人权机构总览．北京：团结出版社，2011：2.

② 徐显明．国际人权法．北京：法律出版社，2004：187－188.

话说，紧急状态下，人权保障总还有最低的限度”①，如生命权、人道待遇权等基本人权不可被克减。

国家是国际人权法主要的权利享有者和义务承担者。国际人权法的国内实施机制对于国家履行人权保护义务至关重要。人权只有在国家主权保护下才能得到更大程度地实现。

## 第三节 从“人道主义干涉”到“保护的责任”

人权观念是随着人类历史发展而逐渐形成的。“社会的经济进步一旦把摆脱封建桎梏和通过消除封建不平等来确立权利平等的要求提上日程，……这种要求就很自然地获得了普遍的、超出个别国家范围的性质，而自由和平等也很自然地被宣布为人权。”② 第二世界大战后，人权进入国际领域已经是不争的事实，尊重和保障人权成为国际社会和国际法所承认的重要原则，但人权的国际保护始终只是在主权国家原则的框架之内进行的国际合作，是主权国家根据公认的国际法原则，承担国际义务的结果。只有到了冷战结束后，联合国频繁以“人道主义”名义卷入一国的内部冲突，西方大国先后构建了“干涉的权利”和“保护的责任”两套有关干涉的话语体系。人权领域的确存在许多单靠一国力量无法解决的问题。当大规模侵犯人权的行为发生，国际人权法并不排斥合理且正当的国际干涉。但是，冷战后少数大国和国家集团凭借其政治、经济和军事优势，滥用人道主义干涉，甚至绕过联合国进行的所谓人道主义干涉，将人权的国际保护与国际法中的主权原则对立起来，主张限制甚至取消国家主权，其实质不过是将“人权”作为干涉他国内政、维护大国利益的借口。为弱化人道主义干涉话语所引发的广泛争议，西方对之做了有意识的修正，推出“保护的责任”这一表面能够淡化人权与主权之争的概念，并不断丰富其内涵、原则与实施标准。但在将之付诸实践时，却发现话语的改进根本无法从实质上解决其固有的结构性困境和被滥用的风险问题。

### 一、“人道主义干涉”的历史演进

人道主义干涉是为人道而进行的干涉。早在 19 世纪的欧洲就曾多次发生以人道主义为借口的干涉行动，诸如：1821 年英、法、俄借口奥斯曼帝国和埃及军队对希腊人的屠杀联合出兵实施对奥斯曼帝国的干涉，1856 年英、法借口逮捕政治犯和对犯人虐待的考虑对西西里的干涉，1860 年英、法、普、俄等国借口数千名基督教马龙派教徒被杀对叙利亚的干涉，等等。其实质是欧洲大国围绕日益衰败的

① 肖君拥．国际人权法讲义．北京：知识产权出版社，2013：325．

② 马克思，恩格斯．马克思恩格斯选集：第 3 卷．2 版．北京：人民出版社，1995：447．

奥斯曼帝国展开的争夺并建立自身势力范围，反映了所谓人道主义干涉的工具性逻辑。第二次世界大战后，打着“人道主义”旗号的干涉行径时有发生。1971 年，印度以孟加拉人在东巴基斯坦被屠杀并导致严重难民问题为由干涉东巴基斯坦，并支持其获得独立，成立孟加拉国；1975 年，在葡萄牙政府撤出东帝汶时，印度尼西亚以制止暴力、恢复秩序为由武装干涉东帝汶，并犯下屠杀、强奸等大规模严重践踏人权的暴行；1983 年 10 月，美国以解救在格林纳达政变背景下遇险的美国人为借口，悍然出兵这一扼加勒比海出入大西洋东部门户的岛国。

支持人道主义干涉的观点认为，虽然国家由于其属人和属地优越权可以自由地决定对本国人民的待遇，但这种自由是有限度的。如果一个国家对本国人民施行虐待或加以迫害，以致否定他们的基本人权，达到使人类良知震惊的程度，这种行为就不再是纯属该国管辖的事务，为人道而进行的干涉就可能成为法律所允许的。《奥本海国际法》第 9 版对人道主义干涉的适用指出：“《联合国宪章》在承认促进对基本人权和自由的尊重是联合国的主要宗旨之一时标明了在提高人道主义干涉到有组织国际社会的基本规则的方向上又前进一步。”① “尽管基本权利的可强制性的程度还是初步的，而且宪章本身并未授权对本质上属于国家内部管辖事项进行干涉。”② 英国学者约翰·文森特对人道主义干涉进行了更为深入的论证，指出国家的国内合法性与国际合法性是有关联的，“一国政府未能向其公民提供基本权利，这就很可能成为人们认为其非法的理由”③。一旦一国国内发生大规模的人道主义灾难，国际社会就有义务和权利进行干涉，甚至诉诸武力手段。国际实践表明，大规模严重侵犯人权的行为，如种族灭绝、种族隔离、大屠杀等，是违反国际强行法的国际罪行，超出一个国家国内管辖的范围，成为国际社会关注并应解决的事项。联合国对实行种族隔离政策的南非政府所采取的一系列制裁措施就是典型的例证。但是，个别国家在没有得到联合国授权的情况下，单方面或由多国参与实施针对他国的干涉行动，只是为了实现自私的目的，而将“人道”和“人权”作为掩人耳目的幌子。

就人道主义干涉理念的历史发展轨迹而言，古典人道主义者一般认为，人道主义行动需要具备一定的条件，如征得同意，在行动中合理且无偏见地进行干涉，避免卷入公开对立。同时，人道主义行动应该彻底与政治分离。问题在于，大多数人道主义危机都是有着人道主义后果的政治危机，而没有政治解决方案的人道主义干涉无法促成危机的最终解决。据此衍生出的极端政治人道主义观念，主张必须面对政治与人道主义不能也不应该分离的现实；只要站在他们选择的受害者一边，哪怕破坏资源分配的平衡并藐视国家主权也在所不惜。这种极端政治人道主义思潮貌似

① 詹宁斯，瓦茨．奥本海国际法：第 9 版：第 1 卷：第 1 分册．王铁崖，陈公绰，汤宗舜，等译．北京：中国大百科全书出版社，1995：319－320.

② 同①320.

③ 文森特．人权与国际关系．凌迪，黄列，朱晓青，等译．北京：知识出版社，1998：179.

将人权保护置于最高地位，实质上为从自身政治、经济等利益出发的所谓人道主义干涉提供了绝佳的借口，凸显了人道主义干涉的工具性。

冷战结束后，随着全球地缘政治版图的碎片化导致的地区冲突和局部战争的频繁发生，人道主义干涉的频率大幅提升。1993 年 10 月，以美国军队为主的联合国部队对索马里进行干涉，其性质很快由解决索马里南部严重的饥荒问题迅速变质成为具有政治目的的军事行动。1994 年 7 月，以美国为首的多国部队对海地进行干涉，在解除了海地军事政权的同时，重新扶植已流亡三年的海地原总统阿里斯蒂德上台。1999 年 3 月，以美国为首的北约借口制止在科索沃发生的种族清洗和种族灭绝，绕过联合国，在没有合法授权的情况下对南斯拉夫联盟进行空中打击，不仅造成了严重的人道主义灾难，而且事实上肢解了南斯拉夫联盟这个主权国家，同时还篡夺并分割了联合国的权力。从 20 世纪 90 年代的人道主义干涉实践来看，使用武力的前提已不仅限于军事侵略导致国际和平与安全遭到威胁。一旦联合国的成员国内部发生了人为的紧急情况而该国政府又几近瘫痪，即便其影响并未超越国境，只要安理会认定该紧急情况对国际和平与安全构成威胁，就可以援引《联合国宪章》第七章的规定，对之采取武力干涉。频繁的人道主义干涉行动多在西方大国主持之下完成，强制性因素增加，公正性和有效性大打折扣，不仅透支了联合国资源，而且为以美国为首的西方国家借联合国之名，甚至绕开联合国采取单边行动提供了托词和机会。一些西方国家大肆鼓吹“人权无国界”“主权有限论”“人权高于主权”等论调，推行打着人道主义旗号的新干涉主义，严重威胁不干涉内政的国际法基本原则。人道主义干涉在国际社会招致了广泛质疑。

## 二、“人道主义干涉” 的主要困境

归根结底，人道主义干涉的问题在于其本身存在着多个难以克服的结构性难题。其中最突出的是：主权与人权之间在国际法规范上的理论困境、干涉机制缺陷产生的实践困境，以及人道主义干涉的选择性问题。

### 1. 人权与主权国际法规范之间的理论困境

所有人道主义干涉的直接目标，皆为制止践踏人权的行为并对人权实施有效的国际保护，而其理论源头是“人权高于主权”理论。该理论可分为直接主张和间接主张两种形态。前者明确提出“人权高于主权”，并强调跨越国境赶走独裁者、建立民选政府的行为不构成对国家主权的侵犯；后者提出主权不在国家而在民众的“个人主权”论，主张独立自主不再指对外独立权，而是个人自决权。然而，在联合国框架之下，以主权作为核心价值的国际法规范，包括国家主权原则、互不干涉内政原则等，远远超越国际社会中形成的有关人权的习惯国际法规则而广泛适用于国家的各个领域。国家主权原则在现代国际法中居于核心地位的事实不容置疑。根据国家主权原则，各国在其相互关系中尊重对方的主权和国际人格，不得有任何形式的侵犯。换言之，各国有权独立自主地处理自己的内外事务、有权自由选择自己的社会、政治制度和国家形式，而其他国家无权进行任何形式的干涉。据此，不干涉内政原则进一步强调国家之间不能以任何借口相互干涉彼此主权范围内的事务。正因为国家主权原则之核心地位已经成为国际社会长久以来的普遍共识，而以人权国际保护为由的人道主义干涉与国家主权原则之间存在明显的冲突。因此，即使是由联合国出面的人道主义干涉，其合法性同样会引发争议。人道主义干涉只是表明了干涉的动机，并没有界定人道主义的标准是什么、由谁来决定干涉、由谁来进行干涉、应该采取何种干涉手段、谁来确定干涉的范围和规模。一旦撕开人道主义的面纱，人道主义干涉暴露的就是西方强制推行符合西方价值观和利益、任意干涉他国内政的霸权行径。

### 案例 1

#### 科索沃战争与“人道主义干涉”

科索沃位于欧洲东南部巴尔干半岛上。1912 年第一次巴尔干战争结束时，科索沃被奥斯曼帝国划归塞尔维亚，继而于 1918 年被塞尔维亚人并入南斯拉夫王国。第二次世界大战结束后，南斯拉夫将科索沃设立为塞尔维亚的一个自治省，并给予当地阿尔巴尼亚人地方自治权。1990 年，随着东欧剧变导致南斯拉夫国内危机加剧，科索沃的阿尔巴尼亚人独立的呼声越来越高。1992 年，塞族和阿族之间的冲突加剧，阿族激进分子逐渐组成游击队，随后更是在 1995 年成立了旨在武装夺取政权、寻求独立的科索沃解放军。科索沃内战于是在科索沃解放军和塞尔维亚军警之间展开。从 1998 年开始，科索沃解放军与南斯拉夫联盟之间的冲突加剧，引起国际社会的关注。1999 年 1 月 15 日，塞尔维亚武装警察与科索沃解放军在拉察克村发生激烈的武装冲突，欧安组织观察团认为有 45 名阿族平民被杀。尽管后来国际法医律师小组调查证明，这 45 人并非平民而是阿族战斗人员，但美国和北约依然利用这次事件指责南斯拉夫联盟政府进行了“大屠杀”，并威胁对南斯拉夫动武。随后在美国策划的朗布依埃会谈上，美国以北约的名义向南斯拉夫联盟提出了实际上要取消南斯拉夫对科索沃的控制、让北约有权在南斯拉夫联盟任何一个地方驻扎军队的条件。当南斯拉夫联盟政府提出修改该协议中的某些条款时，却被当作故意破坏该协议并拒绝签字的行为。1999 年 3 月 24 日，以美国为首的北约在未经联合国安理会授权的情况下，悍然对南斯拉夫联盟发起了大规模的空袭行动。在随后而来的 79 天的轰炸中，美国和北约在南斯拉夫投射了 2.3 万枚炸弹和导弹，共14 000 多吨，其中包括了《日内瓦公约》明令禁止的贫铀弹和集束炸弹。北约空袭炸死平民 2 000 多人，炸伤 6 000 多人，炸毁 50 多座桥梁、5 个民用机场、12 条铁路、5 条公路干线，破坏多个电厂、20 家医院、数百家学校和数万间民房，制造了 100 多万无家可归的阿族难民，还有大约 20 多万非阿尔巴尼亚人逃离科索沃。以美国为首的北约以“人道主义干涉”为名，将它们认定的人权标准置于南斯拉夫联盟的主权和领土完整之上，最终制造了比北约对南斯拉夫联盟的人权指控更大的人道主义灾难。

### 2. 干涉机制缺陷导致的实践困境

按照《联合国宪章》的规定，联合国授权下干涉行动的直接实施主体应该是联合国，或是联合国授权或组织的集体安全行动。宪章第7章第42条至第47条就武力强制办法做出了安排，制定了组织、指挥、协调的整体实施程序；特别是根据宪章第43条，联合国会员国应依照一项特别协定，向联合国供给为维持国际和平与安全所必需的军队。但现实情况是，联合国安理会的五个常任理事国在这一问题上始终未能达成一致，从而导致特别协定长期未能缔结。它的直接后果是联合国集体安全机制的效能大打折扣。此外，宪章第46条规定，"武力使用之计划应由安全理事会以军事参谋团之协助决定之"。明确确定了军事参谋团协助执行武力行动的权力。安理会军事参谋团的职能包括向安理会贡献意见并予以协助、使用和统率受安理会支配的军队、在战略上承担指挥的责任、管制军备及可能的军缩问题等。然而，1946年1月成立的军事参谋团，在整个冷战时期因美苏对抗而被完全搁置，在冷战结束后的人道主义干涉行动中又因美国的强势操控再次沦为摆设。正因为军事参谋团根本无法行使实际的战略指挥，使得以美国为首的西方大国以联合国之名，甚至绕开联合国采取军事强制行动干涉别国内政。由于自身机制的缺陷，现实中联合国在人道主义干涉行动中所起的作用最多是赋予其合法性，然后在非常有限的范围内进行协调。

**案例2**

### 联合国索马里行动

1991—1992年，索马里因内乱引发其境内的大规模饥荒。1992年4月24日，联合国安理会一致通过第751号决议，决定建立联合国索马里行动，任务是促使立即停止战争、维持停火以及提供人道主义援助等。但由于索马里各派的阻挠，人道主义救援工作遇到很大困难。为有效向索马里运送救援物资，联合国决定采取措施，尽快在索马里全境部署维和部队。时任美国总统的乔治·W. 布什在其任内的最后几个月提出要派出一支美国军队监督救援物资的分发。当时的联合国秘书长布特罗斯·加利一面说派出一支不在他领导之下的联合国军队不是他的首选，另一方面还是将这一提议提交给了安理会，结果提议获得了通过。1992年12月3日，安理会一致通过第794号决议，决定向索马里派遣以美国为首的总数为3.5万人的多国部队（其中美军为2.8万人），此次行动被称为"恢复希望"行动。但随后出现在索马里的是两个联合国军队：一支是在联合国领导下的装备不多的联合国维和部队；另一支是全副武装向位于美国佛罗里达坦帕中央司令部汇报的多国部队。不仅这两支部队之间缺少必要的信息沟通和协调，就连美军率领下的多国部队内部也存在着美军和意大利军队之间的严重分歧。美国主张在索马里的使命应通过武力强迫解除各派武装的方式实现和平，意大利则认为应通过对冲突各方进行和平调解并通过人道主义援助实现国家民族的和解。最终因分歧严重，意大利从索马里首都摩加迪沙撤出本国部队，转驻索马里北部地区。1993 年 10 月 3 日，在没有通知联合国维和行动部的情况下，美国特种部队试图单独实施突袭，以便抓捕索马里军阀艾迪德，结果遭到伏击。在摩加迪沙市区激烈的战斗中，两架美军黑鹰直升机被击落，19 名美国海军陆战队员被枪杀，75 人受伤。美军士兵的尸体被索马里民众拖到街上并遭到虐待的图像通过电视画面传遍全球。时任美国总统的克林顿很快宣布美军将于 1994 年 3 月 31 日之前全部撤离索马里。1994 年 11 月 4 日，安理会一致通过第 954 号决议，决定终止联合国索马里维和行动。

### 3. 人道主义干涉的选择性问题

随着冷战结束后人道主义干涉行动的次数明显上升，其选择性问题也随之凸显出来。所谓人道主义干涉的选择性，是指面对发生在全球的各类人道主义危机，国际社会往往表现出对某些危机反应激烈，却对另一些危机行动迟缓的应对特点。由于人道主义干涉理论关于在何种情况下的干涉才具有正当性的规定并不明确，而迄今为止纯粹出于人道主义动机的干涉极其罕见。从本质上说，基于人道主义的国际人权保护是按照西方大国的意愿有选择性地实施的。

一般而言，西方大国是否采取人道主义干涉主要基于以下两方面的考虑：一是国家利益，二是干涉国的势力范围。国家利益是一国对外行为的最重要动机，由西方大国为主要参与主体的人道主义干涉行动也必然由其各自的国家利益决定。西方的一些相关实证研究已经证明，美国和英国基于各自战略和安全利益的考量，相对而言更倾向于干涉发生在欧洲的所谓人道主义危机，而不是非洲和亚洲。美国对于波黑战争和科索沃危机的干涉更多是基于地缘政治安全上的考虑；而当安理会讨论向卢旺达派遣维和部队时，美国正为此前索马里干涉行动的失败焦头烂额，对非洲做出“无战略价值地区”的判断，反对联合国军事行动。法国对一些发生在非洲的人道主义危机往往采取干涉行动，其主要目的则是维持自身在非洲的影响力。法国是老牌殖民主义国家，从 16 世纪开始参与非洲的奴隶贸易，从 19 世纪开始在非洲大规模推进殖民进程。曾经，在主要帝国主义国家划定的非洲势力范围中，法国所占的非洲领土是非洲总面积的 35.9%，居列强之首。尽管第二次世界大战后法国在非洲的殖民地已纷纷独立，但非洲尤其是以利比亚为代表的北非地区，一直被视为法国传统的势力范围，仍然是法国为维护其大国形象而难以割舍的王牌。基于上述原因，法国在 2011 年对利比亚内战的干涉中一马当先，力主对卡扎菲政权使用武力，更在局势激化后率先发动对利比亚的空中打击。而此前法国跟随美国对索马里的干涉，法国作为西方唯一主要大国对卢旺达的干涉①，以及此后法国单独对马里

① 卢旺达大屠杀发生前，法国曾对胡图族政权在军事方面进行支持；在大屠杀进行过程中，法国对该政权并未阻止，甚至有偏袒之嫌。

和中非共和国的干涉，都反映了干涉国顾及其传统势力范围的逻辑。这种大国从各自的战略利益和传统势力范围出发所进行的有选择性的人道主义干涉，本身就是对国际人权法的价值和实践的破坏。

## 三、“保护的责任” 的兴起与演化

进入21世纪，人道主义干涉引发的国际社会围绕主权与人权的争论仍在继续。在2000年4月召开的联合国大会上，联合国秘书长科菲·安南以“我们人民：21世纪联合国的作用”为题发表了《千年报告》。他在这份报告中提出：“如果人道主义干涉真的是对主权的一种令人无法接受的侵犯，那么我们应该怎样对卢旺达，对斯雷布雷尼察做出反应呢？对影响我们共同人性的各项规则的人权的粗暴和系统的侵犯，我们又该怎样做出反应呢？”[①] 显然，安南是在呼吁国际社会就极端人道主义危机发生的情况下如何有效应对这一问题形成创新和突破，尽快达成共识。

**1．“保护的责任”的提出**

作为对联合国秘书长所提出倡议的回应，加拿大政府于2000年9月召开的千年首脑会议上宣布成立“干涉与国家主权国际委员会”（ICISS），旨在通过鼓励世界各国就国际干涉和国家主权之间的相互关系展开全面的辩论，以此帮助联合国消除内部的分歧，促进保护人权和尊重主权两个国际法价值规范的沟通和平衡。

加拿大政府任命澳大利亚前外长、时任国际危机小组主席加雷斯·埃文斯和来自阿尔及利亚的联合国资深特使穆罕默德·萨赫诺恩为该委员会的联合主席；同时还任命了10位分别来自加拿大、美国、俄罗斯、德国、南非、菲律宾、瑞士、危地马拉和印度的知名学者及前政界人士为该委员会的成员。从2001年1月至7月，委员会在北京、开罗、日内瓦、伦敦、马普托、新德里、纽约等全球12个城市召开了一系列圆桌会议和讨论会，与多国的专家学者及非政府组织代表进行研讨，最终形成了名为《保护的责任》的报告，并于2001年12月提交给了联合国秘书长安南。这也是“保护的责任”这一概念首次被提出。在这一报告中，“保护的责任”被定义为“主权国家有责任保护本国国民免遭可以避免的灾难——大规模屠杀和强奸、饥饿的侵害，但当它们不愿或者无力这样做的时候，必须由更广泛的国际社会来承担这一责任”[②]。此后，在联合国的大力推动下，保护的责任得到广泛关注，其理论内涵在诸多国际政治力量的较量中不断被修正。

**2．“保护的责任”的内容及其发展**

ICISS的报告指出，当今世界人权意识的普及和发展，迫切要求一种全新的、

---

① ANNAN K A. We the peoples：the role of the United Nations in the 21st century. New York：the United Nations Department of Public Information，2000：48.

② ICISS. The responsibility to protect. Ottawa：International Development Research Center，2001：Forword VIII.

更有力的方式来对人权加以保护。保护的责任是对干涉的权利的改良和升级。它将关注点从干涉国的特权与主权原则之间的冲突转向了主权国家的责任。“ICISS 通过将行动重新描述为关于国家必须做什么以及如何做的‘责任’（responsibility），从而摆脱了一个主权国家是否有权针对另一个主权国家做什么的争论。”① ICISS 报告突出强调国际社会对于处在极端危险中的人们的道德义务，成功赋予国际干涉以协助主权国家履行保护责任的功能，弱化了干涉和主权之间的对立，同时也在一定程度上否认了主权的绝对性。

ICISS 报告详细界定了责任的三个维度，即预防的责任、做出反应的责任和重建的责任，其中预防被列为最重要的责任。预防的责任是指通过根源性预防和直接性预防，运用国家和地区等组织的合力，并承诺提供更多的资源，加强预防提供者与预防接受者之间的合作基础，进而将冲突性破坏以及其他人为灾难发生的可能性降至最低，以避免人权灾难的发生。做出反应的责任是指当预防的责任不能解决或者遏制人权危难的局势，而发生人权危难的国家没有能力或不愿解决处理这种人权危难时，就有必要采取包括武力干预在内的国际人权保护措施。重建的责任是指武力干预之后，应当提供恢复、重建以及和解等全方位的援助，以消除伤害、恢复人权。责任三维度通过完善人道主义干涉的行动链条，从依赖军事的干涉转向综合性的干涉，进一步突出了被保护者的利益而非干涉者的权利②。

ICISS 报告努力解决军事干涉的合法性问题，着重突出联合国的授权，强调进行军事干涉的六个标准：正当的理由、合理的授权、正确的意图、最后的手段、均衡性、合理的成功机会③。显然，这是旨在通过对武力干涉的适用条件进行更加严格的规定，来尽可能赢得国际社会最大限度的支持。

联合国采取一系列措施，使保护的责任进一步发展并得到国际社会正式接受。2004 年 12 月，联合国威胁、挑战和改革问题高级别小组发布了题为《一个更安全的世界：我们的共同责任》的报告。该报告明确接受了 ICISS 提出的“保护的责任”概念，“问题并不在于一个国家是否‘有权干预’，而是每个国家都‘有责任保护’那些深陷本来可以避免灾难的人”④。高级别小组认为，“保护的责任”作为一种能够逐渐向国际共识方向发展的新概念，具有理论上的创新性和操作上的可能性。在军事干涉的授权程序设计上，高级别小组报告主张只有经过联合国安理会的授权才能采取军事干涉行动。

2005 年 3 月，安南秘书长发表题为《大自由：实现人人共享的发展、安全和人权》的报告，指出：“虽然我清楚这一问题的敏感性，但我坚决赞同这种做法。我

---

① 史晓曦．保护的责任：全球治理视野下的国际法规范演化．北京：社会科学文献出版社，2019：27.

② ICISS. The responsibility to protect. Ottawa：International Development Research Center，2001：19－46.

③ 同②32－43.

④ 威胁、挑战和改革问题高级别小组．一个更安全的世界：我们的共同责任．https：//documents-dds-ny. un. org/doc/UNDOC/GEN/N04/602/30/pdf/N0460230. pdf? OpenElement.

认为，我们必须承担起保护的责任，并且在必要时采取行动。"① 安南督促国际社会接受合法的军事干涉，重申了使用武力应当遵循的原则。

2005年10月24日，第六十届联合国大会通过了《2005年世界首脑会议成果》。该文件第138条确认，"每一个国家均有责任保护其人民免遭灭绝种族、战争罪、族裔清洗和危害人类罪之害"②。第139条提出"如果和平手段不足以解决问题，而且有关国家当局显然无法保护其人民免遭种族灭绝、战争罪、族裔清洗和危害人类罪之害，我们随时准备根据《宪章》，包括第七章，通过安全理事会逐案处理，并酌情与相关区域组织合作，及时、果断地采取集体行动"③。这一文本的最大特点是将保护的责任之实施范围限定为战争、反人类、种族清洗和种族灭绝这四种罪行。这也是国际社会首次以宣言的形式表明世界大多数国家基本认同"保护的责任"这一概念。

作为一个替代人道主义干涉的概念，保护的责任最初无疑获得了赞誉。但随着国际社会的关注重点从概念的话语创设转向如何真正付诸行动时，保护的责任又引发了广泛的争论和批判。

2009年7月21日，联合国秘书长潘基文在联合国大会做了题为《履行保护的责任》的报告，重申了有关保护责任的共识，提出落实保护的责任的方案。为此，报告中提出应建立三大支柱：国家保护的责任、国际援助和能力建设和及时果断反应④。2009年9月14日，第六十三届联合国大会通过《保护的责任》决议。这是联合国大会关于保护的责任专门通过的第一个决议。此前的讨论中，94个国家的代表在联合国大会发言中阐述了对这一概念的理解以及自身的关切重点。多数国家同意此决议中关于保护的责任的阐释，能够接受前两个支柱作为保护的责任的核心原则。但有些国家对第三支柱"及时果断反应"持反对意见，非洲联盟国家提出应当给予区域组织更大的决策权威。

此后，潘基文每年提交有关保护的责任的报告，推动保护的责任付诸实践，加强联合国内部的机制建设，推进区域和次区域层面保护的责任的实践问题。2015年7月，潘基文提交题为《一个重要和持久的承诺：履行保护责任》的报告，总结十年来为推动保护责任所做的努力，提出未来十年保护责任的六个核心优先事项。该报告重申："保护责任仍是鼓励国家和国际社会按照国际法为防止和应对暴行罪采取行动的一个重要原则。"⑤ 2016年7月，潘基文提交其任内最后一份关于保护

① 大自由：实现人人共享的发展、安全和人权．https：//documents-dds-ny. un. org/doc/UNDOC/GEN/N05/270/77/PDF/N0527077. pdf? OpenElemen.

②③ 2005年世界首脑会议成果．https：//documents-dds-ny. un. org/doc/UNDOC/GEN/N05/487/59/pdf/N0548759. pdf? OpenElement.

④ 履行保护责任．https：//documents-dds-ny. un. org/doc/UNDOC/GEN/N09/206/09/pdf/N0920609. pdf? OpenElement.

⑤ 一个重要和持久的承诺：履行保护责任．https：//documents-dds-ny. un. org/doc/UNDOC/GEN/N15/217/63/pdf/N1521763. pdf? OpenElement.

责任的报告，重点阐述动员采取集体行动防止和应对灭绝种族罪、战争罪、族裔清洗和危害人类罪有哪些障碍，并就如何清除这些障碍提出建议。

古特雷斯上任后，仍将保护的责任作为重点关注事项。2017 年 8 月，古特雷斯提交题为《履行保护责任：对预防问责》的报告，提出加强对落实保护责任的问责。“问责使执政当局对本国人民负责，使各个国家对国际社会负责。”[①] 2018 年 6 月，格特雷斯提交题为《保护责任：从早报警到早行动》的报告，阐明如何改进预警和评估，提出加强早行动的三重战略。2019 年 6 月，古特雷斯提交题为《保护责任：预防方面的经验教训》的报告，主张国际社会对保护责任做出更有力的承诺，在联合国内部机构中推动对保护责任采取更加一致和全面的办法。2021 年 5 月，古特雷斯提交题为《推动防止暴行：防止灭绝种族罪行和保护责任办公室的工作情况》的报告，反思了防止灭绝种族罪行和保护责任办公室的作用和贡献，并提出了相关建议。2022 年 5 月，古特雷斯提交题为《保护责任：优先考虑儿童和青年人》的报告，强调各国政府保护儿童和青年人的重要性。

纵观保护的责任的发展历程，联合国通过议程设置推动了新的国际关系规范的确立。联合国秘书长通过年度报告的形式，大力推动保护的责任概念的传播和发展。但是，由于联合国集体安全机制的结构性缺陷，保护的责任在理论上的脆弱共识难以经受实践的检验。

**3．“保护的责任”的争议**

2011 年 3 月，作为保护的责任的首次强制执行行动，北约军事干涉利比亚冲突。随着干涉的持续，卡扎菲政府倒台，利比亚陷入无政府状态，人道主义灾难日益严重。理论与现实的巨大反差，再次引发国际社会对保护的责任的质疑和反思。

**案例 3**

## 北约干涉利比亚内战

2010 年底，发端于突尼斯的“阿拉伯之春”在西亚和北非蔓延。2011 年 2 月 15 日，利比亚多个城市发生民众游行，要求总统卡扎菲下台，卡扎菲政府于是开始镇压反对派。联合国利比亚国际调查委员会的报告显示，卡扎菲政府在抗议活动初期使用的都是非致命的武器，如橡皮子弹和高压水枪，直到示威者获取了武装之后，卡扎菲政府才开始使用实弹，最终导致平民伤亡。此间，西方大国和相关媒体纷纷从“保护的责任”角度为最终实施军事干涉造势，强调利比亚人民的苦难，并夸大反对派和民众的死伤人数。欧盟和非盟分别于 2 月 22 日和 23 日发表评论，要求利比亚政府承担保护的责任，尊重人权，并确保人道主义援助到位。

2011 年 2 月 26 日，联合国安理会通过第 1970 号决议，决定对利比亚实行武器

① 履行保护责任：对预防问责．https：//documents-dds-ny. un. org/doc/UNDOC/GEN/N17/251/37/pdf/N1725137. pdf? OpenElement.

禁运。美国和法国则开始向利比亚反对派武装提供武器和情报上的支持，并逐步承认反政府武装组建的利比亚国家过渡委员会为临时政府。3月17日，安理会通过第1973号决议，决定在利比亚设立“禁飞区”，并“重申利比亚当局有责任保护利比亚民众”，同时该决议认为目前在利比亚发生的“针对平民人口的大规模、有系统的攻击可构成危害人类罪”。3月19日，以北约为首的多国部队开始对利比亚实施军事打击。不到两周，北约部队便对驻扎在卡扎菲故乡苏尔特的利比亚政府军进行轰炸。与此同时，北约非但不谋求双方停火，反而在各方面不断扩大对反对派的军事支持。英国为反对派派出了军事顾问，法国向反对派直接空投武器，而卡塔尔则运送去了法国的反坦克导弹。在卡扎菲提出愿意无条件谈判并交出权力时，北约并未理睬，也未调查其是否真正遵守诺言，而是继续空袭，导致反对派军事力量从弱势转为优势，利比亚内战规模迅速扩大。最终，这场战争以卡扎菲的死亡、反对派夺取政权而告终。北约擅自将干涉利比亚的目标从“保护利比亚平民免遭屠杀”升级为“完成利比亚的政权更迭”，这显然是滥用了安理会的授权，也在很大程度上违背了安理会决议的初衷。

北约的直接军事干涉，加重了利比亚的人道主义危机。大量难民因战乱流离失所，北约空袭造成大量无辜平民伤亡。更为严重的是，此后十多年，利比亚安全局势不断恶化，政治上陷入割据状态，经济重建举步维艰。极端组织和恐怖组织趁乱进入扩大势力范围，致使利比亚长期处于动荡、分裂、贫困状态，恐怖袭击事件频发，民众遭受的人道主义灾难长期化。

---

保护的责任在理论上描绘了国际人权保护的美好愿景，但干涉利比亚的实践则充分暴露其局限性。安理会第1970号决议对向平民施以武力的行为进行谴责并对利比亚实施武器禁运，第1973号决议设置“禁飞区”并授权采取一切必要措施保护利比亚平民免受袭击，其内容都符合保护的责任适用的军事干涉六原则。问题在于：北约在实施干涉行动中，将“禁飞区”曲解为一方被禁飞，另一方可以任意施加空中打击；采取一切必要措施保护平民被曲解为全力打击卡扎菲政权，同时放任甚至帮助反政府武装施暴。这样，保护的责任实际上演变为保护反对派的责任。为将卡扎菲置于死地，北约将保护平民问题政治化，不惜在达成保护平民的目标后继续扩大战争，使利比亚民众承受更为严重的人道灾难，直至在利比亚这一主权国家最终实现政权更迭。利比亚战争表明，虽然干涉的话语从人道主义干涉变成了保护的责任，但并没有真正解决人道主义干涉的固有困境，特别是干涉与主权之间的矛盾和选择性干涉的问题依然突出。而西方国家以捍卫人权之名行干涉之实的新干涉主义实践令更多国家高度警觉，并呼吁对保护的责任的适用标准进行严格把关，从而避免干涉利比亚这样的事件重演。

作为一种仍在发展中的国际规范，保护的责任是被设计来加强而非动摇国家主权的。它首先关注的是国家保护其国民的责任，监督主权国家履行其义务，开展国际合作提升主权国家的履行能力。只有当主权国家不能或不愿承担主权责任时，才会由国际社会出面提供保护，包括集体军事行动。因此，国际社会的保护责任是有限的，是补充性的，而且适用范围仅限于防止种族灭绝罪、种族清洗罪、危害人类罪和战争罪四项。北约对利比亚的干涉行动超越了保护的责任的边界，以保护人权为名，行干涉内政之实，致使被干涉国家陷入混乱，人民处于更加危险的境地，背离保护的责任的宗旨。ICISS 的报告提出，保护的责任有两个目标：一是加强各国的主权，二是提高国际社会在各国不能或不愿意保护本国人民时做出决定性反应的能力。只有各国的主权得到尊重，各国保护本国公民的能力得到提高，才有可能实现各国人民真正的平等。同样，只有国际社会能够在大批人群遭受屠杀或种族清洗时采取决定性的行动，国际人权保护才能得到真正实现。ICISS 的报告乐观地认为："这两项目标——增强各国的主权能力和提高国际社会保护遇到致命危险的人民的能力——在实践中是可以统一起来的。"① 但现实的国际政治却表明，这两项目标的统一和平衡仍需国际社会的长期努力。从人道主义干涉到保护的责任，西方大国都倚重军事干涉手段的运用，将其视为国际社会保护人权的责任。殊不知，禁止非法使用武力和不干涉内政是现行国际法和国际关系的基本原则。武力干涉的滥用不仅不合乎国际法，而且是不负责任的表现。

中国一贯积极参与联合国人权事务，认真履行国际人权义务，广泛开展国际人权合作。到 2022 年，中国已先后批准或加入 29 项国际人权文书。其中包括《经济、社会及文化权利国际公约》《消除对妇女一切形式歧视公约》《消除一切形式种族歧视国际公约》等 6 项联合国核心人权条约。就人权国际保护的实施手段而言，中国历来主张在人权问题上进行平等对话，推动国际社会以公正、客观方式处理人权问题，不赞成利用人权问题干涉他国内政。对于因种族灭绝罪、种族清洗罪、危害人类罪和战争罪引发的大规模人道主义灾难，中国支持各国政府负有保护本国公民的首要责任，支持在当事国政府不能或不愿承担保护的责任的情况下，国际社会有责任提供保护。但中国始终坚持认为，有关行动必须在联合国集体安全的框架中实行，防止武力被滥用。

## 思考题

1. 如何理解国际法上人权的概念和特点？

2. 试述国际人权宪章的主要内容及其局限性。

3. 如何评价从"人道主义干涉"到"保护的责任"的变化及其在实践中所面临的困境？

① ICISS. The responsibility to protect. Ottawa：International Development Research Center，2001：75.

## 阅读书目

1. 文森特．人权与国际关系．凌迪，黄列，朱晓青，等译．北京：知识出版社，1998.

2. 朱锋．人权与国际关系．北京：北京大学出版社，2000.

3. 伯根索尔，谢尔顿，斯图尔特．国际人权法精要：第4版．黎作恒，译．北京：法律出版社，2010.

4. WEISS T G. Humanitarian intervention. 2nd ed. Cambridge：Polity Press，2012.

第九章

# 国际环境法与全球环境问题

随着科学技术的快速发展和工业文明的迅猛进步，人类活动在创造出前所未有的经济增长和物质财富的同时，也以惊人的速度消耗了并仍在大规模地消耗着地球上的自然资源，严重破坏了生态平衡和人类赖以生存的自然环境。“国际环境法是国际社会在法学上对人类环境问题的反应的产物，是国际法的一个新分支。”① 任何国家的生态环境，都是整个地球生态环境系统的组成部分，任何环节的破坏都会打破整个系统的平衡。从这个角度而言，环境问题没有国界。自 1992 年里约热内卢环境与发展大会以来，环境问题迅速成为国际关系的中心议题，围绕环境保护的国际合作与斗争深刻影响着国际环境法的发展。

## 第一节　国际环境法的发展与基本原则

根据《中华人民共和国环境保护法》，环境是指影响人类生存和发展的各种天然的和经过人工改造的自然因素的总体，包括大气、水、海洋、土地、矿藏、森林、草原、湿地、野生生物、自然遗迹、人文遗迹、自然保护区、风景名胜区、城市和乡村等。尽管历史上有关环境保护的国内立法早已出现，但作为国际法分支的国际环境法是从 20 世纪 70 年代初之后才迅速发展起来的，并且具有与国际法其他分支不同的特点。

① 王曦．国际环境法．2 版．北京：法律出版社，2005：3.

## 一、国际环境法的概念与特点

国际环境法是各主权国家及其他国际法主体在利用、保护和改善环境的国际交往中形成的，是调整彼此间权利和义务关系的原则、规则和制度的总称。国际环境权利和义务所指向的对象，包括大气、水、土地、生物等自然环境要素以及利用、保护、改善环境的环境行为。作为国际法的一个崭新分支，国际环境法具有以下特点：

第一，主体多元化。在国际环境条约的制定和实施过程中，不仅有国家的参与，而且有政府间国家组织、非政府组织、企业甚至是个人的参与。国际环境条约中不仅包括对国家权利和义务的规定，而且包括关于个人、企业、非政府组织和政府间国际组织的权利和义务的直接规定。当出现国际环境纠纷时，不仅国家可以直接向国际法庭和其他国际法律机构提出控告、申诉或诉讼，在某些情况下，个人、企业、非政府组织和政府间国际组织也可以提出控告、申诉或诉讼。虽然个人、企业、非政府组织并不具备国际法主体地位，但不可否认的是，非国家行为体是参与国际环境保护的重要力量，主体多元化是国际环境法的突出特点。

第二，国际环境法中的条约广泛应用“框架公约模式”。国际法的主要渊源是国际习惯和国际条约。作为一个新兴的国际法领域，国际环境法中的国际习惯法律规范不多。同时，环境议题有着特殊的紧迫性和不确定性。一方面，环境危机需要国际社会迅速采取措施以消除和防止环境的进一步恶化；另一方面，对某一特定环境问题的科学认知与判断，在相当长的一段时间里常常是不全面、不客观和不准确的。因此，国际环境条约大多是原则性的，只对有关环境保护的目标原则做出规定，而具体的权利义务则留待缔约方事后通过议定书或附件的形式加以进一步确认，即所谓“框架公约模式”。也就是说，公约本身只是为某一环境保护领域树立了一个原则性框架，而具体的、强制性的保护与管制措施则在公约实施的议定书中。这种模式可以使各国在环境保护的初期阶段绕过科学认识的不确定性，以及各国政治立场分歧和社会经济发展水平差异所造成的障碍，先行制定原则性公约，而把具体的实体义务方面的分歧留待后续的合作中加以解决。

第三，国际环境法是一个“软法”现象较多的国际法分支。“迄今国际环境法的各种规范，无论从数量上考察，还是从覆盖面来看，最重要的是来自条约和国际组织及国际会议这两大类国际书面文件。”① 环境条约的内容多为原则性的，缺乏实施机制。而国际组织及国际会议的决议、决定、宣言、计划等并不具有法律约束力。国际环境法的“软法”现象同样源于环境议题的紧迫性和不确定性。尽管缺乏严格意义上的法律约束力，却能够在较短时间内对全球环境问题做出有效反应，通过灵活的方式建立环境预防机制，尽早凝聚国际共识。联合国大会通过的《人类环境宣言》《世界自然宪章》《里约环境与发展宣言》《21 世纪议程》等重要文件，反

① 梁西．国际法．3 版．武汉：武汉大学出版社，2011：209.

映了国际社会对环境保护重大问题所普遍持有的政治和道德态度，为国际环境法的进一步发展确立了目标和纲领。有些“软法”原则，经由各国的国家实践，可以转化为具有法律拘束力的习惯法规范，或者被纳入正式的国际条约之中，对缔约国产生法律拘束力。

第四，国际环境法是一个具有很强交叉性的国际法分支。环境问题具有科学技术性，往往是被科学家率先发现并得到主流科学界普遍认可的，才会引起世界各国和国际社会的关注。因此，国际环境法首先必然反映生态规律和环境保护的科学技术要求。同时，环境问题与政治学、经济学、社会学、国际政治学等学科密切联系，全球环境保护需要多领域全方位的国际合作，环境问题已经渗入国际法其他分支和部门之中。“国际环境法处于多种学科的交汇点上，融会了多种学科的知识并对多种学科产生影响，具有比较显著的边缘学科的特征。”①

## 二、国际环境法的发展进程

国际环境法的产生可以追溯到19世纪中期欧洲国家关于捕鱼和保护渔业资源的条约和协定，但当时的发展非常有限。1893年，美国和英国之间的太平洋海豹仲裁案以及1941年美国加拿大之间著名的特雷尔冶炼厂仲裁案，从国际司法判例的角度对国际环境习惯法规则的早期发展产生了重要影响。

第二次世界大战后，国际经济得到迅速发展，片面追求经济增长带来了日益严重的环境污染和生态破坏，有关环境保护的国际条约不断增多。20世纪50年代，海洋环境保护成为国际法的亮点。1954年签署的《国际防止海上油污公约》是该领域最早的国际公约。1958年召开的第一次联合国海洋法会议通过了四项海洋法公约，其中《捕鱼及养护公海生物资源公约》直接涉及海洋生物资源的养护，而《公海公约》和《大陆架公约》也包含重要的保护海洋环境的条款。1959年，保护南极的《南极条约》签署。20世纪60年代后期，环境保护主义思潮在西方国家兴起，国际环境法发展的步伐大大加快，其间通过的有关环境保护的重要国际文件有《非洲自然和自然资源保护公约》、《欧洲控制大气污染原则宣言》和《欧洲水宪章》等。国际环境法在这一时期开始在个别区域、个别议题上取得发展。1968年12月，联合国大会做出筹备召开人类环境会议的决定，对全球环境保护和国际环境法的发展起到了强烈的促进作用。

**案例1**

### 太平洋海豹仲裁案

该案是美国和英国之间因白令海海豹捕猎纠纷引起的案件，是早期涉及保护国

---

① 王曦．国际环境法．2版．北京：法律出版社，2005：63.

家管辖范围以外的生物资源的案例。

1821 年，当阿拉斯加还属于俄国的时候，俄国曾禁止外国船舶驶进阿拉斯加海岸 100 英里以内的区域。这一主张受到英美两国的反对。后来俄国放弃了上述主张。

1825 年，英国与俄国在圣彼得堡签订条约，规定：双方在太平洋的航行、捕鱼，或在未占领的任何部分的海岸登陆以便和土著贸易，均不受扰乱和侵犯。美俄这一时期也达成了类似条约。

1867 年，美国从俄国手中购买了阿拉斯加及其附近岛屿。其中，一个名叫普利波利夫的小岛是该海域太平洋海豹的主要繁殖地点。

1868—1873 年，美国国会通过一系列法案，禁止在普利波利夫岛及其附近海域捕杀太平洋海豹。英国渔船却在此期间于普利波利夫岛附近的公海海域不断截杀前往繁殖地的海豹。

1881 年，美国宣布其有权在 3 海里海域以外采取行动，保护前往本国领土的海豹，并开始阻挠英国渔船的捕捞作业。英国以公海捕鱼自由原则为由反对美国的做法。在磋商无果的情况下，两国将争端提交给由英国、美国、法国、意大利和瑞典组成的国际仲裁庭。

1893 年，仲裁庭裁决支持英国的主张，认为美国对处于公海领域的海豹没有保护权或财产权。但是，仲裁庭同时规定了一些有关保护公海海豹资源的措施，对禁猎季节、捕猎方式和捕猎工具等做出规定。这些规定被以后的有关条约和现代国际法所采纳。

### 案例 2

## 特雷尔冶炼厂案

该案是国际法历史上第一起跨国界环境责任案件。特雷尔冶炼厂是加拿大的一家私人冶炼厂。该厂从 1896 年开始冶炼锌和锡，由于提炼的矿物质里含有硫黄，喷入大气中的烟雾含有二氧化硫。1930 年，每天喷入大气的二氧化硫达到 600～700 吨。这股气体随着上升的气流南下，越过特雷尔以南约 11 英里的美加边界，对美国华盛顿州造成严重污染，该地的庄稼、森林、牧场、牲畜、建筑物等受到大面积的损害，成为历史上最严重的跨界污染事件。美国、加拿大经过多次外交谈判后，在 1931 年同意将问题提交给处理两国边界问题的国际联合委员会解决。该委员会在 1931 年的报告中称，冶炼厂对美国造成的损失到 1932 年 1 月 1 日将达到 35 万美元，加拿大政府同意付给美国 35 万美元作为全部损失的赔偿。但是这一建议被美国政府拒绝，争端未能解决。1935 年 4 月 15 日，美加两国将特雷尔冶炼厂的争议提交仲裁庭解决。1938 年，仲裁庭第一次裁决判定：冶炼厂的烟雾对华盛顿州造成了损害，加拿大赔偿美国 7.8 万美元。1941 年，仲裁庭做出第二次裁决，指出："根据国际法以及美国法律的原则，任何国家也没有权利这样地利用或允许利用它的领土，以致其烟雾在他国领土或对他国领土或该领土上的财产和生命造成损害，如果已产生后果严重的情况，而损害又是证据确凿的话。”

该案件表明，环境问题具有跨国性质。一个国家境内的环境污染往往会对他国的环境及其居民的生命和财产造成影响。该案件所宣布的一国应对其危害他国环境的行为承担国家责任的原则为跨国环境损害所引起的国际纠纷的解决提供了基本准则。这一原则在后来被很多国际环境法文件所采纳，并在一系列有关环境问题的案例中得到引用，成为一项公认的国际环境法基本原则和国际习惯法规则。

---

**1. 1972 年斯德哥尔摩人类环境会议**

联合国人类环境会议于 1972 年 6 月 5 日至 16 日在瑞典首都斯德哥尔摩举行，是国际环境法发展历史上的第一个里程碑。“它将环境保护问题和全面实现这一保护的方法置于全球范围内”①，国际环境法就此正式成为国际法分支，并在此后几十年间得到迅速发展。

斯德哥尔摩会议达成《人类环境宣言》、《人类环境行动计划》和《关于制度和财政安排的决议》三项成果，在同年的第二十七届联合国大会上获得通过。

《人类环境宣言》内容分为两部分。第一部分宣布 7 项对人类环境问题的共同认识，主要包括：对人与环境的关系的认识、对保护和改善环境的重要性和责任的认识、对人类改造环境的能力的认识、对发展中国家和发达国家的不同环境问题的认识、对人口与环境的关系的认识等。这些认识表明人类对人与自然关系的认识发生了飞跃，为国际环境法和国际环境保护奠定了坚实的思想基础。第二部分宣布了 26 项指导人类环境保护事业的基本原则，主要包括：国家有权开发本国自然资源，但不得损害其他国家或在国家管辖范围以外地区的环境；各国应在环境保护方面进行合作；国际环境合作要照顾到发展中国家的现实情况；各国在国际环境合作和环境争端的解决中，遵循平等和合作精神；等等。

《人类环境行动计划》包含了 109 项关于保护和改善环境的国际行动倡议，可归纳为环境评价、环境管理、支持措施。环境评价包括环境分析、研究、监督和信息交换。环境管理涉及人类设施和自然资源。支持措施是关于对公众进行环境教育、培训环境专家以及制度方面的内容。

根据《关于制度和财政安排的决议》，联合国大会于 1972 年 12 月 15 日通过决议，成立了联合国环境规划署，负责联合国系统内促进和协调国际环境合作，为国际环境保护提供了组织保障。

斯德哥尔摩会议之后，国际社会对环境问题及国际环境法基本原则达成了初步一致，大量全球性、区域性、双边环境条约被制定出来，全球范围内从事国际环境保护和监督的机构数量不断增加，国际环境保护的条约体系开始出现。这时期环境保护领域重要的全球性国际条约有 1972 年《伦敦倾倒公约》、1973 年《国际防止船舶造成污染公约》及其 1978 年议定书、1973 年《濒危野生动植物种国际贸易公

---

① 基斯．国际环境法．张若思，译．北京：法律出版社，2000：34.

约》、1974年《防止陆源海洋污染公约》及其1978年议定书、1976年《禁止为军事或任何其他敌对目的使用改变环境的技术的公约》、1980年《南极海洋生物资源养护公约》、1982年《联合国海洋法公约》、1985年《保护臭氧层维也纳公约》及其1987年《蒙特利尔议定书》、1989年《控制危险废物越境转移及其处置的巴塞尔公约》等。

这时期，联合国通过了一系列有关环境保护的宣言、决议，虽然不具有法律约束力，但其政治和道义影响有力推动了国际环境法的发展。1978年，联合国环境规划署制定了《指导国家在保护和协调利用两个或两个以上国家共享自然资源方面的环境领域行为准则草案》。1980年，联合国环境规划署与世界自然保护同盟共同制定了《世界自然保护大纲》，目的是通过保护生物资源而实现自然资源的永续开发利用。同年，世界银行发表《有关经济发展的环境政策和程序宣言》，表明对联合国环境宣言和行动计划的支持。

1982年5月，为纪念人类环境会议召开10周年，在内罗毕召开了人类环境特别会议，通过了《内罗毕宣言》，指出目前迫切需要在全球、地区与国家为保护和改善环境而加紧努力。同年10月，第三十七届联合国大会通过了《世界自然宪章》，重申人类必须学会如何维持和增进他们利用自然资源的能力，同时保证能够保存各种物种和生态系统以造福今世和后代。1987年，联合国世界环境与发展委员会（又名布伦特兰委员会）发表了题为《我们共同的未来》的研究报告，明确提出“可持续发展”的概念，将其定义为“既满足当代人的需要，又不对后代人满足其需要的能力构成危害的发展”①，把环境问题与发展问题联系起来，为世界各国提出了一条在解决环境问题的同时保持社会经济发展的道路。

**2. 1992年里约热内卢环境与发展大会**

1992年6月3日至14日，联合国环境与发展大会在巴西里约热内卢召开，其间举行了有100多个国家领导人参加的最高级别的特别圆桌会议。会议通过了《关于环境与发展的里约热内卢宣言》（简称《里约环境与发展宣言》）、《21世纪议程》、《联合国气候变化框架公约》、《生物多样性公约》和《关于森林问题的原则声明》等五项重要国际文件。其中，《里约环境与发展宣言》提出了关于环境与发展问题的27条原则，对“可持续发展”做出了进一步的阐述，强调了环境问题与发展问题之间密不可分的联系，指出改变传统的生产和消费方式并推行正确的人口政策是实现可持续发展的基本途径。宣言确定了在全球环境问题上各国负有“共同但有区别的责任”，既要求各国为保护全球环境共同做出努力，又要求发达国家做出更大的贡献，原因在于发达国家的早期工业化进程对环境造成了极大的破坏。《21世纪议程》是一个空前宏大而详尽的行动计划，是在全球、区域和各国范围内实现可持续发展的行动纲领，内容涵盖人类环境与发展问题的各个方面，目的是指出人类当前所面临的紧迫的环境与发展问题，以便促使全世界为下一世纪的挑战做好准

① 世界环境与发展委员会．我们共同的未来．王之佳，柯金良，译．长春：吉林人民出版社，1997：52.

备。《联合国气候变化框架公约》的签署则是将气候变化问题作为了全球环境治理的突破口，第一次将发达国家与发展中国家减少温室气体排放的义务明确区分开，确立了“共同但有区别的责任”。

上述成果将全球环境问题推向国际关系舞台的中央，为国际环境法的发展提出了具体目标和重点领域，有利于国际环境法系统有序发展。为确保会议成果得到切实实施，联合国大会于 1992 年 12 月 22 日批准成立可持续发展委员会，作为监督和评估《21 世纪议程》执行情况的常设机构。

里约热内卢大会后，“所有普遍性的重要的国际法律文件中都表现出对环境的关注，尤其是那些关于不同经济合作形式的文件”①。《建立世界贸易组织的协定》以及几乎所有建立自由贸易区的条约都包含有环境目标的条款。里约热内卢大会的成果直接推动国际环境法的发展。从深度看，原则性的框架公约逐渐发展出含有具体落实内容的议定书，其中《联合国气候变化框架公约》取得的进展最引人注目。1997 年的《京都议定书》为发达国家规定了有法律约束力的量化减排指标和时间表，第一次贯彻了“共同但有区别的责任”原则。从广度看，越来越多的环境问题被纳入国际环境法的调整范围，非国家参与者在全球环境保护中日益活跃，公众享有环境权利与义务的理念得到广泛认可。此外，国际环境法的发展对各国国内环境法的发展和经济社会发展战略也产生了深远影响。

**3．2002 年约翰内斯堡可持续发展世界首脑会议**

2002 年 8 月 26 日至 9 月 4 日，联合国在南非约翰内斯堡召开了可持续发展世界首脑会议。会议对 1992 年里约热内卢大会以来《21 世纪议程》的执行情况进行了全面的审查和评价，通过了《约翰内斯堡可持续发展宣言》和《可持续发展问题世界首脑会议执行计划》两个重要文件，达成了若干关于可持续发展行动的伙伴关系项目倡议。这次峰会的主题是通过环境的可持续发展解决世界贫困问题，第一次把消除贫困和可持续发展联系起来。《约翰内斯堡可持续发展宣言》是一份与会代表签署的政治宣言，重申对可持续发展的承诺，提出要创造一个尊重和推行可持续发展远景的世界。《可持续发展问题世界首脑会议执行计划》是一份包括目标和时间表的全球可持续发展行动计划，重点集中在水、生物多样性、健康、农业、能源等具体领域。该文件专门论述了制度建设问题，提出政府、非政府部门和国际组织为强化可持续发展制度建设所应承担的责任，呼吁各国批准一系列重要的环境协定，建立政府与非政府部门之间广泛参与的伙伴关系，促进现有联合国机构的协调与合作等。

尽管全球环境合作中的矛盾无法通过一次大规模的国际会议获得解决，但约翰内斯堡会议的召开，促进国际社会将可持续发展承诺转化为行动。2003 年 5 月，联合国可持续发展委员会进行改革，决定此后以两年为一个周期分别针对可持续发展各项主题进行谈判。2005 年 1 月，联合国在毛里求斯开会，通过了《毛里求斯宣

① 基斯．国际环境法．张若思，译．北京：法律出版社，2000：48.

言》和《关于进一步执行小岛屿发展中国家可持续发展行动纲领的毛里求斯战略》。2007 年 3 月，《联合国气候变化框架公约》第 13 次缔约方大会暨《京都议定书》缔约方第 3 次大会通过了“巴厘路线图”。2008 年 12 月，联合国发展筹资会议通过了《发展筹资问题多哈宣言》。2010 年，联合国启动“荒漠与防治荒漠化十年”计划。随着环境保护运动的高涨和公众环境意识的提高，国际环境法的调整范围已经囊括所有的环境问题，发展重心向实施、责任和赔偿等领域倾斜。

**4. 2012 年里约热内卢可持续发展大会**

2012 年 6 月，联合国可持续发展大会在里约热内卢举行，与 1992 年里约热内卢的会议相隔 20 年，因此也被称为“里约＋20”，这次会议是全球环境保护领域的又一里程碑。大会通过了成果文件《我们憧憬的未来》，并将此文件作为新的可持续发展的指导性文件，再次强化了国际社会追求可持续发展的政治意愿，坚持了“共同但有区别的责任”这一基本原则，维护了发展中国家参与国际环境保护的基础，明确了绿色经济作为实现可持续发展重要手段的地位。大会决定建立高级别政治论坛，取代现有的联合国可持续发展委员会，为各国实施可持续发展、统筹经济社会发展和环境保护提供更加有效的指导。此外，各国承诺加强联合国环境规划署在联合国系统内的发言权及其履行协调任务的能力。

本次大会既是对 1972 年以来全球环境保护进程的总结与反思，也是落实可持续发展目标的崭新起点。“在联合国和国际社会的共同努力下，一种兼顾主权国家利益和全球环境利益，兼顾当代人和后代人利益，兼顾环境保护利益与发展利益的可持续性环境理念已经越来越为人们所接受。”① 而本次大会则正式启动全球可持续发展目标的磋商程序，为国际环境法的发展明确了方向。成果文件提出优先关注的领域，包括水、能源、海洋、气候变化、生物多样性、荒漠化等，成为后续国际环境条约的重点。2015 年 9 月，联合国举行的可持续发展峰会通过了《变革我们的世界：2030 年可持续发展议程》，在回顾全球实施千年发展目标的经验基础上，设定了面向 2030 年的全球可持续发展目标，涵盖 17 项可持续发展目标和 169 项具体目标，重点旨在推动未来 15 年消除极端贫困、战胜不平等和不公正，以及保护环境、遏制气候变化。可持续发展议程中的环境目标成为与社会、经济目标同等重要的支柱，对全球环境法的进展产生持久、深刻的影响。2015 年 12 月，《联合国气候变化框架公约》第 21 次缔约方大会达成《巴黎协定》，确定了 2020 年后全球应对气候变化的行动安排。国际气候变化法律秩序的构建与完善已经成为国际环境法发展的典范。

## 三、国际环境法的基本原则

“国际环境法的基本原则是指被各国公认和接受的、在国际环境法领域里具有

① 李东燕．联合国．北京：社会科学文献出版社，2005.

普遍指导意义的、体现国际环境法特点的、构成国际环境法的基本的原理和一般规则。”① 由于国际环境法的特点，其发展除了受到普遍的国际法基本原则的指导，还受到那些仅适用于国际环境领域的、特有的原则的指导。

**1．全人类共同利益原则**

环境无国界。“环境保护问题是全球性的，关系到全人类的利益，全人类都有责任保护环境。”② 从《人类环境宣言》到《里约环境与发展宣言》，再到《我们憧憬的未来》等一系列国际环境法律文件，都反复确认环境保护行动属于人类共同利益。传统国际法只包含国家权利和利益的内容，并没有全人类权利和利益的内容。第二次世界大战后，国际社会的组织化趋势使得超越单个国家的国际社会整体权利和利益成为现实。环境权是维护人类整体利益的权利与义务，国际环境法的目的是维护全人类的共同利益。

**2．国际环境合作原则**

国际合作是国际法的基本原则。国际合作在国际环境法中具有特别重要的意义。环境问题具有显著的跨国性、全球性特点，世界上没有任何一个国家能够单独解决环境问题，只有国际社会通力合作、协调行动才有望成功。《人类环境宣言》原则 24 规定：“关于保护和改善环境的国际问题，应由所有各国，不论其大小，以平等地位本着合作精神来处理。通过多边或双边安排或其他适当办法的合作。”《里约环境与发展宣言》原则 7 规定：“各国应本着全球伙伴精神，为保存、保护和恢复地球生态系统的健康和完整进行合作。”根据国际合作原则，国家承担相应的义务，如将可能对他国环境产生突发的有害影响的任何自然灾害或其他紧急情况立即通知这些国家的义务、将可能具有重大不利跨国环境影响的活动通知可能受到影响的国家并提供相关资料的义务以及进行早期磋商的义务等。

**3．国家资源开发主权权利和不损害国外环境责任原则**

该项原则是国家在环境领域权利和义务的结合，一方面确认各国拥有按照本国的环境与发展政策开发本国自然资源的主权权利，另一方面要求国家负有确保在其管辖范围内或在其控制下的活动不致损害其他国家或在各国管辖范围以外地区的环境的责任。

国家资源开发主权权利源于国家对其管辖范围内的自然资源的永久主权，得到很多重要的环境宣言、决议和条约的承认。对广大发展中国家来说，国家资源开发主权权利是维护国家主权和国家利益的重要保障。不损害国外环境责任是相对于国家对自然资源永久主权的一种义务。通过国际司法判例、国际条约和国际组织的宣言与决议等文件的一再重申，不损害国外环境责任已成为国际习惯法的一部分。

---

① 王曦．国际环境法．2 版．北京：法律出版社，2005：92.

② 基斯．国际环境法．张若思，译．北京：法律出版社，2000：109.

**4．可持续发展原则**

1987年，可持续发展的概念被首次提出后，迅速被众多国际环境法律文件所接受，并且在1992年里约热内卢通过的《21世纪议程》中得到国际社会的普遍认可。2015年，联合国确立面向2030年的全球可持续发展议程，表明可持续发展原则在国际环境法领域具有核心的指导意义。

国际环境法中可持续发展原则的内容主要包括：代际公平、可持续利用、代内公平、环境与发展一体化①。代际公平是可持续发展的核心要素，用来解释环境保护中当代人和后代人之间的关系，即当代人需要保护后代人的自然资源利用权。可持续利用是以可持续的方式利用自然资源，考虑自然资源的再生能力和永续能力，不能无节制开发和利用。代内公平旨在纠正发达国家与发展中国家之间的财富不平等，在环境保护中有限考虑发展中国家的发展需求。环境与发展一体化要求环境与发展两方面协调统一，不以保护环境否定发展，也不能以发展牺牲环境。

**5．共同但有区别的责任原则**

共同但有区别的责任原则，强调将各国共同的环境责任与有限考虑发展中国家的特殊情况和需要相结合，是公平承担责任原则在国际环境领域的体现。该项原则包括两个互相关联的内容。一方面，由于地球生态系统的整体性，各国不论大小强弱贫富，都对保护环境负有责任，都应当参与全球环境保护进程；另一方面，各国之间，主要是发展中国家和发达国家之间，在对全球环境所施加的压力以及对全球资源的消耗方面存在着历史和现实的差别。发达国家在其工业化过程中长期、过量消耗地球资源，排放大量工业废物，对全球环境恶化负有主要责任。而且，发达国家拥有雄厚的资金和技术能力，应该率先采取行动，承担更多、更为严格的责任。

共同但有区别的责任原则是在1992年里约热内卢环境与发展大会期间明确提出的。《里约环境与发展宣言》原则7规定："鉴于导致全球环境退化的各种不同因素，各国负有共同的但是有差别的责任。"《联合国气候变化框架公约》进一步指出："发达国家缔约方应当率先对付气候变化及其不利影响。"此后，共同但有区别的责任原则在一系列重要的国际环境法律文件中得到反复重申和确认，尤其是在《联合国气候变化框架公约》缔约方谈判中得到坚持和维护。1997年《京都议定书》是对区别责任的创造性实践，也因此引发有关减排公平性的争论，出现了弱化共同但有区别的责任原则的趋势。2015年《巴黎协定》坚持遵循"包括以公平为基础并体现共同但有区别的责任和各自能力的原则"，在坚持发达国家和发展中国家缔约方不同责任和义务区分的同时，对共同但有区别的责任原则引入了动态因素，体现出国际社会为推进全球环境治理的妥协与合作。

**6．预防原则**

预防原则包括损害预防和风险预防两方面内容。一般认为，风险预防是损害预

① SANDS P. Principles of international environmental law. 2nd ed. Cambridge: Cambridge University Press, 2003: 253.

防的进一步发展，是在损害预防基础上对环境保护提出的更高层次和更为严格的要求。

损害预防是指通过计划、规划等环境管理手段，采取预防性措施，防止环境损害的发生，具体表现为对计划采取的活动进行环境影响评价和对环境进行持续监测。损害预防适用于科学上确定的情况，针对的是具有科学确定性的环境损害，即能从科学上证明计划的活动与损害后果之间具有因果关系。

风险预防则是针对环境恶化结果发生的滞后性和不可逆转性的特点而提出来的。《里约环境与发展宣言》原则 15 规定："为了保护环境，各国应按照本国的能力，广泛采用防备措施。遇到严重或不可逆转损害的威胁时，不得以缺乏科学的充分可靠性为理由，延迟采取符合成本效益的措施防止环境恶化。"也就是说，风险预防针对的是具有科学不确定性的环境风险，在环境问题尚未严重到不可逆转的程度之前采取行动。与此同时，"预防原则的适用只会增加生产成本，可能会对经济产生重大影响并提出严重的问题"①。

### 案例 3

## 多瑙河盖巴斯科夫-拉基玛洛水坝案

1977 年，匈牙利和捷克斯洛伐克签订《布达佩斯条约》，决定两国共同在多瑙河上修建盖巴斯科夫-拉基玛洛水坝，将河水截至两条运河后回注于多瑙河，其目的是利用河水发电。

1988 年，匈牙利国会认定该河流的生态利益高于该项目的经济利益，因而命令政府重新评价该项目。匈牙利政府于 1989 年决定中止该项目的建设。然而斯洛伐克于 1991 年决定继续建设该项目，并单方面将近 2/3 的多瑙河河水截引至其领土上。匈牙利认为这一决定对其环境和经济将带来重大影响，于 1992 年 2 月对斯洛伐克正式提出抗议。1992 年 4 月，欧共体出面调解无效。1992 年 5 月，匈牙利单方面中止 1977 年的条约，并于同年 10 月向国际法院提出申请，请求国际法院进行裁决。

1997 年 9 月 25 日，国际法院做出判决。国际法院否认匈牙利关于该工程具有严重而紧迫的生态危险的主张，认为：匈牙利无权中止并废弃 1977 年《布达佩斯条约》，《布达佩斯条约》仍然有效；斯洛伐克无权实施改变多瑙河自然水流状态而造成环境灾难的建设方案；两国必须进行有诚意的谈判，采取措施保证经双方同意修改后的《布达佩斯条约》的目标的实现；两国必须根据《布达佩斯条约》制订一个联合营运方案；两国必须互相赔偿因各自违约造成的损失。

国际法院在判决中首次确认并使用了可持续发展概念，还提到了国际环境法的损害预防和风险预防原则，明确指出一个国家对自然环境的关注是这个国家的根本

---

① 基斯．国际环境法．张若思，译．北京：法律出版社，2000：95.

利益。判决宣称：法院注意到，由于环境损害经常不可挽回的特点以及弥补这种损害固有的局限性，在环境保护领域要求警惕和预防。该案成为可持续发展原则在国际环境法上正式确立的标志。

## 第二节 主要的国际环境保护制度

国际环境法覆盖的环境范围非常广泛，主要包括大气、海洋、淡水资源、生物资源、土地资源、两极地区、外层空间、文化和自然遗产、危险物质等，形成了比较全面的制度体系。

### 一、大气环境保护

大气是重要的环境要素。大气质量的变化会对人类的生存和发展产生直接影响。大气环境保护的重点是消除跨界空气污染、保护臭氧层、控制和减少温室气体的排放等。

**1. 消除跨界空气污染**

《长程越界空气污染公约》是第一部以控制长程跨界空气污染为目的的区域性多边公约，由联合国欧洲经济委员会于 1979 年主持制定并通过，1983 年生效。缔约方包括美国、加拿大等 30 多个国家。其宗旨是加强缔约方在控制空气污染，特别是在控制二氧化硫的排放和防治酸雨方面的国际合作。

公约对“空气污染”和“长程越界空气污染”两个重要的环境概念从法律上进行了界定。公约规定，空气污染是指由人类直接地或间接地对空气引入具有威胁人类健康、损害生物资源、生态系统和物质财产，并危害或干扰环境的舒适和其他合法用途的具有有害影响的物质或能量。公约规定，长程越界空气污染是指其物质来源全部或部分处于一国管辖内的区域而对另一国管辖内的区域发生有害作用的大气污染，这两个国家之间的距离使个别排放源或排放群的促成作用不可区分。这两个定义对国际环境法和国内环境法的发展具有重要意义。

公约本身只是规定了防止远距离大气污染的一些基本原则，而具体的限制义务和程序在随后的议定书中才予以确定，包括 1984 年《关于长期资助长程越界空气污染监测和评价的议定书》、1985 年《关于至少削减硫排放或其越界流量 30%的议定书》、1988 年《关于氮氧化合物排放及其越界流动的议定书》、1991 年《关于挥发性有机物及其越界流动的议定书》、1994 年《关于进一步减少硫排放量的议定书》、1998 年《关于重金属的议定书》、1998 年《关于持久性有机污染物的议定书》、1999 年《关于减轻酸化、富营养化和地面臭氧的议定书》等。

### 2. 保护臭氧层

距离地面 10～50 千米的大气平流中，集中了大气中 90%的臭氧，其中离地面 22～25 千米处的臭氧浓度最高，称为臭氧层。臭氧层具有吸收外层空间照射到地球的紫外线辐射的作用，保护地球上的生命免遭短波紫外线的伤害，臭氧层因此被誉为地球上生物生存繁衍的保护伞。臭氧层的消耗主要是由于人类活动所排放的多种消耗臭氧的物质，其中使用最广、危害最大的是氯氟烃。自 20 世纪 80 年代以来，南极上空的臭氧层含量大幅度下降，形成所谓的"臭氧洞"，而世界其他地区也都发现了严重的臭氧层耗减的问题，这日益引起科学界和公众的高度关注。20 世纪 80 年代中后期，保护臭氧层的国际努力成为国际环境合作最主要的方向之一。臭氧层保护的国际法律文件主要有：1985 年《保护臭氧层维也纳公约》、1987 年《关于消耗臭氧层物质的蒙特利尔议定书》及对该议定书的 5 次调整和 4 次修正。联合国大会于 1995 年 1 月 23 日做出决定，将每年的 9 月 16 日定为"国际保护臭氧层日"。

《保护臭氧层维也纳公约》是一个框架性公约，没有对消耗臭氧层物质的使用限制和停止使用的具体时间表和目标做出规定，但对缔约方的一般性义务进行了规定，要求缔约方采取适当措施来保护人类健康和地球环境，使其免受臭氧层不利变化的影响。

《关于消耗臭氧层物质的蒙特利尔议定书》首次对消耗臭氧层物质的消费和生产做出限制，确立了减少或消除一系列物质生产的时间表和目标，由缔约方自由选择实现这些目标的方式，从而对臭氧层的保护赋予实质性的内容。议定书设立了缔约方会议，在维也纳公约缔约方大会开会期间召集会议，有权通过议定书的修正案，并设有独立于维也纳公约的秘书处。此后议定书经过了多次调整和修正，事实上加快了减少或消除消耗臭氧层物质的实施时间表。《关于消耗臭氧层物质的蒙特利尔议定书》开创了在环境保护方面进行国际合作的新途径，这主要表现在两个方面：一是设立多边基金，由发达国家成员自愿帮助发展中国家，通过制度化的经济援助促进条约义务的履行；二是设立了执行条约义务的控制机制①。

### 3. 控制、减少温室气体排放

地球表面的气候是由在大气中自然形成的温室气体形成的。大量科学证据表明，温室气体大量排放导致地表温度不断上升，成为关系到人类生存的全球气候变化问题。《联合国气候变化框架公约》于 1992 年 6 月在联合国环境与发展大会上开放签署，1994 年 3 月 21 日生效。该公约是防止气候变化领域最权威的国际法律文件。

《联合国气候变化框架公约》的目标是将大气中温室气体的浓度稳定在防止气候系统受到危险的认为干扰的水平上。公约要求缔约方尽快实现这一目标，从而使生态系统能够自然地适应气候变化，确保粮食生产免遭威胁，并促使经济可持续地

① 基斯．国际环境法．张若思，译．北京：法律出版社，2000：220－221.

发展。

为实现上述目标，公约规定了五项原则：第一，各缔约方应在公平的基础上，并根据他们共同但有区别的责任和各自的能力，为了人类当代和后代的利益保护气候系统；第二，应当充分考虑发展中国家的愿望和要求；第三，各缔约方应当采取预防措施，预测、防止或尽量减少引起气候变化的原因，并缓解其不利影响；第四，各缔约方有权并且应当促进可持续的发展；第五，各缔约方应当合作促进有利的和开放的国际经济体系。

缔约方大会是公约的最高机构，其职责是定期审评公约缔约方会议可能通过的任何法律文书的履行情况，并在其职权范围内做出有关公约的履行的决定。公约生效后，一年一度的缔约方大会主导全球气候谈判进程，推动国际气候制度成为国际环境法中最活跃的领域。

## 二、海洋环境保护

有关海洋环境保护的一般原则和主要规则，集中体现在 1982 年《联合国海洋法公约》之中。《联合国海洋法公约》不仅为利用和保护海洋资源的行为确立了必须遵守的国际法原则和义务，而且为保护国际海洋环境规定了基本的法律制度。《联合国海洋法公约》第 192 条在历史上第一次为各国规定了保护和保全海洋环境的一般义务，提出各国开发其自然资源的主权权利必须依据其环境政策并按照其保护和保全海洋环境的职责而行使。《联合国海洋法公约》规定："各国应在适当情形下个别或联合地采取一切符合本公约的必要措施，防止、减少和控制任何来源的海洋环境污染，为此目的，按照其能力使用其所掌握的最切实可行方法，并应在这方面尽力协调它们的政策。"因此，《联合国海洋法公约》被认为是"迄今最全面的关于海洋环境保护的国际法律制度，是在继承与发展的基础上全面保护海洋环境的杰作"①。除了《联合国海洋法公约》，国际社会还有一些针对特定海洋环境问题的全球性多边条约，如 1969 年《对公海上发生油污事故进行干涉的国际公约》（简称《国际干预公海油污事故公约》）、1973 年《关于油类以外物质造成污染时在公海上进行干涉的议定书》、1972 年《防止倾倒废物和其他物质污染海洋的公约》及其 1996 年议定书、1973 年《国际防止船舶造成污染公约》及其 1978 年议定书、1989 年《国际救助公约》和 1990 年《国际油污防备、反应和合作公约》等。此外，还有一些区域性的、双边的海洋环境条约，是对普遍性国际海洋环境保护法律的重要补充。

海洋污染是海洋环境保护的首要问题。《联合国海洋法公约》序言规定：海洋环境污染，是指"人类直接或间接把物质或能量引入海洋环境，其中包括河口湾，以致造成或可能造成损害生物资源和海洋生物、危害人类健康、妨碍包括捕鱼和海洋的其他正当用途在内的各种海洋活动、损坏海水使用质量和减损环境优美等有害

① 林灿铃．国际环境法．北京：人民出版社，2004：379.

影响”。根据污染源的不同，海洋环境保护主要针对船舶污染、陆源污染、海洋倾废和海洋油污事故。

**1．防止船舶污染**

来自船舶的污染，一部分产生于船舶本身的操作，大部分来自船上装载的货物，尤其是当大型油轮或其他运载有毒有害或放射性物质的船舶发生海难事故时，邻近海域会受到严重的污染。

防止、减少和控制船舶污染的规则，最重要的是1973年《国际防止船舶造成污染公约》。它取代了1954年《国际防止海洋油污染公约》，于1973年签署，连同1978年通过的议定书被合称为“73/78防污公约”。该公约适用于所有有权悬挂缔约国国旗的船舶和无权悬挂缔约国国旗但在一缔约国的管辖下进行营运的船舶。不适用于任何军舰、海洋辅助船舶或其他国有或国营并暂时只用于政府非商业服务的船舶。公约规定的一般义务在于防止有毒物质的排放或含有毒物质的水流对海洋环境造成的污染，旨在彻底消除有意排放油类或其他有毒物质而污染海洋环境并将这些物质的意外排放减至最低限度，鼓励缔约国在对违反公约进行制裁以及公约执行方面进行合作。

**2．控制陆源污染**

陆地来源的污染约占全部海洋污染的80%①。其种类繁多，包括生活垃圾、工业废物、农业用的化学物质等。它们或是通过河流注入海洋，或是来自大气层，陆地上排放的有害废气、烟气和农药喷雾等通过降水进入海洋，还有的是航空器排放的有害废物直接落入海洋。由于陆源污染和大气层污染主要是由一国在其领土内的活动所造成的，这些活动只受领土国的管辖权支配，其他国家无权干涉，而各国的经济、社会和政治状况又存在巨大差异，因此要在陆源和大气层污染方面取得国际社会的共识是相当复杂而困难的。《联合国海洋法公约》要求各国制定法律和规章，以防止、减少和控制陆地来源，包括河流、河口湾、管道和排水口结构对海洋环境的污染，同时还要考虑国际上议定的规则、标准和建议的办法及程序。

国际上防止陆源污染的法律规则主要规定在区域性的公约之中。例如1974年《防止陆源海洋污染公约》、1980年《保护地中海免受陆源污染议定书》、1983年《保护东南太平洋不受陆地来源污染的基多议定书》和1992年《保护东北大西洋海洋环境公约》等。

**3．防止海洋倾废污染**

向海洋倾废曾被视为处理陆上废物的简便而又经济的方法。随着倾废危害被国际社会所认知，控制倾废的国际法律逐渐发展起来。

1972年《防止倾倒废物和其他物质污染海洋的公约》（又称1972年《伦敦倾倒公约》）签署，并于1975年生效。该公约是唯一一个关于海洋倾废污染问题的全球性公约，适用于除缔约国内水以外的所有海域和在缔约国注册登记的船舶。公约强

---

① 基斯．国际环境法．张若思，译．北京：法律出版社，2000：162.

调各缔约国应采取一切可能的措施，防止因倾倒废物及其他物质污染海洋。

该公约对“倾倒”做了明确界定，它包括任何从船舶、飞机、平台或其他海上人工建造物上有意地向海上倾弃废物或其他物质的行为，也包括任何有意地在海上处置船舶、飞机、平台及其他海上人工建造物的行为，但不包括因船舶、飞机、平台或其他海上人工建造物的正常操作偶然发生的海上废物倾弃。该公约将废物分为三类：毒害最大的应禁止倾倒的“黑名单”废物、毒害较大的应事先获得特别许可证才可倾倒的“灰名单”废物、应事先获得一般许可证才可倾倒的其他废物。

**4．防止海洋油污**

海洋环境污染中油类污染占有很大比例。它一方面来自船舶油污污染，另一方面来自发生的油污事故。为防止重大油污的产生，国际海事组织成立专门委员会起草了《国际干预公海油污事故公约》和《国际油污损害民事责任公约》，于 1969 年在布鲁塞尔签订，并于 1975 年生效。

《国际干预公海油污事故公约》规定，各缔约国可以在公海采取必要的措施，防止、减轻或消除由于海上事故或与事故有关的行动所产生的海上油污威胁对它们的海岸线或有关利益的严重的和紧迫的危险，上述事故或有关的行动都可以合理地被认为将导致重大的有害后果。

《国际油污损害民事责任公约》仅适用于在缔约国领土和领海发生的油污损害和为防止或减轻这种损害而采取的预防措施。公约对船舶所有人实行严格的责任制度，规定对于由船舶溢出或排放出的油类而造成的污染损害，如果不能证明具有免责事由事实，船舶所有人就要对所有的损害承担赔偿责任。

此外，1989 年《国际救助公约》、1990 年《国际油污防备、反应和合作公约》以及其 2000 年议定书都是防止和处理海上事故污染的国际文件。

## 三、自然资源保护

各国对位于其境内的自然资源享有永久主权，但一国对自然资源的滥用，会对他国乃至全球的生态环境造成损害。各国在双边和多边基础上缔结了大量有关自然资源管理和养护的国际条约，主要包括淡水资源、生物资源和土地资源等领域。

**1．国际淡水资源保护**

国际淡水资源是指处于两个或更多国家的领土之上或管辖权之下的淡水水体，如跨国的河流、湖泊、运河和地下水体。国际上对淡水资源的保护主要是通过双边和区域条约进行的。

1966 年，国际法协会通过《国际河流利用规则》（又称赫尔辛基规则），编纂并宣告适合国际流域内的水域利用的国际法一般原则。尽管国际法协会只是学术团体，赫尔辛基规则对各国不具法律约束力，但它对国际法中关于国际河流利用做了系统的编纂，在国际淡水资源的利用和保护领域具有权威的影响。

1997 年，联合国大会通过由联合国国际法委员会起草的《国际水道非航行使用法公约》。这是第一个关于国际淡水资源利用和保护的全球性公约，是赫尔辛基规则之后国际社会制定有关国际水道非航行使用法律规则的重要成果。公约的宗旨是保证国际水道的利用、开发、养护、管理和保护，并促进为今世后代对其进行最佳和可持续的利用。公约规定，国际水道是指其组成部分位于不同国家的水道；水道国是指部分国际水道位于其领土内的本公约缔约国，或本身是区域经济一体化而部分国际水道位于其一个或多个成员国领土内的缔约方。该公约的许多内容已经被广泛接受为习惯国际法的一部分，但是公约未能平衡上游水道国与下游水道国的权利和义务。“上游水道国在其管辖范围内的国际水道的主权权利没有得到充分的承认”①，使得该公约存在重大争议。

**2．生物资源国际保护**

生物资源是对人类具有实际或潜在用途或价值的遗传资源、生物群体或生态系统中任何其他生物组成部分。自然界的生物多种多样，正如 1982 年《世界自然宪章》指出的那样，“每种生命形式都是独特的，无论对人类的价值如何，都应得到尊重”。

早在 19 世纪，就产生了以保护不同的野生动物为目标的条约。1886 年《莱茵河流域捕捞大马哈鱼的管理条约》被认为是第一个保护生物资源的条约。1902 年，12 个欧洲国家签署了《保护对农业有益鸟类的公约》，该公约“是按严格的实用主义达成的，其附件列出了一个益鸟清单和一个害鸟清单”②。20 世纪 30 年代后，国际社会产生了非功利和非实用的生物保护观念，通过了一些覆盖面有限、缔约国不多的生物保护条约。直至 20 世纪 70 年代，生物保护的思想发生了重大变化。《人类环境宣言》指出人类负有保护及全面管理野生生物这个世袭遗产和它们的栖息地的特殊义务。也就是说，基于未来全人类的利益，生物个体、种群所在的栖息地与物种一样应该得到保护。此后，国际社会涌现了大量有关生物资源的条约。其中最具代表性的全球性条约有 1973 年《濒危野生动植物种国际贸易公约》和 1992 年《生物多样性公约》。

野生动植物因其具有独特的经济价值，长期以来一直是国际贸易的重要对象。《濒危野生动植物种国际贸易公约》的宗旨是保护某些野生动物和植物物种不致由于国际贸易而遭到过度开发利用。公约对野生动植物的贸易实行许可证制度，对三个附录中所列入的不同种类的野生物种，根据濒危程度的不同采取不同的控制措施。公约设立秘书处作为常设机构，负责在全球范围内监督公约的实施。每两年举行一次的缔约国大会是最高决策机构，负责审议并通过修正案的方式将大量受保护的物种列入公约的附录中，推动公约向管理所有的野生动植物国际贸易的方向发展。

《生物多样性公约》是 1992 年联合国环境与发展大会签署的、迄今为止保护范

---

① 王曦．国际环境法．2 版．北京：法律出版社，2005：188.

② 蔡守秋，常纪文．国际环境法学．北京：法律出版社，2004：189.

围最广、内容最全面的有关生物资源保护的国际公约。公约将“生物多样性”界定为：所有来源的形形色色生物体，这些来源包括陆地、海洋和其他水生生态系统及其所构成的生态综合体；这包括物种内部、物种之间和生态系统的多样性。公约确认生物多样性的保护是全人类的共同关切事项，其目标是按照本公约有关条款从事保护生物多样性、持久使用其组成部分以及公平合理分享由利用遗传资源而产生的惠益；实现手段包括遗传资源的适当取得及有关技术的适当转让，但需顾及对这些资源和技术的一切权利，以及提供适当资金。

生物多样性是人类赖以生存和发展的根本。公约涵盖了与生物多样性及其在发展中的作用有直接或间接关联的所有领域。缔约方大会是公约的议事和决策机构，每两年举行一次，通过谈判细化公约各项条款要求从而推动各国出台和落实生物多样性领域政策和行动的机制。

**3．土地资源国际保护**

土地资源的退化主要表现为水土流失和土壤荒漠化。联合国粮农组织 1981 年制定《世界土壤宪章》，首次对保护和改良土壤的规则做出规定。联合国环境规划署 1982 年制定《世界土壤政策》，为各国制定国家土壤政策提供指导。但这两个文件都是不具有法律约束力的决议。

1992 年，联合国环境与发展大会通过的《21 世纪议程》，强调了荒漠化问题的严重性，并建议就此设立一个政府间谈判委员会展开谈判。1994 年《防治荒漠化公约》开放签署，并于 1996 年生效。它是第一个土地资源国际保护的公约，其目的是实现受干旱和荒漠化影响地区的可持续发展，通过国际合作防止干旱和荒漠化，尤其是在非洲的干旱和荒漠化。公约重申各国对其自然资源的主权权利和国家在防止干旱和荒漠化过程中的首要作用。在这一前提下，为实现上述目标，公约提出了四项原则：确保公众和地方社区参与有关防止干旱和荒漠化的项目设计及其实施的决策；以团结和伙伴精神在次区域、区域和全球各个层面上改善合作和协调，促进资金、人力、组织和技术资源的更好利用；以伙伴精神在各个层面上的政府、社区、非政府组织和土地持有者之间发展合作，促使对受影响地区土地和稀有水资源的性质和价值的更好认识；充分考虑受影响地区发展中国家，特别是最不发达国家的特殊需要和情况。公约为不同类型的国家规定了三种义务：缔约方的一般义务、受影响国家缔约方的义务和发达国家缔约方的义务，这是国际环境法共同但有区别的责任原则的具体体现。

## 四、危险物质和废物的国际管制

危险物质是指有毒化学品、放射性物质和对人类及其环境产生不利影响的由生物技术改变的活生物体。这三类危险物质以及利用、经营、运输、处理和处置它们的活动，如果管理不当，可能会给人类带来巨大的灾难。同样，工业废物和生活废物，如果得不到安全、适当的管理，也会对人体健康和环境造成严重危害。随着国际贸易的发展，一些国家的企业常常把危险物质或技术转移到其他国家，一些难于处理、处置的，或本国处理、处置费用很高的危险废物，往往会引起关于废物越境转移的争议。国际社会在管理危险物质、控制危险废物转移方面通过了一些条约，但尚未形成系统的体系。

**1．化学品**

有关化学品的国际条约比较集中于化学品登记和分类、化学品国际贸易、持久性有机污染物和化学品运输等方面。

化学品登记和分类方面的法律文件比较多，主要的有：联合国环境规划署、国际劳工组织和世界卫生组织共同制定的《国际化学品安全卡》，联合国环境规划署制定的《国际潜在有毒化学品登记册》，世界卫生组织制定的《按危险性分类的农药建议分类：分类指南》，联合国经济及社会理事会制定的《关于危险商品检测和标准的建议》，等等。

化学品国际贸易中的突出问题，是发达国家的公司以非法途径将本国法律所禁止销售或使用的化学品销售或运往发展中国家。1983 年，联合国大会通过决议确立了关于化学品国际贸易的事先知情的同意原则，这对此后的化学品国际贸易规则和程序具有指导意义。1985 年，联合国粮农组织制定了《关于农药使用和分销的国际行为准则》。1987 年，联合国环境规划署制定了《关于化学品国际贸易资料交换的伦敦准则》。1998 年，联合国粮农组织和环境规划署推动通过了《关于在国际贸易中对某些危险化学品和农药采用事先知情同意程序的鹿特丹公约》。公约的目标是控制某些危险化学品和农药在国际贸易中可能的健康和环境影响，加强各国在国际贸易中对危险化学品的技术、经济和法律等信息进行交流，促进缔约方在此类化学品的国际贸易中分担责任和开展合作。该公约已于 2004 年生效。

与常规污染物不同，持久性有机污染物难以降解，对人类危害巨大。2001 年，联合国环境规划署推动通过了《关于持久性有机污染物的斯德哥尔摩公约》。公约要求缔约方采取措施减少或消除特定持久性有机污染物的排放，以保护人类健康和环境免受持久性有机污染物的危害。

**2．放射性物质**

在环境保护中，有关和平利用的放射性物质管理技术是最困难的领域之一。1956 年成立的国际原子能机构在这方面发挥重要的作用。1980 年，国际原子能机构主持签订《核材料实物保护公约》，以保护用于和平目的的核材料的国际运输为主要目的。1986 年切尔诺贝利核电站事故后，国际原子能机构推动签订《及早通报核事故公约》和《核事故或辐射紧急情况援助公约》。前者的目的是建立一个核事故的及早通报制度，以便将核事故的跨界影响降到最低程度。后者的宗旨是建立一个便于在发生核事故时迅速提供援助以减轻事故后果的国际框架。1994 年，国际原子能机构通过《核安全公约》，目的主要是通过加强本国措施与国际合作，包括适当情况下与安全有关的技术合作，以在世界范围内实现和维持高水平的核安全。公约适用于缔约方的核设施安全，于 1996 年生效。1997 年，国际原子能机构通过《乏燃料管理安全和放射性废物管理安全联合公约》，该公约适用于民用核反应堆运行所产生的乏燃料的管理安全和民事应用产生的辐射性废物的管理安全。该公约于 2001 年生效。

**3. 生物安全**

近年来，生物技术快速发展为人类福利做出了积极贡献，也给地球物种和生态系统的平衡乃至人类的健康和安全带来了严重威胁。20 世纪 90 年代后，国际社会开始采取措施对生物技术的应用予以管制。1992 年《生物多样性公约》第 19 条第 3 款倡议缔约方考虑制定一项关于生物安全的专门议定书。据此，2000 年《生物多样性公约》缔约方大会通过了《卡塔赫纳生物安全议定书》，其目标是：协助确保在安全转移、处理和使用凭借现代生物技术获得的，可能对生物多样性的保护和可持续使用产生不利影响的改性活生物体领域内采取充分的保护措施，同时顾及对人类健康所构成的风险并特别侧重越境转移问题。该议定书于 2003 年生效。

此外，1995 年，联合国环境规划署制定《关于生物技术生物安全的国际技术准则》，其目的是提出一个关于评价生物安全、查明有关管理生物技术的可预见的风险和便利监测、研究与情报交流的机制。尽管不具有法律约束力，但这一文件全面集中了各国、各地区和全球性的相关法律文件的规定和原则，在《卡塔赫纳生物安全议定书》生效后成为重要的补充。

**4. 危险废物**

20 世纪 80 年代后，随着发达国家处理危险废物的费用上涨以及超过处理能力极限，发达国家开始将废弃物出口到发展中国家。发展中国家担忧环境恶化，主张禁止废弃物的跨境转移，而发达国家则主张对于那些与发达国家之间进行的具有经济价值的可回收利用物的交易不应受限。在这样的背景下，1989 年 3 月，105 个国家加上欧洲共同体在瑞士巴塞尔签署了《控制危险废物越境转移及其处置巴塞尔公约》（简称《巴塞尔公约》）。公约没有全面禁止危险废物的越境转移，只是对这类转移加以控制。公约要求缔约国采取适当措施，把危险废物的产生和越境转移减少到最低限度，并采取必要的步骤以防止危险废物造成污染，而一旦产生污染，应尽量减少污染对人类健康和环境的影响。公约在其附件中列举了危险废物及其他废物的种类，同时允许缔约国以国内立法的方式将其他物质定为危险废物。公约确认各国享有禁止来自外国的危险废物进入其领土或在其领土内处置的主权权利。

在越境转移的程序方面，公约规定，出口国或者危险废物的生产者或出口者，应当将拟议的危险废物的越境转移以书面形式通知有关国家的主管当局；进口国应做出书面答复，表示无条件或有条件地同意转移、不允许转移或要求进一步资料；过境国在收到通知之后，可以在 60 天内做出书面答复，表示无条件或有条件地同意转移、不允许转移或要求进一步资料；除非过境国不要求任何事先的书面同意，出口国在收到过境国的书面同意之前，不得准许开始越境转移；如果危险废物的越境转移不能按照合同的条件而完成，应确保出口者把危险废物运回出口国。公约要求缔约国把危险废物的非法运输定为犯罪。在因越境转移引起损害的法律责任方面，公约规定，危险废物的任何越境转移都应有保险、保证，或者进口国或过境国可能要求的其他担保。缔约国间应进行合作，以期在可行时尽早通过一项议定书，就危险废物的越境转移和处置所引起损害的责任与赔偿方面制定适当的规则和程序。

虽然《巴塞尔公约》未能彻底禁止危险废物的越境转移，但它对于加强危险废物无害环境的管理和控制危险废物的国际转移具有重要意义。在其影响下，非洲国家于 1991 年 1 月签署了《禁止向非洲进口危险废物并在非洲内管理和控制危险废物越境转移的巴马科公约》，禁止向非洲进口非洲以外国家所产生的危险废物；对于非洲内部产生的危险废物，则规定了与《巴塞尔公约》相似的控制措施。

《巴塞尔公约》不适用于受其他国际文件管制的放射性废物。针对放射性废物的管理和越境转移，最具有普遍意义的文件是国际原子能机构于 1990 年通过的《放射性废物国际越境转移的业务守则》。守则要求每个国家为了保护人体健康和环境，应采取必要的适当步骤，以保证在其领土内或在其管辖或控制下的放射性废物得到安全的管理和处置；同时采取必要的适当步骤，尽量减少放射性废物的数量。守则承认每个国家都有禁止放射性废物离开、进入或通过其领土的主权权利。此外，每个国家都应采取适当步骤，针对放射性废物在国际越境转移过程中可能产生的损害，在其国内法律和规章中引入必要的有关责任、赔偿和其他补救措施。守则虽然不直接具有法律上的拘束力，但为各国在放射性废物的管理和转移方面制定了必要的行为规范，是对《巴塞尔公约》的重要补充。

## 第三节 气候变化的全球治理

当前，气候变化是最受瞩目的全球环境问题。一方面是由于全球范围内与气候变化相关的环境灾难日益加剧，另一方面则是由于 1992 年里约热内卢环境与发展大会后，关于确立温室气体减排目标和实现途径的国际气候谈判经历了曲折的历程，演变为当今国际关系中规模最大的全球多边谈判平台。面对全球环境治理前所未有的困难，国际社会要以前所未有的雄心和行动，勇于担当，勠力同心，共同构建人与自然生命共同体。气候变化的全球治理成为全球环境治理的风向标。

### 一、国际气候谈判的进程

20 世纪 70 年代，科学家们逐渐深入了解地球大气系统，气候变化问题由此引起国际社会的关注。1979 年，世界气象组织召开第一届世界气候大会，发表声明号召各国政府“预见和防止可能对人类福利不利的潜在的人为气候变化”。1988 年，联合国环境规划署和世界气象组织成立了政府间气候变化专门委员会（IPCC），负责收集全世界气候科学的最新研究成果，让决策者和公众更好地了解气候变化问题。联合国大会于1988年12月通过了《为人类当代和后代保护全球气候》的决议，呼吁各国和国际组织共同努力以防止对气候与生态环境的不利影响。1990年8月，IPCC发布了第一次气候变化评估报告。同年10月召开的第二届世界气候大会接受了该报告。该报告认为，人类活动排放的空气污染物使大气层中温室气体的浓度大为增加，将增强自然的温室效应，造成严重后果。1990年12月，联合国大会通过决议成立气候变化框架公约的政府间谈判委员会，由此拉开气候变化问题谈判的序幕。

**1. 国际气候谈判框架的确立（1992—1997年）**

1992年6月，经过历时15个月的5轮艰苦谈判，《联合国气候变化框架公约》开放签署。这是世界上第一个为全面控制二氧化碳等温室气体排放以应对全球气候变暖的国际公约，公约没有规定强制性的法律义务，但为此后旷日持久的国际气候谈判确定了原则。截至2022年，公约缔约方达到197个。

第一次《联合国气候变化框架公约》缔约方大会（COP1）于1995年在柏林举行，通过了《柏林授权书》等文件，承认公约要求发达国家在2000年时把温室气体排放量控制在1990年水平的目标是不够的，决定通过谈判制定一项议定书，以确定发达国家在2000年以后限制和减少温室气体排放的具体目标和期限。

第三次《联合国气候变化框架公约》缔约方大会（COP3）于1997年在日本京都举行，通过了具有里程碑意义的《京都议定书》。议定书对38个工业发达国家（附件一国家）的温室气体排放量做出了具有法律约束力的定量限制，要求在2008—2012年的第一承诺期内将温室气体排放量在1990年的水平上集体削减5.2%。考虑到各国1990年的排放水平差异悬殊，各国分配的减排任务量各不相同，其中，欧盟削减8%、美国削减7%、日本和加拿大削减6%。议定书设计了三个灵活机制：联合履约（JI）、排放贸易（ET）和清洁发展机制（CDM），将市场机制引入温室气体减排，允许附件一国家通过相互之间及其同发展中国家之间进行合作，完成温室气体减排的承诺。议定书“是人类历史上第一个专为发达国家规定温室气体减排义务的具有法律约束力的文件。它以量化的指标和具体的达标时间表落实了发达国家在国际环境事务中的‘有区别的’责任”①。根据规定，议定书生效需要两个条件：第一，至少55个缔约方批准；第二，批准议定书的附件一缔约方1990年二氧化碳排放量至少占全体附件一缔约方排放量的55%以上。这种生效条件“是为了确保议定书最低参与程度和气候有效性”②。此后，缔约方积极采取措施推动议定书生效。

**2. 一波三折的艰难发展阶段（1998—2014年）**

《京都议定书》通过后，确定其具体实施细则的谈判是一个一波三折的复杂过程。从第四次缔约方大会（COP4）开始，缔约方针对《联合国气候变化框架公约》

① 王曦．国际环境法．2版．北京：法律出版社，2005：166.

② 何一鸣．国际气候谈判研究．北京：中国经济出版社，2012：29.

和《京都议定书》的条款，进行了大量技术性谈判，形成了很多对公约和议定书的履行具有重要意义的决定和文件。

2000 年，第六次缔约方大会（COP6）在海牙举行。会议的主要目的是提出落实议定书的具体措施，以切实履行发达国家做出的减排承诺。发展中国家期望得到发达国家向它们转让技术和资金的保证。但是，由于美欧之间以及发达国家与发展中国家之间立场相去甚远，会议无果而终。在欧盟的斡旋之下，2001 年夏天，缔约方在波恩召开 COP6 续会。尽管美国小布什政府于 2001 年 3 月宣布退出《京都议定书》，波恩会议仍然达成了《波恩协定》，就执行《京都议定书》具体措施的谈判建立了基本框架，显示国际社会应对气候变化问题的决心。

2001 年 10 月，第七次缔约方大会（COP7）在摩洛哥马拉喀什召开，通过了《马拉喀什协议》，完成了波恩续会遗留的技术性谈判，为促成《京都议定书》早日生效扫除了障碍。2002 年的第八次缔约方大会（COP8）通过了《德里宣言》，着眼于在可持续发展的大框架下解决气候变化问题，标志着国际社会对气候问题的认识进一步深化，对国际气候谈判的方向具有重大意义。

2005 年 2 月 16 日，《京都议定书》正式生效，为温室气体减排提供了国际法基础，同时，通过附件一国家率先减排温室气体的示范作用，在政治上有利于说服更多国家加入减排行动。但是，《京都议定书》的环境目标有效期只到 2012 年年底。2005 年在加拿大蒙特利尔召开的第十一次缔约方大会（COP11）暨议定书第一次缔约方大会（MOP1）上，决定启动 2012 年后温室气体减排的谈判。

2007 年，第十三次缔约方大会（COP13）在印度尼西亚巴厘岛举行，通过了“巴厘路线图”。“巴厘路线图”主要包括两方面内容：一是在公约下启动一项新的谈判进程，2009 年完成，主要讨论减缓、适应、技术、资金等四个议题；二是在议定书下继续谈判批准议定书的发达国家 2012 年后的减排指标，2009 年完成。“巴厘路线图”设定了两年的谈判时间，即 2009 年年底完成 2012 年后全球应对气候变化新安排的谈判。然而，由于发达国家和发展中国家在减排责任与义务上存在巨大分歧，此后的谈判进展十分缓慢，成效不大。

2009 年，第十五次缔约方大会（COP15）在丹麦哥本哈根举行，192 个国家的环境部长与超过 130 位国家和国际组织领导人出席了此次大会，商讨 2012 年后的温室气体减排方案。但是，大会未能达成任何具有法律约束力的协议，凸显出国际气候谈判的复杂性和艰巨性。由美国、中国、印度、巴西和南非签订的《哥本哈根协议》没能得到大会全面通过，但仍重申了控制目标、减排责任、资金和技术转让等方面已有的共识，表达了各方的政治意愿。此后，历经 2010 年坎昆 COP16、2011 年德班 COP17、2012 年多哈 COP18 和 2013 年华沙 COP19，《京都议定书》第二承诺期的谈判举步维艰，发达国家与发展中国家就气候减排义务的承担以及资金援助等问题无法达成共识，而缔约方根据总体目标各自提交相应减排计划的减排规则逐渐被广泛接受。2014 年，在秘鲁利马举行的第二十次缔约方大会（COP20）上，通过了《利马气候行动呼吁》，要求各缔约方在 2015 年向联合国气候变化大会的秘书处提交各自的自主贡献减排计划，并可采取自愿的方式将有关适应性制度纳入计划之中。

**3．国际气候谈判的新阶段（2015年至今）**

2015年12月，在巴黎举行的第二十一次缔约方大会（COP21）上，195个缔约方前所未有地达成一致，通过了具有里程碑意义的《巴黎协定》。《巴黎协定》提出，各缔约方将加强对气候变化威胁的全球应对，把全球平均气温较工业化前水平的升高控制在2摄氏度之内，并为把升温控制在1.5摄氏度之内而努力。全球将尽快实现温室气体排放达峰，21世纪下半叶实现温室气体净零排放。根据协定，各方将以自主贡献的方式参与全球应对气候变化的行动。发达国家将继续带头减排，并加强对发展中国家的资金、技术与能力建设的支持，帮助后者减缓和适应气候变化。从2023年开始，每5年对全球行动的总体进展进行一次盘点，以帮助各国提高力度、加强国际合作，实现全球应对气候变化的长期目标。2016年11月，《巴黎协定》正式生效，成为新的指导全球气候治理的国际法律文件。截至2022年6月，《巴黎协定》有197个缔约方。

《巴黎协定》是一个制度框架，它的生效标志着2020年后的全球气候治理将进入一个新阶段。随后，国际社会着手制定具体的实施规则和方案。2016年COP22在摩洛哥马拉喀什召开，达成《马拉喀什行动宣言》，明确了各国履约和采取行动的政治意愿，就《巴黎协定》实施的后续谈判给出了时间表和路线图。2017年COP23是在美国宣布计划退出《巴黎协定》的背景下召开的，各方摒弃了美国因素，重申了落实协定、加强气候行动的承诺。2018年，在波兰卡托维兹举行的COP24完成了实施细则谈判，达成《卡托维兹规则手册》，制定了一套详细的技术规定，并加强了各方的资金承诺和行动，但未能就碳市场和碳交易达成共识。2019年，在西班牙马德里召开的COP25也没能消除缔约方围绕碳市场机制的分歧。直到2021年在英国格拉斯哥举行的COP26，终于就碳市场基本规范达成一致，对落实《巴黎协定》具有重要意义，开启全球应对气候变化的新征程。

## 二、国际气候治理体系的主要制度

气候治理是当代最复杂的系统性治理，在30多年的演变中形成了包括多元行为体和多层次治理机制在内的体系。伴随着全球环境保护的制度化趋势，建立公平有效的国际气候治理机制已成为世界政治的主要议程之一①。当前，国际气候治理体系进入了以《巴黎协定》为核心的新阶段，确立了所有缔约方参与，以自主贡献为中心，与年度全球盘点相结合，涉及从减缓、适应、支持等所有环节的气候治理模式。

---

① 庄贵阳，朱仙丽，赵行姝．全球环境与气候治理．杭州：浙江人民出版社，2009：123.

1．国家自主贡献

作为2020年后全球温室气体减排的基本运行模式，国家自主贡献是一种自下而上的减排承诺机制，即：各缔约方自主决定为应对气候变化而采取的减缓或适应行动，这些行动被称为“贡献”。“自主决定”意味着缔约方根据自己的国情制定应对气候变化行动的形式、内容和目标，不再通过谈判形成统一的分配方案。“贡献”意味着缔约方开展的行动既不是责任，也不是义务，缔约方的行动没有预设的法律形式。

国家自主贡献模式打破了《京都议定书》第二承诺期的谈判僵局。《京都议定书》确立的是一种自上而下的全球减排机制，对工业化国家的减排制定了有法律拘束力的绝对量化减排指标，对发展中国家的国内减排行动没有强制要求。这种模式在实施机制上设定了严格的遵约机制和核算规则，有助于以法律责任确保行动效果，但也因此引起一些发达国家的不满和退出，气候谈判和治理进程无法推进。

《巴黎协定》要求所有缔约方承担减排义务，无论是相对量化减排还是绝对量化减排，都将被纳入一个统一的有法律拘束力的框架，这在国际气候治理中尚属首次。同时，《巴黎协定》仍然坚持共同但有区别的责任原则，明确指出协定的执行“将体现公平以及共同但有区别的责任和各自能力原则，考虑不同国情”。发达国家应当继续带头，努力实现全经济范围绝对减排的目标。发展中国家应当继续加强减缓气候变化的努力，根据不同国情，逐渐实现全经济范围绝对减排或限排目标。国家自主贡献模式不仅奠定了所有缔约方参与减排的基本格局，而且为区别责任的履行搭建了平台，在实践中照顾了各方关切，是适合目前国际社会合作意愿、合作方式的现实选择。

国家自主贡献模式不追求建立一套具有法律约束力的量化减排方案，而是将减排自主权交给缔约方，运用国际道义的软制衡构建缔约方自愿参与、主动减排的模式。然而，缺乏强制力、松散的解决方案有可能“陷入‘谈判是一个零和游戏’的思维模式，降低减排速度，缩小减排规模”①。各缔约方提交的自主贡献在内容上没有统一的规范和标准进行量化评估，“差异各表”的减排方式，模糊了共同但有区别的责任原则，“容易成为众多的，尤其是以附件一国家为主的发达国家逃避自身责任与义务的平台”②。简言之，国家自主贡献模式在提高减排灵活性和可行性的同时，降低了减排的稳定性，对气候治理带来复杂影响。

2．国际碳交易机制

国际碳交易机制的建设和运行一直是气候治理的焦点。《巴黎协定》第6条规定的新的全球碳市场规则，成为影响国际气候治理的关键条款。该条款为碳市场和

① 斯特恩．尚待何时?：应对气候变化的逻辑、紧迫性和前景．齐晔，译．大连：东北财经大学出版社，2016：215.

② 王伟光，郑国光．应对气候变化报告（2015）：巴黎的新起点和新希望．北京：社会科学文献出版社，2015：52.

其他形式的国际合作提供规则，设立了两种国际碳交易的市场机制，缔约方可自愿选择相关机制来实现碳减排指标跨境转移。一种是合作方法，即通过国家间自愿的合作为开展多边、双边碳交易合作提供框架和基本原则，并未限定合作活动的实施方式和内容。另一种是可持续发展机制，适用于项目级碳减排成果转移，为减排项目开发、减排量认证和交易等提供指导与规范。为维持碳减排项目质量，可持续发展机制的实施将在《巴黎协定》缔约方会议的指导下建立专门的监管机构，保障其在统一、公开的标准下运行。

在国际社会对碳达峰、碳中和①等理念的关注度不断提升的背景下，国际碳交易机制作为灵活机制对缔约方兑现碳减排承诺的重要性也相应提高。《巴黎协定》下缔约方碳交易机制发展的同时，国际民用航空组织、国际海事组织等行业组织建立的碳减排市场也在构建中，共同推动国际气候治理目标的实现。

**3．非市场基础的合作机制**

《巴黎协定》规定了非市场基础的各种减排合作机制，其中适应机制、资金机制和技术援助机制是重点。

适应是指针对实际的或预计的气候及其影响进行调整的过程。《巴黎协定》突出了适应在应对气候变化中的作用，确立了全球适应目标，完善了适应的合作机制，通过要求缔约方加强在适应行动、体制安排、科学知识等方面的合作，推动国际适应的协同机制逐步形成。

资金机制在公约体系下是指发达国家基于共同但有区别的责任原则，以公共资源的方式向发展中国家提供资金支持，以资助其转变经济产业发展，以及克服气候变化所带来的不利影响。资金机制的发展成果丰富，“包括全球环境基金、适应基金、绿色气候基金、补充活动信托基金在内的各项基金运行平稳有序，并已建立通过各种双边、区域和其他多边的融资渠道”②。《巴黎协定》重申发达国家缔约方应为协助发展中国家缔约方减缓和适应两方面提供资金，以便继续履行在公约下的现有义务，最脆弱的发展中国家享有优先受援权。同时，《巴黎协定》致力于增加气候资金的规模，规定气候资金应该同发达国家援助发展中国家的其他资金分开。

鉴于应对气候变化问题的科学性，技术援助机制同样是实现减排和适应的关键领域。发达国家以知识产权保护、技术产权属于私人部门等理由拖延向发达国家转让技术，致使技术机制谈判进展缓慢。《巴黎协定》为有关促进和方便技术开发与转化的强化行动提供指导。协定首次将技术援助机制和资金机制联系起来，规定发展中国家获得技术的两个渠道：一是直接支付技术转让的费用来获得技术；二是与发达国家联合开展技术研究。

**4．透明度框架与全球盘点**

国家自主贡献模式缺乏法律约束力，《巴黎协定》创设的透明度框架与全球盘

① 碳达峰是指在某一个时点，二氧化碳的排放达到峰值，之后逐步回落。碳中和，是指温室气体排放总量通过植树造林、节能减排等形式被抵消，实现二氧化碳“零排放”。

② 陈贻健．国际气候法律新秩序构建中的公平性问题研究．北京：北京大学出版社，2017：141－142.

点，凸显遵约机制的制衡能力，促进各缔约方积极开展减排行动。透明度框架由内置灵活机制的行动和支助两个框架构成，其执行以促进性、非侵入性、非惩罚性和尊重国家主权的方式实施。行动透明度框架包括缔约方国家自主贡献进展和适应行动的信息；支助透明度框架包括缔约方在国家自主贡献、适应、资金、技术转让和能力建设支助方面的信息。在透明度框架下设立了技术专家审评制度，对缔约方提交的信息进行审评。

全球盘点是《巴黎协定》创立的应对气候变化的全球总结模式，旨在评估国家自主贡献力度与实现协定长期目标的整体进展情况。全球盘点的内容包括缔约方在国家自主贡献方式下更新和提升的行动与支助，以及加强气候行动的国际合作。2017 年，在斐济举行的 COP23 通过了“塔拉诺阿对话机制”，作为全球盘点的具体形式。这一机制以广泛参与度、强化透明度和充分包容度为原则，围绕三个议题展开：第一，当前履约阶段是什么；第二，下一阶段目标是什么；第三，如何实现下一目标。“塔拉诺阿对话机制”将学术团体和民间机构纳入机制中，避免被动依赖缔约方报告造成的信息不准确，促进国际气候治理多元化和议程民主化，进而完善国际气候治理的法律制度。

## 三、国际气候治理面临的挑战

最新科学证据显示，地球正在以前所未有的速度快速升温，气候变化成为影响深远的全球主要风险，气候治理已进入了新危机时代。然而，气候资源具有国际公共物品的性质，难以避免集体行动的“搭便车”和“囚徒困境”问题，国际气候治理进程的推进仍然面临挑战。

第一，国际气候治理缺乏强制约束力，不足以逆转气候变暖的趋势。根据世界气象组织发布的报告，2015 年至 2020 年是有记录以来最热的 6 年，全球平均温度上升了 1.2 摄氏度。现阶段国家自主贡献模式的减排力度无法应对气候变暖加剧的势头。尽管《巴黎协定》缔约方都已提交国家自主贡献目标，但所做的承诺仍无法实现升温控制在 1.5 摄氏度以内的目标，而且各国的国家自主贡献质量参差不齐，减排目标和措施存在巨大差异，有的国家则将他国资金或技术援助作为附件条件。因此，从《联合国气候变化框架公约》到《京都议定书》，再到《巴黎协定》，虽然都是应对气候变化具有里程碑式意义的国际法律成果，但在落实效果方面却始终不尽如人意，存在“无政府状态下的低效率”[①] 问题。同时，气候系统是一个复杂的系统，人类对气候系统变化的认识相对有限，气候变化问题在科学上仍然存在不确定性，在一定程度上迟滞了气候治理方案的执行。

第二，缔约方错综复杂的利益分歧导致气候谈判进程缓慢，削弱国际气候治理

---

① 赫尔德，赫维，西罗斯．气候变化的治理：科学、经济学、政治学与伦理学．谢来辉，译．北京：社会科学文献出版社，2012：113.

的成效。面对全球气候危机，缔约方在减少温室气体排放、促使全球经济社会活动走向低碳化这一问题上已经取得了共识。现阶段化石燃料仍然是主要能源，减少化石燃料的使用必然减缓经济增长，对一国经济社会发展产生消极影响。各缔约方往往希冀其他缔约方承担更多减排责任，而自身免受因履行减排义务遭受的经济损失。气候治理因此成为各方利益博弈的过程。发达国家企图重新解释共同但有区别的责任原则，刻意模糊发达国家的历史责任，极力逃避资金、技术、能力建设等责任，争夺低碳化转型过程中的主导权，强制发展中国家减排，牺牲发展中国家的经济增长和社会发展。发达国家内部，美国、日本、加拿大、澳大利亚组成的伞形集团与欧盟之间在减排目标、资金援助、技术转让等方面有着各自的考量，围绕气候治理主导权明争暗斗。发展中国家历史排放少、人均排放低，缺乏应对气候变化的能力和手段，在争取排放权、维护发展权方面有着共同诉求，但发展中国家内部对气候治理的紧迫感存在差异。小岛国家联盟、最不发达国家等作为气候变化的直接受害者，对资金和技术的援助要求迫切，减排立场日益与欧盟接近。石油输出国家排斥减排技术和清洁能源的普及。中国、印度、巴西等发展中大国的利益分歧逐渐拉大。随着气候谈判进程的深入，缔约方的利益分歧成为气候治理步履维艰的症结所在。

第三，气候变化议题参与主体多元，调整范围宽泛，使国际气候治理呈现出分散化和碎片化的现象。应对气候变化需要人类社会的生产生活方式进行革命性的变革。与其他全球性问题相比，气候变化问题具有更加深远的经济和社会影响，不仅影响国际经济秩序的转型，而且影响到每一个国家的生产方式与能源结构转型，在政治、经济、社会、文化等各个层面发生连锁反应。除了主权国家在国际气候谈判中占据主导地位，国际组织、私营机构、企业、学术团体、专家学者等多利益攸关方长期深入参与国际气候治理。在联合国主导的气候谈判框架之外，行业机构、非政府组织等通过发布报告、公众传播、交流经验等方式，持续推动国际气候治理的发展，形成对公约体系的补充，客观上造成国际气候治理机制重叠与行为体相互竞争。尤其是各利益攸关方对减排的价值偏好、优先领域缺乏统一协调，不利于重叠机制的良性互动，形成分散化、碎片化的发展，在整体上削弱了气候治理能力。

气候变化是全人类的共同挑战。作为世界上最大的发展中国家，中国积极参与全球气候治理。党的十八大以来，在习近平生态文明思想指引下，中国贯彻新发展理念，秉持实现可持续发展的内在要求和推动构建人类命运共同体的责任担当，将应对气候变化摆在国家治理更加突出的位置。2020 年 9 月 22 日，中国国家主席习近平在第七十五届联合国大会上郑重宣示：中国将提高国家自主贡献力度，采取更加有力的政策和措施，二氧化碳排放力争于 2030 年前达到峰值，努力争取 2060 年前实现碳中和。中国正在为实现这一目标而付诸行动。

## 思考题

1. 国际环境法具有哪些特点?
2. 试述国际环境法的基本原则。
3. 试述国际气候治理取得的成效及面临的挑战。

## 阅读书目

1. 世界环境与发展委员会．我们共同的未来．王之佳，柯金良，译．长春：吉林人民出版社，1997.

2. 米都斯．增长的极限：罗马俱乐部关于人类困境的报告．长春：吉林人民出版社，1997.

3. SANDS P. Principles of international environmental law. 2nd ed. Cambridge：Cambridge University Press，2003.

4. 郇庆治．环境政治学：理论与实践．济南：山东大学出版社，2007.

# 参考书目


**中文专著：**

1. 习近平．习近平谈治国理政：第 1 卷．2 版．北京：外文出版社，2018.

2. 习近平．习近平谈治国理政：第 2 卷．北京：外文出版社，2017.

3. 习近平．习近平谈治国理政：第 3 卷．北京：外文出版社，2020.

4. 白桂梅．人权法学．北京：北京大学出版社，2011.

5. 蔡守秋，常纪文．国际环境法学．北京：法律出版社，2004.

6. 陈安，李国安．国际经济法．2 版．北京：法律出版社，2007.

7. 陈建忠，曹金飞，余敏丽．国际金融．4 版．北京：电子工业出版社，2017.

8. 陈世材．国际组织：联合国体系的研究．北京：中国友谊出版公司，1986.

9. 陈贻健．国际气候法律新秩序构建中的公平性问题研究．北京：北京大学出版社，2017.

10. 陈岳，田野．国际政治学学科地图．北京：北京大学出版社，2016.

11. 陈岳．国际政治学概论．4 版．北京：中国人民大学出版社，2020.

12. 邓正来．王铁崖文选．北京：中国政法大学出版社，2003.

13. 段洁龙．中国国际法实践与案例．北京：法律出版社，2011.

14. 龚刃韧．国家豁免问题的比较研究．2 版．北京：北京大学出版社，2005.

15. 管云虎．国家人权机构总览．北京：团结出版社，2011.

16. 郭寿康，赵秀文．国际经济法．5 版．北京：中国人民大学出版社，2015.

17.《国际公法学》编写组．国际公法学．2 版．北京：高等教育出版社，2018.

18.《国际经济法学》编写组．国际经济法学．2 版．北京：高等教育出版社，2019.

19.《国际政治学》编写组．国际政治学．北京：高等教育出版社，2019.

20.《国际组织》编写组．国际组织．2版．北京：高等教育出版社，2018.

21. 韩龙．国际金融法．北京：法律出版社，2007.

22. 何一鸣．国际气候谈判研究．北京：中国经济出版社，2012.

23. 何志鹏．国家利益维护：国际法的力量．北京：法律出版社，2018.

24. 何志鹏．国际法治论．北京：北京大学出版社，2016.

25. 贺其治．外层空间法．北京：法律出版社，1992.

26. 郇庆治．环境政治学：理论与实践．济南：山东大学出版社，2007.

27. 黄惠康．中国特色大国外交与国际法．北京：法律出版社，2019.

28. 黄瑶．论禁止使用武力原则：联合国宪章第二条第四项法理分析．北京：北京大学出版社，2003.

29. 李东燕．联合国．北京：社会科学文献出版社，2005.

30. 李浩培．国际法的概念和渊源．贵阳：贵州人民出版社，1994.

31. 李寿平，赵云．外层空间法专论．北京：光明日报出版社，2009.

32. 李寿平．现代国际责任法律制度．武汉：武汉大学出版社，2003.

33. 梁淑英．国际难民法．北京：知识产权出版社，2009.

34. 梁西．国际组织法（总论）. 5版．武汉：武汉大学出版社，2001.

35. 梁云祥．国际关系与国际法．北京：北京大学出版社，2012.

36. 林灿铃．国际环境法．北京：人民出版社，2004.

37. 刘国福．国际难民法．北京：世界知识出版社，2014.

38. 刘志云．当代国际法的发展：一种从国际关系理论视角的分析．北京：法律出版社，2010.

39. 刘志云．国际关系与国际法跨学科研究：探索与展望．北京：法律出版社，2017.

40. 刘志云．现代国际关系理论视野下的国际法．北京：法律出版社，2006.

41. 毛燕琼．WTO争端解决机制问题与改革．北京：法律出版社，2010.

42. 倪世雄．当代西方国际关系理论．2版．上海：复旦大学出版社，2018.

43. 钮维敢，高国潮．国际法与国际关系案例分析．南京：南京大学出版社，2013.

44. 裴坚章．中华人民共和国外交史：1949—1956. 北京：世界知识出版社，1994.

45. 钱其琛．世界外交大辞典：上，下．北京：世界知识出版社，2005.

46. 秦亚青．国际关系理论：反思与重构．北京：北京大学出版社，2012.

47. 秦亚青．权力·制度·文化：国际关系理论与方法研究文集．北京：北京大学出版社，2005.

48. 秦亚青．西方国际关系理论经典导读．北京：北京大学出版社，2009.

49. 秦亚青．文化与国际社会：建构主义国际关系理论研究．北京：世界知识出版社，2006.

50. 饶戈平．国际法．北京：北京大学出版社，1999.

51. 饶戈平．国际组织法．北京：北京大学出版社，1996.

52. 饶戈平．国际组织与国际法实施机制的发展．北京：北京大学出版社，2013.

53. 任虎．领土主权与国际法．北京：中国政法大学出版社，2018.

54. 邵沙平．国际法院新近案例研究：1990—2003. 北京：商务印书馆，2006.

55. 邵沙平．现代国际刑法教程．武汉：武汉大学出版社，1993.

56. 盛红生，杨泽伟，秦小轩．武力的边界：21 世纪前期武装冲突中的国际法问题研究．北京：时事出版社，2003.

57. 史晓曦．保护的责任：全球治理视野下的国际法规范演化．北京：社会科学文献出版社，2019.

58. 世界环境与发展委员会．我们共同的未来．王之佳，柯金良，译．长春：吉林人民出版社，1997.

59. 孙珺．全球治理视角下的国际经济法．北京：北京大学出版社，2021.

60. 陶樾．现代国际法史论．北京：北京大学出版社，2012.

61. 万鄂湘，郭克强．国际人权法．武汉：武汉大学出版社，1994.

62. 王传丽．国际贸易法．2 版．北京：中国政法大学出版社，2015.

63. 王家福，刘海年．中国人权百科全书．北京：北京大学出版社，2005.

64. 王绳祖．国际关系史（全 10 卷）. 北京：世界知识出版社，1995.

65. 王泰平．中华人民共和国外交史：1957—1969. 北京：世界知识出版社，1998.

66. 王泰平．中华人民共和国外交史：1970—1978. 北京：世界知识出版社，1999.

67. 王铁崖．国际法．北京：法律出版社，1995.

68. 王铁崖．国际法引论．北京：北京大学出版社，1998.

69. 王铁崖，田如萱．国际法资料选编．北京：法律出版社，1982.

70. 王曦．国际环境法．2 版．北京：法律出版社，2005.

71. 吴慧．国际海洋法法庭研究．北京：海洋出版社，2002.

72. 吴士存．国际海洋法最新案例精选．北京：中国民主法制出版社，2016.

73. 肖君拥．国际人权法讲义．北京：知识产权出版社，2013.

74. 徐显明．国际人权法．北京：法律出版社，2004.

75. 许光建．联合国宪章诠释．太原：山西教育出版社，1999.

76. 杨泽伟．国际法史论．北京：高等教育出版社，2011.

77. 杨泽伟．主权论：国际法上的主权问题及其发展趋势研究．北京：北京大学出版社，2006.

78. 杨泽伟．中国国家权益维护的国际法问题研究．北京：法律出版社，2019.

79. 姚大庆．国际货币：地位分析和体系改革．上海：上海社会科学院出版社，2016.

80. 殷敏．外交保护法律制度和中国．上海：上海人民出版社，2010.

81. 余锋．国际法原理重述．北京：北京大学出版社，2019.

82. 张海文，李海清．《联合国海洋法公约》释义集．北京：海洋出版社，2006.

83. 张清敏，李秀铎．改革开放 40 年中国外交．北京：世界知识出版社，2019.

84. 张文木．论中国海权．北京：海洋出版社，2009.

85. 张晓玲．人权法学．北京：中共中央党校出版社，2014.

86. 章成．北极大陆架划界的国际法问题研究．武汉：武汉大学出版社，2020.

87. 周鲠生．国际法．北京：商务印书馆，2018.

88. 朱锋．人权与国际关系．北京：北京大学出版社，2000.

89. 朱杰进．国际制度设计：理论模式与案例分析．上海：上海人民出版社，2011.

90. 朱文奇．国际法学原理与案例教程．北京：中国人民大学出版社，2006.

91. 朱文奇．国际人道法．北京：中国人民大学出版社，2007.

92. 曾令良，余敏友．全球化时代的国际法：基础、结构与挑战．武汉：武汉大学出版社，2005.

93. 曾炜．国际法案例评析．北京：法律出版社，2020.

94. 中华人民共和国外交部条约法律司．中国国际法实践案例选编．北京：世界知识出版社，2018.

95. 庄贵阳，朱仙丽，赵行姝．全球环境与气候治理．杭州：浙江人民出版社，2009.

**中文译著：**

1. 阿查亚．重新思考世界政治中的权力、制度与观念．白云真，宋亦明，译．上海：上海人民出版社，2019.

2. 努斯鲍姆．简明国际法史．张小平，译．北京：法律出版社，2011.

3. 卡尔．20 年危机（1919—1939）：国际关系研究导论．秦亚青，译．北京：世界知识出版社，2005.

4. 克拉彭．布赖尔利万国公法：国际法在国际关系中的作用简介：第 7 版．朱利江，译．北京：中国政法大学出版社，2018.

5. 奥斯特．现代条约法与实践．江国青，译．北京：中国人民大学出版社，2005.

6. 布赞，劳森．全球转型：历史、现代性与国际关系的形成．崔顺姬，译．上海：上海人民出版社，2020.

7. 卡特，韦纳．国际法：上，下册. 冯洁菡，译．北京：商务印书馆，2015.

8. 法斯本德，彼得斯．牛津国际法史手册：上，下册．李明倩，刘俊，王伟臣，译．上海：上海三联书店，2020.

9. 伯根索尔，谢尔顿，斯图尔特．国际人权法精要：第 4 版．黎作恒，译．北京：法律出版社，2010.

10. 霍金斯，莱克，尼尔森，等．国际组织中的授权与代理．白云真，译．上海：上海人民出版社，2015.

11. 赫尔德，赫维，西罗斯．气候变化的治理：科学、经济学、政治学与伦理学．谢来辉，译．北京：社会科学文献出版社，2012.

12. 米都斯，等．增长的极限：罗马俱乐部关于人类困境的报告．李宝恒，译．长春：吉林人民出版社，1997.

13. 格劳秀斯．战争与和平法：第 1 卷．凯尔西，等英译．马呈元，译．修订版．北京：中国政法大学出版社，2018.

14. 格劳秀斯．战争与和平法：第 2 卷．凯尔西，等英译．马呈元，谭睿，译．北京：中国政法大学出版社，2016.

15. 格劳秀斯．战争与和平法：第 3 卷．凯尔西，等英译．马呈元，谭睿，译．北京：中国政法大学出版社，2017.

16. 凯尔森．国际法原理．王铁崖，译．北京：华夏出版社，1989.

17. 摩根索．国家间政治：权力斗争与和平：第 7 版．徐昕，郝望，李保平，译．北京：北京大学出版社，2006.

18. 布尔．无政府社会：世界政治秩序研究：第 2 版．张小明，译．北京：世界知识出版社，2003.

19. 加藤信行，植木俊哉，森田幸一，等．图解国际法．张诗奡，译．北京：社会科学文献出版社，2021.

20. 明斯特，阿雷奎恩-托夫特．国际关系精要：第 5 版．潘中岐，译．上海：上海人民出版社，2012.

21. 卡赞斯坦，基欧汉，克拉斯纳．世界政治理论的探索与争鸣．秦亚青，苏长和，门洪华，等译．上海：上海人民出版社，2006.

22. 克劳塞维茨．战争论．盛峰峻，译．武汉：武汉大学出版社，2014.

23. 罗伊-斯米特，斯尼达尔．牛津国际关系手册．方芳，范鹏，詹继续，译．南京：译林出版社，2019.

24. 华尔兹．国际政治理论．信强，译．上海：上海人民出版社，2008.

25. 瑟罗．资本主义的未来：当今各种经济力量如何塑造未来世界．周晓钟，译．北京：中国社会科学出版社，1998.

26. 劳特派特．奥本海国际法：第 8 版：上卷：第 1 分册．王铁崖，陈体强，译．北京：商务印书馆，1971.

27. 劳特派特．奥本海国际法：第 8 版：上卷：第 2 分册．王铁崖，陈体强，译．北京：商务印书馆，1972.

28. 劳特派特．奥本海国际法：第 8 版：下卷：第 1 分册．王铁崖，陈体强，译．北京：商务印书馆，1972.

29. 劳特派特．奥本海国际法：第 8 版：上卷：第 2 分册．王铁崖，陈体强，译．北京：商务印书馆，1973.

30. 勒博．国家为何而战?：过去与未来的战争动机．陈定定，段啸林，赵洋，译．上海：上海人民出版社，2014.

31. 亨金．权利的时代．信春鹰，吴玉章，李林，译．北京：知识出版社，1997.

32. 亨金．国际法：政治与价值．张乃根，马忠法，罗国强，译．北京：中国政法大学出版社，2005.

33. 基欧汉．霸权之后：世界政治经济中的合作与纷争．苏长河，信强，何曜，译．上海：上海人民出版社，2001.

34. 詹宁斯，瓦茨．奥本海国际法：第 9 版：第 1 卷：第 1 分册．王铁崖，陈公绰，汤宗舜，等译．北京：中国大百科全书出版社，1995.

35. 詹宁斯，瓦茨．奥本海国际法：第 9 版：第 1 卷：第 2 分册．王铁崖，陈公绰，汤宗舜，等译．北京：中国大百科全书出版社，1998.

36. 詹宁斯．国际法上的领土取得．孔令杰，译．北京：商务印书馆，2021.

37. 穆图．人权标准：霸权、法律和政治．王睿，译．北京：法律出版社，2020.

38. 费丽莫．国际社会中的国家利益．袁正清，译．杭州：浙江人民出版社，2001.

39. 诺瓦克．国际人权制度导论．柳华文，译．北京：北京大学出版社，2010.

40. 曼昆．经济学原理：微观经济学分册：第 5 版．梁小民，梁砾，译．北京：北京大学出版社，2009.

41. 孟德斯鸠．论法的精神：上，下册. 张雁深，译．北京：商务印书馆，2019.

42. 波利蒂斯．国际法的新趋势．原江，译．昆明：云南人民出版社，2004.

43. 惠勒．拯救陌生人：国际社会中的人道主义干预．张德生，译．北京：中央编译出版社，2011.

44. 斯特恩．尚待何时?：应对气候变化的逻辑、紧迫性和前景．齐晔，译．大连：东北财经大学出版社，2016.

45. 施米托夫．国际贸易法文选．赵秀文，译．北京：中国大百科全书出版社，1993.

46. 斯塔夫里阿诺斯．全球通史：1500 年以后的世界．吴象婴，梁赤民，译．上海：上海社会科学院出版社，1992.

47. 伯根索尔，墨菲．国际公法：第 3 版．黎作恒，译．北京：法律出版社，2005.

48. 文森特．人权与国际关系．凌迪，黄列，朱晓青，等译．北京：知识出版社，1998.

49. 奈，韦尔奇．理解全球冲突与合作：理论与历史：第 9 版．张小明，译．上海：上海人民出版社，2012.

50. 奈．理解国际冲突：理论与历史：第 5 版．张小明，译．上海：上海人民出版社，2005.

51. 熊玠．无政府状态与世界秩序．余逊达，张铁军，译．杭州：浙江人民出版社，2001.

52. 修昔底德．伯罗奔尼撒战争史．详注修订本．徐松岩，译．上海：上海人民出版社，2017.

53. 基斯．国际环境法．张若思，译．北京：法律出版社，2000.

54. 温特．国际政治的社会理论．秦亚青，译．上海：上海人民出版社，2000.

55. 布朗利．国际公法原理．曾令良，余敏友，译．北京：法律出版社，2007.

56. 赫德．无政府状态之后：联合国安理会中的合法性与权力．毛瑞鹏，译．上海：上海人民出版社，2018.

57. 凯米莱里，福尔克．主权的终结?：日趋"缩小"和"碎片化"的世界政治．李东燕，译．杭州：浙江人民出版社，2001.

58. 多尔蒂，普法尔茨格拉夫．争论中的国际关系理论：第 5 版．阎学通，陈寒溪，译．2 版．北京：世界知识出版社，2013.

59. 沃尔芬森．我的世行之路：跨越贫富两界的跌宕性．司徒爱勤，译．北京：中信出版社，2011.

60. 戈尔茨坦，基欧汉．观念与外交政策：信念、制度与政治变迁．刘东国，于军，译．北京：北京大学出版社，2005.

**英文著作：**

1. SLAUGHTER A. A new world order. Princeton：Princeton University Press，2004.

2. CRAIG B J. International law and international relations. London：A&C Black，2000.

3. BOTCHWAY F. Documents in international economic law. London：Routledge，2006.

4. DREZNER D W. All politics is global：explaining international regulatory regimes. Princeton：Princeton University Press，2007.

5. GONG G W. The standard of "civilization" in international society. New York：Oxford University Press，1984.

6. LOUIS H. How nations behave：law and foreign policy. 2nd ed. New York：Columbia University Press，1979.

7. HOEKMAN B M，KOSTECKI M M. The political economy of the world

trading system: the WTO and beyond. 3rd ed. Oxford: Oxford University Press, 2009.

8. BROWNLIE I. International law and the use of force by states. New York: Oxford University Press, 1963.

9. CLAUDE I. Swords into plowshares. New York: Random House, 1964.

10. DIXON M. Textbook on international law. London: Blackstone Press Limited, 1996.

11. BYERS M. Essays in international relations and international Law. New York: Oxford University Press, 2000.

12. SMITH M. Realist thought from Weber to Kissinger. Baton Rouge: Louisiana State University Press, 1986.

13. SANDS P. Principles of international environmental law. 2nd ed. Cambridge: Cambridge University Press, 2003.

14. KEOHANE R. International institutions and state power: essays in international relations theory. Boulder: Westview Press, 1989.

15. WILKINSON R. Multilateralism and the World Trade Organization. London: Routledge Press, 2000.

16. FOOT R. China, the UN, and human protection: beliefs, power, image. New York: Oxford University Press, 2020.

17. WEISS T G. Humanitarian intervention. 2nd ed. Cambridge: Polity Press, 2012.

18. BIERSTEKER T J, SPIRO P J, SRIRAM C L, et al. International law and international relations: bridging theory and practice. London: Routledge Press, 2000.

19. LEVI W. Contemporary international law: a concise introduction. Boulder: Westview Press, 1979.

20. WILLIAMS P, GOLDSTEIN D M, SHAFRITZ J M. Classic readings of international relations. San Francisco: Wadsworth Publishing Company, 1994.

# 后　记

《国际法与国际关系》是中国人民大学“十三五”规划教材，在编写过程中，得到了中国人民大学国际关系学院的大力支持。中国人民大学陈岳教授、北京大学梁云祥教授、吉林大学何志鹏教授、中国人民大学杜焕芳教授参与本教材的评审工作并提出了修改意见与建议，在此表示诚挚的感谢。

本教材由蒲傌、方长平任主编。蒲傌负责全书统稿、定稿。各章撰写分工如下：绪论、第二章、第三章、第五章、第六章，蒲傌；第一章，方长平；第四章、第九章，陈晓沁、蒲傌；第七章，崔守军、蒲傌；第八章，徐莹。

**图书在版编目（CIP）数据**

国际法与国际关系/蒲傅，方长平主编．-- 北京：
中国人民大学出版社，2023.3
新编21世纪政治学系列教材
ISBN 978-7-300-31336-8

Ⅰ.①国… Ⅱ.①蒲… ②方… Ⅲ.①国际法－高等
学校－教材②国际关系－高等学校－教材 Ⅳ.①D99
②D81

中国国家版本馆CIP数据核字（2023）第005321号

*新编21世纪政治学系列教材*
**国际法与国际关系**
蒲　傅　方长平　主编
Guojifa yu Guoji Guanxi

| | | | |
|---|---|---|---|
| **出版发行** | 中国人民大学出版社 | | |
| **社　　址** | 北京中关村大街31号 | **邮政编码** | 100080 |
| **电　　话** | 010－62511242（总编室） | | 010－62511770（质管部） |
| | 010－82501766（邮购部） | | 010－62514148（门市部） |
| | 010－62515195（发行公司） | | 010－62515275（盗版举报） |
| **网　　址** | http://www.crup.com.cn | | |
| **经　　销** | 新华书店 | | |
| **印　　刷** | 北京溢漾印刷有限公司 | | |
| **规　　格** | 185 mm×260 mm　16开本 | **版　　次** | 2023年3月第1版 |
| **印　　张** | 20.5插页1 | **印　　次** | 2023年3月第1次印刷 |
| **字　　数** | 432 000 | **定　　价** | 59.00元 |

## 教学支持说明

（教学课件）

中国人民大学出版社教育学科秉承“出教材学术精品，育人文社科英才”的出版宗旨，多年来，出版了大批高质量的教育学、小学教育、学前教育专业教材和学术著作。

我们为本教材制作了相应的 PPT 教学课件，任何一位采用本书作为授课教材的教师均可免费获得该课件。为了确保该课件仅为授课教师获得，烦请您填写如下材料，并将相关信息通过 E-mail 发送给我们，我们将在收到相关信息后通过 E-mail 给您发送该课件。欢迎您加入我们的 QQ 群（教育新视野交流群，群号为 159813080），或登录我社官方网站（www. crup. com. cn），注册并认证成为教师会员，以获得更好的服务。


我们的联系方式：

地址：（100872）北京市中关村大街甲 59 号文化大厦 1202 室

中国人民大学出版社

电话：（010）82502724　62514775（传真）

E-mail：ggglcbfs@vip. 163. com

QQ 群：159813080


兹证明__________大学/学院__________院/系__________专业__________学年第__________学期开设的__________课程，采用中国人民大学出版社出版的____________________（书名、作者）作为本课程教材。授课教师为__________，授课班级共______个、学生______人。授课教师需要与本书配套的教学课件。

联 系 人：____________________

通信地址：____________________

邮　　编：____________________

电　　话：____________________

E-mail：____________________

系/院主任：__________（签字）

（系/院办公室章）

______年______月______日